이것이 ~취업을 위한~ 코딩 테스트다

with 파이썬

이것이 취업을 위한 코딩 테스트다 with 파이썬

취업과 이직을 결정하는 알고리즘 인터뷰 완벽 가이드

초판 1쇄 발행 2020년 8월 5일
초판 9쇄 발행 2023년 8월 28일

지은이 나동빈 / **펴낸이** 김태헌
펴낸곳 한빛미디어(주) / **주소** 서울시 서대문구 연희로2길 62 한빛미디어(주) IT출판1부
전화 02-325-5544 / **팩스** 02-336-7124
등록 1999년 6월 24일 제25100-2017-000058호
ISBN 979-11-6224-307-7 93000

총괄 배윤미 / **책임편집** 이미향 / **기획** 조희진 / **교정** 조경숙 / **진행** 김선우
디자인 박정화 / **표지일러스트** 안희원 / **전산편집** 이경숙
영업 김형진, 장경환, 조유미 / **마케팅** 박상용, 한종진, 이행은, 김선아, 고광일, 성화정, 김한솔 / **제작** 박성우, 김정우

이 책에 대한 의견이나 오탈자 및 잘못된 내용에 대한 수정 정보는 한빛미디어(주)의 홈페이지나 아래 이메일로
알려주십시오. 잘못된 책은 구입하신 서점에서 교환해 드립니다. 책값은 뒤표지에 표시되어 있습니다.

한빛미디어 홈페이지 www.hanbit.co.kr / 이메일 ask@hanbit.co.kr
동영상 강의 youtube.com/user/HanbitMedia93
자료실 www.hanbit.co.kr/src/10307 / 깃허브 github.com/ndb796

지금 하지 않으면 할 수 없는 일이 있습니다.
책으로 펴내고 싶은 아이디어나 원고를 메일(writer@hanbit.co.kr)로 보내주세요.
한빛미디어(주)는 여러분의 소중한 경험과 지식을 기다리고 있습니다.

이것이 ~~취업을 위한~~ 코딩 테스트다

with 파이썬

취준생이 선호하는 IT기업
{기출문제 유형 총정리}

취업과 이직을 결정하는 알고리즘 인터뷰 완벽 가이드

나동빈 지음

IB 한빛미디어
Hanbit Media, Inc.

코딩 테스트에서 떨어졌던 과거의 나를 위한 책

수학을 어려워하던 문과생이 컴퓨터교육과에 진학한 게 모든 일의 시작이었습니다. 대학생이 되고서야 프로그래밍을 처음 접했는데, 프로그램을 만드는 방법이 흥미롭고 재미있었습니다. 프로그램에 대한 흥미는 컴퓨터공학 전반에 대한 호감으로 바뀌었고, IT 계열에서 대외 활동이나 인턴을 하며 경력을 쌓고 싶었습니다. 하지만, 제 이런 계획은 코딩 테스트라는 벽에 부딪힐 때가 많았습니다. 특히 어려운 알고리즘 문제에 막혀서 결국 불합격을 받았던 좌절감이 지금도 떠오릅니다. 그럴 때마다 알고리즘 대회를 포함한 각종 대회는 줄곧 그들만의 리그로 느껴졌습니다.

이 책은 실은 그랬던 과거의 저를 위한 책입니다. 코딩 테스트를 준비하거나 알고리즘 문제 해결 능력을 기르고 싶은 사람들에게도 도움이 되겠지만, 합격 통지가 절실했던 과거의 저에게 알려주고 싶은 '코딩 테스트 합격을 위한 핵심 전략'을 담은 책입니다. 최근 블라인드 알고리즘 코딩 테스트를 치르는 기업이 늘고 있어 취업 시장에서 코딩 테스트의 중요성이 더 높아지고 있으며 이를 준비하는 취업 준비생이 매우 많으리라 예상합니다. 책에는 취업 준비생과 알고리즘 대회를 준비하는 이들을 위해 다음과 같은 내용을 담았습니다.

1. 국내외 IT 기업의 코딩 테스트 기출문제를 분석하고, 유형을 정리했습니다.

2. 알고리즘 문제 해결에 핵심이 되는 이론을 먼저 설명하고, 알고리즘별로 반드시 풀어야 하는 핵심 문제를 풀어봅니다.

3. 부록에서 코딩 테스트를 위해 꼭 필요한 파이썬 문법과 API를 활용하는 개발형 코딩 테스트에 대한 내용까지 다룹니다.

이 책은 코딩 테스트에 필요한 대부분을 다뤘다고 자부합니다. 알고리즘 설명은 파이썬을 이용한 소스코드로 했지만, 제 깃허브에서 C++와 자바로 작성된 소스코드 또한 제공합니다. 책과 관련한 질문이나 오류 사항은 필자의 이메일 혹은 깃허브에 남겨주세요.

✉ dongbinna@postech.ac.kr   ○ https://github.com/ndb796

출간 전 베타 리뷰에 참여해주신 김민철, 김성민, 박찬용, 박한울, 안수빈, 유명성, 이승재, 이태일, 장승훈, 정한길, 최윤영, 한민규, 황성호, Bill Park 님 모두에게 감사의 말씀을 전합니다. 혹시나 책에 있을 모든 실수와 오류는 온전히 제 책임이며, 책에 실린 좋은 아이디어와 표현은 모두 리뷰어 님들의 조언 덕분입니다. 정말 고맙습니다.

더불어 책에 백준 온라인 저지[BOJ] 서비스의 콘텐츠를 사용할 수 있도록 허락해주고, 다방면으로 도움을 많이 주신 최백준 님과 일부 문제를 책에 수록할 수 있도록 허락해준 프로그래머스((주)그렙) 감사드립니다. 그리고 무엇보다 늘어지는 원고 일정을 묵묵히 기다려주고 고된 편집 작업을 인내해준 한빛미디어의 조희진 기획자님께 감사의 말씀을 드리고 싶습니다.

집필을 끝내고 되돌아보니 기업과 학교 등에서 알고리즘 특강을 했던 시절의 제 부족함이 이제야 보입니다. 하지만, 이런 강의부터 집필까지 모든 교육 활동이 저를 조금 더 성장시키고, 독자의 마음을 좀 더 이해할 수 있게 도왔다고 생각합니다. 이 책이 코딩 테스트를 부담스러워하는 모든 취업 준비생, 이직 준비자, 컴퓨터 관련학과 학생들에게 도움이 되었으면 좋겠습니다. 그리고 저의 또 다른 시작이 되길 바랍니다.

2020년 07월

나동빈

알고리즘 문제 풀이를 시작하는 '청정수'를 위한 안내서

모든 분야가 그렇지만 알고리즘 문제 풀이PS. Problem Solving 역시 관성이 크게 작용합니다. 이미 100, 200문제를 풀어본 사람에게 다시 100문제를 준다면 어렵지 않게 해결할 수 있겠지만, 입문자에게 첫 100문제는 막막한 과제로 느껴지는 것처럼요. 특히 이제 막 시작한 '청정수'일수록 이 장벽은 높게 느껴지기 마련입니다. 이 책은 간단한 입출력에서 시작해 코딩 테스트에 주로 나오는 유형들을 하나씩 따라하며 코딩 테스트란 무엇인지, 어떤 식으로 공부해야 하는지 등 알고리즘 문제 풀이의 기초체력을 길러주는 길잡이가 되어줄 것입니다.

김민철 2017 ACM-ICPC 입상자, 고려대학교 대학원

자료구조와 알고리즘을 쉽게 입문할 수 있는 책

제가 오랫동안 알고리즘을 공부하면서 얻은 수많은 팁이 책 한 권에 쉽게 설명되어 있는 걸 보니 살짝 억울한 마음이 듭니다(웃음). 제가 대학 1학년 때 이 책이 나왔더라면 자료구조와 알고리즘 공부가 훨씬 수월했을 텐데 말입니다. 그간 코딩 테스트를 강의하며 만났던 취업 준비생들에게도 이 책 한 권만 제대로 학습하면 국내 대다수의 코딩 테스트는 충분히 통과할 수 있다고 알려주고 싶습니다.

안수빈 2018 ACM-ICPC 입상자, 패스트캠퍼스

알고리즘을 공부할 때 등대가 되어주는 책

알고리즘을 공부할 때 가장 큰 어려움 중 하나는 무엇부터 시작해야 할지를 모른다는 점입니다. 이러한 고민을 하는 많은 이에게 이 책은 좋은 시작점을 제시해주는 '등대'가 될 것입니다. 수많은 강의와 교육 경험을 쌓은 필자의 노하우가 있기에 이 책의 가치가 더욱 빛납니다. 탄탄한 책을 써준 필자에게 고맙다는 말을 전하고 싶습니다.

정한길, 삼성리서치

IT 취준생을 위한 코딩 테스트 길라잡이

이 책은 제목 그대로 코딩 테스트에 꼭 필요한 내용만 정리한 코딩 테스트 입문서입니다. 요즘 대부분의 IT 기업은 채용 과정에 코딩 테스트를 포함하므로 취업 준비생에게 코딩 테스트는 반드시 넘어야 하는 산과 같습니다. 이 책은 코딩 테스트 강사, 대회 문제 출제위원, IT 교육 유튜버 등으로 활동해온 필자의 풍부한 경험을 바탕으로, 문제 해결 능력을 체계적으로 학습할 수 있게 구성되어 있습니다. 그 때문에 코딩 테스트를 어떻게 준비해야 할지 막막한 이들에게 한 줄기 빛과 같은 길라잡이 역할을 해줄 책이라 생각합니다.

유명성 2019 대한민국 인재상 수상자, KAIST 대학원

개발자 구직에 꼭 필요한 정보가 한 곳에 있다!

제 경험에 비춰보면 개발자가 구직하는 데 있어 중요한 것 중 하나가 '정보'입니다. 이 책은 주요 기업들의 출제 경향과 합격 커트라인 등 파편화되어 있거나 주변에 물어야 알 수 있을 만한 주요 정보를 한데 모아, 보기 쉽게 정리했습니다. 이런 정보는 분명 예비 개발자들이 코딩 테스트를 효율적으로 준비하는 데 큰 도움을 주리라 믿습니다. 또한, 코딩 테스트를 준비한다면 필수로 알아야 할 자료구조와 알고리즘을 초보자도 이해하기 쉽게 설명하여 코딩 테스트를 처음 준비하는 모든 이에게 도움이 되리라 생각합니다.

황성호 2017 ACM-ICPC 입상자, 네이버 클로바

필자의 노하우가 담긴 코딩 테스트 필독서

이 책은 코딩 테스트를 준비하는 취업 준비생과 이직을 준비하는 개발자들에게 최소한의 시간을 투자하여 최대한의 효과를 얻을 수 있도록 도와주는 교과서와 같은 책입니다. 제가 대학생일 때는 이 책처럼 IT 기업에 취업하기 위한 필수적인 내용만 담은 책이 없었다는 게 아쉽기만 할 따름입니다. 10권 주문해서 후배들에게 나눠줄 생각입니다 (웃음).

박한울, 한국인터넷진흥원

취업과 이직을 준비하는 개발자를 위한 책

코로나19의 영향으로 재택근무와 온라인 면접은 이제 선택이 아닌 필수사항이 된 듯합니다. 제가 처음 실리콘밸리 기업에 도전할 때만 해도 1차 면접만 온라인(스크리닝 인터뷰)으로 보고, 최종 면접은 문제를 듣고 다른 개발자들에게 화이트보드에 알고리즘을 설명하는 방식이었습니다. 하지만 근래에는 온라인 테스트가 인터뷰 지원자를 더 객관적으로 평가한다고 보고, 코딜리티(codility.com)나 릿코드(leetcode.com) 등을 활용하여 온라인 면접을 치르는 추세입니다. 같은 테스트라도 회사마다 문제 유형이나 요구사항이 다르므로 그에 맞는 준비가 필요합니다. 그러한 면에서 여러 회사의 기출문제 트렌드와 풀이법을 소개하는 이 책은 취업과 이직을 준비하는 수많은 개발자에게 도움이 되리라 봅니다.

준비된 개발자라면 항상 복잡한 알고리즘 문제를 자신에게 익숙한 프로그래밍 언어로 풀 준비가 되어있을 겁니다. 그러려면 다양한 알고리즘 문제를 익숙한 언어로 기초부터 차근차근 작성하는 습관이 필요합니다. 물론 익숙한 언어가 없다면 파이썬이야말로 추천할 만한 언어이지요! 당장 구직하지 않더라도 이러한 준비를 미리 해두어야 좋은 기회를 잡을 수 있습니다. 더불어 좋은 개발자가 되려면 항상 새로운 내용을 적극적으로 공부할 준비가 되어 있어야 합니다. 그리고 영어에도 익숙해지도록 준비 해두길 바랍니다.

신준희, 넷플릭스

취준생과 출제자의 고민이 녹아 있는 책

코딩 테스트에 대한 정보 부족으로 막연히 고민하는 취업 준비생들에게 꼭 필요한 동아줄 같은 내용이 담겨있습니다. 실제 코딩 테스트 출제자로서 활동한 필자의 경험과 철저히 취업 준비생의 입장에서 한 고민이 책에 전부 녹아 있습니다. 취업 준비생에게 유리한 언어인 파이썬으로 설명하는 점은 전공자뿐만 아니라, 비전공자나 IT 직군으로의 이직을 준비하는 분들에게도 장점이라고 생각합니다. 코딩 테스트를 채용 방법으로 채택하는 기업이 늘어가는 요즘 이 책은 취업을 준비하는 당신의 등불이 되어줄 것입니다.

이태일, 전 정부부처 정보보안파트

이 책의 활용법

이 책의 모든 문제 풀이는 파이썬을 이용하여 진행하므로 파이썬 기본 문법을 모른다면 학습이 어려울 수 있다. 파이썬 문법을 전혀 모르는 독자라면, 한빛미디어에서 출판한 『혼자 공부하는 파이썬』을 일독 후 이 책을 보기를 추천한다. 혹은 부록 A의 '코딩 테스트를 위한 파이썬 문법'을 읽고 시작하자.

파이썬 문법을 알지만 알고리즘 이론을 잘 모르는 독자라면 2부 '주요 알고리즘 이론과 실전 문제'를 한 번 훑어본 뒤에 3부 '알고리즘 유형별 기출문제'를 풀어보는 것을 추천한다. 특히 알고리즘과 자료구조를 공부한 적 없는 독자라면 꼭 2부를 먼저 보도록 하자.

파이썬 문법과 알고리즘을 아는 중급 독자라면, 바로 3부의 문제를 풀 수 있겠지만, 문제를 풀기 전에 부록 A를 빠르게 훑어본 뒤에 문제를 푸는 것을 추천한다. 더불어 중급 독자라고 해도 막히는 부분을 만나면 2부에서 해당 이론을 찾아보며 학습하자.

❯ ADVICE 1

책의 문제를 푼 다음 온라인 저지 사이트에서 동일 유형의 문제를 풀어보자. 예를 들어 3장 '그리디'를 공부하고 11장에서 '그리디 문제'를 풀었다면 온라인 저지 사이트에서 그리디 문제를 골라 풀어보자. 백준 온라인 저지와 같은 대부분의 사이트에서는 특정한 유형만을 골라 풀 수 있다.

❯ ADVICE 2

이 책은 추가 비용 지출 없이 독자가 이 한 권으로 코딩 테스트를 준비할 수 있도록 집필했다. 다양한 유료 강의를 들어본 필자의 경험에 따르면 기초 알고리즘 지식이 있다면 문제를 많이 풀고 복기하는 방법이 실력 향상에 가장 도움이 되었다. 책을 보는 동안에는 이 책에만 집중하도록 하자.

❯ ADVICE 3

복기한 내용은 개인 블로그나 깃허브에 기록으로 꼭 남기자. 비공개 포스팅이어도 좋으니 자신이 푼 문제나 이해한 알고리즘 내용을 자신만의 방법으로 기록하자. 이 기록은 코딩 테스트 직전에 훌륭한 요약집이 될 것이다. 물론 단기간에 높은 성과를 내기는 어렵겠지만, 투자한 시간만큼 실력은 향상된다. 이 점은 필자가 경험한 바이다.

학습 순서

다음 학습 순서는 한 달(4주)에 걸쳐 이 책을 학습할 때 권상하는 방식이다. 알고리즘 학습에 하루 3시간씩 투자한다는 기준으로 작성했으니 각자의 상황에 따라 활용하자.

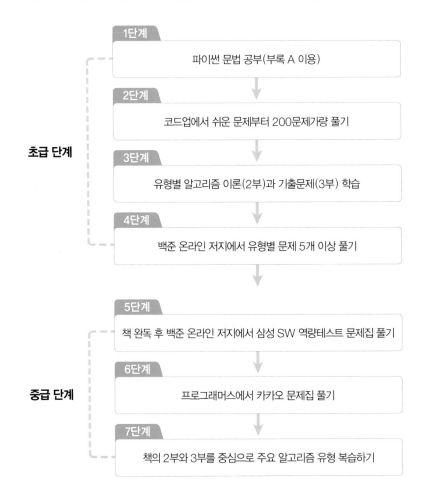

초급 단계

1단계
파이썬 문법 공부(부록 A 이용)

2단계
코드업에서 쉬운 문제부터 200문제가량 풀기

3단계
유형별 알고리즘 이론(2부)과 기출문제(3부) 학습

4단계
백준 온라인 저지에서 유형별 문제 5개 이상 풀기

중급 단계

5단계
책 완독 후 백준 온라인 저지에서 삼성 SW 역량테스트 문제집 풀기

6단계
프로그래머스에서 카카오 문제집 풀기

7단계
책의 2부와 3부를 중심으로 주요 알고리즘 유형 복습하기

대상 독자

이 책의 대상 독자는 다음과 같다.

- 대학 4학년, 취업 준비생
- 이직 준비 중인 개발자
- 국가 교육기관(SW 마에스트로 등) 응시자
- 알고리즘 대회 준비생
- 이 밖의 다른 이유로 코딩 테스트를 치러야 하는 독자

필자는 대부분의 독자가 코딩 테스트에만 전념하기는 어렵다는 것을 알고 있다. 취업 준비생들은 영어나 면접 또한 중요하므로 코딩 테스트에 모든 시간을 투자하기 어려울 것이다. 이직을 준비하는 직장인 또한 마찬가지라고 생각한다.

본인이 투자할 수 있는 최대한의 시간을 내서 책에서 제공하는 내용을 충실히 따라갈 수 있으면 된다. 필자는 독자 여러분이 프로그래밍에 어느 정도 익숙하다면 60시간 이내에 이 책을 완독할 수 있다고 본다. 책을 볼 때 최단 경로 문제처럼 상대적으로 어려운 알고리즘을 만나면 한번에 완벽하게 이해하려 하지 말고, 여러 번 읽어 체화시키기를 바란다. 필자의 경험에 따르면 총 3번에 걸쳐 읽고, 각 시간을 30시간, 20시간, 10시간으로 쪼개서 점점 더 속도를 올리는 방법을 권한다.

가장 좋은 것은 틈날 때마다 책을 보는 것이다. 직접 웹사이트에 접속해 문제를 푸는 방식도 좋지만, 언제 어디서나 볼 수 있도록 문제와 풀이 과정을 꼼꼼하게 설명해놨으니 틈이 생길 때마다 책을 읽도록 하자. 또한 초심자로서는 어떠한 알고리즘 유형의 문제를 풀 때 어떠한 형식의 소스코드가 작성된다는 것 정도만 알아도 큰 도움이 된다. 따라서 틈날 때마다 책을 펼쳐 보고 알고리즘 문제와 소스코드 유형에 익숙해지는 것이 첫 번째 과정이다. 이는 나중에 실제 문제를 풀 때 부담 없이 접근할 수 있도록 만들어 줄 것이다.

코딩 테스트, 무엇을 어떻게 준비할까?

코딩 테스트가 무엇인지, 무엇을 준비해야 하는지 설명하고, 연도별 기업의 출제 유형을 분석했습니다. 취업 준비생에게 꼭 필요한 취업 가이드도 꼭 읽어보세요.

2020년 주요 기업 코딩 테스트 유형 분석

2020년 상반기에 시행된 대기업 L사의 공채에서 출제된 알고리즘 문제를 살펴보면 다음과 같다.

	날짜	풀이 시간	문제 개수	커트라인	주요 문제 유형	시험 유형
라인	상반기 (2020-04-05)	2시간 30분	6문제	4문제	완전 탐색, 문자열, 자료구조	온라인

기술 면접 TIP 03 면접 준비

누차 이야기하지만, 알고리즘 문제를 잘 풀었다고 기술 면접을 항상 쉽게 통과할 수 있는 것은 아니다. 기업에서 원하는 직원은 문제를 풀어 '정답 처리'를 받는 지원자가 아니라, 자신이 어떤 방법으로 문제에 접근하여 어떠한 알고리즘을 사용했는지를 논리 정연하게 설명할 수 있는 지원자를 원한다.

⟨1⟩ 아이디어를 코드로 바꾸는 구현

알고리즘 이론

핵심 알고리즘을 설명하고 그에 맞는 예제와 실전 문제를 푸는 방법을 설명합니다.

피지컬로 승부하기

코딩 테스트에서 구현Implementation이란 '머릿속에 있는 알고리즘을 소스코드로 바꾸는 과정'이다. 어떤 문제를 풀든 간에 소스코드를 작성하는 과정은 필수이므로 구현 문제 유형은 모든 범위의 코딩 테스트 문제 유형을 포함하는 개념이다.

그런 의미에서 알고리즘 교재에서는 대부분 구현을 별도의 유형으로 다루지 않는다. 하지만 취업을 목표로 하는 코딩 테스트에서는 구현이 중심이 되는 문제가 자주 출제되기에 다른 알고리즘을 배우

여기서 잠깐 & 팁

보충 설명, 참고 사항, 관련 용어 등을 본문과 구분하여 '여기서 잠깐'으로, 혼동하기 쉬운 내용이나 알아두어야 할 사항 등을 팁으로 정리해두었습니다. 입문자라면 꼭 읽어보세요!

 여기서 잠깐

입력값을 다음처럼 넣었더니 에러가 나는 이유가 뭘까?

```
3 3
1 1 0
1 1 1
1 0 0
1 1 0
```

왼쪽 그림처럼 입력하면 IndexError: list index out of range 메시지가 뜬다. 그 이유는 맵의 외곽은 항상 바다로 구성되어 있어서 캐릭터가 밖으로 떨어지지 못하도록 하는 설정이 존재하기 때문이다. 왼쪽의 입력 예시에서는 그 부분이 고려되지 않아 오류가 발생한 것이다.

보통 실무의 코딩은 예외를 고려해서 코드를 짜야 하지만, 코딩 테스트는 입력값이 주어지는 경우가 대부분이므로, 이런 예외처리를 고려하지 않고 빠르게 코드를 작성하는 데 목표를 둔다. 실무 코딩과 코딩 테스트의 이러한 차이를 잘 기억해두길 바란다.

한 장으로 보는 알고리즘

그리디	현재 상황에서 가장 좋아 보이는 것만을 선택하는 알고리즘입니다. 현재 상황에서 가장 좋아 보이는 것만을 선택하기 때문에 정확한 답을 도출하지 못하더라도 그럴 싸한 답을 도출하는 데에 도움이 됩니다. 하지만 코딩 테스트에서는 대부분 '최적의 해'를 찾는 문제가 출제되기 때문에 그리디 알고리즘의 정당성을 고민하면서 문제 해결 방안을 떠올려야 합니다.

한 장으로 보는 알고리즘

3부의 유형별 문제를 풀기 전 알고리즘 주요 내용을 정리해 줍니다.

10-6.py 위상 정렬 소스코드

```python
from collections import deque

# 노드의 개수와 간선의 개수를 입력받기
v, e = map(int, input().split())
# 모든 노드에 대한 진입차수는 0으로 초기화
indegree = [0] * (v + 1)
# 각 노드에 연결된 간선 정보를 담기 위한 연결 리스트(그래프) 초기화
graph = [[] for i in range(v + 1)]
```

전체 코드

문제 풀이는 전체 코드를 제공합니다. 물론 직접 풀어본 다음 깃허브나 자료실에서 확인할 수 있습니다.

정답 페이지 506쪽

Q 01 모험가 길드

1회	2회	3회
✓		

문제를 푼 다음 체크해주세요.

난이도 ●○○ | 풀이 시간 30분 | 시간 제한 1초 | 메모리 제한 128MB | 기출 핵심 유형

한 마을에 모험가가 N명 있습니다. 모험가 길드에서는 N명의 모험가를 대상으로 '공포도'를 측정했는데, '공포도'가 높은 모험가는 쉽게 공포를 느껴 위험 상황에서 제대로 대처할 능력이 떨어집니다. 모험가 길드장인 동빈이는 모험가 그룹을 안전하게 구성하고자 공포도가 X인 모험가는 반드시 X명 이상으로 구성한 모험가 그룹에 참여해야 여행을 떠날 수 있도록 규정했습니다. 동빈이는 최대 몇 개의 모험가 그룹을 만들 수 있는지 궁금합니다.

동빈이를 위해 N명의 모험가에 대한 정보가 주어졌을 때, 여행을 떠날 수 있는 그룹 수의 최댓값을 구하는 프로그램을 작성하세요.

예를 들어 N = 5이고, 각 모험가의 공포도가 다음과 같다고 가정합시다.

입력조건 · 첫째 줄에 모험가의 수 N이 주어집니다. (1 ≤ N ≤ 100,000)

· 둘째 줄에 각 모험가의 공포도의 값을 N 이하의 자연수로 주어지며, 각 자연수는 공백으로 구분합니다.

출력조건 · 여행을 떠날 수 있는 그룹 수의 최댓값을 출력합니다.

입력 예시	출력 예시
5 2 3 1 2 2	2

유형별 문제

실전과 동일하게 난이도, 풀이 시간, 시간 제한 등을 주며 각 3회에 걸쳐 문제를 풀어보도록 안내합니다. 타이머를 옆에 두고 입력/출력 조건에 맞춰 최소 3회 이상 문제를 풀어봅시다.

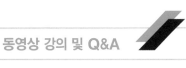

> https://www.youtube.com/user/HanbitMedia93

한빛미디어 유튜브 채널에서 『이것이 취업을 위한 코딩 테스트다 with 파이썬』의 필자 직강 동영
상을 만나보세요! 검색창에 '이것이 취업을 위한 코딩 테스트다 with 파이썬'을 검색하면 바로
동영상을 시청하실 수 있습니다.

> https://github.com/ndb796

문제를 풀다가 막힐 때는 필자에게 질문을 남겨보세요.

목차

PART 01 코딩 테스트, 무엇을 어떻게 준비할까?

CHAPTER 01 코딩 테스트 개요

CHAPTER 02 16~20년 코딩 테스트 기출문제 유형 분석

⟩⟩⟩ GUIDE 성공적인 취업을 위한 가이드

목차

PART 03 알고리즘 유형별 기출문제

목차

주요 기업 기출문제 모음

》》》 카카오 기출문제

》》》 삼성전자 기출문제

PART 01

코딩 테스트,
무엇을 어떻게
준비할까?

코딩 테스트 개요

코딩 테스트 개념과 배경

최근 IT 기업의 채용 과정에서 코딩 테스트 비중이 나날이 커지고 있다. 코딩 테스트는 '기업/기관에서 직원이나 연수생을 선발하기 위한 목적으로 시행되는 일종의 문제 풀이 시험'이다. 개발 직군은 기본적으로 코딩 능력을 갖춰야 하므로 이전부터 코딩 테스트를 진행하는 기업이나 기관이 많이 있었다. 근래 들어서는 공개채용(이하 공채)을 하는 기업에서 응시자의 수를 효과적으로 줄이기 위한 방법으로 코딩 테스트를 이용하며 채용 과정의 효율성을 높이고 있다.

기업이나 기관의 코딩 테스트가 늘어남에 따라 2015년을 기점으로 다양한 온라인 저지 사이트에서 코딩 테스트 문제를 푸는 사람들 또한 늘어나기 시작했다.

온라인 저지 사이트란 OJ$^{Online\ Judge}$라고도 하며 프로그래밍 대회나 코딩 테스트에서 나올 법한 문제를 시험해보는 온라인 시스템이다. 현재 많은 사이트가 운영되고 있으며, 이 중 일부를 아래의 표로 정리했다. 표에 제시된 사이트 중 국내 사이트는 이 장의 후반부에서 좀 더 자세히 설명하겠다.

해외	코드포스(Codeforces)	http://www.codeforces.com
	탑코더(TopCoder)	https://www.topcoder.com
	릿코드(LeetCode)	https://leetcode.com
	코드셰프(CODECHEF)	https://www.codechef.com
국내	백준 온라인 저지(BOJ)	https://www.acmicpc.net
	코드업(CodeUp)	https://codeup.kr
	프로그래머스(Programmers)	https://programmers.co.kr
	SW Expert Academy	https://swexpertacademy.com

한국을 포함해 세계적으로 많은 프로그래머가 활동하고 있는 코드포스에서는 주기적으로 사용자 통계를 발표하는데 2019년 사용자 통계(다음 그림)를 보면 2015년 9월에 비해 2019년 9월에 등록한 사용자(이메일 인증 사용자)가 3배 이상 늘었다.

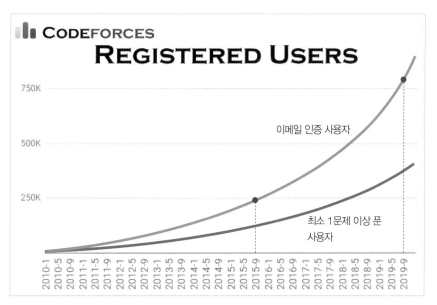

코드포스 사용자 통계 2019년*

물론 온라인 저지 사이트 대부분이 사용자 정보를 공개하지 않아서 전체 사이트에 대한 구체적인 수치를 알기는 어렵지만, 국내의 유명 온라인 저지 사이트들도 비슷한 양상을 보인다. 특히 국내에서 가장 많은 사용자가 활동하는 백준 온라인 저지의 제출량 비교 그래프(다음 쪽에 있다)를 보자. 이 그래프는 백준 온라인 저지의 대표인 최백준 님이 공유해준 그래프로 2012년에 비해 2019년의 소스코드 제출량이 162배 이상 증가했다고 한다. 그래프를 확인해보면 소스코드 제출량이 매우 가파르게 상승하고 있는 것을 확인할 수 있다. 여러 지표를 고려해보았을 때 국내에서도 알고리즘 문제 풀이에 관심이 증가한 것만큼은 분명하다.

---

* 출처: https://codeforces.com/blog/entry/73683

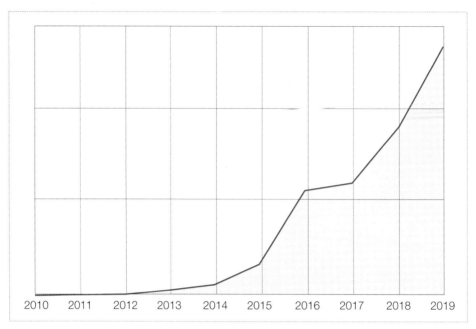

2010　2011　2012　2013　2014　2015　2016　2017　2018　2019

백준 온라인 저지의 소스코드 제출 수

코딩 테스트를 위한 온/오프라인 강의 또한 눈에 띄게 많아졌는데, 삼성전자가 2015년 하반기부터 소프트웨어 관련 직군은 SW 역량테스트를 시행한 것과 연관 지을 수 있다. 게다가 2016년에는 알파고*가 등장해 바둑기사 이세돌을 이긴 뒤로 한동안 대한민국의 주요 키워드는 인공지능, 알고리즘, 코딩이었다.

변화는 교육에서도 찾을 수 있다. 과거에는 학교에서 엑셀, 파워포인트처럼 프로그램을 활용하는 컴퓨터 활용 능력을 중심으로 가르쳤다. 하지만 2015년 개정 교육 과정부터는 정보 교과가 필수 과목으로 채택되어 활용 능력보다는 컴퓨팅 사고력Computational Thinking을 강조하면서, 현실 세계의 다양한 문제를 어떻게 컴퓨터로 해결할 수 있는지를 교육하고 있다. 실제로 초등학교와 중학교에서는 파이썬Python이나 스크래치Scratch 등을 정보 교과 시간에 배우고 있다.

IT 개발 직군의 취업 준비생이 아니어도 이러한 교육 과정과 취업 시장의 변화로 문제 해결 능력을 요구하는 알고리즘 문제를 푸는 사람들 또한 늘어나고 있다.

---

* AlphaGo. 구글의 딥마인드가 개발한 인공지능 바둑 프로그램이다.

코딩 테스트의 유형

코딩 테스트는 크게 온라인 코딩 테스트와 오프라인 코딩 테스트로 구분된다. 이 책에서는 온라인 코딩 테스트를 집중적으로 연습할 것이다.

온라인 코딩 테스트

온라인 코딩 테스트는 공채 과정에서 응시자가 많을 때 인터넷을 활용해 프로그래밍 역량을 평가하여 응시자를 선별하는 데 사용한다. 보통 기업에서는 온라인 저지 시스템을 별도로 구축하여 제공하거나 백준 온라인 저지[BOJ] 혹은 프로그래머스 같은 온라인 저지 서비스에 문제를 출제한 뒤 응시자가 해당 시스템에서 응시하도록 한다.**

온라인 코딩 테스트는 정해진 시간에 응시자가 사이트에 접속해 문제를 읽고 해답을 소스코드 형태로 작성하여 제출하면 온라인 저지 서비스가 정답 여부를 알려주고 점수를 부여한다. 보통 저지 시스템에서 연습할 때는 제출 횟수에 제한이 없으나, 실제 코딩 테스트에서는 횟수 제한이 있을 수 있으니 주의해야 한다. 한 가지 팁은 코딩 테스트 주체별로 차이가 있지만, 온라인 코딩 테스트는 타인과 문제 풀이를 공유하지 않는 선에서 인터넷 검색을 허용하는 경우가 많아서 오프라인 코딩 테스트에 비해 높은 성적을 받을 확률이 높다. 다만, 명확한 규정은 안내 사항으로 명시하고 있으니 코딩 테스트 시작 전에 규칙과 주의 사항을 반드시 확인해야 한다.

대부분의 코딩 테스트나 알고리즘 대회에서는 테스트가 끝난 후에 참가자들이 제출한 소스코드를 대조하여 부정행위를 저지른 사람이 있는지 확인한다. 따라서 인터넷에서 참고할 만한 소스코드를 찾더라도 필요한 내용만 확인하여 이를 현재 풀고 있는 문제에 적용이 가능하도록 자신만의 소스코드로 표현하는 작성 능력도 중요하다. 만약 인터넷에서 참고한 소스코드를 일절 변경하지 않고 그대로 사용한다면 부정행위로 간주될 수 있다. 대개 잘 알려진 유명하고 기초적인 코드라면 알고리즘 대회나 코딩 테스트에서 사용해도 큰 문제가 없지만, 부정행위 검출 프로그램에 의해서 자동으로 부정행위로 인식되는 경우도 있으므로 유의해야 한다.

특히 온라인 IDE를 이용하는 경우 자동으로 소스코드가 공개[Public] 상태로 온라인에 배포되어 부정행위로 간주될 수도 있다. 이는 실제로 종종 발생하는 사례이다. 예로 Ideone과 같은 온라인 IDE 서비스에서는 기본적으로 소스코드가 'Public' 옵션으로 공개되면서 구글[Google] 등의 검색 엔진에

** 온라인 저지 서비스들은 정부나 기업의 요청에 따라서 코딩 테스트나 대회를 열곤 한다.

노출되는데, 이로 인해 심사에서 부정행위로 간주되는 사례가 종종 발생한다. 따라서 온라인 IDE를 이용할 때는 소스코드가 공개 설정으로 되어 있는지 확인할 필요가 있다.

오프라인 코딩 테스트

오프라인 코딩 테스트는 응시자가 시험장에 방문해서 치르는 시험을 의미한다. 대체로 인터넷 검색이 허용되지 않으며 회사에서 제공하는 컴퓨터 환경에서 바로 시험에 응시한다. 환경이 낯설다보니 응시자 대부분이 온라인 코딩 테스트에 비해 부담감을 느낀다.

때에 따라 응시자가 자주 사용하는 소스코드를 가져올 수 있도록 허용하는 경우도 있으므로 기관이 규정하는 바에 맞게 테스트를 준비하면 된다.* 혹시 지원한 회사에서 구체적으로 오프라인 코딩 테스트의 시험 방식에 대해 명시하지 않았다면 시험이 어떤 방식으로 진행되는지 회사에 꼭 문의하도록 하자.

대체로 오프라인 테스트를 치를 때는 응시자가 많이 좁혀진 상태이므로 코딩 테스트를 본 뒤에는 별도의 면접실로 안내되어 화이트보드 혹은 종이와 함께 자신이 문제를 해결한 과정 등에 대해서 설명하기도 한다. 이때 면접관과 함께 해당 문제에 대한 내용을 토론하며, 자신이 어떠한 알고리즘으로 문제에 접근하고 풀었는지를 설명하고 평가를 받는다. 기업의 코딩 테스트 외에도 컴퓨터 관련 학과의 수시 입학 전형에서도 이런 방식이 채택된다.

코딩 테스트 준비를 돕는 다양한 서비스

온라인에서 알고리즘 문제를 풀어볼 수 있는 플랫폼은 많다. 특히나 코딩 테스트 합격을 중점적으로 도와주는 서비스가 많으므로 필요하다면 이런 서비스를 참고하면 도움이 될 것이다. 다음은 앞서 표에서 나열했던 국내 알고리즘 문제 풀이 연습 사이트로 코딩 테스트와 알고리즘 대회를 준비할 때 도움이 될 만한 사이트이다. 앞으로도 이런 플랫폼은 계속 생겨날 거라고 예상한다.

---

* 대회 혹은 코딩 테스트에 가져갈 수 있도록 허용하는 '알고리즘 문제 풀이용 개인 코드 라이브러리'를 통상적으로 팀 노트(Team Notes)라고 부른다.

코드업

• https://codeup.kr

코드업CodeUp은 국내의 한 정보 교사가 알고리즘 교육을 목적으로 운영하는 사이트이다. 난이도가 낮은 문제가 많아 처음 공부하는 사람에게 적합하다. 알고리즘을 잘 모르거나 이제 막 문제 풀이를 시작하려는 독자라면 코드업 사이트의 [문제] – [문제집]에서 [기초 100제]를 꼭 풀어보자. 기초 100제는 알고리즘 문제 풀이에서 자주 사용하는 기본 코드 유형과 관련된 문제**라서 이 유형을 제대로 학습하면 실전에서 문법이 떠오르지 않아 풀지 못 하는 일은 적을 것이다. 특히 코딩 테스트에서 많은 비중을 차지하는 구현 문제를 해결하는 데 큰 도움이 된다.

이 사이트는 난이도가 낮은 문제가 많고 문제 순서가 난이도 순서와 대체로 비례하므로 자신감을 얻으면서 다양한 유형을 빠르게 풀어보는 데 적합하다. 따라서 코딩 테스트 초보자는 코드업에서 경험을 쌓은 뒤에 백준 온라인 저지로 넘어가는 것을 추천한다. 본인이 초보자라면 코드업에서 간단한 문제 위주로 200문제가량을 푼 뒤에 백준 온라인 저지로 넘어가도록 하자.

** 기초 100제는 대부분 구현(Implementation) 문제로 구성되어 있다.

백준 온라인 저지

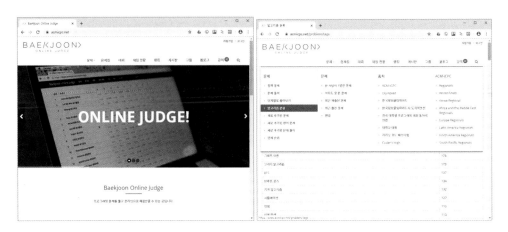

• https://www.acmicpc.net

백준 온라인 저지[BOJ]는 국내에서 가장 유명한 알고리즘 문제 풀이 사이트이다. 어려운 문제부터 쉬운 문제까지 난이도가 다양하며, 코딩 테스트 준비를 처음 시작하는 사람을 위한 단계별 문제 풀이도 제시하고 있다. 가장 전형적인 코딩 테스트 형식(ACM-ICPC 형식)을 따르고 있으며, 국내 사용자가 많아서 사용자 간의 질문과 답변이 활발한 편이다.

코드업과 다르게 백준 온라인 저지의 문제 순서는 난이도와 무관하므로 순서대로 풀면 초보자 입장에서는 예상치 못한 난이도에 좌절할 수 있다. 그럴 때는 백준 온라인 저지 문제들에 대하여 알고리즘 분류 태그와 난이도를 부여하는 solved.ac 프로젝트의 도움을 받자. 크롬에서 solved.ac 확장 프로그램을 설치하면 백준 온라인 저지 문제에 대한 난이도 정보를 손쉽게 확인할 수 있다. 백준 온라인 저지의 장점은 [문제] - [알고리즘 분류] 탭*으로 이동하면 유형별 알고리즘을 선택하여 풀 수 있다는 점이다. 이 방식은 한 유형씩 파고들며 공부하고 싶은 독자에게 유용하다. 따라서 필자는 책을 읽으며 백준 온라인 저지에서 유형별 알고리즘을 찾아 풀어볼 것을 권장한다. 예를 들어 주요 알고리즘 이론을 다루는 2부의 3장 '그리디'를 읽은 다음 백준 온라인 저지에서 해당 유형의 문제들을 풀어보도록 하자.

또한 백준 온라인 저지에서는 삼성 SW 역량테스트 대비 문제집을 제공하고 있다. 문제 복원도가 우수하므로 대기업 공채를 준비한다면 백준 온라인 저지의 문제를 풀어보는 것을 추천한다. 이 책에는

---

* https://www.acmicpc.net/problem/tags

백준 온라인 저지의 문제를 포함하여, 삼성 SW 역량테스트로 출제되었던 문제와 흡사한 알고리즘을 사용하는 문제를 수록하고 있다. 따라서 이 책으로 먼저 공부한 다음 백준 온라인 저지 등에서 SW 역량테스트 문제를 풀어보는 것을 추천한다.

프로그래머스

• https://programmers.co.kr/learn/challenges

프로그래머스는 국내 알고리즘 학습 사이트로 2017년부터 2020년 상반기까지의 카카오 공채 문제를 모두 제공하고 있다. 다른 온라인 저지 사이트처럼 소스코드를 제출하면 정답 여부를 확인할 수 있다. 프로그래머스의 재미있는 특징은 본인이 해당 문제를 풀지 못해도 다른 사람들의 풀이 코드를 열람할 수 있다는 점이다. 단, 본인이 해당 문제를 풀지 못한 상태에서 다른 사람의 풀이를 확인하려면 '알고리즘 점수'가 차감된다. 해당 문제를 해결했을 때는 '알고리즘 점수'를 차감하지 않고 공개된 소스코드를 확인할 수 있다. 소스코드는 공개여부를 스스로 결정할 수 있어, 공개하지 않으면 다른 사용자가 볼 수 없다.

카카오에 지원하거나 카카오의 문제 스타일을 확인하고 싶다면 이 사이트에 접속해서 문제를 반드시 풀어보자. 물론 이 책에서도 카카오에서 출제된 문제와 이를 대비할 수 있는 다양한 알고리즘 문제를 다루니 책을 통해 기초 개념을 잡고, 추가로 프로그래머스에서 문제를 풀어보자.

SW Expert Academy

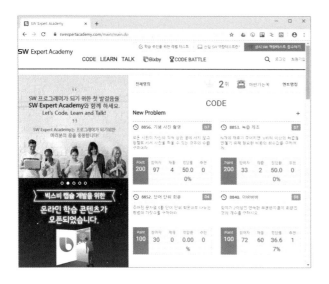

• https://www.swexpertacademy.com

SW Expert Academy(이하 SW 익스퍼트 아카데미)는 삼성에서 공식적으로 제공하고 있는 알고리즘 학습 사이트이다. 삼성은 '상시 SW 역량테스트' 제도를 운영하고 있는데, 삼성 직원이 아니더라도 응시할 수 있다. 학생들은 상시 SW 역량테스트를 치르면서 본인의 실력을 가늠할 수 있다. 이 책의 독자들도 SW 역량테스트 중 가장 난이도가 낮은 A형에 응시해보는 것을 추천한다.

삼성전자의 경우 DFS/BFS를 활용해야 하는 탐색과 시뮬레이션 문제 유형을 자주 출제한다. 삼성전자 IT 직군의 공채에 등장하는 알고리즘 문제 유형도 상시 SW 역량테스트 A형 문제와 유사하게 출제되므로 상시 SW 역량테스트 A형을 응모해서 모의고사를 치르듯 실력을 확인하고 부족한 부분을 미리 확인해볼 수 있다. A형을 통과하면 B형을 치를 자격이 주어진다.

어떤 언어가 코딩 테스트에 유리할까?

파이썬Python은 배우기 쉽고, 읽고 쓰기 쉬워 초보자가 접근하기 좋은 프로그래밍 언어(이하 언어) 중 하나이다. 컴퓨터 관련 전공자 외에도 중고등학생이나 일반인이 프로그래밍을 배우는 일이 많아진 요즘, 입문 언어로 파이썬을 가장 많이 선택한다. 또 파이썬은 쉬우면서도 활용도가 높아 기업이나 대학원, 연구소에서도 많이 사용한다. 특히 파이썬은 풍부한 라이브러리로 인해 다양한 분야에서 많이 활용할 수 있으며 특히 근래 가장 인기 있는 데이터 분석이나 인공지능 분야에서도 널리 사용하고 있다.

2000년대까지만 하더라도 첫 프로그래밍을 C 언어로 시작하는 경우가 많아 알고리즘도 C 언어나 C++로 처음 공부하는 사람이 많았다. 하지만 최근에는 처음 배우는 언어가 파이썬이나 자바스크립트 등의 언어로 바뀌면서 알고리즘을 공부할 때 선택하는 언어도 바뀌고 있다.

필자는 2020년을 기준으로 코딩 테스트에서 가장 유리한 언어는 C++와 파이썬이라고 생각한다. 특히 이제 막 언어를 배우기 시작하는 사람이라면 파이썬이 더 적합하다. 최근 코딩 테스트 유형을 보면 변칙적이고 다양한 유형이 등장하고 있으므로 배우기도 쉽고 변칙적인 유형에 대응하기도 쉬운 파이썬이 코딩 테스트에 유리하다고 본다.

반면 실행 시간을 기준으로 보면 다른 언어에 비해 빠른 C/C++가 유리하다. 삼성전자는 SW 역량 테스트 B형부터는 파이썬을 배제하고 있다.* 실행 시간을 기준으로 봤을 때 파이썬보다는 C/C++가 더 빠르게 동작하고 하드웨어에 더 가까운 언어이므로 C/C++로만 시험을 치르도록 강조하는 경우도 있다. 또한 삼성 SW 역량테스트 B형과 C형은 C++의 필수 라이브러리를 제외한 대부분의 표준 라이브러리를 사용할 수 없어 기본 자료구조 모듈조차 모두 본인이 작성해야 한다. 물론 삼성 SW 역량테스트 B형 이상과 같은 시험을 제외하고 대부분은 파이썬을 이용할 수 있으니 걱정하지 말자.

코드포스나 앳코더** 같은 알고리즘 대회 사이트에서 레이팅 점수가 높은 참가자를 확인해보면 C++를 선택한 참가자가 많다. 알고리즘 대회를 준비하는 학생이라면 C++를 선택하는 편이 더 좋을 수 있다. C++를 공부하는 과정에서 컴퓨터의 내부 동작 구조까지 더 자세히 알 수도 있으며, 여러 산업에서 C++를 오래 사용한 만큼 인터넷에 참고할 양질의 자료도 많다.

국제 알고리즘 대회 사이트에서는 사용자의 대회 성적을 토대로 레이팅^{Rating} 점수를 매기는데 레이팅 점수에 따라서 유저의 계정 색이 다르다. 즉, 유저의 계정 색을 보면 해당 유저의 알고리즘 문제 해결 능력을 가늠할 수 있다.

대부분의 알고리즘 대회 사이트에서는 최상위권 유저에게 빨간색을 부여한다. 코드포스나 앳코더 같은 사이트에서는 레드 코더의 비율이 상위 1% 미만이 되도록 레이팅 시스템을 구성한다. 그리고

---

* 삼성 SW 역량테스트는 A형을 통과해야 B형을, B형을 통과해야 C형을 치를 자격이 주어진다. 공채는 파이썬을 허용하고 있다. B형 이상을 치를 독자는 깃허브에서 제공하는 C/C++와 자바 코드를 활용해서 학습하길 권한다.

** https://atcoder.jp

어느 사이트를 가도 대체로 약속이나 한 듯 최고 등급인 빨강을 달성한 소위 '레드 코더'(구체적인 명칭은 다를 수 있다)들은 대부분 C/C++를 사용한다.

파이썬은 C++나 자바에 비해 코드가 짧고 직관적으로 문제를 풀 수 있다. 또한 몇몇 알고리즘을 구현할 때는 라이브러리를 추가할 필요 없이 소스코드를 작성할 수 있다. 예를 들어 C++나 자바 등은 큰 정수를 처리하려면 BigInteger와 같은 별도의 라이브러리를 직접 구현하거나 가져와야 하는데 파이썬에서는 이러한 수고가 줄어든다.

게다가 파이썬의 기본 자료형이 제공하는 기능이 매우 강력해 표준 라이브러리나 추가 외부 라이브러리를 적게 사용하는 편이다. 예를 들어 파이썬의 리스트 기본 자료형은 C++ STL의 vector가 지원하는 기능과 유사하다. 그리고 파이썬은 문자열 처리가 다른 언어에 비해서 매우 간결하고 쉬운데 이는 구현 위주의 문제에서 더욱 빛을 발한다. 이런 점을 고려할 때 필자는 점점 C++나 자바보다 파이썬 응시자의 비중이 더 높아지리라 예상한다. 실제로 2019년의 응시자를 분석하면 최근 3년간 파이썬을 이용한 응시자가 급격히 증가했다.

이와 관련해서 IT 직군의 취업 준비생부터 4년 미만의 경력자 50명을 대상으로 설문 조사를 수행했다. 모집단은 2016 ~ 2019년 사이에 평균 3회 이상 코딩 테스트에 응시했으며, 설문은 익명성을 보장할 수 있는 환경에서 진행하였다.

먼저 '알고리즘 문제 풀이 방식의 코딩 테스트에서 가장 유리한 프로그래밍 언어'를 설문 조사한 결과는 다음과 같다.

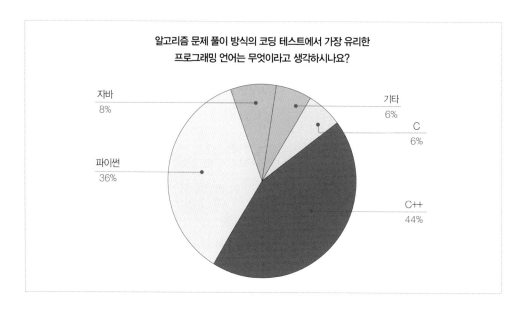

44%의 사람들이 C++를 가장 유리한 언어로 선택했다. 36%를 차지한 파이썬이 그다음으로 나타났다. 설문으로도 파이썬이 알고리즘 문제 풀이 방식의 코딩 테스트에서 주로 선택하는 언어로 자리매김하고 있다는 사실을 확인할 수 있다. 실행 시간이나 메모리 관리가 매우 중요한 문제 유형이 아닌 이상 웬만한 문제는 파이썬을 사용하면 짧은 코드로 표준 라이브러리만 활용하여 프로그래밍할 수 있기 때문이다. 더불어 채점 시스템이 파이썬3뿐만 아니라 PyPy3를 지원한다면 대체로 코드가 더 빠르게 실행된다.*

앞에서도 언급했듯이 파이썬은 다른 언어에 비해서 큰 숫자, 리스트, 문자열을 처리하는 데 있어서 매우 편리한 기능을 기본으로 내장하고 있다. 따라서 통상적인 기업 코딩 테스트 난이도의 기본 알고리즘 문제 풀이에는 파이썬이 유리하다는 인식이 있다. 필자 또한 문자열을 다루어야 하는 문제는 주로 파이썬을 이용하여 푼다.

그렇다면, 알고리즘 문제 풀이 방식이 아닌 프로그램 개발 방식(API 개발, GUI 프로그램 개발, 해커톤 등)의 코딩 테스트에서 가장 유리한 프로그래밍 언어는 무엇일까? 이에 대한 설문 조사도 진행했으며 그 결과는 다음과 같다.

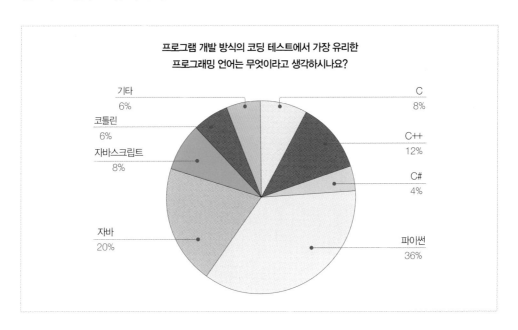

---

* 참고로 PyPy는 때때로 C 언어보다 빠르게 동작한다. 하지만 어떤 상황에서는 일반 파이썬보다 느리게 동작하는 경우도 있기 때문에 유의해서 사용해야 한다. 문제를 푸는 입장에서 컴파일러의 동작까지 유추하는 것은 어렵다. 그래서 통상적으로는 아슬아슬하게 시간 초과 판정을 받는 경우 파이썬3로 제출했던 코드를 Pypy3로 변경해서 제출하거나, 그 반대로 시도해보는 것이 일반적이다.

파이썬이 36%로 높은 비중을 차지했다. 필자도 프로그램 개발 방식에서는 단연 파이썬이 가장 유리하다고 생각한다. 파이썬은 풍부한 라이브러리를 적절히 활용해 다양한 프로그램 개발이 가능하다. 카카오 같은 기업의 공채 과정에서는 프로그램 개발 방식의 문제도 출제하고 있다. 파이썬을 기본 언어로 선택하여 공부한다면 상대적으로 수월하게 다양한 문제 상황에 대응하여 문제를 풀 수 있으리라 예상된다. 특히 카카오는 특정 서버와 데이터를 주고받으며 통신하는 방식의 문제를 꾸준히 출제하고 있는데, 이러한 통신 모듈을 작성하는 것도 C++나 자바에 비해서 사용할 라이브러리나 코드의 수가 훨씬 적다.

설문 조사를 진행하며 필자가 생각했던 것보다 사람들이 '유리한 프로그래밍 언어'로 파이썬을 더 많이 선택했다는 사실에 놀랐다. 필자 또한 프로그래밍 도중에 리스트나 문자열을 다뤄야 할 때 "파이썬으로 하면 10분짜린데... 개발 언어를 파이썬으로 바꿔?"와 같은 농담을 동료에게 한 적이 있다. 그만큼 많은 상황에서 파이썬이 다른 언어에 비해 짧은 코드로 필요한 기능을 구현할 수 있기 때문이다. 다른 언어를 주 언어로 코딩 테스트를 치르는 사람들도 최근에는 파이썬이 더 유리하다고 느끼기 때문에 이러한 설문 조사 결과가 나온 것으로 예상된다.

이미 알고리즘 대회를 준비해본 경험이 있거나 자신만의 팀 노트Team Notes를 가지고 있는 사람이라면 원래 이용하던 언어를 사용해서 코딩 테스트를 치르는 편이 유리하다. 반면에 코딩 테스트를 처음 시작하거나 알고리즘 문제 풀이에 익숙하지 않다면 주저하지 말고 파이썬을 사용해보라고 필자는 추천한다. 최근 코딩 테스트의 출제 경향은 파이썬 사용자들에게 유리한 경우가 매우 많다.

실습 환경 구축하기

이 책은 파이썬 3.7을 기준으로 소스코드를 제공하고 설명한다. 파이썬 개발 환경의 가장 큰 장점은 온라인 실습 환경과 로컬 실습 환경 모두 간단히 구축할 수 있다는 점이다.

필자는 이 책으로 공부하는 동안 컴퓨터에 개발 환경을 설치하지 않고 온라인 실습 환경에서 공부하기를 권장한다. 아무래도 실제로 코딩 테스트를 치르는 환경이 온라인 형태의 IDE일 가능성이 높기 때문이다. 온라인 코딩 테스트는 주로 웹 브라우저에서 소스코드를 작성하여 제출한다. 이왕이면 같은 환경에서 연습하는 것이 좋으니 처음부터 온라인 IDE를 사용하는 게 좋다. 온라인 IDE도 예전에 비해 종류가 많아지고 제공하는 기능도 늘어 선택의 폭이 넓다.

개발 공부도 하는 중이라면 다수의 소스코드를 효과적으로 관리할 수 있는 환경으로 개발 환경을 직접 구축하는 편이 좋지만, 일반적인 알고리즘 코딩 테스트는 문제마다 소스코드를 1개만 제출하므로 굳이 별도의 개발 환경을 구축하지 않아도 된다.

온라인 개발 환경

많이 사용하는 온라인 웹 IDE를 몇 가지 소개하니 각자 자신에게 맞는 IDE를 선택해보자.

리플릿

리플릿Repl.it은 필자가 추천하는 가장 간단하면서 유용한 무료 개발 환경이다. 로그인한 다음 사용하면 다른 개발자와 함께 동시에 코딩할 수 있는 협업 기능을 사용할 수 있다. 물론 계정 없이 사용할 수도 있으나 온라인 저장 등의 기능이 동작하지 않는다. 필자는 2020년에 참가한 온라인 코딩 테스트와 대회에서 모두 리플릿을 이용하였다. 예를 들어 코드포스 대회가 있는 날이면 모니터 2개를 사용하여 한쪽 모니터에는 리플릿으로 파이썬 개발 환경을 띄워 놓고, 다른 모니터에 문제를 띄운다.

• https://repl.it/languages/python3

파이썬 튜터

파이썬 튜터Python Tutor는 개인에게 꼭 맞는 튜터와 같은 기능을 제공하는 온라인 IDE 서비스이다. 소스코드를 입력한 다음 [Visualize Execution] 버튼을 누르면 소스코드를 단계별로 실행할 수 있으며, 소스코드가 실행하는 동안 실제로 메모리에 데이터가 어떻게 부여되는지를 시각적으로 보여주어 프로그램의 동작을 함께 보고자 할 때 도움이 된다.

• http://pythontutor.com/visualize.html

온라인 GDB

앞에서 언급한 IDE 서비스들이 제대로 동작하지 않을 때 필자는 온라인 GDB^{Online GDB} 서비스를 이용한다. 이름에서 느껴지듯이 디버깅 기능을 제공하는 사이트로 보통은 C나 C++ 사용자가 많이 이용하는 편이다. 파이썬 사용자라면 앞서 소개한 온라인 IDE가 좀 더 유용할 것이다. 하지만 혹시 자주 사용하는 서비스가 제대로 동작하지 않을 때를 대비하여 다양한 서비스를 알아두도록 하자.

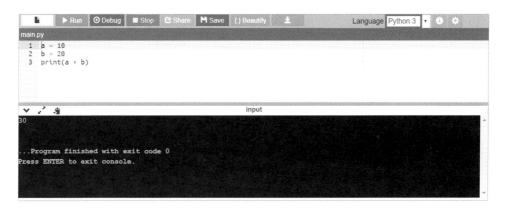

• https://www.onlinegdb.com

오프라인 개발 환경

알고리즘 코딩 테스트만 준비하는 독자라면 굳이 오프라인 개발 환경을 구축할 필요가 없다. 하지만, 학교에서 파이썬 수업을 듣거나 파이썬 프로젝트를 진행하는 중에 이 책을 보는 독자도 있으리라 생각해 오프라인 환경 구축도 짧게나마 설명한다. 오프라인 개발 환경도 용도에 따라 비주얼 스튜디오 코드Visual Studio Code, 주피터 노트북Jupyter Notebook, 파이참 등 다양하지만, 여기에서는 코딩 테스트라는 목적에 가장 적합한 파이참을 소개하기로 한다.

파이참 개발 환경

파이참PyCharm은 세계적으로 많이 사용되고 있는 로컬 파이썬 개발 환경 중 하나이다. 파이썬으로 프로젝트를 진행하고 있다면 꼭 설치해보자. 다음 파이참 공식 다운로드 사이트로 이동하여 무료 버전인 [Community] 버전을 내려받아 사용할 수 있다.

• https://www.jetbrains.com/pycharm/download

01. 웹 브라우저에서 https://www.jetbrains.com/pycharm/download에 접속한 다음 해당하는 운영 체제(윈도우, 맥, 리눅스)를 선택하고 화면 오른쪽 [Community] 버전의 [Download] 버튼을 클릭해서 설치 파일을 내려받는다.

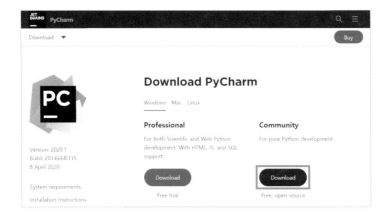

02. 내려받은 설치 파일을 실행하여 파이참 설치 창이 나오면 [Next]를 클릭하고, 설치 폴더를 설정하거나 기본으로 둔 다음 [Next]를 클릭한다.

03. 인스톨 옵션의 모든 사항을 체크하고 [Next]를 클릭한다. 이어서 나온 창에서 [Install]을 클릭해 설치를 진행한다. 인스톨 옵션 중에 환경변수와 관련 있는 [Add launchers dir to the PATH]는 꼭 체크하길 바란다.

04. 설치 과정이 끝나면 컴퓨터 재시작 시점을 물어보는 창이 보이는데, [Reboot now]를 선택한 다음 [Finish]를 클릭한다. 환경설정이 변경되었으니 꼭 재시작하도록 하자.

05. 컴퓨터가 재시작되었다면 바탕 화면이나 시작 메뉴에서 [PyCharm Community Edition] 아이콘을 찾아서 파이참을 실행해보자. 젯브레인의 약관이 뜨면 약관에 동의한 다음 [Continue]를 클릭한다. 이어서 나오는 [Data Sharing] 창은 제품 개선을 위해 사용자의 데이터를 수집하는 것에 대해 허락할지 물어보는 내용인데 각자 판단에 따라 버튼을 클릭한다.

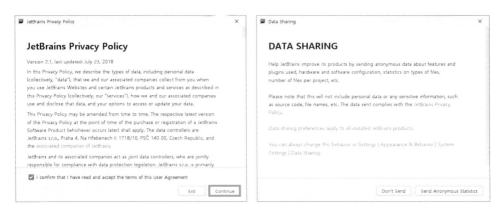

06. 이어서 UI 테마 선택 화면이 나오면 둘 중 원하는 테마를 선택하고 [Next: Featured plugins]를 클릭한다. 물론 [Skip Remaining and Set Defaults]를 클릭해서 건너뛰어도 된다.

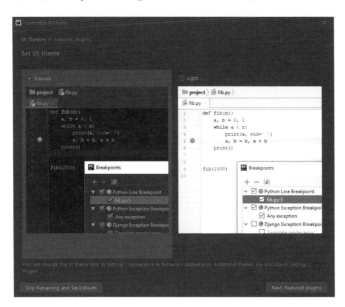

07. 끝으로 필요한 플러그인을 설치할 수 있는 창이 나오는데, 각자의 환경에 맞게 추가로 설치하고 [Start using PyCharm] 버튼을 클릭한다. 이제 기본 설정은 모두 끝났다.

08. [Create New Project]를 클릭해서 새 프로젝트를 생성해보자. 프로젝트 경로를 설정한 다음 [Create] 버튼을 클릭한다.

09. 새 프로젝트를 띄우고 하단의 [Python Console]을 클릭한 다음 print('Hello World')를 입력해보자. 파이참이 제대로 설치되었다면 다음 그림과 같이 실행된다.

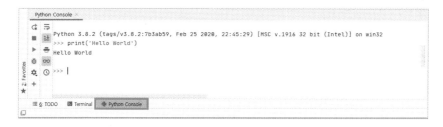

복잡도

복잡도Complexity는 알고리즘의 성능을 나타내는 척도이다. 복잡도는 시간 복잡도Time Complexity와 공간 복잡도Space Complexity로 나눌 수 있다. 쉽게 말하면 **시간 복잡도**는 특정한 크기의 입력에 대하여 알고리즘이 얼마나 오래 걸리는지를 의미하고, **공간 복잡도**는 특정한 크기의 입력에 대하여 알고리즘이 얼마나 많은 메모리를 차지하는지를 의미한다. 동일한 기능을 수행하는 알고리즘이 있다면 일반적으로 복잡도가 낮을수록 좋은 알고리즘이다. 참고로 이 책에서는 직관적인 이해를 위해 복잡도에 대한 정의를 간단히 설명하였으며, 엄밀한 정의를 이해하고 싶은 독자는 계산 복잡도 이론에 대해 공부해 보는 것을 추천한다.

복잡도를 측정함으로써 우리는 다음의 2가지를 계산할 수 있다.

- 시간 복잡도: 알고리즘을 위해 필요한 연산의 횟수
- 공간 복잡도: 알고리즘을 위해 필요한 메모리의 양

효율적인 알고리즘을 사용한다고 했을 때 보통 시간 복잡도와 공간 복잡도는 일종의 거래 관계Trade-off가 성립한다. 메모리를 조금 더 많이 사용하는 대신에 반복되는 연산을 생략하거나 더 많은 정보를 관리하면서 계산의 복잡도를 줄일 수 있다. 이때 메모리를 더 소모하는 대신에 얻을 수 있는 시간적 이점이 매우 큰 경우가 종종 있다. 실제로 메모리를 더 많이 사용해서 시간을 비약적으로 줄이는 방법으로 메모이제이션Memoization 기법이 있는데, 이 내용은 8장에서 다룰 예정이다.

시간 복잡도

알고리즘 문제를 풀 때 단순히 '복잡도'라고 하면 보통은 시간 복잡도를 의미한다. 코딩 테스트를 처음 접하는 사람이 가장 어렵게 느끼는 부분이 '시간 제한'이다. 흔히 '시간 제한'이라면 문제를 푸는 시간을 정한 듯하지만, 코딩 테스트에서는 작성한 프로그램이 모든 입력을 받아 이를 처리하고 실행 결과를 출력하는 데까지 걸리는 시간을 의미한다. 그래서 해당 시간 안에 동작하는 프로그램을 작성해야 정답 판정을 받을 수 있으며, 프로그램을 비효율적으로 작성하여 시간 제한을 넘기면 '시간 초과Time Limit Exceeded'라는 메시지와 함께 오답으로 처리된다.

시간 복잡도를 표현할 때는 빅오^{Big-O} 표기법을 사용한다. 엄밀한 정의는 아니지만, 빅오 표기법을 간단히 정의하자면 가장 빠르게 증가하는 항만을 고려하는 표기법이다. 다시 말해 함수의 상한만을 나타낸다. 예를 들어 N개의 데이터가 있을 때, 모든 데이터의 값을 더한 결과를 출력하는 프로그램을 생각해보자. 이때 우리는 합계를 저장할 하나의 변수를 선언한 뒤에 모든 데이터를 하나씩 확인하며 그 값을 합계 변수에 더해주는 식으로 알고리즘을 작성할 수 있다.

다음 예제에서는 5개의 데이터를 받아 차례로 5회 더해준다(N = 5). 이때 연산 횟수는 N에 비례하는 것을 알 수 있다. 물론 소스코드에서 summary 변수에 0의 값을 대입하는 연산도 있고, summary 변수의 값을 출력하는 부분도 있다. 하지만 이런 연산의 횟수는 상대적으로 N이 커짐에 따라서 무시할 수 있을 정도로 작아질 것이다. 따라서 본 소스코드에서 가장 영향력이 큰 부분은 N에 비례하는 연산을 수행하는 반복문 부분이므로 시간 복잡도를 $O(N)$이라고 표기한다.

```python
array = [3, 5, 1, 2, 4]    # 5개의 데이터(N = 5)
summary = 0                # 합계를 저장할 변수

# 모든 데이터를 하나씩 확인하며 합계를 계산
for x in array:
    summary += x

# 결과를 출력
print(summary)
```

이 책에서는 실행 결과를 다음 형식으로 표기한다.

```
15
```

몇 가지 예제를 더 살펴보자. 다음 소스코드는 어떤 시간 복잡도를 가질까?

```python
a = 5
b = 7
print(a + b)
```

a와 b에 값을 대입하는 대입 연산과 출력 함수를 무시하고 보면, 이 소스코드의 연산 횟수는 1이다. 단순히 더하기 연산 한 번이 수행되기 때문이다. 이는 상수 연산이므로 시간 복잡도는 $O(1)$로 표현할

수 있다. 이어서 다음은 어떤 시간 복잡도를 가질지 생각해보자.

```python
array = [3, 5, 1, 2, 4] # 5개의 데이터(N = 5)

for i in array:
    for j in array:
        temp = i * j
        print(temp)
```

이 소스코드는 데이터의 개수(array 리스트 변수의 길이)가 N개일 때, $O(N^2)$의 시간 복잡도를 가진다. 2중 반복문을 이용하여 각 원소에 대하여 다른 모든 원소에 대한 곱셈 결과를 매번 출력하고 있기 때문이다. 실은 간단한 2중 반복문이라서 N × N만큼의 연산이 필요하다는 것을 유추할 수 있다.

하지만 모든 2중 반복문의 시간 복잡도가 $O(N^2)$은 아니다. 만약 소스코드가 내부적으로 다른 함수를 호출한다면 내부 함수의 시간 복잡도까지 고려해야 한다. 따라서 소스코드를 정확히 분석한 뒤에 시간 복잡도를 계산해야 한다는 점을 기억하자.

반면, 6장에서 배우게 될 내용 중 하나인 퀵 정렬의 평균 시간 복잡도는 $O(NlogN)$이지만 최악의 경우 시간 복잡도는 $O(N^2)$이다. 일반적으로 코딩 테스트에서는 최악의 경우에 대한 연산 횟수가 가장 중요하다. 그러니 최악의 경우의 시간 복잡도를 우선적으로 고려해야 한다.

다음은 자주 등장하는 시간 복잡도 표인데, 위쪽에 있을수록 더 빠르다. 시간 복잡도에 따라서 부르는 명칭이 있는데 예를 들어 $O(1)$는 '상수 시간', $O(N)$은 '선형 시간' 등으로 부른다.

빅오 표기법	명칭
$O(1)$	상수 시간(Constant time)
$O(logN)$	로그 시간(Log time)
$O(N)$	선형 시간
$O(NlogN)$	로그 선형 시간
$O(N^2)$	이차 시간
$O(N^3)$	삼차 시간
$O(2^n)$	지수 시간

또한 흔한 케이스는 아니지만 이론적인 계산이 아닌, '실제 코딩 테스트'에서는 차수가 작은 항들을

완전히 무시하는 것도 곤란하다. 연산 횟수가 $3N^3 + 5N^2 + 1,000,000$인 알고리즘이 있다고 가정하자. 빅오 표기법에서는 차수가 가장 큰 항만 남기기 때문에 $O(N^3)$으로 표기되지만, 실제로 N이 작을 때는 상수 값인 1,000,000이 미치는 영향력이 매우 크다. 예를 들어 N = 10일 때, $3N^3 + 5N^2 + 1,000,000$ = 1,003,500이므로 상수의 영향이 크다. 일반적인 코딩 테스트에서는 상수를 고려해야 하는 경우는 적지만, 이처럼 빅오 표기법이 항상 절대적인 것은 아니라는 점을 기억하자.

더불어 컴퓨터 과학에서는 특정한 알고리즘의 시간 복잡도가 $O(N^K)$일 때(이때 K는 상수 값을 가진다), 이를 '다항 시간에 동작하는 알고리즘'이라고 말한다. 이차 시간, 삼차 시간 등이 모두 다항 시간에 해당한다. 이론적으로는 특정한 문제가 이러한 다항 시간 알고리즘으로 풀 수 있을 때 해당 알고리즘은 풀 만한 알고리즘으로 분류 되지만, 실제로는 그렇지 않다.

일반적으로 코딩 테스트 환경에서는 $O(N^3)$을 넘어가면 문제 풀이에서 사용하기 어렵다. 왜냐하면 CPU 기반의 개인 컴퓨터나 채점용 컴퓨터에서는 연산 횟수가 10억을 넘어가면 C 언어를 기준으로 통상 1초 이상의 시간이 소요된다. 이때 N의 크기가 5,000이 넘는다면 족히 10초 이상의 시간이 걸릴 수 있다. 특히 파이썬은 더욱 오래 걸리며, 코딩 테스트 문제에서 시간 제한은 1 ~ 5초가량이므로 보통 연산 횟수가 10억을 넘어가도록 작성하면 오답 판정을 받을 수 있다.

각기 다른 시간 복잡도의 연산 횟수가 N의 크기에 따라서 어떻게 분포되는지 확인해보자. 다음은 대략적인 연산 횟수를 비교한 표로, 시간 복잡도가 동일하더라도 실제 연산 횟수에서는 차이가 날 수 있다. 시간 복잡도가 $O(NlogN)$인 알고리즘은 매우 다양하다. 빅오 표기법으로 표시한 시간 복잡도가 같더라도 알고리즘의 내부 로직 및 차수가 낮은 항의 영향에 따라 10,000번, 100,000번 등 실제 수행되는 연산 횟수는 다를 수 있다.

	N이 1,000일 때의 연산 횟수
$O(N)$	1,000
$O(NlogN)$	10,000
$O(N^2)$	1,000,000
$O(N^3)$	1,000,000,000

NOTE_ 보통 시간 복잡도에서의 '연산'은 프로그래밍 언어에서 지원하는 사칙 연산, 비교 연산 등과 같은 기본 연산을 의미한다. 예를 들어 두 정수 a와 b를 더하는 더하기 연산뿐만 아니라, 두 정수 a와 b의 값을 비교하는 비교 연산 또한 한 번의 연산으로 취급한다.

시간 복잡도 분석은 문제 풀이의 핵심이다. 알고리즘 문제 풀이에 능숙한 숙련자들은 문제를 해석하기 전에 조건을 먼저 보기도 한다. 문제의 조건부터 확인하면 문제를 풀기 위해 얼마나 효율적인 알고리즘을 작성해야 하는지 눈치 챌 수 있기 때문이다. 예를 들어 데이터의 개수 N이 1,000만 개를 넘어가며 시간 제한이 1초라면, 대략 최악의 경우 $O(N)$의 시간 복잡도로 동작하는 알고리즘을 작성해야 할 것이라고 예상할 수 있다. 혹은 데이터의 크기나 탐색 범위가 100억이나 1,000억을 넘어가는 경우 이후 6장에서 다룰 '이진 탐색'과 같이 $O(logN)$의 시간 복잡도를 갖는 알고리즘을 작성해야 할 것이다. 그래서 실제로 알고리즘 대회 참가에 익숙한 사람들은 문제의 조건을 확인한 뒤에 사용할 수 있는 알고리즘을 좁혀 나가는 전략을 채택하기도 한다.

일반적으로 문제를 풀 때의 예시를 몇 가지 소개하겠다. 다음은 모두 시간 제한이 1초인 문제에 대한 예시이다.

- N의 범위가 500인 경우: 시간 복잡도가 $O(N^3)$인 알고리즘을 설계하면 문제를 풀 수 있다.
- N의 범위가 2,000인 경우: 시간 복잡도가 $O(N^2)$인 알고리즘을 설계하면 문제를 풀 수 있다.
- N의 범위가 100,000인 경우: 시간 복잡도가 $O(NlogN)$인 알고리즘을 설계하면 문제를 풀 수 있다.
- N의 범위가 10,000,000인 경우: 시간 복잡도가 $O(N)$인 알고리즘을 설계하면 문제를 풀 수 있다.

공간 복잡도

공간 복잡도를 표기할 때도 시간 복잡도를 표기했던 것처럼 빅오 표기법을 이용한다. 즉, 공간 복잡도 또한 $O(NlogN)$, $O(N^2)$ 등으로 표기한다. 다만, 앞서 시간 복잡도에서 1초라는 절대적인 제한이 있던 것처럼, 메모리 사용량에도 절대적인 제한이 있다. 일반적으로 메모리 사용량 기준은 MB 단위로 제시된다. 쉽게 말해 코딩 테스트 문제에서 보이는 '시간 제한 1초, 메모리 제한 128MB'와 같은 문장은 시간 복잡도와 공간 복잡도를 함께 제한하기 위하여 명시하는 것이다.

코딩 테스트 문제는 대부분 리스트(배열)를 사용해서 풀어야 한다.* 대부분의 문제는 다수의 데이터에 대한 효율적인 처리를 요구하기 때문이다. 그렇다면 고전적인 프로그래밍 언어에서 정수형 자료형인 int를 기준으로 리스트 크기에 따른 메모리 사용량을 확인해보자. 단, 실제로 컴퓨터 시스템에서 차지하는 메모리양은 컴파일러에 따라 조금씩 다르게 적용될 수 있다.

---

* C/C++, 자바에서는 배열이라는 단어를 사용하지만, 파이썬에서는 기본 자료형인 리스트가 배열의 역할을 포함한다.

- int a[1000] : 4KB

- int a[1000000] : 4MB

- int a[2000][2000] : 16MB

코딩 테스트에서는 보통 메모리 사용량을 128 ~ 512MB 정도로 제한한다. 다시 말해 일반적인 경우 데이터의 개수가 1,000만 단위가 넘어가지 않도록 알고리즘 설계를 해야 한다는 의미이다. 파이썬에서는 int 자료형이 없지만, 파이썬에서도 대략 100만 개 이상의 데이터가 들어갈 수 있는 크기의 리스트를 선언하는 경우는 적다는 점을 기억하자. 만약 리스트의 크기가 1,000만 단위 이상이라면 자신이 알고리즘을 잘못 설계한 것이 아닌지 고민해봐야 한다.

시간과 메모리 측정

파이썬에서는 프로그램 수행 시간과 메모리 사용량을 측정할 수 있다. 알고리즘을 공부하는 과정에서 시간을 측정하는 작업을 굉장히 많이 사용한다. 실질적으로 알고리즘의 소요 시간을 확인해야 자신이 제대로 알고리즘을 작성하고 있는지 체크할 수 있기 때문이다. 다시 말해 실제 프로그램의 수행 시간을 측정하는 것은 알고리즘의 효율성을 측정하는 가장 기본적인 방법이다. 특정한 프로그램의 수행 시간을 측정하는 소스코드 예시는 다음과 같다.

수행 시간 측정 소스코드

```
import time
start_time = time.time() # 측정 시작

# 프로그램 소스코드
end_time = time.time() # 측정 종료
print("time :", end_time - start_time) # 수행 시간 출력
```

수행 시간 측정 소스코드의 형태는 일반적으로 위와 같다. 보통 어떤 알고리즘을 설계한 뒤에 시간 복잡도를 경험적으로 증명하고 싶을 때는 위와 같은 형태의 코드를 자주 이용한다.

예를 들어 '선택 정렬'과 '파이썬의 기본 정렬 라이브러리'의 속도를 비교할 때는 다음 쪽과 같이 소스코드를 작성할 수 있다. 선택 정렬을 사용할 때 최악의 경우 시간 복잡도가 $O(N^2)$이며, 파이썬의 기본 정렬 라이브러리는 최악의 경우 시간 복잡도 $O(NlogN)$을 보장하여 상대적으로 빠르다. 다음 소스코드의 실행 결과가 그러한 성능 차이를 직접적으로 보여준다.

```python
from random import randint
import time

# 배열에 10,000개의 정수를 삽입
array = []
for _ in range(10000):
    array.append(randint(1, 100)) # 1부터 100 사이의 랜덤한 정수

# 선택 정렬 프로그램 성능 측정
start_time = time.time()

# 선택 정렬 프로그램 소스코드
for i in range(len(array)):
    min_index = i # 가장 작은 원소의 인덱스
    for j in range(i + 1, len(array)):
        if array[min_index] > array[j]:
            min_index = j
    array[i], array[min_index] = array[min_index], array[i] # 스와프

end_time = time.time() # 측정 종료
print("선택 정렬 성능 측정:", end_time - start_time) # 수행 시간 출력

# 배열을 다시 무작위 데이터로 초기화
array = []
for _ in range(10000):
    array.append(randint(1, 100)) # 1부터 100 사이의 랜덤한 정수

# 기본 정렬 라이브러리 성능 측정
start_time = time.time()

# 기본 정렬 라이브러리 사용
array.sort()

end_time = time.time() # 측정 종료
print("기본 정렬 라이브러리 성능 측정:", end_time - start_time) # 수행 시간 출력
```

이 소스코드는 당연히 소스코드를 실행하는 컴퓨터의 성능에 따라서 그 결과가 다르게 나올 것이다. 다음은 리플릿 IDE에서 위의 코드를 실행한 결과이다.

선택 정렬 성능 측정: 35.841460943222046
기본 정렬 라이브러리 성능 측정: 0.0013387203216552734

선택 정렬은 시간이 30초 넘게 걸렸고, 기본 정렬 라이브러리는 1초도 채 걸리지 않을 만큼의 짧은 시간이 걸렸다. 이처럼 자신이 설계한 알고리즘의 성능을 실제로 확인하기 위해서, 시간 측정 라이브러리를 사용해보는 습관을 기르는 것이 좋다.

이상으로 복잡도의 개념에 대해서 알아보고 실제로 수행 시간을 측정하여 시간 복잡도를 검증하는 방법까지 알아보았다. 앞서 언급했듯이 복잡도란 특정한 알고리즘이 계산적으로 얼마나 복잡한지를 나타내는 것이다. 동일한 기능을 수행하는 알고리즘이 2개(각각 A와 B) 있을 때 만약 A 알고리즘이 B보다 시간 복잡도가 더 높다면, A 알고리즘이 실행 시간 측면에서 성능이 더 낮다는 의미이다.

다시 강조하면 코딩 테스트에서 문제를 풀 때는 가독성을 해치지 않는 선에서 최대한 복잡도가 낮게 프로그램을 작성해야 한다. 일반적으로 알고리즘 문제 풀이에서의 복잡도는 계산 복잡도를 의미하는 경우가 많으며, '소스코드가 복잡하게 생겼다'와는 다른 말로 사용된다는 점을 기억하자. 이 책에서는 별 다른 언급이 없다면 '복잡도'란 시간 복잡도를 의미한다.

16~20년 코딩 테스트 기출문제 유형 분석

 # 최신 출제 경향과 준비 방향

1장에서 설명했듯이 코딩 테스트는 '기업/기관에서 직원이나 연수생을 선발할 목적으로 시행하는 일종의 문제 풀이 시험'이다. 일반적으로 대기업의 공채와 같이 지원자가 많은 상황에서 효과적으로 지원자를 선별하기 위해 상당수 기업에서는 코딩 테스트를 채용 과정으로 채택하고 있다.

IT 직군에서 코딩 테스트를 보는 대표적인 기업으로는 삼성전자, 카카오KAKAO, 라인플러스코퍼레이션LINE Plus Corporation(이하 라인)이 있다. 예를 든 기업은 모두 코딩 테스트를 시행하며, 응시생들에게 2 ~ 5시간 동안 여러 개의 알고리즘 문제들을 풀도록 한다는 공통점이 있다. 정확한 알고리즘을 사용하여 얼마나 빠르게 많은 문제를 풀었는지를 토대로 순위를 매기고 있다. 이렇게 정해진 시간 내에 문제를 푸는 방식은 코딩 테스트뿐만이 아니라 다수의 시험에서 차용하고 있으며 코딩 테스트에서도 계속 사용할 것으로 예상된다.

물론 IT업계에서는 알고리즘 문제를 푸는 방식을 제외하고도 요구사항에 맞는 소규모 프로그램을 개발하는 유형, 논문이나 책을 읽고 관련 프로그램을 작성하는 유형 등 다양한 코딩 테스트 유형이 존재한다. 하지만 가장 대표적인 코딩 테스트 유형은 알고리즘 코딩 테스트이다. 해마다 조금씩 시험 유형이 변경되기도 하지만, 여전히 공채에서는 주로 알고리즘 문제를 출제한다. 특히 지원자의 수가 많을 때는 알고리즘 문제가 평가하기 가장 용이하고, 문제 해결 능력을 평가하는 데 있어 알고리즘 문제만큼 좋은 것이 없기 때문이다.

코딩 테스트는 문제 해결 능력을 확인하는 시험

그렇다면 기업은 코딩 테스트를 통해 취업 준비생에게 무엇을 요구하는 걸까? 많은 사람이 코딩 테스트가 뛰어난 프로그래밍 실력을 요구하는 관문이라 생각하는데, 이는 잘못된 생각이다. 대체로 채용을 위해 기업에서 주관하는 코딩 테스트에서는 매우 높은 사고력이나 어려운 알고리즘 기반의 지식을 요구하지 않는다.

코딩 테스트에서는 주로 기초 알고리즘에 기반하는 문제가 출제된다. 그중에서도 가장 출제 빈도가 높은 문제는 그리디Greedy, 구현Implementation, DFS/BFS를 활용한 탐색 문제이다. 특히 기초 그리디 문제 유형은 문제 해결 방법만 떠올린다면 간단하게 구현할 수 있어 자주 등장하는 유형이다. 구현 문제는 실제 개발 과정에서 사용될 법한 구현 기법들을 물어보는 경우가 많다.

또 상대적으로 높은 사고력을 요구하는 다이나믹 프로그래밍이나 그래프 이론 문제도 출제된다. 다만, 이런 유형의 문제는 출제되더라도 난이도가 높지 않은 경향이 있다. 실제로 정수론, 최단 경로 문제, 고급 다이나믹 프로그래밍 문제 등은 경쟁적 프로그래밍Competitive Programming 대회에서나 고난이도로 등장하며 기업 코딩 테스트에서는 출제율이 낮고 상대적으로 쉽게 출제되는 편이다.*

다음 그림은 2016 ~ 2019년 사이에 출제되었던 주요 기업들의 공채에 등장한 알고리즘 유형을 정리한 도표이다. 중복을 포함하여 알고리즘 유형을 빈도수에 따라 표현하였다.** 상당수의 문제는 문제를 해결하는 데 여러 가지 알고리즘을 요구한다. 따라서 코딩 테스트를 준비하는 여러분은 복합적인 알고리즘을 요구하는 문제들을 염두에 두고 공부해야 한다.

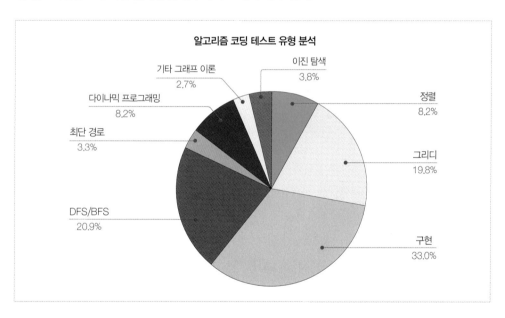

실제로 매우 복잡한 문제에서는 정렬, 다이나믹 프로그래밍, 이진 탐색, 구현 등의 개념이 모두 사용되기도 한다. 문제를 해결하는 방법은 여러 가지가 있기 때문에 해석하기에 따라서 다른 도표가 나올 수 있다.

---

* 경쟁적 프로그래밍 대회는 보통 흔히 알고리즘 대회를 지칭하는 또 다른 말로 문제 해결(Problem Solving) 대회라는 용어를 사용하기도 하는데, 이는 줄여서 'PS'라고도 한다.

** 한 문제에서 시뮬레이션과 DFS/BFS가 동시에 사용되었다면, 시뮬레이션과 DFS/BFS 모두 도표에 반영하였다.

기업별 문제 출제 경향

다음은 카카오 기술 블로그*에서 언급된 코딩 테스트 문제 난이도에 대한 내용이다.

> "ACM-ICPC** 같은 어려운 알고리즘 설계 능력을 겨루는 문제가 아닌, 업무에서 있을
> 만한 상황을 가정하여 독창적이고 다양한 분야의 문제를 출제했고 난이도 또한 비교적 쉬
> 운 수준으로 조정하였습니다."

블로그에 글이 올라온 2017년도의 카카오 공채 코딩 테스트 문제를 확인해보면 '그리디 혹은 구현 유형의 문제'를 다수 확인할 수 있다. 카카오 코딩 테스트는 문자열을 처리해야 하는 구현 문제를 자주 출제하는 것으로 유명한데, 구현 문제는 문법을 안다고 해서 쉽게 해결할 수 있는 문제는 아니다. 다양한 케이스를 고려해야 안정적으로 만점을 받을 수 있는 문제들이 주로 출제된다.

그렇다면 삼성전자의 코딩 테스트는 어떨까? 인터넷에서 삼성전자의 코딩 테스트 후기와 복원된 문제를 쉽게 찾아볼 수 있는데, '문제를 바르게 읽고 예외 상황을 적절히 처리하는 방식으로 소스코드를 작성하는 유형'이 가장 많이 출제되었다는 후기가 많다. 또한 문제 유형은 모든 상황을 고려해야하는 완전 탐색 문제가 많이 출제되는 것으로 유명하다. 정리하면 삼성전자의 코딩 테스트는 완전 탐색, DFS/BFS, 구현 유형의 문제를 가장 선호한다.

물론 코딩 테스트 문제에서 출제되는 알고리즘 이론이 쉽다고 해서 문제를 쉽게 풀 수 있다는 의미는 아니다. 한 예로 그리디 유형의 알고리즘은 '현재 상황에서 가장 좋은 것만을 선택하면 되는 알고리즘'이라서 알고리즘 유형의 정의만 들었을 때는 굉장히 쉬워 보인다. 실제로 난이도가 낮은 '거스름돈' 문제 같은 그리디 문제는 쉽게 해법을 찾아낼 수 있다. 하지만 그리디 유형의 문제는 출제자가 마음만 먹는다면 매우 어려운 난이도로 출제할 수 있다. 단지 기업의 코딩 테스트는 테스트의 목적인 '직원 선발'에 맞는 수준으로 난이도를 조정했을 뿐이다. 알고리즘 대회라면 얼마든지 매우 높은 난이도의 그리디 유형 문제도 출제할 수 있다.

일반적으로 알고리즘 코딩 테스트는 2 ~ 5시간가량의 제한된 시험 시간에 8개 이하의 문제를 푸는 형태로 출제된다. 시간이 촉박하기 때문에 평상시 프로그램을 개발하거나 학교 과제용 문제 풀이에 비하면 심리적으로 부담이 되는 편이다. 따라서 이런 시간 제한이 있는 코딩 테스트는 연습해두지 않으면 평소의 문제 해결 기량에 비하여 좋은 성과가 나오지 않을 수 있다.

---

* 출처: http://tech.kakao.com/2017/09/27/kakao-blind-recruitment-round-1
** ACM 국제 대학생 프로그래밍 대회(International Collegiate Programming Contest)를 의미한다.

자격증 시험이나 어학 능력 시험만을 응시해본 학생들은 단순히 '몇 시간 동안 8문제 이하의 문제를 푼다면 시간이 충분하겠다'라고 생각할 수 있다. 필자 또한 짧은 시간에 다수의 문제를 푸는 것에 익숙했던 대학생 시절에 알고리즘 대회를 처음 준비할 때 똑같이 생각했었다. 실제 접해보면 알겠지만, 알고리즘 분야는 다른 분야에 비해서 문제 해석 및 답안 작성에 투자해야 하는 시간이 긴 편이다.

이렇듯 다른 시험보다 문제를 풀기 위해 투자해야 하는 시간이 길다 보니, 대부분의 코딩 테스트에 참여하는 취업 준비생은 문제 풀이 시간이 부족하고 촉박하다고 느낀다. 그렇다면 알고리즘 코딩 테스트에서는 몇 개의 문제를 해결해야 합격할 수 있을까? 출제자의 의도에 따라서 다르겠지만, 대부분의 알고리즘 대회 및 코딩 테스트에서는 상위 5% 미만의 사람만 문제를 전부 풀 수 있으며*** 전체 문제 중에서 절반가량을 정확히 해결할 수 있다면 합격할 수 있다.

문제 난이도와 합격 비율을 확인해보는 차원에서 삼성전자, 라인, 카카오 세 기업에서 이루어진 채용 목적의 코딩 테스트에 한 번이라도 참가해본 적이 있는 2년 차 이하의 IT 직군 신입을 대상으로 설문 조사를 진행했다. 다음 설문 조사 결과를 보면 합격자는 평균 69%의 문제를 풀었으며, 불합격자는 평균 38%의 문제밖에 풀지 못했다고 응답했다. 코딩 테스트는 일종의 주관식 시험으로 많은 양의 문제를 맞혀야 하는 어학 능력 시험과는 사뭇 다른 양상을 보인다.

출제 문제를 100%로 봤을 때 푼 문제의 개수(삼성전자, 라인, 카카오 참가자 대상)

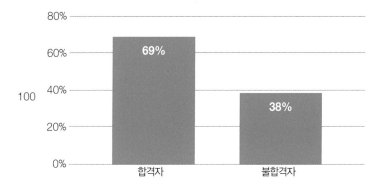

***   이를 올 솔브(All Solve)한다고 표현한다.

응답자들에게 코딩 테스트의 체감 난이도를 물었을 때 다음과 같은 응답을 받았다. 응답자들의 답변을 보면 코딩 테스트에 대한 부담감은 있지만, 예상 외로 어렵게 출제되지는 않았다고 볼 수 있다. 다만, 이는 절대적인 난이도 수치이며, 상대적인 난이도에 대한 정보는 조사하지 않았다.

설문 조사 결과를 바탕으로 '절반 이상의 문제를 안정적으로 해결했을 때 코딩 테스트에 합격할 수 있다'는 것을 예상할 수 있다. 물론 코딩 테스트는 항상 상대평가를 위한 척도이다. 문제의 난이도가 낮고, 지원자의 수준이 높다면 커트라인은 100%에 가깝게 높아질 수도 있다. 반대로 한 국가 교육기관의 코딩 테스트에서는 지원자의 수준에 비해 문제 난이도가 높게 출제되어 합격 커트라인이 20% 미만으로 형성된 적도 있다.

문제 해결 능력은 상대적이므로 코딩 테스트를 준비하는 사람이라면 코딩 테스트에 자주 출제될 법한 문제를 여러 번 살펴보는 것이 유리하다는 것을 인지해야 한다. 이어서 연도별 코딩 테스트 유형을 살펴보자.

 **연도별 코딩 테스트 유형 분석**

기업마다 코딩 테스트의 기출문제 공개 정책이 다르다. 비공개하는 기업의 문제는 응시자들의 기억에 의존해 복원하기 때문에 실제 문제와 차이가 있을 수 있다. 따라서 여기에서 다루는 연도별 코딩 테스트 유형 분석 정보는 일부 부정확한 정보를 포함할 수 있다.

당연하겠지만 코딩 테스트에 참여한 취업 준비생의 사례를 확인해보면 알고리즘 대회 수상 경험이 있는 응시자는 삼성전자, 카카오, 라인 모두 합격권에 있다. 합격자들의 후기를 들어보면, 적정 수준의 문제 해결 역량을 갖추면 기업 코딩 테스트를 준비하기가 좀 더 수월하다고 한다. 국제 알고리즘 대회를 기준으로 설명하면 코드포스 블루* 이상, ACM-ICPC 서울 지역 대회 본선에 안정적으로 진출할 수 있는 수준이라면 모든 기업의 코딩 테스트에서 합격 안정권에 들 수 있다고 판단한다.

하지만 알고리즘 대회와 기업 코딩 테스트는 사뭇 다르므로 기업 코딩 테스트에서는 대회 입상을 목표로 하는 사람들이 학습해야 하는 고난이도 알고리즘을 주로 다루지는 않는다. 그러니 이 책을 펼쳐 든 독자들에게 안심하라는 말을 꼭 전하고 싶다.

기업 코딩 테스트 합격자들의 말을 들어보면 '대회 입상이 목표가 아니라면 고급 알고리즘까지 공부할 필요는 없다'라고 한다. 취업에 필요한 코딩 테스트를 준비한다면 코딩 테스트에 출제되었던 문제 유형을 확인하고, 코딩 테스트에 자주 출제되는 유형 위주로 학습을 진행하는 것이 유리하다. 지금부터 기초 알고리즘을 시작으로 꼼꼼히 공부하는 것만으로도 충분히 코딩 테스트에 합격할 수 있다.

이 책에서는 독자 여러분의 편의를 위해 출제 우선순위가 높은 순서로 알고리즘 이론과 문제들을 차례로 제시한다. 따라서 지금부터 설명하는 연도별 유형 분석에 나온 알고리즘을 당장 깊게 공부할 필요도, 암기할 필요도 없다. 마음 편히 읽은 뒤에 주요 알고리즘 이론과 실전 문제를 다루는 2부를 공부하는 것을 추천한다.

---

* 참고로 코드포스의 경우 전체 유저 중에서 상위 약 20% 미만의 성적을 반복적으로 내는 경우 블루 색상을 얻을 수 있다.

삼성전자는 4년제 대학을 졸업한 사람이 지원하는 3급 공채를 기준으로 설명하며, 다른 기업의 경우도 정식 공채 코딩 테스트를 기준으로 설명한다. 다만, 대부분의 기업에서는 공채가 아닌 인턴 채용의 경우에도 공채 때와 비슷한 수준과 유형의 문제로 출제된다는 점을 기억하도록 하자.

2020년 주요 기업 코딩 테스트 유형 분석

2020년 상반기에 시행된 대기업 IT 직군의 공채에서 출제된 알고리즘 문제를 살펴보면 다음과 같다.

	날짜	풀이 시간	문제 개수	커트라인	주요 문제 유형	시험 유형
라인	상반기 (2020-04-05)	2시간 30분	6문제	4문제	구현, 문자열, 자료구조	온라인
삼성전자	상반기 (2020-06-07)	3시간	2문제	2문제	완전 탐색, 시뮬레이션, DFS/BFS	오프라인

삼성전자는 매년 시험 난이도가 조금씩 상승하는 추세를 보였지만, 기출문제 또한 잘 알려져 지원자들 역시 좋은 성적을 받고 있다. 따라서 현재 삼성전자의 SW 역량테스트는 2문제를 모두 맞혀야 합격 안정권이라고 할 수 있다. 종종 2문제 중 1문제를 풀었어도 1문제를 빠르게 풀었다면 합격하는 경우가 있다고 알려져 있다.

문제 유형은 완전 탐색 유형에서 시뮬레이션 유형으로 바뀌는 추세이다. 혹은 완전 탐색과 시뮬레이션을 모두 요구하는 문제가 출제되고 있으므로 이 2가지 문제 풀이에 모두 익숙해질 필요가 있다. 대체로 사소한 조건을 고려하면서, 약간 응용된 DFS/BFS 소스코드를 작성할 수 있다면 2문제를 모두 맞힐 확률이 높으므로 너무 염려하지 말자.

라인의 경우 2017년, 2018년과 비교했을 때 2019년과 마찬가지로 난이도가 조금 완화되는 경향을 보였다. 문제 유형은 이전 연도와 비슷하게 출제되었다.

하반기 각 기업의 코딩 테스트 일정은 발표되지 않았으나 기존의 일정을 참고했을 때 9월에서 10월 사이에 실시하리라 예상한다.

2019년 주요 기업 코딩 테스트 유형 분석

	날짜	풀이 시간	문제 개수	커트라인	주요 문제 유형	시험 유형
삼성전자	상반기 (2019-04-14)	3시간	2문제	2문제	완전 탐색, 시뮬레이션, 구현, DFS/BFS	오프라인
	하반기 (2019-10-20)					
카카오	1차 (2019-09-07)	5시간	7문제	4문제 (예상)	구현, 이진 탐색, 자료구조	온라인
	2차 (2019-09-21)	5시간	1문제	–	추천 시스템 개발	오프라인
라인	상반기 (2019-03-16)	3시간	5문제	3문제 (예상)	탐색, 구현, 문자열, 다이나믹 프로그래밍	온라인
	하반기 (2019-09-22)	3시간	6문제	4문제	자료구조, 완전 탐색, 구현	온라인

2019년에 시행된 삼성전자 IT 직군 공채 결과는 이전까지의 결과와 사뭇 다른 양상을 보인다. 합격자들의 후기에 따르면 2문제를 모두 맞혀야만 통과했다. 2018년까지는 삼성전자 코딩 테스트 합격 커트라인이 1문제였다.

카카오의 경우 이전 연도와 비슷한 유형의 문제들과 커트라인을 보여주었다. 특히 2차 테스트에서는 2018년과 마찬가지로 REST API, JSON 등의 원리에 대해서 이해하고 있어야 해결할 수 있는 개발형 코딩 테스트 문제가 출제되었다. 책의 주요 내용은 알고리즘 문제 풀이에 관한 것이지만, 이러한 문제 유형에 대비할 수 있도록 부록 C에서 개발형 코딩 테스트에 필요한 이론과 라이브러리 사용법을 짧게나마 다루고 있다.

라인의 경우 이전 연도와 비교했을 때 문제 유형은 유사하지만 난이도가 조금 더 쉬워졌다는 평이었다.

2018년 주요 기업 코딩 테스트 유형 분석

코딩 테스트는 공채를 제외하고도 경력직 채용, 인턴 채용 등의 다양한 시험이 있으며, 대부분 비슷한 양상을 보인다. 시험 일정은 매해 차이가 있으니 참고용으로만 사용하자.

	날짜	풀이 시간	문제 개수	커트라인	주요 문제 유형	시험 유형
삼성전자	상반기 (2018-04-15)	3시간	2문제	1문제	완전 탐색, 구현, DFS/BFS, 시뮬레이션	오프라인
	하반기 (2018-10-21)					
카카오	1차 (2018-09-15)	5시간	7문제	3문제	그리디, 구현, 자료구조	온라인
	2차 (2018-10-06)	5시간	1문제	–	시뮬레이션 개발	오프라인
라인	상반기 (2018-04-05)	2시간	5문제	2문제	탐색, 그리디, 다이나믹 프로그래밍, 구현	온라인
	하반기 (2018-10-13)	2시간	4문제	2문제 (예상)	탐색, 그리디, 구현, 문자열	온라인

삼성전자의 공채 코딩 테스트는 2문제 중 1문제를 정확하게 풀면 통과하는 수준의 커트라인을 보여주는데, 2018년에 시행한 시험 또한 비슷한 양상을 보였다. 다만, 이후 2019년 상반기 삼성전자 코딩 테스트에서는 처음으로 다른 양상을 보였다는 점을 재차 강조하고 싶다. 2019년에 처음으로 2문제를 모두 맞히지 않은 응시자는 모두 탈락한 것이다. 이것은 다년간의 시험 유형을 충분히 분석하고 참여한 응시자가 많았다고 볼 수 있다.

삼성전자는 다른 코딩 테스트에 비해서 문제의 유형이 단조로운 편이다. 1장에서 언급했듯이 알고리즘 문제를 풀고, 코딩 테스트를 준비하는 사람이 2015년을 기점으로 급격하게 증가하였다. 삼성전자 코딩 테스트 문제는 이미 '잘 알려진' 문제라 할 수 있다. 많은 사람이 삼성전자 코딩 테스트 기출문제를 기준으로 공부를 하고 있기 때문에 문제 유형이 바뀌지 않는 이상, 이러한 커트라인 반등은 예상된 결과라고 볼 수 있다.

카카오 또한 1절에서 언급한 내용과 동일하게, 코딩 테스트에서 알고리즘 유형이 출제되면 절반 이상을 맞추었을 때 통과하는 양상을 그대로 보였다.

라인도 비슷한데 특이사항으로는 2018년 하반기 라인 코딩 테스트가 시험 당일 시스템 상의 문제로

인하여 사실상 취소되었다. 그래서 필기시험의 비중이 높았으리라 예상할 수 있다. 필기시험은 컴퓨터공학 전반에 걸친 기초 지식에 대한 문제였다. 따라서 코딩 테스트에 무게를 실어서 준비한 학생은 상대적으로 불리했을 것이다.

2018년에 시행한 카카오의 2차 오프라인 테스트에서는 시뮬레이션Simulation 프로그램을 직접 개발하는 문제가 출제되었다. 이 문제는 알고리즘 역량을 벗어나 REST API, JSON 등의 원리에 대해 이해하고 있어야 해결할 수 있는 문제이다.

팁을 주자면 알고리즘 문제가 아닌 개발 관련 문제에서는 C++나 자바에 비해 파이썬이 단연 유리하다. 특히 1장에서 언급했듯이, 간단한 형태의 API 시스템을 설계하는 과정에 있어서는 파이썬이 상대적으로 유리하다. 실제로 합격률을 비교해보면 C++와 자바에 비해서 파이썬을 이용하여 코딩 테스트를 준비했던 학생의 합격률이 상대적으로 높은 것을 확인할 수 있다.

2018년 10월 6일자 테스트에 대한 〈2019 카카오 블라인드 공채 2차 오프라인 코딩 테스트 문제 해설〉*을 다룬 카카오 기술 블로그 내용을 살펴보면 파이썬으로 문제를 푼 사람이 응시자의 57%에 달하는 92명이었다(162명 응시).

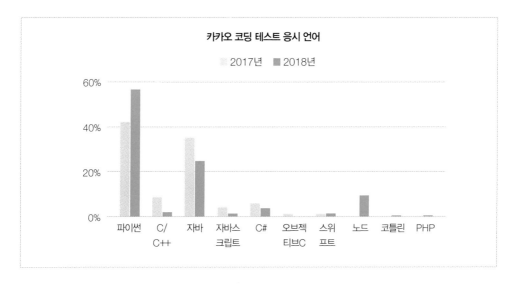

이는 2017년에 카카오 코딩 테스트에 참여한 수험생들이, 파이썬이 상대적으로 유리하다고 느낀 점이 반영된 결과로 보인다. 왜냐하면 카카오 기술 블로그에서는 2017년 2차 오프라인 테스트 합격

---

* http://tech.kakao.com/2018/10/23/kakao-blind-recruitment-round-2

자 중에서 파이썬 사용자가 42.1%로 가장 높았다고 밝혔는데, 2018년에 코딩 테스트를 준비한 응시자들이 이를 참고했을 가능성이 높기 때문이다.

다음은 각각 2017년도와 2018년도 카카오 코딩 테스트에 참여한 응시자들이 선택한 언어를 비교한 자료로 카카오 기술 블로그에 올라온 내용을 토대로 하였다. 헷갈려 하는 독사가 있을 수 있는데 블로그 제목의 2018은 '2018 카카오 신입 공채'까지를 의미한다. 즉 2017년에 치르고 2018년에 입사하므로 이렇게 제목을 붙인 것이다.

- 2018 카카오 신입 공채 2차 코딩 테스트 문제 해설

  http://tech.kakao.com/2017/10/24/kakao-blind-recruitment-round-2

- 2019 카카오 블라인드 공채 2차 오프라인 코딩 테스트 문제 해설

  http://tech.kakao.com/2018/10/23/kakao-blind-recruitment-round-2

2017년 주요 기업 코딩 테스트 유형 분석

	날짜	풀이 시간	문제 개수	커트라인	주요 문제 유형	시험 유형
삼성전자	상반기 (2017-04-16)	3시간	2문제	1문제	완전 탐색, 구현, DFS/BFS, 시뮬레이션	오프라인
	하반기 (2017-10-22)					
카카오	1차 (2017-09-16)	5시간	7문제	4문제	그리디, 구현, 문자열	온라인
	2차 (2017-10-14)	8시간	1문제	–	크롤러 개발	
	3차 (2017-10-29)	4시간	5문제	3문제	그리디, 구현, 문자열	오프라인
라인	상반기 (2017-04-29)	2시간	5문제	3문제	탐색, 그리디, 구현	온라인
	하반기 (2017-10-14)	2시간	5문제	2문제 (예상)	그리디, 구현, 문자열	

2018년과 마찬가지로 삼성전자의 공채 코딩 테스트는 문제 하나를 확실하게 풀면 통과할 수 있었다. 카카오의 경우도 코딩 테스트에서 알고리즘 유형이 출제되면 절반 이상을 맞추었을 때 통과하는 양

상을 보였다.

2017년 카카오 공채의 경우 2차 온라인 테스트에서 크롤러crawler*를 직접 개발하는 문제가 출제되었다. 다만, 온라인 테스트이며 시간이 넉넉했다는 점을 고려하면 실무 개발 경험이 있는 응시자에게 유리했다고 볼 수 있다. 더불어 이 책에서는 알고리즘 문제 해결이 주 학습 대상이므로 크롤러 개발 관련하여 부록에서 requests 라이브러리를 다루는 방법에 대해 간단히 소개한다. 2017년 카카오 코딩 테스트는 특히 파이썬을 선택한 응시자가 조금 더 유리했다는 평을 받고 있다. 아무래도 웹과 관련한 크롤링이나 데이터 정제에 있어서는 파이썬이 특화되어 있기 때문이다.

알고리즘 대회 출신의 수험생들은 일반적으로 코딩 테스트에 임할 때 C++를 주로 이용한다. 하지만 코딩 테스트 유형에 API 개발이 포함된다면 이야기가 달라진다. 알고리즘 문제 풀이 유형이 아닌 API 개발 유형이라면 C++보다 파이썬이 유리하다. 카카오 공식 블로그의 〈2018 카카오 신입 공채 2차 코딩 테스트 문제 해설〉이라는 글에서도, 파이썬 사용자에 비해 C++와 자바를 사용한 사용자가 상대적으로 약세를 보였다는 점을 언급하였다.

2017년 라인 코딩 테스트는 2018년 라인 코딩 테스트와 비교했을 때 난이도가 근소하게 더 낮았다는 후기를 제외하고는 큰 차이가 없다. 라인 코딩 테스트는 삼성전자에 비해 조금 더 난이도가 높고, 다이나믹 프로그래밍 등 상대적으로 더 다양한 종류의 알고리즘 문제가 출제되었다.

2016년 주요 기업 코딩 테스트 유형 분석

	날짜	풀이 시간	문제 개수	커트라인	주요 문제 유형	시험 유형
삼성전자	상반기 (2016-04-17)	3시간	2문제	1문제	완전 탐색, 구현, DFS/BFS	오프라인
	하반기 (2016-10-16)	3시간	2문제	1문제	완전 탐색, 구현, DFS/BFS	오프라인

2016년에 카카오 및 라인 공채에서는 코딩 테스트를 진행하지 않았다. 삼성전자의 경우 소프트웨어 관련 직군에서 2015년 하반기부터 SW 역량테스트가 시행되었으므로, 2016년은 기업의 코딩 테스트 제도가 처음 정착된 해이다. 2017, 2018년과 마찬가지로 삼성전자의 공채 코딩 테스트는 1

---

* 크롤러란 각종 웹 페이지를 돌아다니며 웹 문서에 포함되어 있는 정보를 수집해 오는 프로그램을 의미한다.

문제를 확실하게 풀면 통과하는 수준의 커트라인을 보여주었다. 카카오에서는 2016년 코딩 테스트를 진행하지 않고, 3명가량의 인원이 동시에 들어가서 면접관과 함께 1시간 동안 기술 면접을 보는 방식으로 진행되었다.

기본적으로 알고리즘 코딩 테스트는 지원자의 수가 많을 때 주로 이용하는 방식이므로, 지원자가 가장 많은 삼성전자에서 코딩 테스트를 도입한 것은 당연한 결과로 보인다.

지금까지 2016 ~ 2020년 주요 IT 기업 3사(삼성전자, 카카오, 라인)의 코딩 테스트 유형에 대해서 알아보았다. 다른 IT 기업도 소프트웨어 관련 직군에서 코딩 테스트가 이루어지는 방식은 이와 비슷하다. 외국계 기업인 Facebook, Google 등에도 그 형태는 조금씩 상이하지만 모두 문제 해결 역량을 테스트하기 위한 채용 프로세스가 있다. 기본적인 알고리즘에 대한 이해와 문제 해결 능력이 뛰어나다면 어떤 기업의 테스트를 만나더라도 문제가 없을 것이다.

다음 장부터는 실제로 출제된 알고리즘 이론, 그리고 코딩 테스트 문제와 그 해설에 대한 내용이 반복적으로 제시된다. 코딩 테스트 기출문제들은 실제 출제되었던 바와 상이할 수 있으나, 해당 코딩 테스트에서 요구했던 알고리즘 및 풀이법과 동일하도록 설정했다. 더불어 책의 전체 본문에서 답안으로 제시하고 있는 소스코드는 파이썬이다. 책의 본문에서는 같은 내용을 3번씩 반복하는 일을 막기 위해 파이썬 코드만을 첨부했지만 필자의 깃허브 저장소*에서 C/C++ 및 자바 코드를 추가로 제공한다. 이 책이 코딩 테스트를 준비하는 취업 준비생들에게 도움이 되길 기대한다.

---

* https://github.com/ndb796/python-for-coding-test

성공적인
취업을 위한
가이드

01 채용 프로세스

기업은 회사의 개발 업무에 성실하게 임할 수 있는 실력 좋은 개발자를 채용하고자 한다. 이러한 개발자를 효과적으로 발굴하기 위해 다양한 채용 프로세스를 적용하고 있다. 다양한 채용 프로세스 중 개발자 신입 채용 프로세스를 잠시 살펴보고, 기술 면접을 효과적으로 준비하는 방법을 소개하려 한다. 보통 신입 개발자 채용 프로세스는 다음 순서를 따른다.

서류 검토 ▶ 코딩 테스트 ▶ 기술 면접 ▶ 인성 면접

기본 채용 프로세스는 회사마다 조금씩 다르게 적용한다. 예를 들어 코딩 테스트와 기술 면접을 한 날에 치를 수도 있고 날짜 간격을 두고 치를 수도 있다. 또한 면접 과정에서 기술 면접과 인성 면접을 한 번에 보거나 인성 면접을 치르지 않을 수도 있다. 몇몇 기업에서는 단계별로 난이도를 높여 가며 코딩 테스트를 여러 차례 진행하기도 한다.

대기업과 스타트업의 채용 프로세스 비교

대부분의 기업이 기본 채용 프로세스를 따르지만, 기업의 규모에 따라 채용 프로세스가 다르다. 전공 지식과 관련하여 고려해보면 대기업은 코딩 테스트에, 스타트업은 기술 면접에 더 비중을 둔다. 이러한 차이는 신입사원을 채용한 다음에 진행하는 교육 프로세스에서도 차이가 있다.

대기업은 스타트업에 비해 상대적으로 신입사원에게 투자할 시간적, 금전적 여유가 있는 터라 선발 후 충분한 교육을 진행할 수 있다. 보통은 수개월에 걸쳐 교육을 진행하기에 당장 특정 기술을 몰라도 문제 해결 능력이 뛰어나서 향후 발전할 가능성이 있다고 판단하면 선발한다.

개발 분야의 기술은 빠르게 변하지만, 알고리즘 원리는 핵심 내용을 안다면 기술에 변주하여 사용하지 그 자체가 크게 변하지는 않는다. 그렇기 때문에 대기업은 코딩 테스트에서 알고리즘 역량이나 컴퓨터 분야의 핵심 이론을 기반으로 한 문제 해결 능력에 중점을 두고 직원을 선발한다. 개발에 필요한 프레임워크나 라이브러리는 입사 후 교육을 통해서 갖출 수 있다고 판단한다.

스타트업은 직원을 선발한 다음 바로 실무에 투입해야 하는 경우가 많다. 당연히 회사에서 사용하는 라이브러리나 프레임워크를 알거나 빠르게 적응하여 기존 프로젝트에 참여할 수 있는 사람을 뽑고자 한다. 그렇기 때문에 알고리즘 역량보다는 기술 면접에 중점을 두고 특정한 라이브러리나 프레임워크에 대한 경험이 있는지 확인한다. 때로는 별도의 코딩 테스트 없이 자기소개서와 이력서 검토 후에 바로 기술/인성 면접을 보고 선발하기도 한다. 물론 코딩 테스트를 치르는 스타트업도 많지만, 알고리즘 역량에 대한 비중은 상대적으로 대기업보다 적은 편이다.

대기업은 입사 지원자가 훨씬 많으므로 지원자마다 심층 면접을 진행하려면 면접에 큰 비용을 지출해야 한다. 따라서 코딩 테스트를 통해 지원자를 우선적으로 평가하고 심층 면접자를 선발하는 목적도 있다. 보통 대기업의 신입 채용 공고는 기술 사항을 구체적으로 기술하거나 요구하지 않는 편이다. 반면에 스타트업에서는 자바, 스프링, Node.js와 같은 특정한 프레임워크나 라이브러리를 명확히 기술하여 채용 공고를 게시한다.

알고리즘 문제만 잘 풀면 될까?

신입 개발자 채용 프로세스 중 취업 준비생에게 가장 어려운 부분은 코딩 테스트와 기술 면접일 것이다. 이 두 항목만으로 개발(이론과 실무를 포함한)에 대한 방대한 내용을 질문할 수 있기 때문이다. 코딩 테스트는 주로 알고리즘 문제를 출제하므로 알고리즘을 열심히 공부하고 연습했다면 합격할 수 있다. 그러면 알고리즘 문제를 잘 풀면 기술 면접이나 인성 면접 또한 쉽게 통과할 수 있을까? 그렇지 않다.

일단 기술 면접에서는 알고리즘 외에도 컴퓨터 구조, 운영체제 등 컴퓨터공학 전반에 대한 다양한 지식에 관해 질문하므로 공부해야 할 범위가 상당히 넓다. 또한 아무리 실력이 좋다고 하더라도 채용자 입장에서는 성실성과 팀원으로서 잘 어울릴 수 있는지 등의 인성 평가를 함께 진행해야 하므로 인성 면접에 대한 질의응답도 준비해야 한다.

02 / 기술 면접의 대표 유형

기술 면접은 보통 알고리즘 문제 풀이와 질의응답/포트폴리오 질의응답/컴퓨터공학 지식 질의응답 유형으로 진행한다. 혹은 이 셋을 결합하기도 한다. 이를테면 면접 때 문제도 풀고, 이력서를 토대로 포트폴리오에 대한 질문을 하기도 한다. 지원자는 3가지 유형 모두 대응할 수 있게 준비해야 한다. 처음에는 준비할 것이 너무 많아 보이겠지만, 준비해야 할 내용의 본질은 같다. 업무에서 요구하는 만큼 컴퓨터 이론 지식을 갖추고 있으며, 필요한 관련 프로젝트에 경험이 있고 알고 있는 내용을 논리 정연하게 설명할 수 있다면 어떤 면접 방식이든 대응할 수 있다.

알고리즘 문제 풀이와 질의응답 형식

기술 면접의 가장 대표적인 방법이다. 코딩 테스트를 치른 내용을 토대로 면접을 진행하며 알고리즘 역량을 제대로 갖추었는지 확인한다. 책의 다양한 코딩 테스트 문제를 풀고 관련 알고리즘 원리를 완전히 자기 것으로 만들기를 권한다. 그래야만 면접에서 알고리즘 질문에 제대로 답할 수 있다. 알고리즘 문제를 푸는 것도 중요하지만, 이후 기술 면접에서 잘 대답하려면 문제 접근 방식과 풀이 방식을 설명할 수 있어야 한다. 그러려면 자료구조와 알고리즘에 대한 이해가 바탕이 되어야 한다. 책을 읽으며 어떤 상황에 어떤 알고리즘을 사용하는지 적어둔 부분을 잘 익혀두자. 예를 들어 기술 면접에서 정렬 알고리즘의 시간 복잡도를 물어봤다면, '선택 정렬, 삽입 정렬 등은 최악의 경우 $O(N^2)$의 시간이 소요되지만 병합 정렬 등은 최악의 경우에도 시간 복잡도 $O(NlogN)$을 보장하므로 대부분의 프로그래밍 언어의 라이브러리에서도 $O(NlogN)$을 보장하는 형태로 정렬 기능이 제공되고 있다든지, 경우에 따라서는 계수 정렬과 같은 $O(N+K)$를 보장하는 정렬 알고리즘을 사용할 수 있다든지' 등을 설명할 수 있으면 좋다. 즉, 단순히 어떤 정렬 라이브러리의 시간 복잡도가 높다, 낮다를 판단하는 것만으로는 부족하고, 실제로 서로 다른 알고리즘을 비교하여 '특정한 상황'에서 무엇이 더 좋을지를 설명할 수 있어야 한다.

포트폴리오 질의응답 형식

이 유형은 투입될 개발 프로젝트에 필요한 지식을 갖추고 있는지 물어볼 때 주로 이용되는 유형이다. 작은 규모의 기업에서는 장기간에 걸쳐 신입을 교육시키는 프로세스가 없을 수도 있다. 특히 진행 중인 개발 프로젝트에 개발자를 바로 투입해야 한다면 지원자가 수행했던 프로젝트 경험이 본 회사에 적합한지를 물어보곤 한다. 다시 말해 당장 개발 인력을 투입해야 하는 상황이라면 특정 라이브러리나 프레임워크 경험을 평가의 기준으로 삼는다. 신입 직원의 잠재력도 중요하지만, 경험을 더 중요하게 볼 수도 있다는 것이다. 항상 그렇지는 않지만, 특정 기술에 능숙하다면 해당 업무에서 필요로 하는 수준의 알고리즘 역량을 갖췄을 가능성이 높다. 이렇게 개발 경험에 가중치를 부여하는 회사는 포트폴리오를 상당히 중요하게 본다. 이를 대비해 공부하면서 만든 토이 프로젝트를 정리하여 포트폴리오로 만들어 두면 좋다. 예를 들어 웹 개발 회사의 취업을 고려한다면 스프링이나 Node.js를 이용하여 게시판 기능을 구현하는 프로젝트를 만들어보자. 혹은 게임 개발 회사의 취업을 고려한다면 유니티 엔진을 이용해 프로젝트를 만들어보자. 포트폴리오를 완성했다면 다른 사람이 보기 편하게 문서화하는 것도 잊지 말자. 프로젝트당 1 ~ 2장 정도의 분량으로 개발 과정 등을 문서로 정리해두고 팀 프로젝트면 본인이 맡은 역할과 이슈를 해결하면서 배운 내용 등을 문서에 담도록 하자. 또한 전체 소스코드를 깃허브에 올리고 이력서에 깃허브 주소를 첨부하는 것이 좋다. 이력서를 본 면접관은 프로젝트와 관련된 내용으로 심층 질문을 할 가능성이 높다. 더불어 프로젝트 후 배포 경험까지 있으면 좋은데, 이 과정에서 AWS나 Google Cloud Platform[GCP]과 같은 클라우드 서비스를 이용해본 경험이 있으면 이 또한 이력서에 기술하자.

컴퓨터공학 지식 질의응답 형식

기술 면접 때 컴퓨터공학에 대한 전반적인 지식을 질문하기도 한다. 운영체제[OS]나 컴퓨터 아키텍처, 개발 방법론 등에 대한 이해가 있어야 개발할 수 있는 분야도 있기 때문이다. 예를 들어 서버 개발에서는 멀티 스레딩, 메모리 관리 등을 알아야 한다. 따라서 지원한 직군이 서버 계열이라면 당연히 이러한 지식에 관해서 물어볼 수 있으므로 미리 준비해야 한다. 또한 어느 분야든 네트워크에 대한 지식이 필요하다. 예를 들어 웹 개발 직군에 지원한다면 당연히 GET, POST 방식의 차이나 TCP, UDP, HTTP, HTTPS의 개념과 원리를 알아야 한다. 데이터베이스 관련 직군이라면 데이터베이스의 정규화, 인덱스[Index], NoSQL 등 다양한 데이터베이스 관련 내용에 관해서 물어볼 수 있다. 이처럼 알고리즘을 제외한 컴퓨터공학 지식은 주로 직무와 관련된 내용을 물어보므로 관련 분야의 지식을 중점으로 알아두자. 깃허브에 국내 기술 면접에 대한 전반적인 내용을 정리한 '국내 기술 면접 가이드라인' 저장소가 있으니 기술 면접 전에 읽어보자. 분야별로 알아두어야 하는 내용이 정리되어 있다.

• https://github.com/JaeYeopHan/Interview_Question_for_Beginner

03 기술 면접 준비

누차 이야기하지만, 알고리즘 문제를 잘 풀었다고 기술 면접을 항상 쉽게 통과할 수 있는 것은 아니다. 기업에서 원하는 직원은 문제를 풀어 '정답 판정'을 받는 지원자가 아니라, 자신이 어떤 방법으로 문제에 접근하여 어떠한 알고리즘을 사용했는지를 논리 정연하게 설명할 수 있는 지원자를 원한다.

채용 프로세스란 회사에서 같이 일할 사람을 뽑는 과정이므로 논리적으로 말로 정리하는 능력도 매우 중요하다. 이러한 능력은 하루아침에 생기는 게 아니므로 평소에 기술 블로그나 깃허브 저장소를 운영하며 능력을 키워갈 수 있다. 또한 글로도 논리적인 풀이 능력을 확인할 수 있으므로 채용 시 장점이 될 수도 있다. 이번에는 기술 면접을 준비하기 위한 기본 팁에 대해서 소개하고자 한다. 단, 지금부터 다룰 내용은 장기적인 관점에서 바라볼 필요가 있으며, 시간이 지나 결과물을 모아둔다면 분명히 유용하게 활용할 수 있다.

깃허브 사용하기

깃허브GitHub는 가장 유명한 오픈소스 프로젝트 공유 웹사이트이다. 누구나 자신이 개발하고 있는 프로젝트를 오픈소스로 공유할 수 있다. 많은 개발자가 자발적으로 깃허브에 업로드하여 관리하며 오픈소스 생태계에 기여하고 있다.

- https://github.com

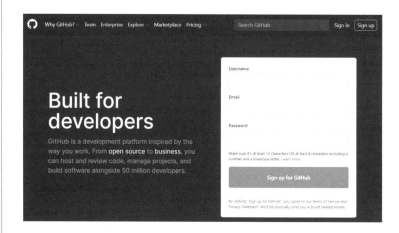

깃허브 사용법은 인터넷이나 책으로 쉽게 익힐 수 있다. 깃허브에 프로젝트 파일을 올리는 일은 굉장히 쉬우므로 겁먹을 필요 없다. 처음에는 간단한 안드로이드 애플리케이션, 웹사이트 소스코드를 올리는 정도로 충분하다. 혹은 백준 온라인 저지나 코드포스에서 풀었던 문제의 정답 소스코드를 정리해서 올려도 좋다. 깃허브는 소스코드를 업로드한 시점을 기록해주는데 매일매일 성실히 소스코드를 작성하면 그대로 깃허브에 로그와 같은 형태로 남는다. 흔히 깃허브의 잔디밭이 가득 채워진다고 표현한다. 이를 통해 지원자의 성실함을 면접관에게 보여줄 수 있다.

깃허브 주소를 자신의 이력서에 기술하는 개발자도 많다. 다음은 2020년 1월 13일에 확인한 필자의 깃허브 프로필 화면이다. 개발자의 '명함'처럼 깃허브가 통용되기도 하니 시간 날 때 꾸준히 개발한 내용을 업로드해보자. 꾸준히 깃허브를 사용했다면 여러분의 깃허브 저장소는 그 자체로 훌륭한 포트폴리오가 될 것이고, 이력서에 깃허브 주소를 넣었을 때 면접관이 미리 포트폴리오를 확인한 후 여러분의 프로젝트에 대해서 질문할 수 있다. 특히 깃허브는 지원자가 어떠한 프레임워크나 라이브러리에 대한 지식이 있는지를 잘 표현할 수 있다. 아무것도 없는 것보다는 훨씬 매력적인 지원자로 보일 것이다.

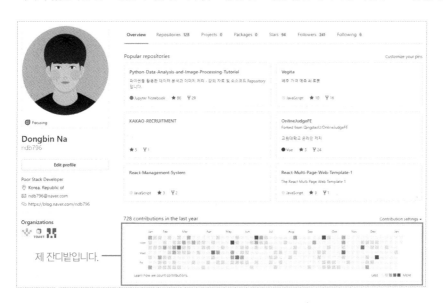

• 필자의 깃허브: https://github.com/ndb796

기술 면접의 어려움

기술 면접을 볼 때는 보통 개발자가 면접관으로 1명 이상 참석한다. 그런데 개발자마다 중요하게 생각하는 부분이 다를 수 있어 기술 면접을 '완벽'하게 대비하는 일은 불가능하다. 예를 들어 어떤 면접관(개발자)은 수학과 알고리즘 원리를 중요하게 생각해서 업무에서 필요한 알고리즘 원리에 초점을 맞추어 질문할 수 있으며, 어떤 면접관(개발자)은 프레임워크나 라이브러리를 다룬 경험을 중요하게 생각하여 관련 경험을 주로 물어볼 수 있다.

이런 이유로 기술 면접에 대한 완벽한 준비가 어렵기 때문에 불합격을 받았다고 너무 실망하지는 말자.

인성 면접 질문 리스트

다음은 대표적인 인성 면접 질문이다. 아무것도 모르는 것보다는 이런 유형으로 질문을 받을 수 있다는 것을 알고 미리 자기만의 대답을 준비해보자.

Q. 개발하면서 가장 행복했던 일은 무엇인가요?

A. 이 질문은 개발자로서의 열정을 느낀 경험을 물어보는 질문이다. 개발하면서 행복감을 느꼈던 순간이나, 보람을 느꼈던 경험을 이야기하면 좋다. 채용자는 같이 일할 만한 사람인지를 확인하고자 이러한 질문을 한다. 따라서 자신이 개발하면서 얼마나 행복함을 느끼는지, 어떨 때 기쁜지 등을 설명하면서 개발을 좋아한다는 점을 알리는 게 좋다.

Q. 자신이 가장 열정적으로 참여했던 프로젝트가 있다면 이야기해주세요.

A. 이 질문에는 자신이 열정적으로 참여했던 프로젝트를 소개하고, 누구와 함께 했는지, 자신이 맡은 역할이 무엇이었는지 답하면 된다. 특히 프로젝트에서 자신이 기여한 파트를 구체적으로 언급하고 그 과정에서 겪었던 어려운 점을 어떻게 해결하여 실력 향상을 이룰 수 있었는지에 대해서 설명할 수 있을 정도로 준비를 하자.

Q. 회사에 대해 궁금한 점이 있으면 말해주세요.

A. 면접은 단순히 회사에 채용되는 과정이 아니라 여러분 또한 회사를 선택하는 입장이라는 점을 기억하자. 따라서 회사에 대하여 궁금한 점이 있다면 질문할 수 있도록 사전에 회사에 대해 알아보고 면접에 임하자.

1차원적으로 궁금한 것을 직접 물어보는 것보다는 자신의 개발자로서의 성향 중에서 '긍정적인 성향'을 드러낼 만한 질문을 하는 것이 좋다. 예를 들어 '회사에서 기계식 키보드를 이용해도 좋은지'를 물어볼 수도 있다. 이 경우, 평소에 컴퓨터 장비에 관심이 많은 것처럼 느껴질 수 있다. 혹은 '회사에 수면 공간이 있는지'나 '간식 제공 여부'에 대해서 물어볼 수도 있다. 예를 들어 '혹시 회사에 수면 공간이 있나요? 저는 한창 개발을 할 때는 앉은 자리에서 해당 문제가 풀릴 때까지 계속 앉아있기 때문에 회사에 수면 공간이 있거나 간식 등이 잘 공급된다면 일을 더 잘할 수 있습니다'와 같은 질문을 할 수 있는데, 이는 지원자가 끈기 있게 문제를 고민하며 해결하는 습관이 있는 것처럼 느껴지게 할 수도 있다.

01 알고리즘 문제 풀이 사이트

앞서 온라인 저지 사이트에 대해서 소개한 내용에 덧붙여 추가로 알아두면 좋은 내용을 다루고자 한다. 외국계 기업에 취업하려는 취업 준비생이나 국제 알고리즘 대회를 준비하는 학생은 소개하는 해외 알고리즘 문제 풀이 사이트를 이용하는 것을 추천한다. 예를 들어 전 세계 대학생들이 알고리즘 설계 및 문제 해결 능력을 겨루는 ACM-ICPC^{ACM 국제 대학생 프로그래밍} 대회는 본선 문제가 영어로 출제된다. 당연히 국제 대회를 준비한다면 영어 문제를 해석하는 능력 또한 필요하다. 이런 연습은 후에 영어로 쓰인 개발 문서를 읽는 데에도 도움이 될 것이다.

코드 시그널(https://app.codesignal.com)

비교적 최근에 생긴 코드 시그널^{Code Signal}은 최신 트렌드를 잘 반영한 알고리즘 문제 풀이 및 해설을 제공하는 사이트이다. 특히 무료로 차근차근 쉬운 문제부터 단계별로 풀어볼 수 있다는 점에서 초보자에게 적합하다. 알고리즘 문제 풀이 사이트를 처음 접하면 대부분 어려운 UI/UX에 너무 전문적으로 보이는 단점이 있다. 코드 시그널은 문제 풀이를 게임과 유사하게 만들어서 처음 접하는 사용자에게도 친근하다는 장점이 있다. 문제를 많이 풀면 레벨이 올라 마치 게임을 하는 것처럼 알고리즘 문제를 풀어볼 수 있다. 게임처럼 회원가입 이후에 튜토리얼을 거쳐 사용법을 익히고 문제를 앞에서부터 차근차근 풀면 자연스럽게 쉬운 문제부터 단계적으로 풀 수 있다.

특히 기본 튜토리얼을 마친 이후에 '토너먼트'에 참여할 수 있는 권한이 생기는데, 토너먼트는 10분 동안 낮은 난이도의 문제 5개를 푸는 일종의 소규모 대회이다. 2명 이상이 등록하면 곧바로 대회가 시작되며, 난이도는 낮은 편이라 부담 없이 대회를 즐길 수 있다. 이러한 토너먼트 대회는 15분마다 한 번씩 열리며, 누구나 쉽게 참여하여 게임처럼 문제를 푼다는 점에서 사용자들이 즐기면서 배울 수 있는 사이트다.

그리고 코드 시그널과 유사한 사이트로 게임코딩(https://www.codingame.com) 사이트가 있다. 이와 관련된 책(『게임으로 익히는 코딩 알고리즘』)도 있으니 관심 있는 독자라면 한번 살펴보자. 코드 시그널을 통해 알고리즘 문제 풀이에 익숙해지면, 코드포스나 탑코더로 넘어가는 것을 추천한다.

코드포스(https://codeforces.com)

코드포스^{CodeForces}는 가장 유명한 알고리즘 문제 사이트 중 하나다. 코드포스에서는 2020년 기준으로 거의 매주 1회 이상 주기적으로 대회가 열리고 있다. 앞서 언급했듯이 코드포스는 레이팅 제도가 있는 데, 대회에 참가하면 자신의 성적에 따라서 레이팅을 판정받는다. 레이팅은 색상으로 구분되는데 등급에 따라 그레이, 그린, 민트, 블루, 퍼플, 오렌지, 레드 등으로 구분된다.

대회에서 평균 이상의 성적을 내면 민트 이상의 색상을 받을 수 있고 블루는 보통 상위 20%가량의 성적을 낸 유저에게 부여된다. 필자는 코드포스에서 블루 등급 이상의 사용자라면 기업 코딩 테스트를 대부분 통과할 수 있다고 본다. 그리고 ICPC 본선 출전을 목표로 할 때도 블루 등급의 상위권부터는 수상을 노릴 수도 있는 등급이라고 본다. 주변에서 대기업 코딩 테스트를 무난하게 합격하는 이들은 대체로 코드포스에서 블루 등급 이상이었다. 단순히 취업이 목표가 아니라 문제 해결 능력은 실무에서도 중요하다. 따라서 알고리즘 자체에 재미를 느끼고 문제를 해결하는 과정에 익숙해지려면 코드 시그널을 포함하여 코드포스에도 가입하고 대회에도 참가해 감을 익혀보기를 추천한다.

코딩 테스트나 대회를 앞두고 있을 때 코딩포스 대회에 여러 번 참가해 코딩 테스트의 긴장감을 느껴보길 권한다. 코드포스의 대회는 보통 2 ~ 2시간 30분 정도 시간이 주어지며 문제 순서대로 난이도가 부여된다. 당연하겠지만, 대회 때 안정적으로 문제를 많이 풀려면 문제를 푸는 훈련을 오래 해야 한다. 또한 코드포스는 영어로 구성되어 있으며, 화면이 초보자에게 친근하지 않을 수 있다. 그래도 ICPC 스타일의 대회가 자주 출제되며, 알고리즘에 능한 개발자들이 대회에 자주 참가하고 서로의 의견을 공유하는 사이트라는 점에서 공부할 거리가 매우 많다.

정올(http://www.jungol.co.kr)

1부에서 국내 유명 알고리즘 문제 풀이 사이트로 백준 온라인 저지나 코드업이 있다고 언급하였다. 최근에는 백준 온라인 저지나 코드업을 통해 알고리즘 공부를 시작하는 이들이 많지만, 이전부터 많이 사용되던 사이트로 정올^{Jungol}을 소개한다. 정올은 '정보 올림피아드'의 약자로 정보 올림피아드 기출 문제를 만날 수 있는 오래된 국내 알고리즘 문제 풀이 사이트이다.

[문제] 탭에서 출력, 입력, 연산자, 디버깅, 선택 제어문 등 다양한 기초 문법 활용 단계를 선택할 수 있어 문법에 익숙하지 않은 입문자들도 빠르게 알고리즘 문제 풀이에 적응할 수 있다. 또 [기출문제] 탭에는 국제 정보 올림피아드 문제를 포함하여 다양한 대회 기출문제를 제공하고 있다.

02 / 커뮤니티 사이트

생활코딩

- https://opentutorials.org
- 커뮤니티: https://www.facebook.com/groups/174499879257223

생활코딩은 개발과 관련 있는 다양한 강좌가 있는 사이트이자 커뮤니티이다. 홈페이지에는 웹 개발이나 서버 운영과 관련한 강좌가 많으며, 최근에는 직접 강좌를 올릴 수 있게 개편되었다. 커뮤니티는 페이스북 그룹에서 운영되며 개발과 알고리즘 이야기가 굉장히 활발하게 올라온다.

필자가 알고리즘을 처음 공부하던 시절에 해결이 안 되는 문제의 힌트를 얻고자 이 커뮤니티에 질문 글을 올렸던 적이 있다. 10만 명에 가까운 개발 업계 사람들이 가입된 그룹이라 올라오는 글을 읽는 것만으로도 도움이 되곤 한다. 이미 다른 사람들이 올린 비슷한 질문이 많으니 질문 전에 확인해보면 필요한 정보를 얻을 수도 있다. 물론 커뮤니티답게 일상적인 이야기도 올라온다.

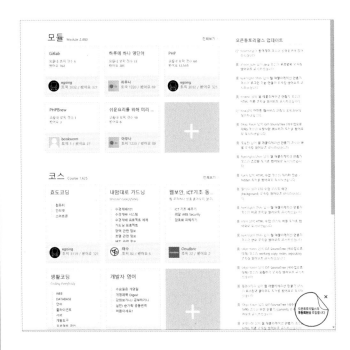

BOJ Slack

• https://acmicpc.slack.com

끝으로 백준 온라인 저지 슬랙을 추천한다(BOJ 워크스페이스Workspace가 좀 더 정확한 표현이다). 이 사이트는 백준 온라인 저지에서 알고리즘 문제를 풀며 활동하고 있는 사람들이 모여 있는 곳이다. 알고리즘 문제에 관한 대화를 나눌 수 있고, 특히 백준 온라인 저지에서 문제를 풀다가 Q&A 채널에 질문 글을 올릴 수도 있다.

물론 백준 온라인 저지 사이트에서 문제마다 질문 글을 올릴 수도 있지만, 조금 더 빠르게 답변을 받고 싶거나 알고리즘을 공부하는 사람들과 더 많은 이야기를 나누고 싶은 독자라면 추가로 슬랙에 가입하자. 슬랙에 가입하면 새로운 질문 글이 올라오거나 할 때 바로 확인할 수 있다는 장점이 있다.

주요 알고리즘 이론과
실전 문제

그리디

현재 상황에서 가장 좋아 보이는 것만을 선택하는 알고리즘

 # 당장 좋은 것만 선택하는 그리디

그리디Greedy 알고리즘은 단순하지만 강력한 문제 해결 방법이다. 이 알고리즘 유형은 국내 알고리즘 교재에서 단어 그대로 번역하여 '탐욕법*'으로 소개된다. 이름에서 알 수 있듯이 어떠한 문제가 있을 때 단순 무식하게, 탐욕적으로 문제를 푸는 알고리즘이다. 여기서 탐욕적이라는 말은 '현재 상황에서 지금 당장 좋은 것만 고르는 방법'을 의미한다. 그리디 알고리즘을 이용하면 매 순간 가장 좋아 보이는 것을 선택하며, 현재의 선택이 나중에 미칠 영향에 대해서는 고려하지 않는다.

코딩 테스트에서 만나게 될 그리디 알고리즘의 문제 유형은 앞으로 다루게 될 알고리즘과 비교했을 때 '사전에 외우고 있지 않아도 풀 수 있을 가능성이 높은 문제 유형'이라는 특징이 있다. 반면 이후에 공부할 정렬, 최단 경로 등의 알고리즘 유형은 이미 그 알고리즘의 사용 방법을 정확히 알고 있어야만 해결 가능한 경우가 많다.

예를 들어 여러 개의 데이터를 빠르게 정렬해야 하는 문제는 정렬 라이브러리의 사용 방법을 알고 있어야 한다. 또 다른 예시로 최단 경로를 빠르게 찾아야 하는 문제는 플로이드 워셜Floyd-Warshall 혹은 다익스트라Dijkstra 알고리즘과 같은 특정 알고리즘을 미리 알고 있거나 팀 노트를 통해 준비해야 풀 수 있다. 참고로 다익스트라 알고리즘은 엄밀히 말하면 그리디 알고리즘으로 분류되므로, 그리디 알고리즘이면서도 '암기'가 필요한 알고리즘이기도 하다. 다만, 그리디 알고리즘 자체가 문제 출제의 폭이 매우 넓기 때문에, 다익스트라 알고리즘과 같은 특이 케이스를 제외하고는 단순 암기를 통해 모든 문제를 대처하기 어렵다는 점을 이해하자.

이외에도 그리디 알고리즘 유형의 문제는 매우 다양하기 때문에 암기한다고 해서 항상 잘 풀 수 있는 알고리즘 유형이 아니다. 사전 지식 없이도 풀 수 있는 문제도 있겠지만, 많은 유형을 접해보고 문제를 풀어보며 훈련을 해야 한다. 향후 등장할 문제를 풀어보면 이해할 수 있을 것이다.

보통 코딩 테스트에서 출제되는 그리디 알고리즘 유형의 문제는 창의력, 즉 문제를 풀기 위한 최소한의 아이디어를 떠올릴 수 있는 능력을 요구한다. 다시 말해 특정한 문제를 만났을 때 단순히 현재 상황에서 가장 좋아 보이는 것만을 선택해도 문제를 풀 수 있는지를 파악할 수 있어야 한다.

---

* 욕심쟁이 알고리즘이라고도 한다. 이 책에서는 탐욕법으로 통일한다.

그리디 알고리즘은 기준에 따라 좋은 것을 선택하는 알고리즘이므로 문제에서 '가장 큰 순서대로', '가장 작은 순서대로'와 같은 기준을 알게 모르게 제시해준다. 대체로 이 기준은 정렬 알고리즘을 사용했을 때 만족시킬 수 있으므로 그리디 알고리즘 문제는 자주 정렬 알고리즘과 짝을 이뤄 출제된다.

이제 '거스름돈' 문제를 예로 그리디 알고리즘을 설명하겠다. '거스름돈' 문제는 그리디 알고리즘을 대표하는 문제이다.

예제 3-1 거스름돈

당신은 음식점의 계산을 도와주는 점원이다. 카운터에는 거스름돈으로 사용할 500원, 100원, 50원, 10원짜리 동전이 무한히 존재한다고 가정한다. 손님에게 거슬러 줘야 할 돈이 N원일 때 거슬러 줘야 할 동전의 최소 개수를 구하라. 단, 거슬러 줘야 할 돈 N은 항상 10의 배수이다.

문제 해설

이 문제는 그리디 알고리즘을 이용해 풀 수 있는 대표적인 문제로 간단한 아이디어만 떠올릴 수 있으면 문제를 해결할 수 있다. 그것은 바로 '가장 큰 화폐 단위부터' 돈을 거슬러 주는 것이다. N원을 거슬러 줘야 할 때, 가장 먼저 500원으로 거슬러 줄 수 있을 만큼 거슬러 준다. 그다음 100원, 50원, 10원짜리 동전을 차례대로 거슬러 줄 수 있을 만큼 거슬러 주면 최소의 동전 개수로 모두 거슬러 줄 수 있다.

예를 들어 입력으로 주어진 N이 1,260이라면 다음과 같이 가장 큰 화폐 단위부터 거슬러 주는 과정을 통해 1,260원을 모두 거슬러 줄 수 있다.

`step 0` 초기 단계 – 남은 돈: 1,260원

TIP 본래 점원이 거슬러 줘야 할 돈은 보이지 않고 잔돈 무더기가 보여야 논리적으로 맞다. 문제 풀이에서는 독자의 이해를 돕고자 미리 거스름 돈을 시각적으로 표현했다.

 (아무것도 없는 상태)

화폐 단위	500	100	50	10
손님이 받은 개수	0	0	0	0

`step 1` **남은 돈: 260원** 1,260원에서 500원짜리로 거슬러 줄 수 있는 돈은 1,000원, 즉 500원 2개이고 남은 돈은 260원이다.

화폐 단위	500	100	50	10
손님이 받은 개수	2	0	0	0

`step 2` **남은 돈: 60원** 앞 단계에서 남은 돈 260원에서 100원 단위로 거슬러줄 수 있는 돈은 200원, 즉 100원 2개이고 남은 돈은 60원이다.

화폐 단위	500	100	50	10
손님이 받은 개수	2	2	0	0

step 3 **남은 돈: 10원** 역시 앞 단계에서 남은 돈 60원에서 50원 단위로 거슬러줄 수 있는 돈은 50원 1개이고, 남은 돈은 10원이다.

화폐 단위	500	100	50	10
손님이 받은 개수	2	2	1	0

step 4 **남은 돈: 0원** 이제 남은 돈은 10원이고, 10원 1개를 거슬러 주며 거스름돈 계산을 모두 마쳤다.

 (아무것도 없는 상태)

화폐 단위	500	100	50	10
손님이 받은 개수	2	2	1	1

따라서 N이 1,260일 때 손님이 받은 동전의 최소 개수는 6개이다. 이 내용을 파이썬 3.7로 작성하면 다음과 같다.

```python
n = 1260
count = 0

# 큰 단위의 화폐부터 차례대로 확인
coin_types = [500, 100, 50, 10]

for coin in coin_types:
    count += n // coin # 해당 화폐로 거슬러 줄 수 있는 동전의 개수 세기
    n %= coin

print(count)
```

코드를 보면 화폐의 종류만큼 반복을 수행해야 한다. 따라서 화폐의 종류가 K개라고 할 때 위 소스 코드의 시간 복잡도는 $O(K)$이다. 참고로 시간 복잡도에서 거슬러 주어야 할 돈 N은 찾아볼 수 없는 것을 알 수 있다. 즉, 이 알고리즘의 시간 복잡도는 동전의 총 종류에만 영향을 받고, 거슬러 줘야 하는 금액의 크기와는 무관하다는 것을 알 수 있다.

물론 실제 코딩 테스트에 출제되는 그리디 유형의 문제는 위와 같은 거스름돈 문제보다는 일반적으로 난이도가 높은 편이다. 하지만 문제에 접근하는 방법은 유사하므로 거스름돈 문제는 그리디 알고리즘을 설명할 때 자주 소개되는 문제이다.

그리디 알고리즘의 정당성

그리디 알고리즘을 모든 알고리즘 문제에 적용할 수 있는 것은 아니다. 대부분의 문제는 그리디 알고리즘을 이용했을 때 '최적의 해'를 찾을 수 없을 가능성이 다분하다. 하지만 거스름돈 문제에서 '가장 큰 화폐 단위부터' 돈을 거슬러 주는 것과 같이, 탐욕적으로 문제에 접근했을 때 정확한 답을 찾을 수 있다는 보장이 있을 때는 매우 효과적이고 직관적이다.

그리디 알고리즘으로 문제의 해법을 찾았을 때는 그 해법이 정당한지 검토해야 한다. 거스름돈 문제를 그리디 알고리즘으로 해결할 수 있는 이유는 가지고 있는 동전 중에서 큰 단위가 항상 작은 단위의 배수이므로 작은 단위의 동전들을 종합해 다른 해가 나올 수 없기 때문이다. 예를 들어 800원을 거슬러 줘야 하는데, 화폐 단위가 500원, 400원, 100원인 경우를 생각해보자. 이 경우에 그리디 알고리즘으로는 4개의 동전(500원 + 100원 + 100원 + 100원)을 거슬러 줘야 한다고 나오는데,

최적의 해는 2개의 동전(400원 + 400원)을 거슬러 주는 것이다. 다시 말해 이 문제에서는 큰 단위가 작은 단위의 배수 형태이므로, '가장 큰 단위의 화폐부터 가장 작은 단위의 화폐까지 차례대로 확인하여 거슬러 주는 작업만을 수행하면 된다'는 아이디어는 정당하다. 대부분의 그리디 알고리즘 문제에서는 이처럼 문제 풀이를 위한 최소한의 아이디어를 떠올리고 이것이 정당한지 검토할 수 있어야 답을 도출할 수 있다.

어떤 코딩 테스트 문제를 만났을 때, 바로 문제 유형을 파악하기 어렵다면 그리디 알고리즘을 의심하고, 문제를 해결할 수 있는 탐욕적인 해결법이 존재하는지 고민해보자. 만약 오랜 시간을 고민해도 그리디 알고리즘으로 해결 방법을 찾을 수 없다면, 그때는 이후의 장에서 다루게 될 다이나믹 프로그래밍이나 그래프 알고리즘 등으로 문제를 해결할 수 있는지를 재차 고민해보는 것도 한 방법이다.

처음에 문제를 만났을 때는 이것저것 다양한 아이디어를 고려해야 한다. 가장 먼저 '10원짜리로만 모두 거슬러 주도록 코드를 작성하면 어떻게 되지?'라고 생각할 수 있다. 그 이후에는 '10원짜리로만 모두 거슬러 주면 최적의 해를 구할 수 없겠구나!'라고 문제점을 인식하고, 가능한 또 다른 문제 풀이 방법을 하나씩 곰곰이 생각해보는 것이다. 그러다가 결국엔 '가장 큰 500원짜리부터 거슬러서 가장 작은 10원짜리까지 차례대로 거슬러 준다면 어떻게 될까?'라고 생각을 하고, '거스름돈 문제에서는 큰 단위가 항상 작은 단위의 배수 형태이므로, 이렇게 하면 항상 최적의 해를 보장할 수 있겠구나!'까지 떠올릴 수 있어야 문제의 정답 판정을 받을 수 있을 것이다.

실제로 거스름돈 문제에서 동전(화폐)의 단위가 서로 배수 형태가 아니라, 무작위로 주어진 경우에는 그리디 알고리즘으로는 해결할 수 없다. 화폐의 단위가 무작위로 주어진 문제는 2부에서 배울 다이나믹 프로그래밍으로 해결할 수 있으며 해당 문제 또한 책에서 다루고 있다(8장 '효율적인 화폐 구성').

지금까지 그리디 알고리즘의 기본 원리에 대해서 알아보았으므로 이제부터 그리디 알고리즘의 실전 예제를 더 풀어보자. 지금부터 설명할 문제는 알고리즘 대회 및 코딩 테스트에 출제되었던 문제를 다듬은 것이다. 기업의 코딩 테스트를 안정적으로 통과하려면 다음에 소개되는 문제 각각에 대해 문제별 아이디어를 떠올리고 코드로 작성하기까지 시간이 30분 이내로 소요되어야 한다. 난이도는 모두 '하'에 해당하며 총 3문제를 준비하였다.

큰 수의 법칙

난이도 ●○○ | 풀이 시간 30분 | 시간 제한 1초 | 메모리 제한 128MB | 기출 2019 국가 교육기관 코딩 테스트

'큰 수의 법칙'은 일반적으로 통계 분야에서 다루어지는 내용이지만 동빈이는 본인만의 방식으로 다르게 사용하고 있다. 동빈이의 큰 수의 법칙은 다양한 수로 이루어진 배열이 있을 때 주어진 수들을 M번 더하여 가장 큰 수를 만드는 법칙이다. 단, 배열의 특정한 인덱스(번호)에 해당하는 수가 연속해서 K번을 초과하여 더해질 수 없는 것이 이 법칙의 특징이다.

예를 들어 순서대로 2, 4, 5, 4, 6으로 이루어진 배열이 있을 때 M이 8이고, K가 3이라고 가정하자. 이 경우 특정한 인덱스의 수가 연속해서 세 번까지만 더해질 수 있으므로 큰 수의 법칙에 따른 결과는 6 + 6 + 6 + 5 + 6 + 6 + 6 + 5인 46이 된다.

단, 서로 다른 인덱스에 해당하는 수가 같은 경우에도 서로 다른 것으로 간주한다. 예를 들어 순서대로 3, 4, 3, 4, 3으로 이루어진 배열이 있을 때 M이 7이고, K가 2라고 가정하자. 이 경우 두 번째 원소에 해당하는 4와 네 번째 원소에 해당하는 4를 번갈아 두 번씩 더하는 것이 가능하다. 결과적으로 4 + 4 + 4 + 4 + 4 + 4 + 4인 28이 도출된다.

배열의 크기 N, 숫자가 더해지는 횟수 M, 그리고 K가 주어질 때 동빈이의 큰 수의 법칙에 따른 결과를 출력하시오.

입력 조건
- 첫째 줄에 N(2 ≤ N ≤ 1,000), M(1 ≤ M ≤ 10,000), K(1 ≤ K ≤ 10,000)의 자연수가 주어지며, 각 자연수는 공백으로 구분한다.
- 둘째 줄에 N개의 자연수가 주어진다. 각 자연수는 공백으로 구분한다. 단, 각각의 자연수는 1 이상 10,000 이하의 수로 주어진다.
- 입력으로 주어지는 K는 항상 M보다 작거나 같다.

출력 조건
- 첫째 줄에 동빈이의 큰 수의 법칙에 따라 더해진 답을 출력한다.

입력 예시	출력 예시
5 8 3 2 4 5 4 6	46

문제 해설

이 문제는 전형적인 그리디 알고리즘 문제로, 문제 해결을 위한 아이디어를 떠올리는 것은 어렵지 않은 편이다. 다만, 문제 해결을 위한 아이디어를 떠올렸어도 구현 실수로 인해 오답 처리를 받는 경우가 많은 문제이므로 꼭 직접 코드를 작성해보는 것을 권장한다.

이 문제를 해결하려면 일단 입력값 중에서 가장 큰 수와 두 번째로 큰 수만 저장하면 된다. 연속으로 더할 수 있는 횟수는 최대 K번이므로 '가장 큰 수를 K번 더하고 두 번째로 큰 수를 한 번 더하는 연산'을 반복하면 된다. 이를 소스코드로 표현하면 다음과 같다.

단순하게 푸는 답안 예시

```python
# N, M, K를 공백으로 구분하여 입력받기
n, m, k = map(int, input().split())
# N개의 수를 공백으로 구분하여 입력받기
data = list(map(int, input().split()))

data.sort() # 입력받은 수들 정렬하기
first = data[n - 1] # 가장 큰 수
second = data[n - 2] # 두 번째로 큰 수

result = 0

while True:
    for i in range(k): # 가장 큰 수를 K번 더하기
        if m == 0: # m이 0이라면 반복문 탈출
            break
        result += first
        m -= 1 # 더할 때마다 1씩 빼기
    if m == 0: # m이 0이라면 반복문 탈출
        break
    result += second # 두 번째로 큰 수를 한 번 더하기
    m -= 1 # 더할 때마다 1씩 빼기

print(result) # 최종 답안 출력
```

TIP 파이썬 프로그래밍이 익숙하지 않은 독자라면, 입력을 받는 부분이 어색할 수 있다. 입력을 받는 코드 부분이 이해가 잘 가지 않는다면 부록 A의 '5절. 입출력' 문법 부분을 확인하자. 파이썬에서 여러 데이터를 한꺼번에 입력받을 때에는 list()와 map()을 이용하는데, 앞으로도 이 책에서 계속 사용하게 될 형태이므로 익숙해질 필요가 있다.

이 문제는 M이 10,000 이하이므로 이 방식으로도 문제를 해결할 수 있지만, M의 크기가 100억 이상처럼 커진다면 시간 초과 판정을 받을 것이다. 간단한 수학적 아이디어를 이용해 더 효율적으로 문제를 해결해보자. 예를 들어 N이 5이고 입력값이 다음과 같이 주어졌다고 가정하자.

2	4	5	4	6

이때 가장 큰 수와 두 번째로 큰 수를 선택하면 다음과 같다.

- 가장 큰 수: 6
- 두 번째로 큰 수: 5

이때 M이 8이고, K가 3이라면 다음과 같이 더했을 때 합을 최대로 할 수 있다. 다시 말해 (6 + 6 + 6 + 5) + (6 + 6 + 6 + 5)로 정답은 46이 된다.

이 문제를 풀려면 가장 먼저 반복되는 수열에 대해서 파악해야 한다. 가장 큰 수와 두 번째로 큰 수가 더해질 때는 특정한 수열 형태로 일정하게 반복해서 더해지는 특징이 있다. 위의 예시에서는 수열 {6, 6, 6, 5}가 반복된다.* 그렇다면 반복되는 수열의 길이는 어떻게 될까? 바로 (K + 1)로 위의 예시에서는 4가 된다. 따라서 M을 (K + 1)로 나눈 몫이 수열이 반복되는 횟수가 된다. 다시 여기에 K를 곱해주면 가장 큰 수가 등장하는 횟수가 된다.

이때 M이 (K + 1)로 나누어떨어지지 않는 경우도 고려해야 한다. 그럴 때는 M을 (K + 1)로 나눈 나머지만큼 가장 큰 수가 추가로 더해지므로 이를 고려해주어야 한다. 즉, '가장 큰 수가 더해지는 횟수'는 다음과 같다.**

int(M / (K + 1)) * K + M % (K + 1)

결과적으로 위의 식을 이용하여 가장 큰 수가 더해지는 횟수를 구한 다음, 이를 이용해 두 번째로 큰

---

* 전통적으로 수학에서는 수열을 나타낼 때 중괄호를 이용하여 {6, 6, 6, 5}와 같이 표현한다. 하지만 통상적으로 파이썬의 리스트 문법을 그대로 이용하여 [6, 6, 6, 5]와 같이 쓰는 경우도 있다.

** 파이썬에서는 A를 B로 나눈 몫을 구하기 위해 int(A / B)라고 작성하거나, 혹은 A // B라고 작성한다. 여기에서는 int(A / B)를 이용한다.

수가 더해지는 횟수까지 구할 수 있는 것이다. 이를 토대로 파이썬을 이용해 답안을 작성하면 다음과 같다.

3-2.py 답안 예시

```
# N, M, K를 공백으로 구분하여 입력받기
n, m, k = map(int, input().split())
# N개의 수를 공백으로 구분하여 입력받기
data = list(map(int, input().split()))

data.sort() # 입력받은 수 정렬
first = data[n - 1] # 가장 큰 수
second = data[n - 2] # 두 번째로 큰 수

# 가장 큰 수가 더해지는 횟수 계산
count = int(m / (k + 1)) * k
count += m % (k + 1)

result = 0
result += (count) * first # 가장 큰 수 더하기
result += (m - count) * second # 두 번째로 큰 수 더하기

print(result) # 최종 답안 출력
```

숫자 카드 게임

난이도 ●○○ | **시간 제한** 1초 | **메모리 제한** 128MB | **기출** 2019 국가 교육기관 코딩 테스트

숫자 카드 게임은 여러 개의 숫자 카드 중에서 가장 높은 숫자가 쓰인 카드 한 장을 뽑는 게임이다.
단, 게임의 룰을 지키며 카드를 뽑아야 하고 룰은 다음과 같다.

1. 숫자가 쓰인 카드들이 N × M 형태로 놓여 있다. 이때 N은 행의 개수를 의미하며, M은 열
   의 개수를 의미한다.
2. 먼저 뽑고자 하는 카드가 포함되어 있는 행을 선택한다.
3. 그다음 선택된 행에 포함된 카드들 중 가장 숫자가 낮은 카드를 뽑아야 한다.
4. 따라서 처음에 카드를 골라낼 행을 선택할 때, 이후에 해당 행에서 가장 숫자가 낮은 카드를 뽑을
   것을 고려하여 최종적으로 가장 높은 숫자의 카드를 뽑을 수 있도록 전략을 세워야 한다.

예를 들어 3 × 3 형태로 카드들이 다음과 같이 놓여 있다고 가정하자.

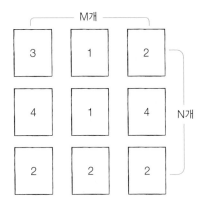

여기서 카드를 골라낼 행을 고를 때 첫 번째 혹은 두 번째 행을 선택하는 경우, 최종적으로 뽑는 카
드는 1이다. 하지만 세 번째 행을 선택하는 경우 최종적으로 뽑는 카드는 2이다. 따라서 이 예제에
서는 세 번째 행을 선택하여 숫자 2가 쓰여진 카드를 뽑는 것이 정답이다.

카드들이 N × M 형태로 놓여 있을 때, 게임의 룰에 맞게 카드를 뽑는 프로그램을 만드시오.

• 첫째 줄에 숫자 카드들이 놓인 행의 개수 N과 열의 개수 M이 공백을 기준으로 하여 각각 자연수로 주어진다. (1 ≤ N, M ≤ 100)

• 둘째 줄부터 N개의 줄에 걸쳐 각 카드에 적힌 숫자가 주어진다. 각 숫자는 1 이상 10,000 이하의 자연수이다.

• 첫째 줄에 게임의 룰에 맞게 선택한 카드에 적힌 숫자를 출력한다.

입력 예시 1

```
3 3
3 1 2
4 1 4
2 2 2
```

출력 예시 1

```
2
```

입력 예시 2

```
2 4
7 3 1 8
3 3 3 4
```

출력 예시 2

```
3
```

문제 해설

그리디 알고리즘 유형의 문제는 문제 해결을 위한 아이디어를 떠올렸다면 정답을 찾을 수 있다. 이 문제를 푸는 아이디어는 바로 '각 행마다 가장 작은 수를 찾은 뒤에 그 수 중에서 가장 큰 수'를 찾는 것이다. 이 문제는 문제 설명이 길어서 지문 이해에 시간이 많이 소요될 수 있지만, 문제의 아이디어를 떠올리는 것은 쉬운 문제에 속한다.

입력 조건에서 입력으로 들어오는 수는 모두 10,000 이하이므로 단순히 배열에서 가장 작은 수를 찾는 기본 문법을 이용하여 각 행에서 가장 작은 수를 찾은 다음 그 수 중에서 가장 큰 수를 찾는 방식으로 문제를 해결할 수 있다. 이 문제는 앞서 다루었던 '큰 수의 법칙' 문제보다 난이도가 낮다. 다만, 이 문제를 해결하기 위해서는 리스트에서 가장 작은 원소를 찾아주는 min( ) 함수를 이용할 수 있거나, 2중 반복문 구조를 이용할 수 있어야 한다. 다음의 답안 예시가 이해되지 않을 경우엔 부록 A의 '파이썬으로 2중 반복문을 구현하는 부분(구구단)'을 다시 공부하길 추천한다.

3-3.py min() 함수를 이용하는 답안 예시

```python
# N, M을 공백으로 구분하여 입력받기
n, m = map(int, input().split())

result = 0
# 한 줄씩 입력받아 확인
for i in range(n):
    data = list(map(int, input().split()))
    # 현재 줄에서 '가장 작은 수' 찾기
    min_value = min(data)
    # '가장 작은 수'들 중에서 가장 큰 수 찾기
    result = max(result, min_value)

print(result) # 최종 답안 출력
```

3-4.py 2중 반복문 구조를 이용하는 답안 예시

```python
# N, M을 공백으로 구분하여 입력받기
n, m = map(int, input().split())

result = 0
# 한 줄씩 입력받아 확인
for i in range(n):
    data = list(map(int, input().split()))
    # 현재 줄에서 '가장 작은 수' 찾기
    min_value = 10001
    for a in data:
        min_value = min(min_value, a)
    # '가장 작은 수'들 중에서 가장 큰 수 찾기
    result = max(result, min_value)

print(result) # 최종 답안 출력
```

 **실전 문제**

1이 될 때까지

난이도 ●○○ | **시간 제한** 1초 | **메모리 제한** 128MB | **기출** 2018 E 기업 알고리즘 대회

어떠한 수 N이 1이 될 때까지 다음의 두 과정 중 하나를 반복적으로 선택하여 수행하려고 한다. 단, 두 번째 연산은 N이 K로 나누어떨어질 때만 선택할 수 있다.

 1. N에서 1을 뺀다.

 2. N을 K로 나눈다.

예를 들어 N이 17, K가 4라고 가정하자. 이때 1번의 과정을 한 번 수행하면 N은 16이 된다. 이후에 2번의 과정을 두 번 수행하면 N은 1이 된다. 결과적으로 이 경우 전체 과정을 실행한 횟수는 3이된다. 이는 N을 1로 만드는 최소 횟수이다.

N과 K가 주어질 때 N이 1이 될 때까지 1번 혹은 2번의 과정을 수행해야 하는 최소 횟수를 구하는 프로그램을 작성하시오.

입력 조건 • 첫째 줄에 N(2 ≤ N ≤ 100,000)과 K(2 ≤ K ≤ 100,000)가 공백으로 구분되며 각각 자연수로 주어진다. 이때 입력으로 주어지는 N은 항상 K보다 크거나 같다.

출력 조건 • 첫째 줄에 N이 1이 될 때까지 1번 혹은 2번의 과정을 수행해야 하는 횟수의 최솟값을 출력한다.

입력 예시	출력 예시
25 5	2

문제 해설

이 문제 또한 문제 해결을 위한 아이디어를 떠올릴 수 있으면 어렵지 않게 해결할 수 있다. 주어진 N에 대하여 '최대한 많이 나누기'를 수행하면 된다. 왜냐하면 어떠한 수가 있을 때, '2 이상의 수로 나누는 것'이 '1을 빼는 것'보다 숫자를 훨씬 많이 줄일 수 있기 때문이다. 문제에서는 K가 2 이상의 자연수이므로, 가능하면 나누는 것이 항상 더 숫자를 빠르게 줄이는 방법이 된다.

예를 들어 N이 9일 때 K가 3이라면 2번만 나누어도 순식간에 N = 9에서 N = 1이 된다. 그러므로 매우 빠르게 1을 만들 수 있다. 반면에 N = 9일 때 1을 빼는 방식만을 이용하면 8번을 빼야지만 N = 1을 만들 수 있다. 그러므로 K로 가능한 한 많이 나눴을 때 가장 빠르게 N = 1을 만들 수 있다.

따라서 다음의 과정을 반복할 수 없을 때까지 반복하면 정답을 구할 수 있다.

1 N이 K의 배수가 될 때까지 1씩 빼기

2 N을 K로 나누기

예를 들어 N = 25, K = 3일 때는 다음과 같다.

단계	연산 과정	N의 값
0단계(초기 단계)		N = 25
1단계	N에서 1 빼기	N = 24
2단계	N을 K로 나누기	N = 8
3단계	N에서 1 빼기	N = 7
4단계	N에서 1 빼기	N = 6
5단계	N을 K로 나누기	N = 2
6단계	N에서 1 빼기	N = 1

6번의 과정으로 N = 1을 만들 수 있다. 그렇다면 위의 방법이 빠르게 동작하면서 그와 동시에 최적의 해를 보장한다는 것은 어떻게 알 수 있을까?

N = 27, K = 3일 때를 다시 생각해보자. 처음 3으로 나누었을 때는 27에서 18이 줄어들어 N = 9가 된다. 그다음에 3으로 나누었을 때는 9에서 6이 줄어들어 N = 3이 된다. 다시 말해 N이 클수록 K로 나누었을 때 줄어드는 양이 더 많다. N이 처음엔 큰 수라고 해도 나누기를 수행하면서 크기가 빠르게 줄어든다. 다시 말해 K가 2 이상이기만 하면 K로 나누는 것이 1을 빼는 것보다 항상 빠르게

N의 값을 줄일 수 있으며, N이 결국 1에 도달한다는 것을 알 수 있다. 그러므로 K로 최대한 많이 나눌 수 있도록 하는 것이 최적의 해를 보장하는 것이다.

파이썬을 이용해 작성한 답안 예시는 다음과 같다.

3-5.py 단순하게 푸는 답안 예시

```python
n, k = map(int, input().split())
result = 0

# N이 K 이상이라면 K로 계속 나누기
while n >= k:
    # N이 K로 나누어 떨어지지 않는다면 N에서 1씩 빼기
    while n % k != 0:
        n -= 1
        result += 1
    # K로 나누기
    n //= k
    result += 1

# 마지막으로 남은 수에 대하여 1씩 빼기
while n > 1:
    n -= 1
    result += 1

print(result)
```

문제에서는 N의 범위가 10만 이하이므로, 이처럼 일일이 1씩 빼도 문제를 해결할 수 있다. 하지만 N이 100억 이상의 큰 수가 되는 경우를 가정했을 때에도 빠르게 동작하려면, N이 K의 배수가 되도록 효율적으로 한 번에 빼는 방식으로 소스코드를 작성할 수 있다.

 여기서 잠깐

코드 실행 시 주의점

이 책의 모든 소스코드는 제시된 문제를 풀기 위한 답안 코드이다. 따라서 문제에서 주어진 상황에서만 정상적으로 동작한다. 소스코드를 실행할 때 입력값을 문제에서 주어진 입력 예시로만 테스트하도록 하자.

```
# N, K를 공백으로 구분하여 입력받기
n, k = map(int, input().split())
result = 0

while True:
    # (N == K로 나누어떨어지는 수)가 될 때까지 1씩 빼기
    target = (n // k) * k
    result += (n - target)
    n = target
    # N이 K보다 작을 때(더 이상 나눌 수 없을 때) 반복문 탈출
    if n < k:
        break
    # K로 나누기
    result += 1
    n //= k

# 마지막으로 남은 수에 대하여 1씩 빼기
result += (n - 1)
print(result)
```

구현

머릿속에 있는 알고리즘을 정확하고 빠르게 프로그램으로 작성하기

《1》 아이디어를 코드로 바꾸는 구현

피지컬로 승부하기

코딩 테스트에서 구현Implementation이란 '머릿속에 있는 알고리즘을 소스코드로 바꾸는 과정'이다. 어떤 문제를 풀든 간에 소스코드를 작성하는 과정은 필수이므로 구현 문제 유형은 모든 범위의 코딩 테스트 문제 유형을 포함하는 개념이다.

그런 의미에서 알고리즘 교재에서는 대부분 구현을 별도의 유형으로 다루지 않는다. 하지만 취업을 목표로 하는 코딩 테스트에서는 구현이 중심이 되는 문제가 자주 출제되기에 다른 알고리즘을 배우기 전에 먼저 다루고자 한다.

우리는 알고리즘 문제를 해결할 때, 문제를 읽고 문제 풀이 방법을 고민한다. 고민 끝에 문제에 대한 정확한 풀이 방법이 떠오르면 바로 정답 처리를 받을 수 있을까? 그렇지 않다. 생각해낸 문제 풀이 방법을 우리가 원하는 프로그래밍 언어(파이썬)로 정확히 구현해냈을 때 비로소 정답 처리를 받을 수 있다. 이를 위해 프로그래밍 언어의 문법을 정확히 알고 있어야 하며 문제의 요구사항에 어긋나지 않는 답안 코드를 실수 없이 작성해야 한다.

problem   thinking   solution

흔히 문제 해결 분야에서 구현 유형의 문제는 '풀이를 떠올리는 것은 쉽지만 소스코드로 옮기기 어려운 문제'를 의미한다. 실제 ACM-ICPC, Google Code Jam 등의 대회에 자주 참가하는 사람들이 구현 유형의 문제들을 보면 '알고리즘은 설계했는데 구현이 먼저 풀 수 있는 문제가 없을 때 푸는 게 좋다'라고 설명하곤 한다. 흔히 개발할 때 프로그래밍 언어의 문법에 능숙하고 코드 작성 속도(타자)가 빠른 사람을 보고 '피지컬이 좋다'라고 이야기하는데, 구현 유형의 문제는 그런 의미에서 '피지컬을 요구하는' 문제라고도 할 수 있다. 예를 들어 알고리즘 문제 풀이를 전략 시뮬레이션 게임과 비교하면 우리가 스타크래프트와 같은 게임을 할 때, 게임에서 이길 전략을 완벽히 짰다고 해보자. 하지만 마우스를 빠르게 움직이지 못한다면 게임에서 패배할 게 뻔하다.

그렇다면 어떤 문제가 구현하기 어려운 문제일까? 알고리즘은 간단한데 코드가 지나칠 만큼 길어지는 문제, 특정 소수점 자리까지 출력해야 하는 문제, 문자열이 입력으로 주어졌을 때 한 문자 단위로 끊어서 리스트에 넣어야 하는(파싱을 해야 하는) 문제 등이 까다로운 구현 유형의 문제라고 할 수 있다. 대체로 사소한 조건 설정이 많은 문제일수록 코드로 구현하기가 까다롭다. 물론 경험이 많은 프로그래머에게는 쉬울 수 있으나 초보자 입장에서는 프로그래밍 언어의 문법부터가 익숙하지 않기에 더 어렵게 느껴질 수밖에 없다.

그렇기에 실제로 코딩 테스트에서 구현 문제를 만나면 당황할 수 있다. 어떻게 풀면 될지 대략 감은 오는데, 막상 코드로 옮기려니 무엇부터 작성해야 할지 모를 수 있기 때문이다. 또한 프로그래밍 문법을 정확하게 숙지하지 못했거나, 라이브러리 사용 경험이 부족하면 구현 유형의 문제를 풀 때 불리하다. 예를 들어 파이썬으로 코딩 테스트에 응시했는데, N개의 원소가 들어 있는 리스트에서 R개의 원소를 뽑아 한 줄로 세우는 모든 경우(순열)를 구해야 하는 문제를 만나면 어떻게 할까? 무작정 기능을 전부 작성할 수도 있다. 하지만 파이썬의 `itertools`와 같은 표준 라이브러리로 쉽게 짜는 방법도 있다. 이는 언어의 문법을 잘 이해하고 경험이 있어야만 바로 떠올릴 수 있는 해결 방법이다.

이 책에서는 완전 탐색, 시뮬레이션 유형을 모두 '구현' 유형으로 묶어서 다루고 있다. **완전 탐색**은 모든 경우의 수를 주저 없이 다 계산하는 해결 방법을 의미하고, **시뮬레이션**은 문제에서 제시한 알고리즘을 한 단계씩 차례대로 직접 수행해야 하는 문제 유형을 의미한다. 둘 다 구현이 핵심이 되는 경우가 많기 때문에 이 두 유형을 모두 묶어서 구현 장에서 다루고 있다.

코딩 테스트에서는 어떤 환경에서 문제를 풀어야 하는지를 알고 그 환경에 맞게 프로그래밍 언어를 적절히 사용하여 구현하는 일이 중요하므로, 먼저 코딩 테스트 채점 시스템의 제약에 대해 설명한 후 문제를 다루겠다.

구현 시 고려해야 할 메모리 제약 사항

C/C++에서 변수의 표현 범위

전통적으로 프로그래밍 언어에서 정수형Integer을 표현할 때는 int 자료형을 주로 사용하며 이 자료형의 크기는 4바이트이다. 특히 C/C++, 자바 등을 이용해 코딩할 때는 int 자료형을 필수적으로 이용한다. 기본 int 자료형의 표현 범위는 −2,147,483,648 ~ 2,147,438,647인데 이 말은 int 자료형으로 처리하면 2,147,438,647보다 큰 수를 처리할 수 없다는 의미이다.

그렇다면 더 큰 수는 어떻게 처리해야 할까? 이럴 때는 크기가 8바이트인 long long과 같은 자료형을 사용하는데, 이 또한 9,223,372,036,854,775,807보다 큰 수를 처리할 수 없다. 따라서 훨씬 큰 수를 담을 변수를 만들려면 흔히 BigInteger 클래스를 구현하거나 이용해야 한다.

자바의 경우 BigInteger를 표준 라이브러리로 지원하지만, C++의 경우 표준 라이브러리에도 포함되어 있지 않다. 그렇다고 코딩 테스트 중에 이를 직접 작성하기에는 어렵기 때문에 보통은 인터넷에서 검색해 외부 라이브러리 형태 그대로 가져와 사용한다. 하지만 이건 검색과 외부 라이브러리 사용이 가능한 코딩 테스트 환경일 때이며, 대체로 long long에서 다룰 수 있는 수보다 더 큰 정수를 처리하는 문제는 잘 출제되지 않는다.

C/C++와 자바에서 정수형 종류에 따른 범위

정수형 종류	자료형의 크기	자료형의 범위
int	4바이트	−2,147,483,648 ~ 2,147,438,647
long long	8바이트	−9,223,372,036,854,775,808 ~ 9,223,372,036,854,775,807
BigInteger(클래스)	가변적	제한 없음

반면에 파이썬*에서는 프로그래머가 직접 자료형을 지정할 필요가 없으며 매우 큰 수의 연산 또한 기본으로 지원한다. 따라서 파이썬을 이용하는 독자라면 자료형의 표현 범위 제한에 대해 깊게 이해하고 있지 않아도 괜찮다. 실제로 기업 코딩 테스트뿐만 아니라 프로그래밍 대회에 참가할 때에도 파이썬을 선택했다면 정수형 변수의 연산 때문에 머리 아프게 고민해야 할 일은 거의 없을 것이다. 다만, 파이썬에서의 실수형 변수는 다른 언어와 마찬가지로 유효숫자에 따라서 연산 결과가 원하는 값이 나오지 않을 수 있다는 점을 기억하자.

파이썬에서 리스트 크기

이제 리스트의 크기 제약에 대해서 알아보자. 파이썬에서 여러 개의 변수를 사용할 때는 리스트를 이용한다. 파이썬에서 리스트를 이용할 때에 고려해야 할 사항이 있다. 바로 코딩 테스트의 메모리

---

* 책에서 이야기하는 파이썬은 파이썬 3.7 기준이다. 현재 최신 버전은 3.9이다.

제한이다. 대체로 코딩 테스트에서는 128 ~ 512MB로 메모리를 제한하는데 알고리즘 문제 중 때로는 수백만 개 이상의 데이터를 처리해야 하는 문제가 출제되곤 한다. 이럴 때는 메모리 제한을 염두에 두고 코딩해야 한다. 앞서 다루었던 int 자료형의 데이터 개수에 따른 메모리 사용량을 확인해보자. 파이썬에서는 정수 데이터를 사용할 때 int와 같은 별도의 자료형을 명시해줄 필요가 없지만, 시스템 내부적으로는 다음 표에서 보여주는 것과 유사한 크기만큼 메모리를 차지한다.

int 자료형 데이터의 개수에 따른 메모리 사용량

데이터의 개수(리스트의 길이)	메모리 사용량
1,000	약 4KB
1,000,000	약 4MB
10,000,000	약 40MB

파이썬은 다른 언어에 비해서 구현상의 복잡함이 적은 편이지만 데이터 처리량이 많을 때는 꼭 메모리 제한을 고려하도록 하자. 리스트를 여러 개 선언하고, 그중에서 크기가 1,000만 이상인 리스트가 있다면 메모리 용량 제한으로 문제를 풀 수 없게 되는 경우도 있다는 점을 기억하자.

하지만, 이런 문제 또한 드물다. 메모리 제한 때문이 아니라 수천만 개 이상의 데이터를 입력해야 하면 입출력에 너무 많은 시간이 소요되며 채점 환경에서도 다양한 문제가 발생할 수 있기 때문이다. 게다가 입출력 속도는 프로그래밍 언어마다 조금씩 다르며, 빠른 입출력을 위한 테크닉들이 필요에 따라 사용되기도 한다. 모든 프로그래밍 언어에 대한 입출력 속도까지 고려하여 시간 제한을 설정하는 것은 출제자 입장에서도 매우 번거로운 작업이다.

따라서 일반적인 코딩 테스트 수준에서는 메모리 사용량 제한보다 더 적은 크기의 메모리를 사용해야 한다는 점 정도만 기억하면 된다. 애초에 대회 문제가 아니라면 복잡한 최적화를 요구하지 않는 것이 일반적이므로 코딩 테스트에서는 이 정도만 기억해도 문제를 푸는 데에 어려움은 없다. 자세한 설명을 위해서는 컴퓨터 메모리 구조에 대해 언급해야 하는데, 이는 이 책의 범위를 넘어서기 때문에 간략히만 언급하였다.

채점 환경

그렇다면 실제 온라인 저지 서비스에서 사용되는 채점 환경의 시스템 제한은 어떨까? 문제에서 요구하는 메모리 제한과 실행 시간 제한은 코딩 테스트를 출제하는 기관마다, 문제마다 조금씩 다르다. 출제자가 매우 빠르게 동작하는 프로그램을 원한다면 시간 제한은 더욱 짧을 것이다. 보통 여러분이 접하는 코딩 테스트 환경에서는 다음과 같은 채점 시스템의 시간 제한 및 메모리 제한 정보가 적혀 있다.

- 시간 제한: 1초
- 메모리 제한: 128MB

파이썬은 C/C++에 비해 동작 속도가 느리다. 그래서 파이썬을 선택했을 때는 C/C++에 비해 2배의 수행 시간 제한을 적용하기도 한다. 2020년을 기준으로 파이썬 3.7로 코드를 작성할 때, 자신의 코드가 1초에 2,000만 번의 연산을 수행한다고 가정하고 문제를 풀면 실행 시간 제한에 안정적이다. 사실 수행 시간을 정확히 측정하기 위해서는 채점 시스템의 컴퓨터 사양과 사용하는 알고리즘을 면밀히 분석해야 하는데, 일반적인 기업 코딩 테스트 환경에서는 파이썬으로 제출한 코드가 1초에 2,000만 번의 연산을 수행한다고 가정하면 크게 무리가 없다는 점만 기억하자.

시간 제한이 1초이고, 데이터의 개수가 100만 개인 문제가 있다면 일반적으로 시간 복잡도 $O(NlogN)$ 이내의 알고리즘을 이용하여 문제를 풀어야 한다. 실제로 N = 1,000,000일 때 $Nlog_2N$ 은 약 20,000,000이기 때문이다. 따라서 알고리즘 문제를 풀 때는 시간 제한과 데이터의 개수를 먼저 확인한 뒤에 이 문제를 어느 정도의 시간 복잡도의 알고리즘으로 작성해야 풀 수 있을 것인지 예측할 수 있어야 한다.

구현 문제에 접근하는 방법

보통 구현 유형의 문제는 사소한 입력 조건 등을 문제에서 명시해주며 문제의 길이가 꽤 긴 편이다. 문제의 길이를 보고 지레 겁먹는데, 고차원적인 사고력을 요구하는 문제는 나오지 않는 편이라 문법에 익숙하다면 오히려 쉽게 풀 수 있다.

구현 유형의 문제는 C/C++나 자바로 문제를 풀 때 더 어렵게 다가온다. 문자열을 처리하거나 큰 정수를 처리하는 문제가 출제되는 경우가 많은데, C/C++나 자바에서는 문자열 처리가 파이썬에 비하여 까다롭고, 큰 정수를 처리하는 라이브러리를 별도로 사용해야 하기 때문이다. 반면 파이썬은 기본 문법만 알아도 상대적으로 구현 유형의 문제를 쉽게 해결할 수 있다.

구현 측면에서 C/C++와 파이썬은 다음과 같이 비교할 수 있다. 어느 정도 이견이 있을 수 있지만 프로그래머 대부분이 공감할 것이다.

초보자 입장에서 파이썬과 C/C++ 비교

	구현 난이도	프로그램 실행 시간
파이썬	쉬운 편	긴 편
PyPy	쉬운 편	다소 짧은 편
C/C++	어려운 편	짧은 편

자바로 코딩 테스트를 치르는 응시생이 적은 편*이라 이 책에서는 파이썬과 C/C++ 위주로 설명한다.

실무에서 파이썬으로 프로그램을 개발할 때는 GPU를 연동하며, 반복적인 행렬 계산을 요구하는 복잡한 수학 문제를 풀 때는 C 언어로 작성된 파이썬 코어 소프트웨어가 동작한다. 그렇기 때문에 파이썬을 쓴다고 해서 항상 프로그램의 동작 속도가 느린 것은 아니다. 하지만 알고리즘 코딩 테스트 환경에서는 GPU 연산을 쓰는 경우가 없기 때문에 그러한 사항을 고려하지 않고 있다.

또한 자동 채점 방식을 이용하는 코딩 테스트 환경에서는 점점 Pypy3를 지원하는 곳이 늘고 있다. Pypy3는 파이썬3의 문법을 그대로 지원하며, 대부분 파이썬3보다 실행 속도가 더 빠르다. 이 말은 코딩 테스트에서 Pypy3를 선택한다면 파이썬3와 동일한 코드를 제출해서 실행 시간을 줄일 수 있다는 의미이다. 삼성전자 공채에서는 코딩 테스트 채점에 Pypy3를 이용하는데, 지원자가 파이썬3로 제출하면 기본으로 Pypy3를 이용해 채점한다. 특히 반복문이 많을수록 Pypy3와 파이썬3의 속도가 차이 나는데, Pypy3의 실행 속도는 때론 C/C++와 견줄 만큼 빠르다. 대략 1초에 2,000만 번에서 1억 번 정도의 연산을 처리할 수 있다고 기억하자. 따라서 코딩 테스트 환경이 파이썬3만 지원하는지, 혹은 Pypy3도 지원하는지 확인하고 만약 Pypy3도 지원한다면 이를 이용하도록 하자.

반면에 C/C++를 이용한다고 해서 구현이 무조건 어려운 것은 아니다. C/C++를 주 언어로 사용하는 숙련도 높은 랭커들은 자신만의 코드 노트가 있어서 이를 잘 활용한다. ACM-ICPC와 같은 국제 대회에서는 구현이 복잡한 코드의 경우 A4용지나 PDF 파일 형태로 참고용 팀 노트를 준비해 이를 볼 수 있도록 하는 경우도 있다. 이럴 때에 자신만의 라이브러리가 이미 구축되어 있다면 C/C++로도 충분히 난이도가 낮은 문제일 수 있다. 하지만 일반적으로 C/C++는 고려해야 할 사항이 많아 초보자에게는 쉽지 않다.

---

* 물론 처음 프로그래밍을 자바로 시작해서 코딩 테스트를 준비하는 학생들, 그리고 몇몇 유명 랭커 중에는 자바를 사용해서 코딩 테스트를 치르는 사람들이 있다.

API 개발 문제 또한 구현 유형과 상당히 맞닿아 있다. 예를 들어 카카오 공채 때 API 개발 문제가 출제된 적이 있는데, 이때 카카오 문제 풀이 서버와 통신하는 프로그램 모듈을 작성해야 했다. 이는 알고리즘 문제와 별개로 웹 서버나 데이터 분석에 대한 기초 지식도 필요하다. 이런 기능을 구현해야 할 때, C++나 자바에 비해 파이썬은 매우 간결하고 직관적인 코드의 라이브러리를 사용할 수 있어 더 유리하다. 피이썬을 사용한다면 코딩 테스트에서 API 개발 문제를 보더라도 상대적으로 무난하게 대처할 수 있을 것이다.

이제 구현 알고리즘의 대표적인 예시인 '상하좌우' 문제와 '시각' 문제를 풀어보려 한다. 2문제를 가볍게 읽은 다음 2절의 실전 문제를 풀어보자.

예제 4-1 상하좌우

난이도 ●○○ | **풀이 시간** 15분 | **시간 제한** 1초 | **메모리 제한** 128MB

여행가 A는 N × N 크기의 정사각형 공간 위에 서 있다. 이 공간은 1 × 1 크기의 정사각형으로 나누어져 있다. 가장 왼쪽 위 좌표는 (1, 1)이며, 가장 오른쪽 아래 좌표는 (N, N)에 해당한다. 여행기 A는 상, 하, 좌, 우 방향으로 이동할 수 있으며, 시작 좌표는 항상 (1, 1)이다. 우리 앞에는 여행가 A가 이동할 계획이 적힌 계획서가 놓여 있다.

계획서에는 하나의 줄에 띄어쓰기를 기준으로 하여 L, R, U, D 중 하나의 문자가 반복적으로 적혀 있다. 각 문자의 의미는 다음과 같다.

- L: 왼쪽으로 한 칸 이동

- R: 오른쪽으로 한 칸 이동

- U: 위로 한 칸 이동

- D: 아래로 한 칸 이동

이때 여행가 A가 N × N 크기의 정사각형 공간을 벗어나는 움직임은 무시된다. 예를 들어 (1, 1)의 위치에서 L 혹은 U를 만나면 무시된다. 다음은 N = 5인 지도와 계획서이다.

계획서와 지도
R → R → R → U → D → D

이 경우 6개의 명령에 따라서 여행가가 움직이게 되는 위치는 순서대로 (1, 2), (1, 3), (1, 4), (1, 4), (2, 4), (3, 4)이므로, 최종적으로 여행가 A가 도착하게 되는 곳의 좌표는 (3, 4)이다. 다시 말해 3행 4열의 위치에 해당하므로 (3, 4)라고 적는다. 계획서가 주어졌을 때 여행가 A가 최종적으로 도착할 지점의 좌표를 출력하는 프로그램을 작성하시오.

입력 조건 • 첫째 줄에 공간의 크기를 나타내는 N이 주어진다. (1 ≤ N ≤ 100)

• 둘째 줄에 여행가 A가 이동할 계획서 내용이 주어진다. (1 ≤ 이동 횟수 ≤ 100)

출력 조건 • 첫째 줄에 여행가 A가 최종적으로 도착할 지점의 좌표 (X, Y)를 공백으로 구분하여 출력한다.

입력 예시

```
5
R R R U D D
```

출력 예시

```
3 4
```

문제 해설

이 문제를 요구사항대로 구현하면 연산 횟수는 이동 횟수에 비례하게 된다. 예를 들어 이동 횟수가 N번인 경우 시간 복잡도는 $O(N)$이다. 따라서 이 문제의 시간 복잡도는 매우 넉넉한 편이다.

이러한 문제는 일련의 명령에 따라서 개체를 차례대로 이동시킨다는 점에서 시뮬레이션Simulation 유형으로 분류되며 구현이 중요한 대표적인 문제 유형이다. 다만, 알고리즘 교재나 문제 풀이 사이트에 따라서 다르게 일컬을 수 있으니 코딩 테스트에서의 시뮬레이션 유형, 구현 유형, 완전 탐색 유형은 서로 유사한 점이 많다는 정도로만 기억하자.

코딩 테스트나 알고리즘 대회에서 가장 난이도가 낮은 1 ~ 2번 문제는 대부분 그리디 알고리즘이나 구현 문제이다. 이 두 유형이 논리적 사고력을 확인할 수 있는 가장 기본 난이도의 문제로 적합하기 때문이다. 난이도가 낮은 만큼 합격을 좌우하는 중요한 문제이기도 하다.

4-1.py 답안 예시

```python
# N을 입력받기
n = int(input())
x, y = 1, 1
plans = input().split()

# L, R, U, D에 따른 이동 방향
dx = [0, 0, -1, 1]
dy = [-1, 1, 0, 0]
move_types = ['L', 'R', 'U', 'D']

# 이동 계획을 하나씩 확인
for plan in plans:
    # 이동 후 좌표 구하기
    for i in range(len(move_types)):
        if plan == move_types[i]:
            nx = x + dx[i]
            ny = y + dy[i]
    # 공간을 벗어나는 경우 무시
    if nx < 1 or ny < 1 or nx > n or ny > n:
        continue
    # 이동 수행
    x, y = nx, ny

print(x, y)
```

예제 4-2 시각

난이도 ●○○ | **풀이 시간** 15분 | **시간 제한** 2초 | **메모리 제한** 128MB

정수 N이 입력되면 00시 00분 00초부터 N시 59분 59초까지의 모든 시각 중에서 3이 하나라도 포함되는 모든 경우의 수를 구하는 프로그램을 작성하시오. 예를 들어 1을 입력했을 때 다음은 3이 하나라도 포함되어 있으므로 세어야 하는 시각이다.

· 00시 00분 03초

· 00시 13분 30초

반면에 다음은 3이 하나도 포함되어 있지 않으므로 세면 안 되는 시각이다.

· 00시 02분 55초

· 01시 27분 45초

입력 조건 · 첫째 줄에 정수 N이 입력된다. (0 ≤ N ≤ 23)

출력 조건 · 00시 00분 00초부터 N시 59분 59초까지의 모든 시각 중에서 3이 하나라도 포함되는 모든 경우의 수를 출력한다.

입력 예시

```
5
```

출력 예시

```
11475
```

문제 해설

이 문제는 모든 시각의 경우를 하나씩 모두 세서 쉽게 풀 수 있는 문제다. 왜냐하면 하루는 86,400초로, 00시 00분 00초부터 23시 59분 59초까지의 모든 경우는 86,400가지밖에 존재하지 않기 때문이다. 다시 말해 경우의 수가 100,000개도 되지 않으므로 파이썬에서 문자열 연산을 이용해 3이 시각에 포함되어 있는지 확인해도 시간 제한 2초 안에 문제를 해결할 수 있다.

따라서 단순히 시각을 1씩 증가시키면서 3이 하나라도 포함되어 있는지 확인하면 될 것이다. 전체 시, 분, 초에 대한 경우의 수는 24 × 60 × 60이며 3중 반복문을 이용해 계산할 수 있다.

이러한 유형은 완전 탐색^{Brute Forcing} 유형으로 분류되기도 한다. 완전 탐색 알고리즘은 가능한 경우의 수를 모두 검사해보는 탐색 방법이다. 완전 탐색 문제 또한 구현이 중요한 대표적인 문제 유형인데, 일반적으로 완전 탐색 알고리즘은 비효율적인 시간 복잡도를 가지고 있으므로 데이터 개수가 큰 경우에 정상적으로 동작하지 않을 수 있다. 그래서 일반적으로 알고리즘 문제를 풀 때는 확인(탐색)해야 할 전체 데이터의 개수가 100만 개 이하일 때 완전 탐색을 사용하면 적절하다.

다음 소스코드에서는 매 시각을 문자열로 바꾼 다음 문자열에 '3'이 포함됐는지 검사한다. 다시 말해 00시 00분 00초부터 23시 59분 59초까지 1초씩 늘리며 시, 분, 초를 문자열 자료형으로 변환하여 합친다. 예를 들어 03시 20분 35초일 때를 확인한다면, 이를 '032035'로 만들어서 '3'이 '032035'에 포함되어 있는지를 체크하는 방식을 이용한다.

4-2.py 답안 예시

```python
# H를 입력받기
h = int(input())

count = 0
for i in range(h + 1):
    for j in range(60):
        for k in range(60):
            # 매 시각 안에 '3'이 포함되어 있다면 카운트 증가
            if '3' in str(i) + str(j) + str(k):
                count += 1

print(count)
```

이제 실전 문제를 풀어보자. 구현 문제 유형은 앞장에서 공부했던 그리디 알고리즘 문제 유형과 비교했을 때 큰 차이가 느껴지지 않을 수 있다. 애초에 구현 유형과 그리디 유형은 별개가 아니라 하나의 문제에 구현 유형과 그리디 유형이 함께 포함된 형태로 출제되는 경우가 많기 때문이다. 3장에서 언급했듯이 하나의 문제에는 여러 개의 문제 유형이 포함되는 경우가 많다.

 **실전 문제**

왕실의 나이트

난이도 ●○○ | **풀이 시간** 20분 | **시간 제한** 1초 | **메모리 제한** 128MB

행복 왕국의 왕실 정원은 체스판과 같은 8 × 8 좌표 평면이다. 왕실 정원의 특정한 한 칸에 나이트가 서 있다. 나이트는 매우 충성스러운 신하로서 매일 무술을 연마한다.

나이트는 말을 타고 있기 때문에 이동을 할 때는 L자 형태로만 이동할 수 있으며 정원 밖으로는 나갈 수 없다. 나이트는 특정한 위치에서 다음과 같은 2가지 경우로 이동할 수 있다.

> 1. 수평으로 두 칸 이동한 뒤에 수직으로 한 칸 이동하기
>
> 2. 수직으로 두 칸 이동한 뒤에 수평으로 한 칸 이동하기

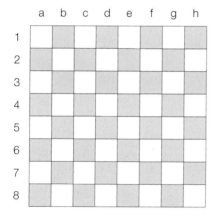

이처럼 8 × 8 좌표 평면상에서 나이트의 위치가 주어졌을 때 나이트가 이동할 수 있는 경우의 수를 출력하는 프로그램을 작성하시오. 이때 왕실의 정원에서 행 위치를 표현할 때는 1부터 8로 표현하며, 열 위치를 표현할 때는 a부터 h로 표현한다.

예를 들어 만약 나이트가 a1에 있을 때 이동할 수 있는 경우의 수는 다음 2가지이다. a1의 위치는 좌표 평면에서 구석의 위치에 해당하며 나이트는 정원의 밖으로는 나갈 수 없기 때문이다.

> 1. 오른쪽으로 두 칸 이동 후 아래로 한 칸 이동하기(c2)
>
> 2. 아래로 두 칸 이동 후 오른쪽으로 한 칸 이동하기(b3)

또 다른 예로 나이트가 c2에 위치해 있다면 나이트가 이동할 수 있는 경우의 수는 6가지이다. 이건 직접 계산해보시오.

입력 조건 · 첫째 줄에 8 × 8 좌표 평면상에서 현재 나이트가 위치한 곳의 좌표를 나타내는 두 문자로 구성된 문자열이 입력된다. 입력 문자는 a1처럼 열과 행으로 이뤄진다.

출력 조건 · 첫째 줄에 나이트가 이동할 수 있는 경우의 수를 출력하시오.

입력 예시
    a1

출력 예시
    2

문제 해설

왕실의 나이트 문제는 앞서 다루었던 예제 4-1 '상하좌우' 문제와 유사하다. 나이트가 이동할 수 있는 경로를 하나씩 확인하여 이동하면 된다. 다만, 8 × 8 좌표 평면을 벗어나지 않도록 꼼꼼하게 검사하는 과정이 필요하다.

나이트는 2가지 경로로 움직일 수 있다고 했다.

    1. 수평으로 두 칸 이동한 뒤에 수직으로 한 칸 이동하기

    2. 수직으로 두 칸 이동한 뒤에 수평으로 한 칸 이동하기

나이트의 이동 경로를 steps 변수에 넣는다면, 이 2가지 규칙에 따라 steps = [(-2, -1), (-1, -2), (1, -2), (2, -1), (2, 1), (1, 2), (-1, 2), (-2, 1)]로 값을 대입할 수 있다. 현재 위치를 기준으로 아래쪽과 오른쪽은 양수의 값을, 위쪽과 왼쪽은 음수의 값을 대입한 결과이다.

이제 나이트의 현재 위치가 주어지면 현재 위치에서 이동 경로를 더한 다음, 8 × 8 좌표 평면에 있는지 확인하면 된다. 이 과정은 반복문으로 처리할 수 있다.

조금 더 까다롭게 문제를 출제한다면 입력 문자가 열과 행이 아닌 1a와 같은 행과 열 형태로 들어왔을 때의 예외 처리를 요구할 수도 있다. 이런 다양한 구현 유형에 대비하기 위해서 파이썬 문법을 자유롭게 사용할 수 있도록 훈련하는 것이 중요하다.

다음 답안 예시에서는 나이트가 이동할 수 있는 경로를 steps 변수에 하나씩 담은 것을 확인할 수 있다. 이러한 8가지 경우의 수를 반복문을 이용하여 하나씩 검사한다.

```python
# 현재 나이트의 위치 입력받기
input_data = input()
row = int(input_data[1])
column = int(ord(input_data[0])) - int(ord('a')) + 1

# 나이트가 이동할 수 있는 8가지 방향 정의
steps = [(-2, -1), (-1, -2), (1, -2), (2, -1), (2, 1), (1, 2), (-1, 2), (-2, 1)]

# 8가지 방향에 대하여 각 위치로 이동이 가능한지 확인
result = 0
for step in steps:
    # 이동하고자 하는 위치 확인
    next_row = row + step[0]
    next_column = column + step[1]
    # 해당 위치로 이동이 가능하다면 카운트 증가
    if next_row >= 1 and next_row <= 8 and next_column >= 1 and next_column <= 8:
        result += 1

print(result)
```

참고로 앞서 '상하좌우' 문제에서는 dx, dy 리스트를 선언하여 이동할 방향을 기록할 수 있도록 하였다. 이번 소스코드에서는 steps 변수가 dx와 dy 변수의 기능을 대신하여 수행한다. 2가지 형태 모두 자주 사용되므로, 참고하도록 하자.

실전 문제

게임 개발

난이도 ●●○ | 풀이 시간 40분 | 시간 제한 1초 | 메모리 제한 128MB

현민이는 게임 캐릭터가 맵 안에서 움직이는 시스템을 개발 중이다. 캐릭터가 있는 장소는 1 × 1 크기의 정사각형으로 이뤄진 N × M 크기의 직사각형으로, 각각의 칸은 육지 또는 바다이다. 캐릭터는 동서남북 중 한 곳을 바라본다.

맵의 각 칸은 (A, B)로 나타낼 수 있고, A는 북쪽으로부터 떨어진 칸의 개수, B는 서쪽으로부터 떨어진 칸의 개수이다. 캐릭터는 상하좌우로 움직일 수 있고, 바다로 되어 있는 공간에는 갈 수 없다. 캐릭터의 움직임을 설정하기 위해 정해 놓은 매뉴얼은 이러하다.

1. 현재 위치에서 현재 방향을 기준으로 왼쪽 방향(반시계 방향으로 90도 회전한 방향)부터 차례대로 갈 곳을 정한다.

2. 캐릭터의 바로 왼쪽 방향에 아직 가보지 않은 칸이 존재한다면, 왼쪽 방향으로 회전한 다음 왼쪽으로 한 칸을 전진한다. 왼쪽 방향에 가보지 않은 칸이 없다면, 왼쪽 방향으로 회전만 수행하고 1단계로 돌아간다.

3. 만약 네 방향 모두 이미 가본 칸이거나 바다로 되어 있는 칸인 경우에는, 바라보는 방향을 유지한 채로 한 칸 뒤로 가고 1단계로 돌아간다. 단, 이때 뒤쪽 방향이 바다인 칸이라 뒤로 갈 수 없는 경우에는 움직임을 멈춘다.

현민이는 위 과정을 반복적으로 수행하면서 캐릭터의 움직임에 이상이 있는지 테스트하려고 한다. 매뉴얼에 따라 캐릭터를 이동시킨 뒤에, 캐릭터가 방문한 칸의 수를 출력하는 프로그램을 만드시오.

입력 조건
- 첫째 줄에 맵의 세로 크기 N과 가로 크기 M을 공백으로 구분하여 입력한다. (3 ≤ N, M ≤ 50)
- 둘째 줄에 게임 캐릭터가 있는 칸의 좌표 (A, B)와 바라보는 방향 d가 각각 서로 공백으로 구분하여 주어진다. 방향 d의 값으로는 다음과 같이 4가지가 존재한다.
  - 0: 북쪽
  - 1: 동쪽
  - 2: 남쪽
  - 3: 서쪽

- 셋째 줄부터 맵이 육지인지 바다인지에 대한 정보가 주어진다. N개의 줄에 맵의 상태가 북쪽부터 남쪽 순서대로, 각 줄의 데이터는 서쪽부터 동쪽 순서대로 주어진다. 맵의 외곽은 항상 바다로 되어 있다.
  - 0: 육지
  - 1: 바다
- 처음에 게임 캐릭터가 위치한 칸의 상태는 항상 육지이다.

출력 조건 · 첫째 줄에 이동을 마친 후 캐릭터가 방문한 칸의 수를 출력한다.

입력 예시

```
4 4        # 4 × 4 맵 생성
1 1 0      # (1, 1)에 북쪽(0)을 바라보고 서 있는 캐릭터
1 1 1 1    # 첫 줄은 모두 바다
1 0 0 1    # 둘째 줄은 바다/육지/육지/바다
1 1 0 1    # 셋째 줄은 바다/바다/육지/바다
1 1 1 1    # 넷째 줄은 모두 바다
```

출력 예시

```
3
```

문제 해설

전형적인 시뮬레이션 문제이다. 삼성전자 공채 코딩 테스트에서 자주 출제되는 대표적인 유형이기도 하다. 별도의 알고리즘이 필요하기보다는 문제에서 요구하는 내용을 오류 없이 성실하게 구현만 할 수 있다면 풀 수 있다는 특징이 있다.

다만, 문제가 길고 문제를 바르게 이해하여 소스코드로 옮기는 과정이 간단하지 않다. 따라서 이러한 문제를 잘 풀 수 있도록 반복적인 숙달이 필요하다.

문제 풀이를 위한 중요한 테크닉을 다시 설명하자면, 일반적으로 방향^{Direction}을 설정해서 이동하는 문제 유형에서는 dx, dy라는 별도의 리스트를 만들어 방향을 정하는 것이 효과적이다. 예를 들어 다음의 답안 예시 코드에서는 현재 캐릭터가 북쪽을 바라보고 있을 때는 북쪽으로 이동하기 위해 x와 y 좌표를 각각 dx[0], dy[0]만큼 더한다. 다시 말해 현재 위치에서 (−1, 0)만큼 이동시키는 것이다. 이처럼 코드를 작성하면, 반복문을 이용하여 모든 방향을 차례대로 확인할 수 있다는 점에서 유용하다.

그리고 답안 예시 코드에서는 리스트 컴프리헨션 문법을 사용해 2차원 리스트를 초기화했다. 파이썬에서 2차원 리스트를 선언할 때는 컴프리헨션을 이용하는 것이 효율적이라는 점을 기억하자. 이에 대한 자세한 내용은 부록 A에서 확인할 수 있다.

왼쪽으로 회전하는 함수 turn_left()에서 global 키워드를 사용했는데, 이는 정수형 변수인 direction 변수가 함수 바깥에서 선언된 전역변수이기 때문이다.

입력값을 다음처럼 넣었더니 에러가 나는 이유가 뭘까?

```
3 3
1 1 0
1 1 1
1 0 0
1 1 0
```

왼쪽 그림처럼 입력하면 IndexError: list index out of range 메시지가 뜬다. 그 이유는 맵의 외곽은 항상 바다로 구성되어 있어서 캐릭터가 밖으로 떨어지지 못하도록 하는 설정이 존재하기 때문이다. 왼쪽의 입력 예시에서는 그 부분이 고려되지 않아 오류가 발생한 것이다.

보통 실무의 코딩은 예외를 고려해서 코드를 짜야 하지만, 코딩 테스트는 입력값이 주어지는 경우가 대부분이므로, 이런 예외처리를 고려하지 않고 빠르게 코드를 작성하는 데 목표를 둔다. 실무 코딩과 코딩 테스트의 이러한 차이를 잘 기억해두길 바란다.

4-4.py 답안 예시

```python
# N, M을 공백으로 구분하여 입력받기
n, m = map(int, input().split())

# 방문한 위치를 저장하기 위한 맵을 생성하여 0으로 초기화
d = [[0] * m for _ in range(n)]
# 현재 캐릭터의 X 좌표, Y 좌표, 방향을 입력받기
x, y, direction = map(int, input().split())
d[x][y] = 1 # 현재 좌표 방문 처리

# 전체 맵 정보를 입력받기
array = []
for i in range(n):
    array.append(list(map(int, input().split())))

# 북, 동, 남, 서 방향 정의
dx = [-1, 0, 1, 0]
```

```
    dy = [0, 1, 0, -1]

# 왼쪽으로 회전
def turn_left():
    global direction
    direction -= 1
    if direction == -1:
        direction = 3

# 시뮬레이션 시작
count = 1
turn_time = 0
while True:
    # 왼쪽으로 회전
    turn_left()
    nx = x + dx[direction]
    ny = y + dy[direction]
    # 회전한 이후 정면에 가보지 않은 칸이 존재하는 경우 이동
    if d[nx][ny] == 0 and array[nx][ny] == 0:
        d[nx][ny] = 1
        x = nx
        y = ny
        count += 1
        turn_time = 0
        continue
    # 회전한 이후 정면에 가보지 않은 칸이 없거나 바다인 경우
    else:
        turn_time += 1
    # 네 방향 모두 갈 수 없는 경우
    if turn_time == 4:
        nx = x - dx[direction]
        ny = y - dy[direction]
        # 뒤로 갈 수 있다면 이동하기
        if array[nx][ny] == 0:
            x = nx
            y = ny
        # 뒤가 바다로 막혀있는 경우
        else:
            break
        turn_time = 0

# 정답 출력
print(count)
```

DFS/BFS

그래프를 탐색하기 위한 대표적인 두 가지 알고리즘

 # 꼭 필요한 자료구조 기초

탐색Search이란 많은 양의 데이터 중에서 원하는 데이터를 찾는 과정을 의미한다. 프로그래밍에서는 그래프, 트리 등의 자료구조 안에서 탐색을 하는 문제를 자주 다룬다. 대표적인 탐색 알고리즘으로 DFS와 BFS를 꼽을 수 있는데 이 두 알고리즘의 원리를 제대로 이해해야 코딩 테스트의 탐색 문제 유형을 풀 수 있다. 그런데 DFS와 BFS를 제대로 이해하려면 기본 자료구조인 스택과 큐에 대한 이해가 전제되어야 하므로 사전 학습으로 스택과 큐, 재귀 함수를 간단히 정리하고자 한다.

자료구조Data Structure란 '데이터를 표현하고 관리하고 처리하기 위한 구조'를 의미한다. 그중 스택과 큐는 자료구조의 기초 개념으로 다음의 두 핵심적인 함수로 구성된다.

- 삽입(Push): 데이터를 삽입한다.
- 삭제(Pop): 데이터를 삭제한다.

물론 실제로 스택과 큐를 사용할 때는 삽입과 삭제 외에도 오버플로와 언더플로를 고민해야 한다. 오버플로Overflow는 특정한 자료구조가 수용할 수 있는 데이터의 크기를 이미 가득 찬 상태에서 삽입 연산을 수행할 때 발생한다. 즉, 저장 공간을 벗어나 데이터가 넘쳐흐를 때 발생한다. 반면에 특정한 자료구조에 데이터가 전혀 들어 있지 않은 상태에서 삭제 연산을 수행하면 데이터가 전혀 없는 상태 이므로 언더플로Underflow가 발생한다.

스택

스택Stack은 박스 쌓기에 비유할 수 있다. 흔히 박스는 아래에서부터 위로 차곡차곡 쌓는다. 그리고 아래에 있는 박스를 치우기 위해서는 위에 있는 박스를 먼저 내려야 한다. 이러한 구조를 선입후출First In Last Out 구조 또는 후입선출Last In First Out 구조라고 한다.

오른쪽 그림과 같이 가상의 스택을 하나 준비하여 일련의 연산을 수행해보자. 입구와 출구가 동일한 형태로 스택을 시각화할 수 있다. 지금부터 다음의 초기

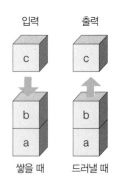

단계에서 삽입(5) – 삽입(2) – 삽입(3) – 삽입(7) – 삭제() – 삽입(1) – 삽입(4) – 삭제()를 순서대로 표현해보겠다.

step 0 초기 단계

step 1 **삽입(5)** – 삽입(2) – 삽입(3) – 삽입(7) – 삭제() – 삽입(1) – 삽입(4) – 삭제()

step 2 **삽입(5)** – **삽입(2)** – 삽입(3) – 삽입(7) – 삭제() – 삽입(1) – 삽입(4) – 삭제()

step 3 **삽입(5)** – **삽입(2)** – **삽입(3)** – 삽입(7) – 삭제() – 삽입(1) – 삽입(4) – 삭제()

step 4 **삽입(5)** – **삽입(2)** – **삽입(3)** – **삽입(7)** – 삭제() – 삽입(1) – 삽입(4) – 삭제()

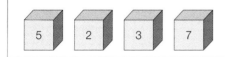

step 5 **삽입(5)** – **삽입(2)** – **삽입(3)** – **삽입(7)** – **삭제()** – 삽입(1) – 삽입(4) – 삭제()

삽입(5) – 삽입(2) – 삽입(3) – 삽입(7) – 삭제( ) – 삽입(1) – 삽입(4) – 삭제( )

삽입(5) – 삽입(2) – 삽입(3) – 삽입(7) – 삭제( ) – 삽입(1) – 삽입(4) – 삭제( )

삽입(5) – 삽입(2) – 삽입(3) – 삽입(7) – 삭제( ) – 삽입(1) – 삽입(4) – 삭제( )

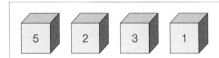

이를 파이썬 코드로 표현하면 다음과 같다.

5-1.py 스택 예제

```python
stack = []

# 삽입(5) - 삽입(2) - 삽입(3) - 삽입(7) - 삭제( ) - 삽입(1) - 삽입(4) - 삭제( )
stack.append(5)
stack.append(2)
stack.append(3)
stack.append(7)
stack.pop()
stack.append(1)
stack.append(4)
stack.pop()

print(stack) # 최하단 원소부터 출력
print(stack[::-1]) # 최상단 원소부터 출력
```

```
[5, 2, 3, 1]
[1, 3, 2, 5]
```

파이썬에서 스택을 이용할 때에는 별도의 라이브러리를 사용할 필요가 없다. 기본 리스트에서 append()와 pop() 메서드를 이용하면 스택 자료구조와 동일하게 동작한다. append() 메서드는 리스트의 가장 뒤쪽에 데이터를 삽입하고, pop() 메서드는 리스트의 가장 뒤쪽에서 데이터를 꺼내기 때문이다.

큐

큐Queue는 대기 줄에 비유할 수 있다. 우리가 흔히 놀이공원에 입장하기 위해 줄을 설 때, 먼저 온 사람이 먼저 들어가게 된다. 물론 새치기는 없다고 가정한다. 나중에 온 사람일수록 나중에 들어가기 때문에 흔히 '공정한' 자료구조라고 비유된다. 이러한 구조를 선입선출First In First Out 구조라고 한다.

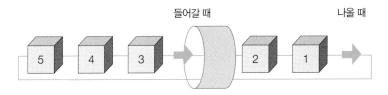

큐에서 일련의 연산을 수행해보자. 큐는 다음 그림과 같이 입구와 출구가 모두 뚫려 있는 터널과 같은 형태로 시각화할 수 있다. 초기 단계에서 삽입(5) − 삽입(2) − 삽입(3) − 삽입(7) − 삭제() − 삽입(1) − 삽입(4) − 삭제()를 차례대로 실행해보자.

step 0 **초기 단계**

---

step 1 **삽입(5)** − 삽입(2) − 삽입(3) − 삽입(7) − 삭제() − 삽입(1) − 삽입(4) − 삭제()

5

---

step 2 **삽입(5) – 삽입(2)** – 삽입(3) – 삽입(7) – 삭제( ) – 삽입(1) – 삽입(4) – 삭제( )

```
2    5
```

step 3 **삽입(5) – 삽입(2) – 삽입(3)** – 삽입(7) – 삭제( ) – 삽입(1) – 삽입(4) – 삭제( )

```
3    2    5
```

step 4 **삽입(5) – 삽입(2) – 삽입(3) – 삽입(7)** – 삭제( ) – 삽입(1) – 삽입(4) – 삭제( )

```
7    3    2    5
```

step 5 **삽입(5) – 삽입(2) – 삽입(3) – 삽입(7) – 삭제( )** – 삽입(1) – 삽입(4) – 삭제( )

```
7    3    2
```

step 6 **삽입(5) – 삽입(2) – 삽입(3) – 삽입(7) – 삭제( ) – 삽입(1)** – 삽입(4) – 삭제( )

```
1    7    3    2
```

step 7 **삽입(5) – 삽입(2) – 삽입(3) – 삽입(7) – 삭제( ) – 삽입(1) – 삽입(4)** – 삭제( )

```
4    1    7    3    2
```

삽입(5) – 삽입(2) – 삽입(3) – 삽입(7) – 삭제( ) – 삽입(1) – 삽입(4) – 삭제( )

이를 파이썬 코드로 표현하면 다음과 같다. 큐의 앞쪽 원소부터 출력하는 코드와 뒤쪽 원소부터 출력하는 내용을 모두 포함하였다.

5-2.py 큐 예제

```
from collections import deque

# 큐(Queue) 구현을 위해 deque 라이브러리 사용
queue = deque()

# 삽입(5) - 삽입(2) - 삽입(3) - 삽입(7) - 삭제() - 삽입(1) - 삽입(4) - 삭제()
queue.append(5)
queue.append(2)
queue.append(3)
queue.append(7)
queue.popleft()
queue.append(1)
queue.append(4)
queue.popleft()

print(queue)     # 먼저 들어온 순서대로 출력
queue.reverse() # 다음 출력을 위해 역순으로 바꾸기
print(queue)     # 나중에 들어온 원소부터 출력
```

```
deque([3, 7, 1, 4])
deque([4, 1, 7, 3])
```

파이썬으로 큐를 구현할 때는 collections 모듈에서 제공하는 deque 자료구조를 활용하자. deque는 스택과 큐의 장점을 모두 채택한 것인데 데이터를 넣고 빼는 속도가 리스트 자료형에 비해 효율적이며 queue 라이브러리를 이용하는 것보다 더 간단하다. 더불어 대부분의 코딩 테스트에서는 collections 모듈과 같은 기본 라이브러리 사용을 허용하므로 안심하고 사용해도 괜찮다.

자세한 내용은 부록 A의 파이썬 문법 파트에서 확인할 수 있다. 또한 deque 객체를 리스트 자료형으로 변경하고자 한다면 list( ) 메서드를 이용하자. 이 소스코드에서는 list(queue)를 하면 리스트 자료형이 반환된다.

재귀 함수

DFS와 BFS를 구현하려면 재귀 함수도 이해하고 있어야 한다. **재귀 함수**Recursive Function란 자기 자신을 다시 호출하는 함수를 의미한다. 가장 간단한 재귀 함수는 다음과 같다.

5-3.py 재귀 함수 예제

```
def recursive_function():
    print('재귀 함수를 호출합니다.')
    recursive_function()

recursive_function()
```

이 코드를 실행하면 '재귀 함수를 호출합니다.'라는 문자열을 무한히 출력한다. 여기서 정의한 recursive_funtion( )이 자기 자신을 계속해서 추가로 불러오기 때문이다. 물론 어느 정도 출력하다가 다음과 같은 오류 메시지를 출력하고 멈출 것이다.

```
RecursionError: maximum recursion depth exceeded while pickling an object
```

이 오류 메시지는 재귀Recursion의 최대 깊이를 초과했다는 내용이다. 보통 파이썬 인터프리터는 호출 횟수 제한이 있는데 이 한계를 벗어났기 때문이다*. 따라서 무한대로 재귀 호출을 진행할 수는 없다 (애초에 무한한 재귀 호출을 요구하는 문제 또한 출제되지 않을 것이다).

---

* 프로그래밍 대회에서는 재귀 함수를 스택을 이용한 함수처럼 동작하도록 자동으로 변경해주는 라이브러리를 사용하기도 한다. 이는 파이썬의 재귀 호출 제한을 처리하기 위한 또 다른 테크닉이며, 일반적인 코딩 테스트에서는 사용할 일이 적기 때문에 본 책에서는 다루지 않겠다.

재귀 함수를 이해하기 위한 유머

재귀 함수는 왜 이용하는 걸까? 일단 재귀 함수의 개념을 처음 들었을 때는 특정한 함수가 자기 자신을 포함한다는 개념이 한 번에 와닿지 않을 것이다. 재귀 함수를 이해하는 데 도움이 되는 재미있는 이야기가 있다. 이건 마치 뫼비우스의 띠와도 비슷하게 느껴진다.

어느 한 컴퓨터공학과 학생이 알고리즘 교수님을 찾아가 여쭈어보았다.

학생 : 재귀 함수가 무엇인가요?

교수 : 잘 들어보게. 어느 한 컴퓨터공학과 학생이 알고리즘 교수님을 찾아가 여쭈어보았다네.

학생 : 재귀 함수가 무엇인가요?

교수 : 잘 들어보게. 어느 한 컴퓨터공학과 학생이 알고리즘 교수님을 찾아가 여쭈어보았다네.

학생 : 재귀 함수가....

재귀 함수는 수학 시간에 한 번씩 언급되는 프랙털Fractal 구조와 흡사하다. 오른쪽은 시에르핀스키의 삼각형Sierpinski Triangle이다. 삼각형 안에 또 다른 삼각형이 무한히 존재하는 이 그림은 프랙털 구조의 대표적인 그림으로 실제로 이러한 프랙털 이미지를 출력하는 프로그램을 작성할 때에도 재귀 함수를 이용한다.

재귀 함수의 종료 조건

재귀 함수를 문제 풀이에서 사용할 때는 재귀 함수가 언제 끝날지, 종료 조건을 꼭 명시해야 한다. 자칫 종료 조건을 명시하지 않으면 함수가 무한 호출될 수 있다. 예를 들어 다음은 재귀 함수를 100번 호출하도록 작성한 코드이다. 재귀 함수 초반에 등장하는 if문이 종료 조건 역할을 수행한다.

5-4.py 재귀 함수 종료 예제

```python
def recursive_function(i):
    # 100번째 출력했을 때 종료되도록 종료 조건 명시
    if i == 100:
        return
```

```
    print(i, '번째 재귀 함수에서', i + 1, '번째 재귀 함수를 호출합니다.')
    recursive_function(i + 1)
    print(i, '번째 재귀 함수를 종료합니다.')

recursive_function(1)
```

컴퓨터 내부에서 재귀 함수의 수행은 스택 자료구조를 이용한다. 함수를 계속 호출했을 때 가장 마지막에 호출한 함수가 먼저 수행을 끝내야 그 앞의 함수 호출이 종료되기 때문이다. 컴퓨터의 구조 측면에서 보자면 연속해서 호출되는 함수는 메인 메모리의 스택 공간에 적재되므로 재귀 함수는 스택 자료구조와 같다는 말은 틀린 말이 아니다. 컴퓨터 구조는 이 책의 범위를 벗어나니 컴퓨터 구조 이야기는 잇고, 재귀 함수는 내부적으로 스택 자료구조와 동일하다는 것만 기억하자. 따라서 스택 자료구조를 활용해야 하는 상당수 알고리즘은 재귀 함수를 이용해서 간편하게 구현될 수 있다. DFS 가 대표적인 예이다.

재귀 함수를 이용하는 대표적 예제로는 팩토리얼Factorial 문제가 있다. 팩토리얼 기호는 느낌표(!)를 사용하며 n!는 1 × 2 × 3 × … × (n − 1) × n을 의미한다. 수학적으로 0!와 1!의 값은 1로 같다는 성질을 이용하여 팩토리얼 함수는 n이 1 이하가 되었을 때 함수를 종료하는 재귀 함수의 형태로 구현할 수 있다.

팩토리얼을 반복적으로 구현한 방식과 재귀적으로 구현한 두 방식을 비교해보자.* 소스코드는 다음과 같다.

5-5.py 2가지 방식으로 구현한 팩토리얼 예제

```python
# 반복적으로 구현한 n!
def factorial_iterative(n):
    result = 1
    # 1부터 n까지의 수를 차례대로 곱하기
    for i in range(1, n + 1):
        result *= i
    return result

# 재귀적으로 구현한 n!
def factorial_recursive(n):
```

---

* 소스코드를 반복적(Iterative)으로 구현한다는 말은 반복문을 이용한다는 의미이며, 흔히 재귀적(Recursive)으로 구현한다는 말과 대비되는 의미로 사용된다.

```
    if n <= 1:      # n이 1 이하인 경우 1을 반환
        return 1
    # n! = n * (n - 1)!를 그대로 코드로 작성하기
    return n * factorial_recursive(n - 1)

# 각각의 방식으로 구현한 n! 출력(n = 5)
print('반복적으로 구현:', factorial_iterative(5))
print('재귀적으로 구현:', factorial_recursive(5))
```

```
반복적으로 구현: 120
재귀적으로 구현: 120
```

실행 결과는 동일하다. 그렇다면 반복문 대신에 재귀 함수를 사용했을 때 얻을 수 있는 장점은 무엇일까?

위의 코드를 비교했을 때 재귀 함수의 코드가 더 간결한 것을 알 수 있다. 이렇게 간결해진 이유는 재귀 함수가 수학의 점화식(재귀식)을 그대로 소스코드로 옮겼기 때문이다. 수학에서 점화식은 특정한 함수를 자신보다 더 작은 변수에 대한 함수와의 관계로 표현한 것을 의미한다. 이 개념은 이후에 배울 8장의 '다이나믹 프로그래밍'으로 이어지기 때문에 중요하다.

팩토리얼을 수학적 점화식으로 표현해보면 다음과 같다.

> **1** n이 0 혹은 1일 때: $factorial(n) = 1$
>
> **2** n이 1보다 클 때: $factorial(n) = n \times factorial(n - 1)$

일반적으로 우리는 점화식에서 종료 조건을 찾을 수 있는데, 앞 예시에서 종료 조건은 'n이 0 혹은 1일 때'이다. 팩토리얼은 n이 양의 정수일 때에만 유효하기 때문에 n이 1 이하인 경우 1을 반환할 수 있도록 재귀 함수를 작성해야 한다. n이 1 이하인 경우를 고려하지 않으면 재귀 함수가 무한히 반복되어 결과를 출력하지 못할 것이다. 또한 n의 값으로 음수가 들어왔을 때는 입력 범위 오류로, 오류 메시지를 띄우도록 코드를 작성할 수도 있다. 따라서 재귀 함수 내에서 특정 조건일 때 더 이상 재귀적으로 함수를 호출하지 않고 종료하도록 if문을 이용하여 꼭 종료 조건을 구현해주어야 한다.

다시 한번 앞의 점화식과 조금 전에 작성했던 팩토리얼의 재귀 함수 버전을 비교해보자. 재귀 함수의 소스코드와 점화식이 매우 닮아있는 것을 확인할 수 있다. 다시 말해 재귀 함수는 반복문을 이용하는 것과 비교했을 때 더욱 간결한 형태임을 이해할 수 있다.

탐색 알고리즘 DFS/BFS

스택과 큐, 재귀 함수는 DFS와 BFS에서 가장 중요한 개념이라 DFS/BFS를 배우기에 앞서 간단하게 설명했다. 이제부터 DFS/BFS 알고리즘을 살펴보겠다.

DFS

DFS는 Depth-First Search, 깊이 우선 탐색이라고도 부르며, 그래프에서 깊은 부분을 우선적으로 탐색하는 알고리즘이다. DFS를 설명하기 전에 먼저 그래프Graph의 기본 구조를 알아야 한다.

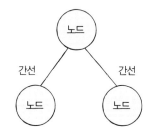

그래프는 **노드**Node와 **간선**Edge으로 표현되며 이때 노드를 **정점**Vertex이라고도 말한다. 그래프 탐색이란 하나의 노드를 시작으로 다수의 노드를 방문하는 것을 말한다. 또한 두 노드가 간선으로 연결되어 있다면 '두 노드는 인접하다Adjacent'라고 표현한다.

여기에서 갑자기 노드와 간선이라는 생소한 단어가 나와서 헷갈릴 수도 있는데, 일반적으로 그래프를 표현할 때 사용하는 단어들이다. 노드를 도시, 간선을 도로라고 생각해보자. A라는 도시(노드)에서 B라는 도시(노드)로 이동하기 위해서, A와 B를 연결하는 도로(간선)를 거친다고 이해하면 쉬울 것이다.

프로그래밍에서 그래프는 크게 2가지 방식으로 표현할 수 있는데 코딩 테스트에서는 이 두 방식 모두 필요하니 두 개념에 대해 바르게 알고 있도록 하자.

- 인접 행렬(Adjacency Matrix) : 2차원 배열로 그래프의 연결 관계를 표현하는 방식
- 인접 리스트(Adjacency List) : 리스트로 그래프의 연결 관계를 표현하는 방식

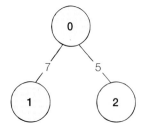

	0	1	2
0	0	7	5
1	7	0	무한
2	5	무한	0

먼저 **인접 행렬**Adjacency Matrix **방식**은 2차원 배열에 각 노드가 연결된 형태를 기록하는 방식이다*. 위와 같이 연결된 그래프를 인접 행렬로 표현할 때 파이썬에서는 2차원 리스트로 구현할 수 있다.

연결이 되어 있지 않은 노드끼리는 무한Infinity의 비용이라고 작성한다. 실제 코드에서는 논리적으로 정답이 될 수 없는 큰 값 중에서 999999999, 987654321 등의 값으로 초기화하는 경우가 많다. 이렇게 그래프를 인접 행렬 방식으로 처리할 때는 다음과 같이 데이터를 초기화한다.

5-6.py 인접 행렬 방식 예제

```python
INF = 999999999 # 무한의 비용 선언

# 2차원 리스트를 이용해 인접 행렬 표현
graph = [
    [0, 7, 5],
    [7, 0, INF],
    [5, INF, 0]
]

print(graph)
```

```
[[0, 7, 5], [7, 0, 999999999], [5, 999999999, 0]]
```

그렇다면 **인접 리스트**Adjacency List **방식**에서는 데이터를 어떤 방식으로 저장할까? 인접 리스트 방식에서는 다음 그림처럼 모든 노드에 연결된 노드에 대한 정보를 차례대로 연결하여 저장한다.

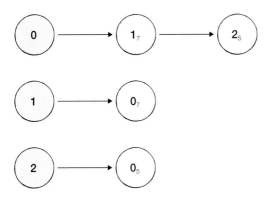

---

* 다른 언어의 배열(Array)을 파이썬에서는 리스트 자료형으로 표현할 수 있으므로 파이썬은 인접 행렬을 리스트로 구현한다.

인접 리스트는 '연결 리스트'라는 자료구조를 이용해 구현하는데, C++나 자바와 같은 프로그래밍 언어에서는 별도로 연결 리스트 기능을 위한 표준 라이브러리를 제공한다. 반면에 파이썬은 기본 자료형인 리스트 자료형이 append()와 메소드를 제공하므로, 전통적인 프로그래밍 언어에서의 배열과 연결 리스트의 기능을 모두 기본으로 제공한다. 파이썬으로 인접 리스트를 이용해 그래프를 표현하고자 할 때에도 단순히 2차원 리스트를 이용하면 된다는 점만 기억하자.

다음은 예제 그래프를 인접 리스트 방식으로 처리할 때 데이터를 초기화한 코드이다.

5-7.py 인접 리스트 방식 예제

```python
# 행(Row)이 3개인 2차원 리스트로 인접 리스트 표현
graph = [[] for _ in range(3)]

# 노드 0에 연결된 노드 정보 저장(노드, 거리)
graph[0].append((1, 7))
graph[0].append((2, 5))

# 노드 1에 연결된 노드 정보 저장(노드, 거리)
graph[1].append((0, 7))

# 노드 2에 연결된 노드 정보 저장(노드, 거리)
graph[2].append((0, 5))

print(graph)
```

```
[[(1, 7), (2, 5)], [(0, 7)], [(0, 5)]]
```

이 두 방식은 어떤 차이가 있을까? 코딩 테스트를 위해 학습하는 터라 메모리와 속도 측면에서 살펴보겠다. 메모리 측면에서 보자면 인접 행렬 방식은 모든 관계를 저장하므로 노드 개수가 많을수록 메모리가 불필요하게 낭비된다. 반면에 인접 리스트 방식은 연결된 정보만을 저장하기 때문에 메모리를 효율적으로 사용한다. 하지만 이와 같은 속성 때문에 인접 리스트 방식은 인접 행렬 방식에 비해 특정한 두 노드가 연결되어 있는지에 대한 정보를 얻는 속도가 느리다. 인접 리스트 방식에서는 연결된 데이터를 하나씩 확인해야 하기 때문이다.

또 다른 예시로 한 그래프에서 노드 1과 노드 7이 연결되어 있는 상황을 생각해보자. 인접 행렬 방식에서는 graph[1][7]만 확인하면 된다. 반면에 인접 리스트 방식에서는 노드 1에 대한 인접 리스트를 앞에서부터 차례대로 확인해야 한다. 그러므로 특정한 노드와 연결된 모든 인접 노드를 순회해야 하는 경우, 인접 리스트 방식이 인접 행렬 방식에 비해 메모리 공간의 낭비가 적다. DFS는 탐색을 위해서 사용되는 탐색 알고리즘이라고 했는데 구체적으로 어떻게 동작할까? DFS는 깊이 우선 탐색 알고리즘이라고 했다. 이 알고리즘은 특정한 경로로 탐색하다가 특정한 상황에서 최대한 깊숙이 들어가서 노드를 방문한 후, 다시 돌아가 다른 경로로 탐색하는 알고리즘이다.

DFS는 스택 자료구조를 이용하며 구체적인 동작 과정은 다음과 같다.

1 탐색 시작 노드를 스택에 삽입하고 방문 처리를 한다.

2 스택의 최상단 노드에 방문하지 않은 인접 노드가 있으면 그 인접 노드를 스택에 넣고 방문 처리를 한다. 방문하지 않은 인접 노드가 없으면 스택에서 최상단 노드를 꺼낸다.

3 **2** 번의 과정을 더 이상 수행할 수 없을 때까지 반복한다.

TIP '방문 처리'는 스택에 한 번 삽입되어 처리된 노드가 다시 삽입되지 않게 체크하는 것을 의미한다. 방문 처리를 함으로써 각 노드를 한 번씩만 처리할 수 있다.

다음과 같은 그래프를 생각해보자. 노드 1을 시작 노드로 설정하여 DFS를 이용해 탐색을 진행하면 어떻게 될까? 직관적으로 생각하면, 깊이 우선 탐색이라는 이름에서부터 알 수 있듯이 단순하게 가장 깊숙이 위치하는 노드에 닿을 때까지 확인(탐색)하면 된다.

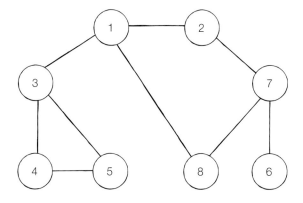

DFS를 이용하여 탐색하면 그 과정은 다음과 같다. 또한 일반적으로 인접한 노드 중에서 방문하지 않은 노드가 여러 개 있으면 번호가 낮은 순서부터 처리한다.

TIP DFS의 기능을 생각하면 순서와 상관없이 처리해도 되지만, 코딩 테스트에서는 번호가 낮은 순서부터 처리하도록 명시하는 경우가 종종 있다. 따라서 관행적으로 번호가 낮은 순서부터 처리하도록 구현하는 편이다.

step 1 시작 노드인 '1'을 스택에 삽입하고 방문 처리를 한다.

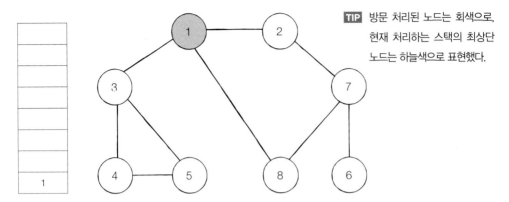

TIP 방문 처리된 노드는 회색으로, 현재 처리하는 스택의 최상단 노드는 하늘색으로 표현했다.

step 2 스택의 최상단 노드인 '1'에 방문하지 않은 인접 노드 '2', '3', '8'이 있다. 이 중에서 가장 작은 노드인 '2'를 스택에 넣고 방문 처리를 한다.

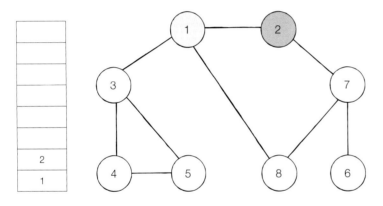

step 3 스택의 최상단 노드인 '2'에 방문하지 않은 인접 노드 '7'이 있다. 따라서 '7'번 노드를 스택에 넣고 방문 처리를 한다.

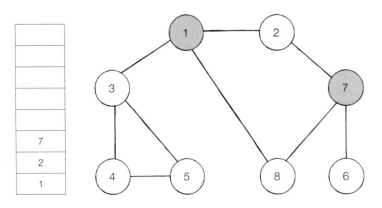

step 4 스택의 최상단 노드인 '7'에 방문하지 않은 인접 노드 '6'과 '8'이 있다. 이 중에서 가장 작은 노드인 '6'을 스택에 넣고 방문 처리를 한다.

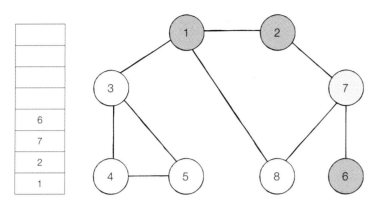

step 5 스택의 최상단 노드인 '6'에 방문하지 않은 인접 노드가 없다. 따라서 스택에서 '6'번 노드를 꺼낸다.

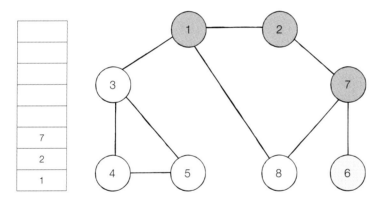

step 6 스택의 최상단 노드인 '7'에 방문하지 않은 인접 노드 '8'이 있다. 따라서 '8'번 노드를 스택에 넣고 방문 처리를 한다.

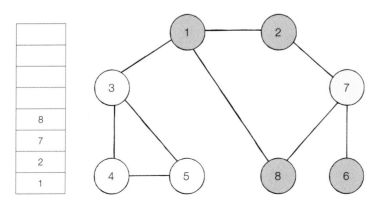

step 7 스택의 최상단 노드인 '8'에 방문하지 않은 인접 노드가 없다. 따라서 스택에서 '8'번 노드를 꺼낸다.

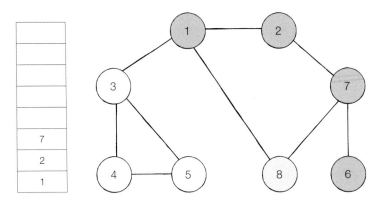

step 8 스택의 최상단 노드인 '7'에 방문하지 않은 인접 노드가 없다. 따라서 스택에서 '7'번 노드를 꺼낸다.

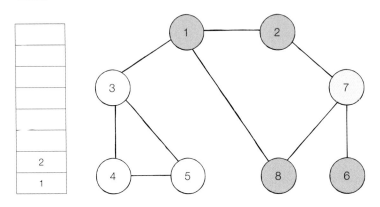

step 9 스택의 최상단 노드인 '2'에 방문하지 않은 인접 노드가 없다. 따라서 스택에서 '2'번 노드를 꺼낸다.

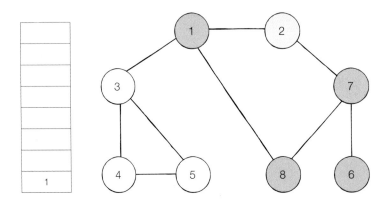

스택의 최상단 노드인 '1'에 방문하지 않은 인접 노드 '3'을 스택에 넣고 방문 처리한다.

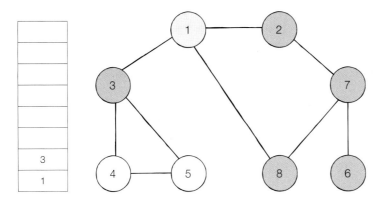

스택의 최상단 노드인 '3'에 방문하지 않은 인접 노드 '4'와 '5'가 있다. 이 중에서 가장 작은 노드인 '4'를 스택에 넣고 방문 처리를 한다.

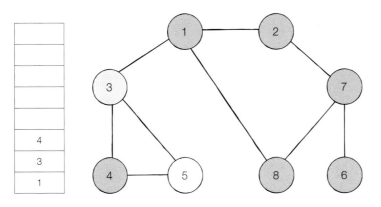

스택의 최상단 노드인 '4'에 방문하지 않은 인접 노드 '5'가 있다. 따라서 '5'번 노드를 스택에 넣고 방문 처리를 한다.

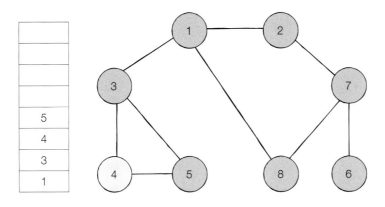

남아 있는 노드에 방문하지 않은 인접 노드가 없다. 따라서 모든 노드를 차례대로 꺼내면 다음과 같다.

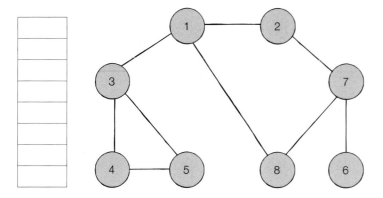

결과적으로 노드의 탐색 순서(스택에 들어간 순서)는 다음과 같다.

$$1 \rightarrow 2 \rightarrow 7 \rightarrow 6 \rightarrow 8 \rightarrow 3 \rightarrow 4 \rightarrow 5$$

깊이 우선 탐색 알고리즘인 DFS는 스택 자료구조에 기초한다는 점에서 구현이 간단하다. 실제로는 스택을 쓰지 않아도 되며 탐색을 수행함에 있어서 데이터의 개수가 N개인 경우 $O(N)$의 시간이 소요된다는 특징이 있다.

또한 DFS는 스택을 이용하는 알고리즘이기 때문에 실제 구현은 재귀 함수를 이용했을 때 매우 간결하게 구현할 수 있다. 예제 소스코드는 다음과 같다.

5-8.py DFS 예제

```
# DFS 메서드 정의
def dfs(graph, v, visited):
    # 현재 노드를 방문 처리
    visited[v] = True
    print(v, end=' ')
    # 현재 노드와 연결된 다른 노드를 재귀적으로 방문
    for i in graph[v]:
        if not visited[i]:
            dfs(graph, i, visited)

# 각 노드가 연결된 정보를 리스트 자료형으로 표현(2차원 리스트)
graph = [
    [],
```

```
        [2, 3, 8],
        [1, 7],
        [1, 4, 5],
        [3, 5],
        [3, 4],
        [7],
        [2, 6, 8],
        [1, 7]
]

# 각 노드가 방문된 정보를 리스트 자료형으로 표현(1차원 리스트)
visited = [False] * 9

# 정의된 DFS 함수 호출
dfs(graph, 1, visited)
```

```
1 2 7 6 8 3 4 5
```

BFS

BFSBreadth First Search 알고리즘은 '너비 우선 탐색'이라는 의미를 가진다. 쉽게 말해 가까운 노드부터 탐색하는 알고리즘이다. DFS는 최대한 멀리 있는 노드를 우선으로 탐색하는 방식으로 동작한다고 했는데, BFS는 그 반대다. 그렇다면 BFS는 실제로 어떤 방식으로 구현할 수 있을까? BFS 구현에서는 선입선출 방식인 큐 자료구조를 이용하는 것이 정석이다. 인접한 노드를 반복적으로 큐에 넣도록 알고리즘을 작성하면 자연스럽게 먼저 들어온 것이 먼저 나가게 되어, 가까운 노드부터 탐색을 진행하게 된다. 그림과 함께 자세한 동작 방식을 살펴보자.

알고리즘의 정확한 동작 방식은 다음과 같다.

  1 탐색 시작 노드를 큐에 삽입하고 방문 처리를 한다.

  2 큐에서 노드를 꺼내 해당 노드의 인접 노드 중에서 방문하지 않은 노드를 모두 큐에 삽입하고 방문 처리를 한다.

  3 **2**번의 과정을 더 이상 수행할 수 없을 때까지 반복한다.

오른쪽과 같은 그래프를 생각해보자.

BFS를 이용하여 탐색하면 그 과정은 다음과 같다. 마찬가지로 인접한 노드가 여러 개 있을 때, 숫자가 작은 노드부터 먼저 큐에 삽입한다고 가정한다. 다음 그림에서 큐에 원소가 들어올 때, 위에서 들어오고 아래쪽에서 꺼낸다고 가정하자.

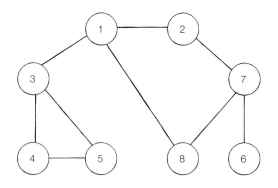

step 1 시작 노드인 '1'을 큐에 삽입하고 방문 처리를 한다. 방문 처리된 노드는 회색으로, 큐에서 꺼내 현재 처리하는 노드는 하늘색으로 표현했다.

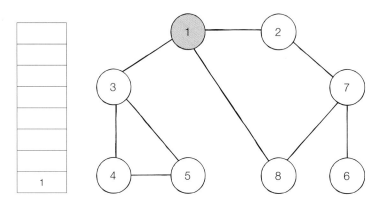

step 2 큐에서 노드 '1'을 꺼내고 방문하지 않은 인접 노드 '2', '3', '8'을 모두 큐에 삽입하고 방문 처리를 한다.

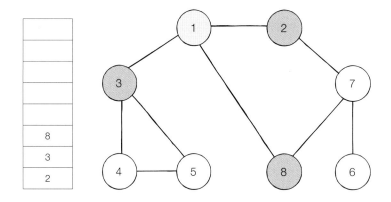

step 3 큐에서 노드 '2'를 꺼내고 방문하지 않은 인접 노드 '7'을 큐에 삽입하고 방문 처리를 한다.

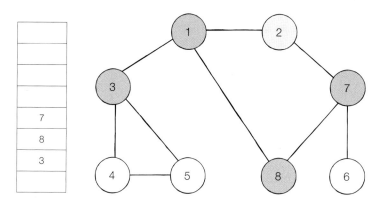

step 4 큐에서 노드 '3'을 꺼내고 방문하지 않은 인접 노드 '4'와 '5'를 모두 큐에 삽입하고 방문 처리를 한다.

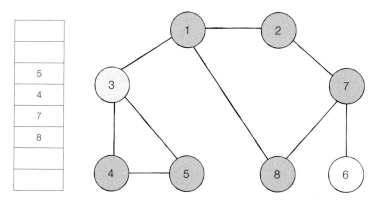

step 5 큐에서 노드 '8'을 꺼내고 방문하지 않은 인접 노드가 없으므로 무시한다.

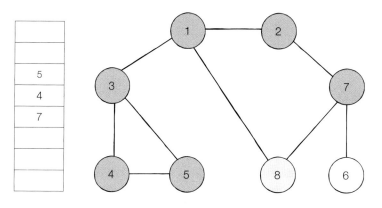

step 6 큐에서 노드 '7'을 꺼내고 방문하지 않은 인접 노드 '6'을 큐에 삽입하고 방문 처리를 한다.

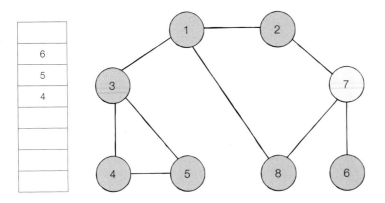

step 7 남아 있는 노드에 방문하지 않은 인접 노드가 없다. 따라서 모든 노드를 차례로 꺼내면 최종적으로 다음과 같다.

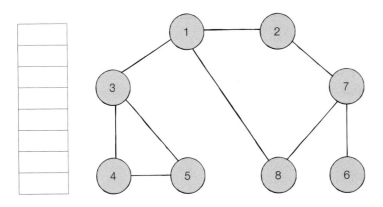

결과적으로 노드의 탐색 순서(큐에 들어간 순서)는 다음과 같다.

$$1 \rightarrow 2 \rightarrow 3 \rightarrow 8 \rightarrow 7 \rightarrow 4 \rightarrow 5 \rightarrow 6$$

너비 우선 탐색 알고리즘인 BFS는 큐 자료구조에 기초한다는 점에서 구현이 간단하다. 실제로 구현함에 있어 앞서 언급한 대로 deque 라이브러리를 사용하는 것이 좋으며 탐색을 수행함에 있어 $O(N)$의 시간이 소요된다. 일반적인 경우 실제 수행 시간은 DFS보다 좋은 편이라는 점까지만 추가로 기억하자.

TIP 재귀 함수로 DFS를 구현하면 컴퓨터 시스템의 동작 특성상 실제 프로그램의 수행 시간은 느려질 수 있다. 따라서 스택 라이브러리를 이용해 시간 복잡도를 완화하는 테크닉이 필요할 때도 있다. 다만, 이 내용은 책의 범위를 벗어나므로, 코딩 테스트에서는 보통 DFS보다는 BFS 구현이 조금 더 빠르게 동작한다는 정도로 기억하자.

```
from collections import deque

# BFS 메서드 정의
def bfs(graph, start, visited):
    # 큐(Queue) 구현을 위해 deque 라이브러리 사용
    queue = deque([start])
    # 현재 노드를 방문 처리
    visited[start] = True
    # 큐가 빌 때까지 반복
    while queue:
        # 큐에서 하나의 원소를 뽑아 출력
        v = queue.popleft()
        print(v, end=' ')
        # 해당 원소와 연결된, 아직 방문하지 않은 원소들을 큐에 삽입
        for i in graph[v]:
            if not visited[i]:
                queue.append(i)
                visited[i] = True

# 각 노드가 연결된 정보를 리스트 자료형으로 표현(2차원 리스트)
graph = [
    [],
    [2, 3, 8],
    [1, 7],
    [1, 4, 5],
    [3, 5],
    [3, 4],
    [7],
    [2, 6, 8],
    [1, 7]
]

# 각 노드가 방문된 정보를 리스트 자료형으로 표현(1차원 리스트)
visited = [False] * 9

# 정의된 BFS 함수 호출
bfs(graph, 1, visited)
```

```
1 2 3 8 7 4 5 6
```

DFS와 BFS의 구현에 대해 알아보았는데, 간단히 정리하자면 다음 표와 같다. 더 다양한 방식으로 구현할 수 있지만 책에 실은 예제가 가장 간결한 방식이다.

	DFS	BFS
동작 원리	스택	큐
구현 방법	재귀 함수 이용	큐 자료구조 이용

앞서 DFS와 BFS를 설명하는 데 전형적인 그래프 그림을 이용했는데 1차원 배열이나 2차원 배열 또한 그래프 형태로 생각하면 수월하게 문제를 풀 수 있다. 특히나 DFS와 BFS 문제 유형이 그러하다.

예를 들어 게임 맵이 3 × 3 형태의 2차원 배열이고 각 데이터를 좌표라고 생각해보자. 게임 캐릭터가 (1, 1) 좌표에 있다고 표현할 때처럼 말이다. 이때 각 좌표를 상하좌우로만 이동할 수 있다면 어떨까? 모든 좌표의 형태를 다음처럼 그래프의 형태로 바꿔서 생각할 수 있다.

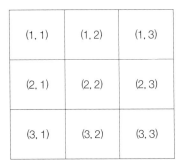 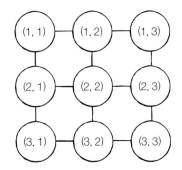

코딩 테스트 중 2차원 배열에서의 탐색 문제를 만나면 이렇게 그래프 형태로 바꿔서 생각하면 풀이 방법을 조금 더 쉽게 떠올릴 수 있다. 그러므로 코딩 테스트에서 탐색 문제를 보면 그래프 형태로 표현한 다음 풀이법을 고민하도록 하자. 이제 지금까지 배운 내용을 토대로 실전 문제를 풀어보자.

음료수 얼려 먹기

난이도 ●○○ | 풀이 시간 30분 | 시간 제한 1초 | 메모리 제한 128MB

N × M 크기의 얼음 틀이 있다. 구멍이 뚫려 있는 부분은 0, 칸막이가 존재하는 부분은 1로 표시된다. 구멍이 뚫려 있는 부분끼리 상, 하, 좌, 우로 붙어 있는 경우 서로 연결되어 있는 것으로 간주한다. 이때 얼음 틀의 모양이 주어졌을 때 생성되는 총 아이스크림의 개수를 구하는 프로그램을 작성하시오. 다음의 4 × 5 얼음 틀 예시에서는 아이스크림이 총 3개 생성된다.

```
00110
00011
11111
00000
```

0	0	1	1	0
0	0	0	1	1
1	1	1	1	1
0	0	0	0	0

입력 조건
- 첫 번째 줄에 얼음 틀의 세로 길이 N과 가로 길이 M이 주어진다. (1 ≤ N, M ≤ 1,000)
- 두 번째 줄부터 N + 1번째 줄까지 얼음 틀의 형태가 주어진다.
- 이때 구멍이 뚫려있는 부분은 0, 그렇지 않은 부분은 1이다.

출력 조건
- 한 번에 만들 수 있는 아이스크림의 개수를 출력한다.

문제 해설

이 문제는 DFS로 해결할 수 있다. 일단 앞에서 배운 대로 얼음을 얼릴 수 있는 공간이 상, 하, 좌, 우로 연결되어 있다고 표현할 수 있으므로 그래프 형태로 모델링 할 수 있다. 예를 들어 다음과 같이 3 × 3 크기의 얼음 틀이 있다고 가정하자.

```
001
010
101
```

이는 오른쪽과 같이 그래프로 모델링 할 수 있다.

'0'인 값이 상, 하, 좌, 우로 연결되어 있는 노드를 묶으면 오른쪽과 같이 세 묶음이 나올 것이다. 이러한 묶음을 찾아주는 프로그램을 어떻게 작성할 수 있을까?

DFS를 이용하면 간단히 해결할 수 있다.

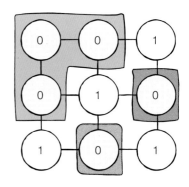

1 특정한 지점의 주변 상, 하, 좌, 우를 살펴본 뒤에 주변 지점 중에서 값이 '0'이면서 아직 방문하지 않은 지점이 있다면 해당 지점을 방문한다.

2 방문한 지점에서 다시 상, 하, 좌, 우를 살펴보면서 방문을 다시 진행하면, 연결된 모든 지점을 방문할 수 있다.

3 **1** ~ **2**번의 과정을 모든 노드에 반복하며 방문하지 않은 지점의 수를 센다.

소스코드 예시는 다음과 같다.

5-10.py 답안 예시

```python
# N, M을 공백으로 구분하여 입력받기
n, m = map(int, input().split())

# 2차원 리스트의 맵 정보 입력받기
graph = []
for i in range(n):
    graph.append(list(map(int, input())))

# DFS로 특정한 노드를 방문한 뒤에 연결된 모든 노드들도 방문
def dfs(x, y):
    # 주어진 범위를 벗어나는 경우에는 즉시 종료
    if x <= -1 or x >= n or y <= -1 or y >= m:
        return False
    # 현재 노드를 아직 방문하지 않았다면
    if graph[x][y] == 0:
        # 해당 노드 방문 처리
        graph[x][y] = 1
        # 상, 하, 좌, 우의 위치도 모두 재귀적으로 호출
        dfs(x - 1, y)
        dfs(x, y - 1)
        dfs(x + 1, y)
        dfs(x, y + 1)
        return True
    return False

# 모든 노드(위치)에 대하여 음료수 채우기
result = 0
for i in range(n):
    for j in range(m):
        # 현재 위치에서 DFS 수행
        if dfs(i, j) == True:
            result += 1

print(result) # 정답 출력
```

미로 탈출

난이도 ●●○○ | 풀이 시간 30분 | 시간 제한 1초 | 메모리 제한 128MB

동빈이는 N × M 크기의 직사각형 형태의 미로에 갇혀 있다. 미로에는 여러 마리의 괴물이 있어 이를 피해 탈출해야 한다. 동빈이의 위치는 (1, 1)이고 미로의 출구는 (N, M)의 위치에 존재하며 한 번에 한 칸씩 이동할 수 있다. 이때 괴물이 있는 부분은 0으로, 괴물이 없는 부분은 1로 표시되어 있다. 미로는 반드시 탈출할 수 있는 형태로 제시된다. 이때 동빈이가 탈출하기 위해 움직여야 하는 최소 칸의 개수를 구하시오. 칸을 셀 때는 시작 칸과 마지막 칸을 모두 포함해서 계산한다.

입력 조건 · 첫째 줄에 두 정수 N, M(4 ≤ N, M ≤ 200)이 주어집니다. 다음 N개의 줄에는 각각 M개의 정수(0 혹은 1)로 미로의 정보가 주어진다. 각각의 수들은 공백 없이 붙어서 입력으로 제시된다. 또한 시작 칸과 마지막 칸은 항상 1이다.

출력 조건 · 첫째 줄에 최소 이동 칸의 개수를 출력한다.

입력 예시

```
5 6
101010
111111
000001
111111
111111
```

출력 예시

```
10
```

문제 해설

이 문제는 BFS를 이용했을 때 매우 효과적으로 해결할 수 있다. BFS는 시작 지점에서 가까운 노드부터 차례대로 그래프의 모든 노드를 탐색하기 때문이다. 그러므로 (1, 1) 지점에서부터 BFS를 수행하여 모든 노드의 값을 거리 정보로 넣으면 된다. 특정한 노드를 방문하면 그 이전 노드의 거리에 1을 더한 값을 리스트에 넣는다. 예를 들어 만약 미로의 크기가 3 × 3이며 오른쪽과 같이 구성되어 있다고 가정해보자.

```
110
010
011
```

step 1 맨 처음에 (1, 1)의 위치에서 시작하며, (1, 1)의 값은 항상 1이라고 문제에서 언급되어 있다.

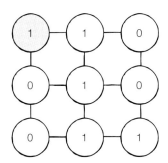

step 2 (1, 1) 좌표에서 상, 하, 좌, 우로 탐색을 진행하면 바로 옆 노드인 (1, 2) 위치의 노드를 방문하게 되고 새롭게 방문하는 (1, 2) 노드의 값을 2로 바꾸게 된다.

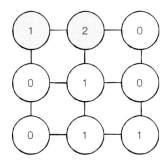

step 3 마찬가지로 BFS를 계속 수행하면 결과적으로 다음과 같이 최단 경로의 값들이 1씩 증가하는 형태로 변경된다.

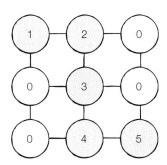

참고로 소스코드 상에서, 첫 번째 시작 위치는 다시 방문할 수 있도록 되어 첫 번째 시작 위치에 해당하는 값이 3으로 변경될 여지가 있다. 하지만 본 문제에서는 단순히 가장 오른쪽 아래 위치로 이동하는 것을 요구하고 있기 때문에, 본 소스코드는 정상적으로 답을 도출하는 간결한 정답 코드이다.

```python
from collections import deque

# N, M을 공백으로 구분하여 입력받기
n, m = map(int, input().split())
# 2차원 리스트의 맵 정보 입력받기
graph = []
for i in range(n):
    graph.append(list(map(int, input())))

# 이동할 네 방향 정의(상, 하, 좌, 우)
dx = [-1, 1, 0, 0]
dy = [0, 0, -1, 1]

# BFS 소스코드 구현
def bfs(x, y):
    # 큐(Queue) 구현을 위해 deque 라이브러리 사용
    queue = deque()
    queue.append((x, y))
    # 큐가 빌 때까지 반복
    while queue:
        x, y = queue.popleft()
        # 현재 위치에서 네 방향으로의 위치 확인
        for i in range(4):
            nx = x + dx[i]
            ny = y + dy[i]
            # 미로 찾기 공간을 벗어난 경우 무시
            if nx < 0 or ny < 0 or nx >= n or ny >= m:
                continue
            # 벽인 경우 무시
            if graph[nx][ny] == 0:
                continue
            # 해당 노드를 처음 방문하는 경우에만 최단 거리 기록
            if graph[nx][ny] == 1:
                graph[nx][ny] = graph[x][y] + 1
                queue.append((nx, ny))
    # 가장 오른쪽 아래까지의 최단 거리 반환
    return graph[n - 1][m - 1]

# BFS를 수행한 결과 출력
print(bfs(0, 0))
```

정렬

연속된 데이터를 기준에 따라서 정렬하기 위한 알고리즘

《1》 기준에 따라 데이터를 정렬

정렬 알고리즘 개요

정렬Sorting이란 데이터를 특정한 기준에 따라서 순서대로 나열하는 것을 말한다. 프로그램에서 데이터를 가공할 때 오름차순이나 내림차순 등 대부분 어떤 식으로든 정렬해서 사용하는 경우가 많기에 정렬 알고리즘은 프로그램을 작성할 때 가장 많이 사용되는 알고리즘 중 하나다. 정렬 알고리즘으로 데이터를 정렬하면 다음 장에서 배울 이진 탐색Binary Search이 가능해진다. 정렬 알고리즘은 이진 탐색의 전처리 과정이기도 하니 제대로 알고 넘어가자. 정렬 알고리즘은 굉장히 다양한데 이 중에서 많이 사용하는 선택 정렬, 삽입 정렬, 퀵 정렬, 계수 정렬만 이 책에서 언급하려 한다. 더불어 파이썬에서 제공하는 기본 정렬 라이브러리를 적용하여 좀 더 효과적인 정렬 수행 방법도 다루려 한다.

보통 정렬부터 공부하면 '알고리즘의 효율성'을 쉽게 이해할 수 있어 알고리즘 개론서 초반에 정렬 알고리즘을 설명하는 경우가 많다. 또한 일반적으로 문제에서 요구하는 조건에 따라서 적절한 정렬 알고리즘이 공식처럼 사용된다. 상황에 적절하지 못한 정렬 알고리즘을 이용하면 당연히 프로그램은 비효율적으로 동작하며 필요 이상으로 시간을 많이 소요한다. 그래서 정렬 알고리즘을 공부하다 보면 자연스럽게 알고리즘 효율의 중요성을 깨닫는다.

이 책은 코딩 테스트 합격을 주목적으로 하기 때문에, 그리디 유형과 구현 유형에 대해서 먼저 다루었지만 정렬 알고리즘 또한 매우 중요하다. 면접에서도 단골 문제로 출제된다는 점을 기억하자.

이제 문제 상황에 대해서 생각해보자. 여기 숫자가 하나씩 적힌 카드가 10장 있다. 이제 이 카드를 오름차순으로 정렬하자.

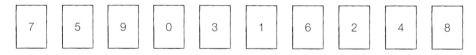

어떻게 이 데이터(카드)를 정렬할 수 있을까? 보통은 카드를 빠르게 훑고 숫자가 0부터 9까지로 구성된 걸 눈치챈 다음 카드를 0부터 9까지 순차적으로 나열할 것이다. 이러한 과정 속에서 우리의 뇌는 우리도 모르게 데이터의 규칙성을 파악한다.

하지만 우리에게 쉽다고 컴퓨터에도 쉬운 일은 아니다. 컴퓨터는 인간과 다르게 데이터의 규칙성을 직관적으로 알 수 없으며, 어떻게 정렬을 수행할지에 대한 과정을 소스코드로 작성하여 구체적으로 명시해야 한다.

이 카드 예제를 기준으로 이번 장에서는 정렬 알고리즘을 설명하겠다. 또한 이 장에서 다루는 예제는 모두 오름차순 정렬을 수행한다고 가정한다. 내림차순 정렬은 오름차순 정렬을 수행하는 알고리즘에서 크기 비교를 반대로 수행하면 된다. 또한 파이썬에서는 특정한 리스트의 원소를 뒤집는 메서드를 제공한다. 그래서 내림차순 정렬은 오름차순 정렬을 수행한 뒤에 그 결과를 뒤집기[Reverse]하여 내림차순 리스트를 만들 수 있다. 리스트를 뒤집는 연산은 $O(N)$의 복잡도로 간단히 수행할 수 있으므로 이 책에서는 오름차순을 위한 소스코드만 다루도록 한다.

선택 정렬

컴퓨터가 데이터를 정렬할 때 어떻게 할지 한번 생각해보자. 데이터가 무작위로 여러 개 있을 때, 이 중에서 가장 작은 데이터를 선택해 맨 앞에 있는 데이터와 바꾸고, 그다음 작은 데이터를 선택해 앞에서 두 번째 데이터와 바꾸는 과정을 반복하면 어떨까? 이 방법은 가장 원시적인 방법으로 매번 '가장 작은 것을 선택'한다는 의미에서 **선택 정렬**[Selection Sort] 알고리즘이라고 한다.

가장 작은 것을 선택해서 앞으로 보내는 과정을 반복해서 수행하다 보면, 전체 데이터의 정렬이 이루어진다. 이해를 돕기 위해 예제를 통해 자세한 동작 원리를 확인하겠다.

정렬 알고리즘에서는 흔히 데이터의 개수를 N이라고 표현한다. 다음 예제에서는 N = 10인 경우를 가정한다. 또한 다음의 그림에서 회색 카드는 '현재 정렬되지 않은 데이터 중에서 가장 작은 데이터'를 의미하며, 하늘색 카드는 '이미 정렬된 데이터'를 의미한다.

선택 정렬 그림 설명

> step 0 초기 단계에서는 모든 데이터가 정렬되어 있지 않으므로, 전체 중에서 가장 작은 데이터를 선택한다. 따라서 '0'을 선택해 맨 앞에 있는 데이터 '7'과 바꾼다.

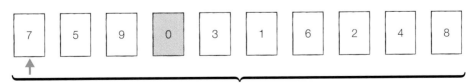

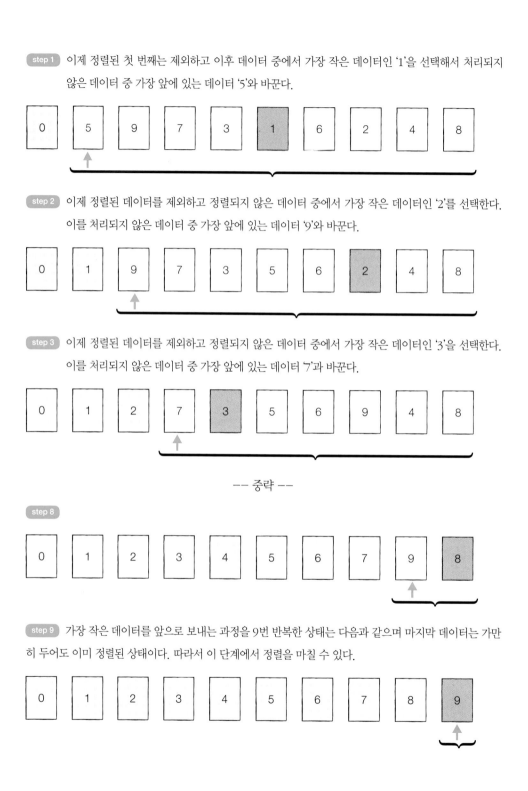

step 1 이제 정렬된 첫 번째는 제외하고 이후 데이터 중에서 가장 작은 데이터인 '1'을 선택해서 처리되지 않은 데이터 중 가장 앞에 있는 데이터 '5'와 바꾼다.

| 0 | 5 | 9 | 7 | 3 | 1 | 6 | 2 | 4 | 8 |

step 2 이제 정렬된 데이터를 제외하고 정렬되지 않은 데이터 중에서 가장 작은 데이터인 '2'를 선택한다. 이를 처리되지 않은 데이터 중 가장 앞에 있는 데이터 '9'와 바꾼다.

| 0 | 1 | 9 | 7 | 3 | 5 | 6 | 2 | 4 | 8 |

step 3 이제 정렬된 데이터를 제외하고 정렬되지 않은 데이터 중에서 가장 작은 데이터인 '3'을 선택한다. 이를 처리되지 않은 데이터 중 가장 앞에 있는 데이터 '7'과 바꾼다.

| 0 | 1 | 2 | 7 | 3 | 5 | 6 | 9 | 4 | 8 |

-- 중략 --

step 8

| 0 | 1 | 2 | 3 | 4 | 5 | 6 | 7 | 9 | 8 |

step 9 가장 작은 데이터를 앞으로 보내는 과정을 9번 반복한 상태는 다음과 같으며 마지막 데이터는 가만히 두어도 이미 정렬된 상태이다. 따라서 이 단계에서 정렬을 마칠 수 있다.

| 0 | 1 | 2 | 3 | 4 | 5 | 6 | 7 | 8 | 9 |

이처럼 선택 정렬은 가장 작은 데이터를 앞으로 보내는 과정을 N − 1번 반복하면 정렬이 완료되는 것을 알 수 있다. 파이썬으로 작성한 소스코드는 다음과 같다.

6-1.py 선택 정렬 소스코드

```python
array = [7, 5, 9, 0, 3, 1, 6, 2, 4, 8]

for i in range(len(array)):
    min_index = i # 가장 작은 원소의 인덱스
    for j in range(i + 1, len(array)):
        if array[min_index] > array[j]:
            min_index = j
    array[i], array[min_index] = array[min_index], array[i] # 스와프

print(array)
```

```
[0, 1, 2, 3, 4, 5, 6, 7, 8, 9]
```

다만, 이 코드는 스와프Swap에 대해서 모른다면 이해하기 어려운 부분이 있다. 스와프란 특정한 리스트가 주어졌을 때 두 변수의 위치를 변경하는 작업을 의미한다. 파이썬에서는 다음처럼 간단히 리스트 내 두 원소의 위치를 변경할 수 있다. 하지만 다른 대부분의 프로그래밍 언어에서는 명시적으로 임시 저장용 변수를 만들어 두 원소의 값을 변경해야 한다.

6-2.py 파이썬 스와프(Swap) 소스코드

```python
# 0 인덱스와 1 인덱스의 원소 교체하기
array = [3, 5]
array[0], array[1] = array[1], array[0]

print(array)
```

```
[5, 3]
```

다른 언어에서도 별도의 스와프 함수가 있지만 파이썬만큼 간편하지는 않다. 다음은 C 언어에서 표준 라이브러리를 사용하지 않고 2개의 변수 a와 b의 값을 서로 교체하도록 작성한 코드이다. 다음의 코드는 비교용으로 작성된 코드로, 완전한 C 언어 코드 형태가 아니다.

```
int a = 3;
int b = 5;

// 스와프 진행
int temp = a;
a = b;
b = temp;
```

선택 정렬의 시간 복잡도

그렇다면 선택 정렬의 시간 복잡도를 계산해보자.

선택 정렬은 N − 1번 만큼 가장 작은 수를 찾아서 맨 앞으로 보내야 한다. 또한 매번 가장 작은 수를 찾기 위해서 비교 연산이 필요하다. 구현 방식에 따라서 사소한 오차는 있을 수 있지만 앞쪽의 그림대로 구현했을 때 연산 횟수는 N + (N − 1) + (N − 2) + ⋯ + 2로 볼 수 있다. 따라서 근사치로 N × (N + 1) / 2번의 연산을 수행한다고 가정하자. 이는 $(N^2 + N) / 2$로 표현할 수 있는데, 빅오 표기법으로 간단히 $O(N^2)$이라고 표현할 수 있다. 빅오 표기법은 1장의 '시간 복잡도'에서 설명했으니 참고하자.

이전 장에서 반복문이 얼마나 중첩되었는지를 기준으로 간단히 시간 복잡도를 판단할 수 있다고 하였다. 선택 정렬의 시간 복잡도는 $O(N^2)$이다. 직관적으로 이해하자면, 소스코드 상으로 간단한 형태의 2중 반복문이 사용되었기 때문이라고 이해할 수 있다.

만약 정렬해야 할 데이터의 개수가 100배 늘어나면, 이론적으로 수행 시간은 10,000배로 늘어난다. 그렇다면, 이러한 시간 복잡도를 가지는 선택 정렬이 얼마나 효율적일까?

한 번 알고리즘의 수행 시간을 측정해보자. 다음 표는 파이썬 3.7의 선택 정렬 알고리즘과 이후에 다룰 퀵 정렬 알고리즘, 그리고 기본 정렬 라이브러리의 수행 시간을 비교한 결과이다. 측정 시간은 각각의 컴퓨터마다 다를 수 있다.* 선택 정렬을 이용하는 경우 데이터의 개수가 10,000개 이상이면 정렬 속도가 급격히 느려지는 것을 확인할 수 있다. 또한 파이썬에 내장된 기본 정렬 라이브러리는 내부적으로 C 언어 기반이며, 다양한 최적화 테크닉이 포함되어 더욱 빠르게 동작한다.

---

* 책의 표는 Intel(R) Core(TM) i7−7500U CPU @ 2.70GHz, 2코어 환경에서 측정한 값이다.

데이터의 개수(N)	선택 정렬	퀵 정렬	기본 정렬 라이브러리
N = 100	0.0123초	0.00156초	0.00000753초
N = 1,000	0.354초	0.00343초	0.0000365초
N = 10,000	15.475초	0.0312초	0.000248초

선택 정렬은 기본 정렬 라이브러리를 포함해 뒤에서 다룰 알고리즘과 비교했을 때 매우 비효율적이다. 다만, 특정한 리스트에서 가장 작은 데이터를 찾는 일이 코딩 테스트에서 잦으므로 선택 정렬 소스코드 형태에 익숙해질 필요가 있다. 그러므로 선택 정렬 소스코드를 자주 작성해볼 것을 권한다.

삽입 정렬

선택 정렬은 알고리즘 문제 풀이에 사용하기에는 느린 편이다. 그렇다면 다른 접근 방법에 대해서 생각해보자.

'데이터를 하나씩 확인하며, 각 데이터를 적절한 위치에 삽입하면 어떨까?'

삽입 정렬은 선택 정렬처럼 동작 원리를 직관적으로 이해하기 쉬운 알고리즘이다. 물론 삽입 정렬은 선택 정렬에 비해 구현 난이도가 높은 편이지만 선택 정렬에 비해 실행 시간 측면에서 더 효율적인 알고리즘으로 잘 알려져 있다. 특히 삽입 정렬은 필요할 때만 위치를 바꾸므로 '데이터가 거의 정렬되어 있을 때' 훨씬 효율적이다. 선택 정렬은 현재 데이터의 상태와 상관없이 무조건 모든 원소를 비교하고 위치를 바꾸는 반면 삽입 정렬은 그렇지 않다.

삽입 정렬은 특정한 데이터를 적절한 위치에 '삽입'한다는 의미에서 **삽입 정렬**Insertion Sort이라고 부른다. 더불어 삽입 정렬은 특정한 데이터가 적절한 위치에 들어가기 이전에, 그 앞까지의 데이터는 이미 정렬되어 있다고 가정한다. 정렬되어 있는 데이터 리스트에서 적절한 위치를 찾은 뒤에, 그 위치에 삽입된다는 점이 특징이다. 다음과 같이 초기 데이터가 구성되어 있다고 가정하자.

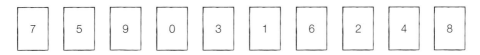

삽입 정렬은 두 번째 데이터부터 시작한다. 왜냐하면 첫 번째 데이터는 그 자체로 정렬되어 있다고 판단하기 때문이다.

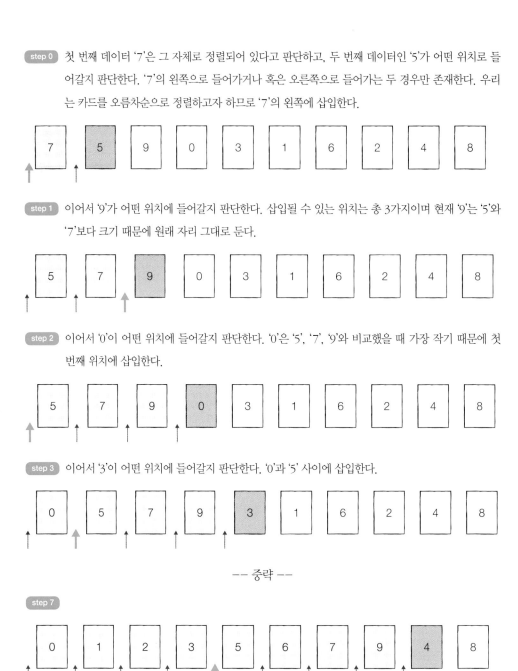

step 0 첫 번째 데이터 '7'은 그 자체로 정렬되어 있다고 판단하고, 두 번째 데이터인 '5'가 어떤 위치로 들어갈지 판단한다. '7'의 왼쪽으로 들어가거나 혹은 오른쪽으로 들어가는 두 경우만 존재한다. 우리는 카드를 오름차순으로 정렬하고자 하므로 '7'의 왼쪽에 삽입한다.

step 1 이어서 '9'가 어떤 위치에 들어갈지 판단한다. 삽입될 수 있는 위치는 총 3가지이며 현재 '9'는 '5'와 '7'보다 크기 때문에 원래 자리 그대로 둔다.

step 2 이어서 '0'이 어떤 위치에 들어갈지 판단한다. '0'은 '5', '7', '9'와 비교했을 때 가장 작기 때문에 첫 번째 위치에 삽입한다.

step 3 이어서 '3'이 어떤 위치에 들어갈지 판단한다. '0'과 '5' 사이에 삽입한다.

—— 중략 ——

step 7

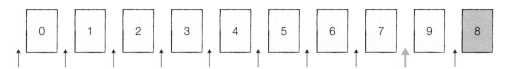

step 9 이와 같이 적절한 위치에 삽입하는 과정을 N − 1번 반복하게 되면 다음과 같이 모든 데이터가 정렬된 것을 확인할 수 있다.

삽입 정렬은 재미있는 특징이 있는데, 정렬이 이루어진 원소는 항상 오름차순을 유지하고 있다는 점이다. [step] 그림을 보면 하늘색으로 칠해진 카드들은 어떤 단계든지 항상 정렬된 상태다. 이러한 특징 때문에 삽입 정렬에서는 특정한 데이터가 삽입될 위치를 선정할 때(삽입될 위치를 찾기 위하여 왼쪽으로 한 칸씩 이동할 때), 삽입될 데이터보다 작은 데이터를 만나면 그 위치에서 멈추면 된다. 예를 들어 [step 3]을 다시 살펴보자.

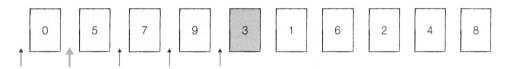

[step 3]에서 '3'은 한 칸씩 왼쪽으로 이동하다가 자신보다 작은 '0'을 만났을 때 그 위치에 삽입된다. 다시 말해 특정한 데이터의 왼쪽에 있는 데이터들은 이미 정렬이 된 상태이므로 자기보다 작은 데이터를 만났다면 더 이상 데이터를 살펴볼 필요 없이 그 자리에 삽입되면 되는 것이다. 이제 소스코드를 확인해보도록 하자.

```
array = [7, 5, 9, 0, 3, 1, 6, 2, 4, 8]

for i in range(1, len(array)):
    for j in range(i, 0, -1): # 인덱스 i부터 1까지 감소하며 반복하는 문법
        if array[j] < array[j - 1]: # 한 칸씩 왼쪽으로 이동
            array[j], array[j - 1] = array[j - 1], array[j]
        else: # 자기보다 작은 데이터를 만나면 그 위치에서 멈춤
            break

print(array)
```

 여기서 잠깐

range의 세 번째 매개 변수

range의 매개 변수는 3개(start, end, step)이다. 세 번째 매개 변수인 step에 −1이 들어가면 start 인덱스부터 시작해서 end + 1 인덱스까지 1씩 감소한다. 앞의 코드에서는 j 변수가 i부터 1까지 1씩 감소한다.

삽입 정렬의 시간 복잡도

삽입 정렬의 시간 복잡도는 $O(N^2)$인데, 선택 정렬과 마찬가지로 반복문이 2번 중첩되어 사용되었다. 실제로 수행 시간을 테스트해보면 앞서 다루었던 선택 정렬과 흡사한 시간이 소요되는 것을 알 수 있다. 여기서 꼭 기억할 내용은 삽입 정렬은 현재 리스트의 데이터가 거의 정렬되어 있는 상태라면 매우 빠르게 동작한다는 점이다. 최선의 경우 $O(N)$의 시간 복잡도를 가진다. 바로 다음에 배울 퀵 정렬 알고리즘과 비교했을 때, 보통은 삽입 정렬이 비효율적이나 정렬이 거의 되어 있는 상황에서는 퀵 정렬 알고리즘보다 더 강력하다. 따라서 거의 정렬되어 있는 상태로 입력이 주어지는 문제라면 퀵 정렬 등의 여타 정렬 알고리즘을 이용하는 것보다 삽입 정렬을 이용하는 것이 정답 확률을 높일 수 있다.

퀵 정렬

퀵 정렬은 지금까지 배운 정렬 알고리즘 중에 가장 많이 사용되는 알고리즘이다. 이 책에서 다루지는 않지만 퀵 정렬과 비교할 만큼 빠른 알고리즘으로 '병합 정렬' 알고리즘이 있다. 이 두 알고리즘은

대부분의 프로그래밍 언어에서 정렬 라이브러리의 근간이 되는 알고리즘이기도 하다. 그렇다면 퀵 정렬은 도대체 어떻게 동작하길래 이름부터가 '빠른 정렬 알고리즘'인지 알아보자.

'기준 데이터를 설정하고 그 기준보다 큰 데이터와 작은 데이터의 위치를 바꾸면 어떨까?'

퀵 정렬은 기준을 설정한 다음 큰 수와 작은 수를 교환한 후 리스트를 반으로 나누는 방식으로 동작한다. 이해하기까지 시간이 걸리겠지만 원리를 이해하면 병합 정렬, 힙 정렬 등 다른 고급 정렬 기법에 비해 쉽게 소스코드를 작성할 수 있다.

퀵 정렬에서는 피벗Pivot이 사용된다. 큰 숫자와 작은 숫자를 교환할 때, 교환하기 위한 '기준'을 바로 피벗이라고 표현한다. 퀵 정렬을 수행하기 전에는 피벗을 어떻게 설정할 것인지 미리 명시해야 한다. 피벗을 설정하고 리스트를 분할하는 방법에 따라서 여러 가지 방식으로 퀵 정렬을 구분하는데, 책에서는 가장 대표적인 분할 방식인 호어 분할Hoare Partition 방식을 기준으로 퀵 정렬을 설명하겠다. 호어 분할 방식에서는 다음과 같은 규칙에 따라서 피벗을 설정한다.

- 리스트에서 첫 번째 데이터를 피벗으로 정한다.

이와 같이 피벗을 설정한 뒤에는 왼쪽에서부터 피벗보다 큰 데이터를 찾고, 오른쪽에서부터 피벗보다 작은 데이터를 찾는다. 그다음 큰 데이터와 작은 데이터의 위치를 서로 교환해준다. 이러한 과정을 반복하면 '피벗'에 대하여 정렬이 수행된다. 자세한 과정은 그림으로 살펴보며 이해해보자.

다음과 같이 초기 데이터가 구성되어 있다고 가정해보자.

퀵 정렬은 전체를 3개의 파트로 나눠서 보는 게 편하다. 편의상 I, II, III 파트로 나눠서 보겠다.

I 파트

step 0 리스트의 첫 번째 데이터를 피벗으로 설정하므로 피벗은 '5'이다. 이후에 왼쪽에서부터 '5'보다 큰 데이터를 선택하므로 '7'이 선택되고, 오른쪽에서부터 '5'보다 작은 데이터를 선택하므로 '4'가 선택된다. 이제 이 두 데이터의 위치를 서로 변경한다.

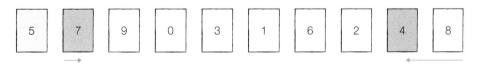

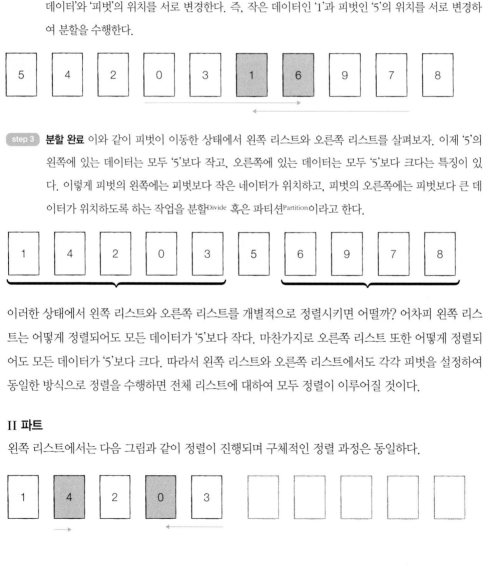

step 1 그다음 다시 피벗보다 큰 데이터와 작은 데이터을 각각 찾는다. 찾은 뒤에는 두 값의 위치를 서로 변경하는데, 현재 '9'와 '2'가 선택되었으므로 이 두 데이터의 위치를 서로 변경한다.

step 2 그다음 다시 피벗보다 큰 데이터와 작은 데이터를 찾는다. 단, 현재 왼쪽에서부터 찾는 값과 오른쪽에서부터 찾는 값의 위치가 서로 엇갈린 것을 알 수 있다. 이렇게 두 값이 엇갈린 경우에는 '작은 데이터'와 '피벗'의 위치를 서로 변경한다. 즉, 작은 데이터인 '1'과 피벗인 '5'의 위치를 서로 변경하여 분할을 수행한다.

step 3 **분할 완료** 이와 같이 피벗이 이동한 상태에서 왼쪽 리스트와 오른쪽 리스트를 살펴보자. 이제 '5'의 왼쪽에 있는 데이터는 모두 '5'보다 작고, 오른쪽에 있는 데이터는 모두 '5'보다 크다는 특징이 있다. 이렇게 피벗의 왼쪽에는 피벗보다 작은 네이터가 위치하고, 피벗의 오른쪽에는 피벗보다 큰 데이터가 위치하도록 하는 작업을 분할Divide 혹은 파티션Partition이라고 한다.

이러한 상태에서 왼쪽 리스트와 오른쪽 리스트를 개별적으로 정렬시키면 어떨까? 어차피 왼쪽 리스트는 어떻게 정렬되어도 모든 데이터가 '5'보다 작다. 마찬가지로 오른쪽 리스트 또한 어떻게 정렬되어도 모든 데이터가 '5'보다 크다. 따라서 왼쪽 리스트와 오른쪽 리스트에서도 각각 피벗을 설정하여 동일한 방식으로 정렬을 수행하면 전체 리스트에 대하여 모두 정렬이 이루어질 것이다.

II 파트
왼쪽 리스트에서는 다음 그림과 같이 정렬이 진행되며 구체적인 정렬 과정은 동일하다.

III 파트

오른쪽 리스트에서는 다음 그림과 같이 정렬이 진행되며 구체적인 정렬 과정은 동일하다.

이 과정은 종이를 잘라 숫자를 적은 다음에 직접 한번 해보기를 권한다. 그러면 더 빠르게 이해할 수 있으리라 본다.

퀵 정렬에서는 이처럼 특정한 리스트에서 피벗을 설정하여 정렬을 수행한 이후에, 피벗을 기준으로 왼쪽 리스트와 오른쪽 리스트에서 각각 다시 정렬을 수행한다. 5장에서 다루었던 '재귀 함수'와 동작 원리가 같다. 실제로 퀵 정렬은 재귀 함수 형태로 작성했을 때 구현이 매우 간결해진다. 재귀 함수와 동작 원리가 같다면, 종료 조건도 있어야 할 것이다. 퀵 정렬이 끝나는 조건은 언제일까? 바로 현재 리스트의 데이터 개수가 1개인 경우이다. 리스트의 원소가 1개라면, 이미 정렬이 되어 있다고 간주할 수 있으며 분할이 불가능하다. 따라서 이러한 과정을 전체적으로 살펴보면 다음과 같이 정리할 수 있다. 퀵 정렬을 처음 접한 독자라면 다음 그림에서의 분할 과정을 곧바로 이해하기는 쉽지 않겠지만, 곧이어 등장할 소스코드와 함께 살펴보면 비로소 이해할 수 있을 것이다.

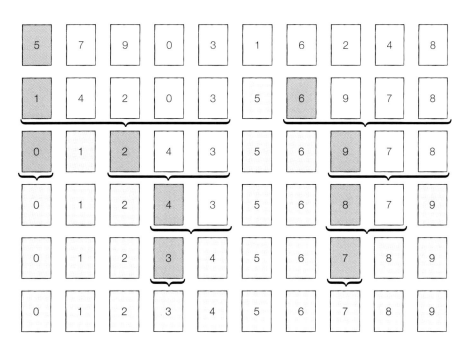

다음 소스코드 형태는 널리 사용되고 있는 가장 직관적인 형태의 퀵 정렬 소스코드다.

6-4.py 퀵 정렬 소스코드

```python
array = [5, 7, 9, 0, 3, 1, 6, 2, 4, 8]

def quick_sort(array, start, end):
    if start >= end: # 원소가 1개인 경우 종료
        return
    pivot = start # 피벗은 첫 번째 원소
    left = start + 1
    right = end
    while left <= right:
        # 피벗보다 큰 데이터를 찾을 때까지 반복
        while left <= end and array[left] <= array[pivot]:
            left += 1
        # 피벗보다 작은 데이터를 찾을 때까지 반복
        while right > start and array[right] >= array[pivot]:
            right -= 1
        if left > right: # 엇갈렸다면 작은 데이터와 피벗을 교체
            array[right], array[pivot] = array[pivot], array[right]
        else: # 엇갈리지 않았다면 작은 데이터와 큰 데이터를 교체
            array[left], array[right] = array[right], array[left]
    # 분할 이후 왼쪽 부분과 오른쪽 부분에서 각각 정렬 수행
    quick_sort(array, start, right - 1)
    quick_sort(array, right + 1, end)

quick_sort(array, 0, len(array) - 1)
print(array)
```

```
[0, 1, 2, 3, 4, 5, 6, 7, 8, 9]
```

다음은 파이썬의 장점을 살려 짧게 작성한 퀵 정렬 소스코드다. 전통 퀵 정렬의 분할 방식과는 조금 다른데, 피벗과 데이터를 비교하는 비교 연산 횟수가 증가하므로 시간 면에서는 조금 비효율적이다. 하지만 더 직관적이고 기억하기 쉽다는 장점이 있다.

```python
array = [5, 7, 9, 0, 3, 1, 6, 2, 4, 8]

def quick_sort(array):
    # 리스트가 하나 이하의 원소만을 담고 있다면 종료
    if len(array) <= 1:
        return array

    pivot = array[0] # 피벗은 첫 번째 원소
    tail = array[1:] # 피벗을 제외한 리스트

    left_side = [x for x in tail if x <= pivot] # 분할된 왼쪽 부분
    right_side = [x for x in tail if x > pivot] # 분할된 오른쪽 부분

    # 분할 이후 왼쪽 부분과 오른쪽 부분에서 각각 정렬을 수행하고, 전체 리스트를 반환
    return quick_sort(left_side) + [pivot] + quick_sort(right_side)

print(quick_sort(array))
```

```
[0, 1, 2, 3, 4, 5, 6, 7, 8, 9]
```

퀵 정렬의 시간 복잡도

이제 퀵 정렬의 시간 복잡도에 대해서 알아보자. 앞서 다룬 선택 정렬과 삽입 정렬의 시간 복잡도는 $O(N^2)$이라고 하였다. 선택 정렬과 삽입 정렬은 최악의 경우에도 항상 시간 복잡도 $O(N^2)$을 보장한다. 퀵 정렬의 평균 시간 복잡도는 $O(NlogN)$이다. 앞서 다루었던 두 정렬 알고리즘에 비해 매우 빠른 편이다.

퀵 정렬이 어떻게 평균적으로 $O(NlogN)$의 시간 복잡도를 가지는지 궁금할 수 있는데, 퀵 정렬의 시간 복잡도에 대한 증명은 초보자가 다루기에는 간단하지 않다. 더불어 코딩 테스트를 목적으로 하는 경우, 퀵 정렬의 시간 복잡도 증명에 대하여 자세히 알지 못해도 큰 무리가 없다. 따라서 책에서는 구체적인 증명보다는 직관적인 이해를 돕기 위한 설명에 초점을 맞추어 전개하고자 한다.

퀵 정렬에서 최선의 경우를 생각해보자. 피벗값의 위치가 변경되어 분할이 일어날 때마다 정확히 왼쪽 리스트와 오른쪽 리스트를 절반씩 분할한다면 어떨까? 데이터의 개수가 8개라고 가정하고 다음과 같이 정확히 절반씩 나눈다고 도식화를 해보자. 이때 '높이'를 확인해보면, 데이터의 개수가

N개일 때 높이는 약 $logN$이라고 판단할 수 있다.

다시 말해 분할이 이루어지는 횟수가 기하급수적으로 감소하게 되는 것이다. 일반적으로 컴퓨터 과학에서 log의 의미는 밑이 2인 로그를 의미한다. 즉, log_2N을 의미하며 데이터의 개수 N이 1,000일 때 log_2N은 10가량이다. N = 1,000일 때 $log_2N \approx 10$은 상대적으로 매우 작은 수임을 이해할 수 있다.

데이터의 개수가 많을수록 차이는 매우 극명하게 드러난다. 다음 표를 보면 데이터의 개수가 많을수록 퀵 정렬은 앞서 다루었던 선택 정렬, 삽입 정렬에 비해 압도적으로 빠르게 동작하리라 추측할 수 있다. 표는 '평균 시간 복잡도'를 기준으로 각 정렬 알고리즘이 데이터의 개수에 따라 얼마나 많은 연산을 요구하는지를 보여주기 위해 작성되었으며, 엄밀한 연산 횟수 비교는 아니다.

데이터의 개수(N)	N^2(선택 정렬, 삽입 정렬)	$Nlog_2N$(퀵 정렬)
N = 1,000	$\approx$ 1,000,000	$\approx$ 10,000
N = 1,000,000	$\approx$ 1,000,000,000,000	$\approx$ 20,000,000

일반적으로 컴퓨터공학과 학부에서 퀵 정렬을 공부할 때에는 퀵 정렬의 수학적인 검증에 대해서도 공부하지만, 코딩 테스트를 준비하는 과정에서는 그림을 통해 직관적인 이해를 하는 것만으로도 충분하다.

다만, 퀵 정렬의 시간 복잡도에 대하여 한 가지 기억해둘 점이 있다. 바로 평균적으로 시간 복잡도가 $O(NlogN)$이지만 최악의 경우 시간 복잡도가 $O(N^2)$이라는 것이다. 데이터가 무작위로 입력되는 경우 퀵 정렬은 빠르게 동작할 확률이 높다. 하지만 이 책에서의 퀵 정렬처럼 리스트의 가장 왼쪽 데이터를 피벗으로 삼을 때, '이미 데이터가 정렬되어 있는 경우'에는 매우 느리게 동작한다.

앞서 다룬 삽입 정렬은 이미 데이터가 정렬되어 있는 경우에는 매우 빠르게 동작한다고 했는데, 퀵 정렬은 그와 반대된다고 이해할 수 있다.

그래서 실제로 C++와 같이 퀵 정렬을 기반으로 작성된 정렬 라이브러리를 제공하는 프로그래밍 언어들은 최악의 경우에도 시간 복잡도가 $O(NlogN)$이 되는 것을 보장할 수 있도록 피벗값을 설정할 때 추가적인 로직을 더해준다. 파이썬 또한 마찬가지로 뒤에 설명할 기본 정렬 라이브러리를 이용하면 $O(NlogN)$을 보장해주기 때문에 여러분은 크게 걱정하지 않아도 된다. 구체적인 로직에 관한 내용은 책에서 자세히 다루지는 않도록 하겠다.

계수 정렬

계수 정렬 Count Sort 알고리즘은 특정한 조건이 부합할 때만 사용할 수 있지만 매우 빠른 정렬 알고리즘이다. 모든 데이터가 양의 정수인 상황을 가정해보자. 데이터의 개수가 N, 데이터 중 최댓값이 K일 때, 계수 정렬은 최악의 경우에도 수행 시간 $O(N + K)$를 보장한다. 계수 정렬은 이처럼 매우 빠르게 동작할 뿐만 아니라 원리 또한 매우 간단하다. 다만, 계수 정렬은 '데이터의 크기 범위가 제한되어 정수 형태로 표현할 수 있을 때'만 사용할 수 있다. 예를 들어 데이터의 값이 무한한 범위를 가질 수 있는 실수형 데이터가 주어지는 경우 계수 정렬은 사용하기 어렵다. 일반적으로 가장 큰 데이터와 가장 작은 데이터의 차이가 1,000,000을 넘지 않을 때 효과적으로 사용할 수 있다.

예를 들어 0 이상 100 이하인 성적 데이터를 정렬할 때 계수 정렬이 효과적이다. 다만, 가장 큰 데이터와 가장 작은 데이터의 차이가 너무 크다면 계수 정렬은 사용할 수 없다. 계수 정렬이 이러한 특징을 가지는 이유는, 계수 정렬을 이용할 때는 '모든 범위를 담을 수 있는 크기의 리스트(배열)를 선언'해야 하기 때문이다. 예를 들어 가장 큰 데이터와 가장 작은 데이터의 차이가 1,000,000이라면 총 1,000,001개의 데이터가 들어갈 수 있는 리스트를 초기화해야 한다. 여기에서 1개를 더해주는 이유는 0부터 1,000,000까지는 총 1,000,001개의 수가 존재하기 때문이다.

계수 정렬은 앞서 다루었던 3가지 정렬 알고리즘처럼 직접 데이터의 값을 비교한 뒤에 위치를 변경하며 정렬하는 방식(비교 기반의 정렬 알고리즘)이 아니다.*

---

* 선택 정렬, 삽입 정렬, 퀵 정렬처럼 데이터를 비교하며 위치를 변경하는 정렬 방법을 비교 기반의 정렬 알고리즘이라고도 부른다.

계수 정렬은 일반적으로 별도의 리스트를 선언하고 그 안에 정렬에 대한 정보를 담는다는 특징이 있다. 구체적인 예시를 통해 계수 정렬에 대해서 이해해보자. 단, 말했듯이 계수 정렬은 데이터의 크기가 제한되어 있을 때에 한해서 데이터의 개수가 매우 많더라도 빠르게 동작한다. 따라서 예시 또한 앞서 다루었던 예시와 다르게 많은 데이터가 존재하는 경우를 살펴보자.

- 초기 단계: 7 5 9 0 3 1 6 2 9 1 4 8 0 5 2

계수 정렬은, 먼저 가장 큰 데이터와 가장 작은 데이터의 범위가 모두 담길 수 있도록 하나의 리스트를 생성한다. 현재 예시에서는 가장 큰 데이터가 '9'이고 가장 작은 데이터가 '0'이다. 따라서 우리가 정렬할 데이터의 범위는 0부터 9까지이므로 리스트의 인덱스가 모든 범위를 포함할 수 있도록 한다. 다시 말해 우리는 단순히 크기가 10인 리스트를 선언하면 된다. 처음에는 리스트의 모든 데이터가 0이 되도록 초기화한다.

그다음 데이터를 하나씩 확인하며 데이터의 값과 동일한 인덱스의 데이터를 1씩 증가시키면 계수 정렬이 완료된다. 직접 확인해보자.

step 0 **초기 단계:** 7 5 9 0 3 1 6 2 9 1 4 8 0 5 2

step 1 **7** 5 9 0 3 1 6 2 9 1 4 8 0 5 2

0	1	2	3	4	5	6	7	8	9
0	0	0	0	0	0	0	1	0	0

step 2 **7 5** 9 0 3 1 6 2 9 1 4 8 0 5 2

0	1	2	3	4	5	6	7	8	9
0	0	0	0	0	1	0	1	0	0

step 3 **7 5 9** 0 3 1 6 2 9 1 4 8 0 5 2

0	1	2	3	4	5	6	7	8	9
0	0	0	0	0	1	0	1	0	1

-- 과정 반복 --

7 5 9 0 3 1 6 2 9 1 4 8 0 5 2

0	1	2	3	4	5	6	7	8	9
2	2	1	1	1	2	1	1	1	2

7 5 9 0 3 1 6 2 9 1 4 8 0 5 2

0	1	2	3	4	5	6	7	8	9
2	2	2	1	1	2	1	1	1	2

결과적으로 위와 같이 리스트에는 각 데이터가 몇 번 등장했는지 그 횟수가 기록된다. 예를 들어 5 인덱스의 값이 2이므로 '5'는 2번 등장한 것이다. 이 리스트에 저장된 데이터 자체가 정렬된 형태 그 자체라고 할 수 있다. 정렬된 결과를 직접 눈으로 확인하고 싶다면, 리스트의 첫 번째 데이터부터 하나씩 그 값만큼 인덱스를 출력하면 된다. 예를 들면 '0' 인덱스의 값이 2이므로 0을 2번 출력하면 된다.

0	1	2	3	4	5	6	7	8	9
2	2	2	1	1	2	1	1	1	2

출력 결과: 0 0

0	1	2	3	4	5	6	7	8	9
2	2	2	1	1	2	1	1	1	2

출력 결과: 0 0 1 1

-- 과정 반복 --

0	1	2	3	4	5	6	7	8	9
2	2	2	1	1	2	1	1	1	2

출력 결과: 0 0 1 1 2 2 3 4 5 5 6 7 8

0	1	2	3	4	5	6	7	8	9
2	2	2	1	1	2	1	1	1	2

출력 결과: 0 0 1 1 2 2 3 4 5 5 6 7 8 9 9

결과적으로 최종 정렬된 결과인 '0 0 1 1 2 2 3 4 5 5 6 7 8 9 9'가 출력되는 것을 알 수 있다. 이를 소스코드로 표현하면 다음과 같다.

6-6.py 계수 정렬 소스코드

```python
# 모든 원소의 값이 0보다 크거나 같다고 가정
array = [7, 5, 9, 0, 3, 1, 6, 2, 9, 1, 4, 8, 0, 5, 2]
# 모든 범위를 포함하는 리스트 선언(모든 값은 0으로 초기화)
count = [0] * (max(array) + 1)

for i in range(len(array)):
    count[array[i]] += 1 # 각 데이터에 해당하는 인덱스의 값 증가

for i in range(len(count)): # 리스트에 기록된 정렬 정보 확인
    for j in range(count[i]):
        print(i, end=' ') # 띄어쓰기를 구분으로 등장한 횟수만큼 인덱스 출력
```

```
0 0 1 1 2 2 3 4 5 5 6 7 8 9 9
```

계수 정렬의 시간 복잡도

앞서 언급했듯이 모든 데이터가 양의 정수인 상황에서 데이터의 개수를 N, 데이터 중 최댓값의 크기를 K라고 할 때, 계수 정렬의 시간 복잡도는 $O(N + K)$이다. 계수 정렬은 앞에서부터 데이터를 하나씩 확인하면서 리스트에서 적절한 인덱스의 값을 1씩 증가시킬 뿐만 아니라, 추후에 리스트의 각 인덱스에 해당하는 값들을 확인할 때 데이터 중 최댓값의 크기만큼 반복을 수행해야 하기 때문이다. 따라서 데이터의 범위만 한정되어 있다면 효과적으로 사용할 수 있으며 항상 빠르게 동작한다. 사실상 현존하는 정렬 알고리즘 중에서 기수 정렬Radix Sort과 더불어 가장 빠르다고 볼 수 있다.

보통 기수 정렬은 계수 정렬에 비해서 동작은 느리지만, 처리할 수 있는 정수의 크기는 더 크다. 다만 알고리즘 원리나 소스코드는 더 복잡하다. 다행히 반드시 기수 정렬을 이용해야만 해결할 수 있는 문제는 코딩 테스트에서 거의 출제되지 않으므로, 책에서는 기수 정렬에 대해서 자세히 다루지는 않는다.

계수 정렬의 공간 복잡도

계수 정렬은 때에 따라서 심각한 비효율성을 초래할 수 있다. 예를 들어 데이터가 0과 999,999, 단 2개만 존재한다고 가정해보자. 이럴 때에도 리스트의 크기가 100만 개가 되도록 선언해야 한다. 따라서 항상 사용할 수 있는 정렬 알고리즘은 아니며, 동일한 값을 가지는 데이터가 여러 개 등장할 때 적합하다. 예를 들어 성적의 경우 100점을 맞은 학생이 여러 명일 수 있기 때문에 계수 정렬이 효과적이다. 반면에 앞서 설명한 퀵 정렬은 일반적인 경우에서 평균적으로 빠르게 동작하기 때문에 데이터의 특성을 파악하기 어렵다면 퀵 정렬을 이용하는 것이 유리하다.

다시 말해 계수 정렬은 데이터의 크기가 한정되어 있고, 데이터의 크기가 많이 중복되어 있을수록 유리하며 항상 사용할 수는 없다. 하지만 조건만 만족한다면 계수 정렬은 정렬해야 하는 데이터의 개수가 매우 많을 때에도 효과적으로 사용할 수 있다. 다만 일반적인 코딩 테스트의 시스템 환경에서는 메모리 공간상의 제약과 입출력 시간 문제로 인하여 입력되는 데이터의 개수를 1,000만 개 이상으로 설정할 수 없는 경우가 많기 때문에, 정렬 문제에서의 데이터 개수는 1,000만 개 미만으로 출제될 것이다. 계수 정렬의 공간 복잡도는 $O(N+K)$이다.

파이썬의 정렬 라이브러리

알고리즘은 오랫동안 연구된 분야이며, 특히 정렬 알고리즘은 매우 많이 연구된 주제이다. 그렇기 때문에 정렬 알고리즘은 이 밖에도 매우 다양한 종류가 있다. 물론, 현대의 정렬 알고리즘은 정립되어 있기 때문에 앞으로는 큰 개선이 이루어질 것으로 예상하기는 어렵다. 따라서 정렬 알고리즘 문제는 어느 정도 정해진 답이 있는, 즉 외워서 잘 풀어낼 수 있는 문제라고 할 수 있다.

지금까지 다양한 정렬 알고리즘에 대해서 알아보았다. 우리가 알고리즘 문제를 풀 때는 앞서 다루었던 예제처럼 정렬 알고리즘을 직접 작성하게 되는 경우도 있지만 미리 만들어진 라이브러리를 이용하는 것이 효과적인 경우가 더 많다.

파이썬은 기본 정렬 라이브러리인 sorted( ) 함수를 제공한다. sorted( )는 퀵 정렬과 동작 방식이 비슷한 병합 정렬을 기반으로 만들어졌는데, 병합 정렬은 일반적으로 퀵 정렬보다 느리지만 최악의 경우에도 시간 복잡도 $O(NlogN)$을 보장한다는 특징이 있다.* 이러한 sorted( ) 함수는 리스트,

---

* 대부분의 프로그래밍 언어에서 제공하는 표준 라이브러리의 기본 정렬 함수는 병합 정렬 혹은 퀵 정렬에 기반한다. 퀵 정렬에 기반하는 경우에도 $O(NlogN)$을 보장하도록 구현되어 있다.

딕셔너리 자료형 등을 입력받아서 정렬된 결과를 출력한다. 집합 자료형이나 딕셔너리 자료형을 입력받아도 반환되는 결과는 리스트 자료형이다.

6-7.py sorted 소스코드

```
array = [7, 5, 9, 0, 3, 1, 6, 2, 4, 8]

result = sorted(array)
print(result)
```

```
[0, 1, 2, 3, 4, 5, 6, 7, 8, 9]
```

리스트 변수가 하나 있을 때 내부 원소를 바로 정렬할 수도 있다. 리스트 객체의 내장 함수인 sort()를 이용하는 것인데, 이를 이용하면 별도의 정렬된 리스트가 반환되지 않고 내부 원소가 바로 정렬된다.

6-8.py sort 소스코드

```
array = [7, 5, 9, 0, 3, 1, 6, 2, 4, 8]

array.sort()
print(array)
```

```
[0, 1, 2, 3, 4, 5, 6, 7, 8, 9]
```

또한 sorted()나 sort()를 이용할 때에는 key 매개변수를 입력으로 받을 수 있다. key 값으로는 하나의 함수가 들어가야 하며 이는 정렬 기준이 된다. 예를 들어 리스트의 데이터가 튜플로 구성되어 있을 때, 각 데이터의 두 번째 원소를 기준으로 설정하는 경우 다음과 같은 형태의 소스코드를 작성할 수 있다. 혹은 람다^{Lambda} 함수를 사용할 수도 있는데, 자세한 내용은 부록에서 확인하자.

6-9.py 정렬 라이브러리에서 key를 활용한 소스코드

```
array = [('바나나', 2), ('사과', 5), ('당근', 3)]

def setting(data):
    return data[1]
```

```
result = sorted(array, key=setting)
print(result)
```

```
[('바나나', 2), ('당근', 3), ('사과', 5)]
```

정렬 라이브러리의 시간 복잡도

정렬 라이브러리는 항상 최악의 경우에도 시간 복잡도 $O(NlogN)$을 보장한다. 사실 정렬 라이브러리는 이미 잘 작성된 함수이므로 우리가 직접 퀵 정렬을 구현할 때보다 더욱더 효과적이다. 앞서 파이썬은 병합 정렬에 기반한다고 했는데 정확히는 병합 정렬과 삽입 정렬의 아이디어를 더한 하이브리드 방식의 정렬 알고리즘을 사용하고 있다. 책에서 자세히 다루지 않지만, 문제에서 별도의 요구가 없다면 단순히 정렬해야 하는 상황에서는 기본 정렬 라이브러리를 사용하고, 데이터의 범위가 한정되어 있으며 더 빠르게 동작해야 할 때는 계수 정렬을 사용하자.

코딩 테스트에서 정렬 알고리즘이 사용되는 경우를 일반적으로 3가지 문제 유형으로 나타낼 수 있다.

1. **정렬 라이브러리로 풀 수 있는 문제**: 단순히 정렬 기법을 알고 있는지 물어보는 문제로 기본 정렬 라이브러리의 사용 방법을 숙지하고 있으면 어렵지 않게 풀 수 있다.

2. **정렬 알고리즘의 원리에 대해서 물어보는 문제**: 선택 정렬, 삽입 정렬, 퀵 정렬 등의 원리를 알고 있어야 문제를 풀 수 있다.

3. **더 빠른 정렬이 필요한 문제**: 퀵 정렬 기반의 정렬 기법으로는 풀 수 없으며 계수 정렬 등의 다른 정렬 알고리즘을 이용하거나 문제에서 기존에 알려진 알고리즘의 구조적인 개선을 거쳐야 풀 수 있다.

이 책에서는 이 3가지 유형을 모두 다룰 것이다. 일단 이번 장에서는 가장 기본적인 문제 3개를 풀어보도록 하자.

 **실전 문제**

위에서 아래로

난이도 ●○○ | **풀이 시간** 15분 | **시간 제한** 1초 | **메모리 제한** 128MB | **기출** T 기업 코딩 테스트

하나의 수열에는 다양한 수가 존재한다. 이러한 수는 크기에 상관없이 나열되어 있다. 이 수를 큰 수부터 작은 수의 순서로 정렬해야 한다. 수열을 내림차순으로 정렬하는 프로그램을 만드시오.

입력 조건
- 첫째 줄에 수열에 속해 있는 수의 개수 N이 주어진다. (1 ≤ N ≤ 500)
- 둘째 줄부터 N + 1번째 줄까지 N개의 수가 입력된다. 수의 범위는 1 이상 100,000 이하의 자연수이다.

출력 조건
- 입력으로 주어진 수열이 내림차순으로 정렬된 결과를 공백으로 구분하여 출력한다. 동일한 수의 순서는 자유롭게 출력해도 괜찮다.

입력 예시
```
3
15
27
12
```

출력 예시
```
27 15 12
```

문제 해설

이 문제는 가장 기본적인 정렬을 할 수 있는지 물어보는 문제이다. 수의 개수가 500개 이하로 매우 적으며, 모든 수는 1 이상 100,000 이하이므로 어떠한 정렬 알고리즘을 사용해도 문제를 해결할 수 있다. 앞서 공부한 선택 정렬, 삽입 정렬, 퀵 정렬, 계수 정렬 중 아무거나 이용해도 상관없지만 가장 코드가 간결해지는 파이썬의 기본 정렬 라이브러리를 이용하는 것이 효과적이다.

6-10.py 답안 예시

```python
# N을 입력받기
n = int(input())

# N개의 정수를 입력받아 리스트에 저장
array = []
for i in range(n):
    array.append(int(input()))

# 파이썬 기본 정렬 라이브러리를 이용하여 정렬 수행
array = sorted(array, reverse=True)

# 정렬이 수행된 결과를 출력
for i in array:
    print(i, end=' ')
```

3 성적이 낮은 순서로 학생 출력하기

난이도 ●○○ **| 풀이 시간** 20분 **| 시간 제한** 1초 **| 메모리 제한** 128MB **| 기출** D 기업 프로그래밍 콘테스트 예선

N명의 학생 정보가 있다. 학생 정보는 학생의 이름과 학생의 성적으로 구분된다. 각 학생의 이름과 성적 정보가 주어졌을 때 성적이 낮은 순서대로 학생의 이름을 출력하는 프로그램을 작성하시오.

입력 조건
- 첫 번째 줄에 학생의 수 N이 입력된다. (1 ≤ N ≤ 100,000)
- 두 번째 줄부터 N + 1번째 줄에는 학생의 이름을 나타내는 문자열 A와 학생의 성적을 나타내는 정수 B가 공백으로 구분되어 입력된다. 문자열 A의 길이와 학생의 성적은 100 이하의 자연수이다.

출력 조건
- 모든 학생의 이름을 성적이 낮은 순서대로 출력한다. 성적이 동일한 학생들의 순서는 자유롭게 출력해도 괜찮다.

입력 예시
```
2
홍길동 95
이순신 77
```

출력 예시
```
이순신 홍길동
```

문제 해설

이 문제에서는 학생의 정보가 최대 100,000개까지 입력될 수 있으므로 최악의 경우 $O(NlogN)$을 보장하는 알고리즘을 이용하거나 $O(N)$을 보장하는 계수 정렬을 이용하면 된다. 그뿐만 아니라 입력되는 데이터는 학생의 이름과 점수지만 출력할 때는 학생의 이름만 출력하면 되므로 학생 정보를 (점수, 이름)으로 묶은 뒤에 점수를 기준으로 정렬을 수행해야 한다. 따라서 이런 경우에도 마찬가지로 파이썬의 기본 정렬 라이브러리를 사용하는 것이 효과적이다. 파이썬의 튜플 문법에 대해서 익숙하지 않다면 부록 A의 파이썬 문법 내용을 참고하도록 하자.

6-11.py 답안 예시

```python
# N을 입력받기
n = int(input())

# N명의 학생 정보를 입력받아 리스트에 저장
array = []
for i in range(n):
    input_data = input().split()
    # 이름은 문자열 그대로, 점수는 정수형으로 변환하여 저장
    array.append((input_data[0], int(input_data[1])))

# 키(Key)를 이용하여, 점수를 기준으로 정렬
array = sorted(array, key=lambda student: student[1])

# 정렬이 수행된 결과를 출력
for student in array:
    print(student[0], end=' ')
```

〈4〉 두 배열의 원소 교체

난이도 ●○○ | **풀이 시간** 20분 | **시간 제한** 2초 | **메모리 제한** 128MB | **기출** 국제 알고리즘 대회

동빈이는 두 개의 배열 A와 B를 가지고 있다. 두 배열은 N개의 원소로 구성되어 있으며, 배열의 원소는 모두 자연수이다. 동빈이는 최대 K번의 바꿔치기 연산을 수행할 수 있는데, 바꿔치기 연산이란 배열 A에 있는 원소 하나와 배열 B에 있는 원소 하나를 골라서 두 원소를 서로 바꾸는 것을 말한다. 동빈이의 최종 목표는 배열 A의 모든 원소의 합이 최대가 되도록 하는 것이며, 여러분은 동빈이를 도와야 한다.

N, K, 그리고 배열 A와 B의 정보가 주어졌을 때, 최대 K번의 바꿔치기 연산을 수행하여 만들 수 있는 배열 A의 모든 원소의 합의 최댓값을 출력하는 프로그램을 작성하시오.

예를 들어 N = 5, K = 3이고 배열 A와 B가 다음과 같다고 하자.

- 배열 A = [1, 2, 5, 4, 3]
- 배열 B = [5, 5, 6, 6, 5]

이 경우, 다음과 같이 세 번의 연산을 수행할 수 있다.

- 연산 1) 배열 A의 원소 '1'과 배열 B의 원소 '6'을 바꾸기
- 연산 2) 배열 A의 원소 '2'와 배열 B의 원소 '6'을 바꾸기
- 연산 3) 배열 A의 원소 '3'과 배열 B의 원소 '5'를 바꾸기

세 번의 연산 이후 배열 A와 배열 B의 상태는 다음과 같이 구성될 것이다.

- 배열 A = [6, 6, 5, 4, 5]
- 배열 B = [3, 5, 1, 2, 5]

이때 배열 A의 모든 원소의 합은 26이 되며, 이보다 더 합을 크게 만들 수는 없다. 따라서 이 예시의 정답은 26이 된다.

• 첫 번째 줄에 N, K가 공백으로 구분되어 입력된다. (1 ≤ N ≤ 100,000, 0 ≤ K ≤ N)

• 두 번째 줄에 배열 A의 원소들이 공백으로 구분되어 입력된다. 모든 원소는 10,000,000보다 작은 자연수이다.

• 세 번째 줄에 배열 B의 원소들이 공백으로 구분되어 입력된다. 모든 원소는 10,000,000보다 작은 자연수입니다.

출력 조건 • 최대 K번의 바꿔치기 연산을 수행하여 만들 수 있는 배열 A의 모든 원소의 합의 최댓값을 출력한다.

입력 예시

```
5 3
1 2 5 4 3
5 5 6 6 5
```

출력 예시

26

문제 해설

문제를 해결하기 위한 기본 아이디어는 매번 배열 A에서 가장 작은 원소를 골라서, 배열 B에서 가장 큰 원소와 교체를 하는 것이다. 단, 배열 A에서 가장 작은 원소가 배열 B에서 가장 큰 원소보다 작을 때에만 교체를 수행해야 한다. 이러한 과정을 K번 반복하면 원하는 정답을 얻을 수 있다.

따라서 배열 A와 B의 정보가 입력되면 배열 A의 원소를 오름차순으로 정렬하고, 배열 B의 원소를 내림차순으로 정렬한다. 그리고 두 배열의 원소를 가장 첫 번째 인덱스부터 차례대로 비교하면서 A의 원소가 B의 원소보다 작을 때에만 교체를 수행한다. 이때 문제에서는 두 배열의 원소가 최대 100,000개까지 입력될 수 있으므로 $O(NlogN)$을 보장하는 정렬 알고리즘을 이용해야 한다.

6-12.py 답안 예시

```python
n, k = map(int, input().split())      # N과 K를 입력받기
a = list(map(int, input().split()))   # 배열 A의 모든 원소를 입력받기
b = list(map(int, input().split()))   # 배열 B의 모든 원소를 입력받기

a.sort() # 배열 A는 오름차순 정렬 수행
b.sort(reverse=True) # 배열 B는 내림차순 정렬 수행

# 첫 번째 인덱스부터 확인하며, 두 배열의 원소를 최대 K번 비교
for i in range(k):
```

```
        # A의 원소가 B의 원소보다 작은 경우
    if a[i] < b[i]:
            # 두 원소를 교체
        a[i], b[i] = b[i], a[i]
    else:    # A의 원소가 B의 원소보다 크거나 같을 때, 반복문을 탈출
        break

print(sum(a)) # 배열 A의 모든 원소의 합을 출력
```

이진 탐색

탐색 범위를 반으로 좁혀가며 빠르게 탐색하는 알고리즘

 # 범위를 반씩 좁혀가는 탐색

순차 탐색

이번 장에서는 리스트 내에서 데이터를 매우 빠르게 탐색하는 이진 탐색 알고리즘에 대해서 공부하겠다. 이진 탐색에 대해 알아보기 전에 가장 기본 탐색 방법인 순차 탐색에 대해 먼저 이해할 필요가 있다. 1장부터 차례대로 읽은 독자라면 이미 자연스럽게 순차 탐색의 원리를 익혔다. 사실 지금까지 예제 문제에서 N개의 데이터가 있을 때, 그 데이터를 차례대로 하나씩 확인하여 어떠한 처리를 해준 경우가 많았는데 그 자체로도 이미 순차 탐색이라고 할 수 있다. 예를 들어 3장의 '거스름돈' 문제에서 가장 큰 화폐 단위부터 확인(탐색)해서 각 단위에 대하여 처리한 것을 기억해보자.

이와 같이 **순차 탐색**Sequential Search이란 리스트 안에 있는 특정한 데이터를 찾기 위해 앞에서부터 데이터를 하나씩 차례대로 확인하는 방법이다. 보통 정렬되지 않은 리스트에서 데이터를 찾아야 할 때 사용한다. 리스트 내에 데이터가 아무리 많아도 시간만 충분하다면 항상 원하는 원소(데이터)를 찾을 수 있다는 장점이 있다. 다음은 순차 탐색으로 Dongbin을 찾는 과정이다.

step 0 초기 단계

| Haneul | Jonggu | Dongbin | Taeil | Sangwook |

step 1 가장 먼저 첫 번째 데이터를 확인한다. Haneul은 찾고자 하는 문자열과 같지않다. 따라서 다음 데이터로 이동한다.

| Haneul | Jonggu | Dongbin | Taeil | Sangwook |

↑

step 2 두 번째 데이터를 확인한다. Jonggu는 찾고자 하는 문자열과 같지 않다. 다음 데이터로 이동한다.

| Haneul | Jonggu | Dongbin | Taeil | Sangwook |

↑

세 번째 데이터를 확인한다. Dongbin은 찾고자 하는 문자열과 같으므로 탐색을 마친다.

| Haneul | | Jonggu | | Dongbin | | Taeil | | Sangwook |

순차 탐색은 이름처럼 순차로 데이터를 탐색한다는 의미이다. 리스트의 데이터에 하나씩 방문하며 특정한 문자열과 같은지 검사하므로 구현도 간단하다. 순차 탐색은 정말 자주 사용되는데, 리스트에 특정 값의 원소가 있는지 체크할 때도 순차 탐색으로 원소를 확인하고, 리스트 자료형에서 특정한 값을 가지는 원소의 개수를 세는 count( ) 메서드를 이용할 때도 내부에서는 순차 탐색이 수행된다. 순차 탐색을 파이썬 코드로 작성하면 다음과 같다.

7-1.py 순차 탐색 소스코드

```
# 순차 탐색 소스코드 구현
def sequential_search(n, target, array):
    # 각 원소를 하나씩 확인하며
    for i in range(n):
        # 현재의 원소가 찾고자 하는 원소와 동일한 경우
        if array[i] == target:
            return i + 1 # 현재의 위치 반환(인덱스는 0부터 시작하므로 1 더하기)

print("생성할 원소 개수를 입력한 다음 한 칸 띄고 찾을 문자열을 입력하세요.")
input_data = input().split()
n = int(input_data[0]) # 원소의 개수
target = input_data[1] # 찾고자 하는 문자열

print("앞서 적은 원소 개수만큼 문자열을 입력하세요. 구분은 띄어쓰기 한 칸으로 합니다.")
array = input().split()

# 순차 탐색 수행 결과 출력
print(sequential_search(n, target, array))
```

```
생성할 원소 개수를 입력한 다음 한 칸 띄고 찾을 문자열을 입력하세요.
5 Dongbin ↵
앞서 적은 원소 개수만큼 문자열을 입력하세요. 구분은 띄어쓰기 한 칸으로 합니다.
Hanul Jonggu Dongbin Taeil Sangwook ↵
3
```

소스코드를 실행하면 정상적으로 이름 문자열이 몇 번째 데이터인지 출력하는 것을 알 수 있다. 이처럼 순차 탐색은 데이터 정렬 여부와 상관없이 가장 앞에 있는 원소부터 하나씩 확인해야 한다는 점이 특징이다. 따라서 데이터의 개수가 N개일 때 최대 N번의 비교 연산이 필요하므로 순차 탐색의 최악의 경우 시간 복잡도는 $O(N)$이다.

이진 탐색 : 반으로 쪼개면서 탐색하기

드디어 본론인 이진 탐색을 공부해보자. **이진 탐색**Binary Search은 배열 내부의 데이터가 정렬되어 있어야만 사용할 수 있는 알고리즘이다. 데이터가 무작위일 때는 사용할 수 없지만, 이미 정렬되어 있다면 매우 빠르게 데이터를 찾을 수 있다는 특징이 있다. 이진 탐색은 탐색 범위를 절반씩 좁혀가며 데이터를 탐색하는 특징이 있다.

이진 탐색은 위치를 나타내는 변수 3개를 사용하는데 탐색하고자 하는 범위의 **시작점**, **끝점**, 그리고 **중간점**이다. 찾으려는 데이터와 중간점Middle 위치에 있는 데이터를 반복적으로 비교해서 원하는 데이터를 찾는 게 이진 탐색 과정이다.

이미 정렬된 10개의 데이터 중에서 값이 4인 원소를 찾는 예시를 살펴보자.

step 1 시작점과 끝점을 확인한 다음 둘 사이에 중간점을 정한다. 중간점이 실수일 때는 소수점 이하를 버린다. 그림에서 각각의 인덱스는 시작점은 [0], 끝점은 [9], 중간점은 (4.5에서 소수점 이하를 버려서) [4]이다. 다음으로 중간점 [4]의 데이터 8과 찾으려는 데이터 4를 비교한다. 중간점의 데이터 8이 더 크므로 중간점 이후의 값은 확인할 필요가 없다. 끝점을 [4]의 이전인 [3]으로 옮긴다.

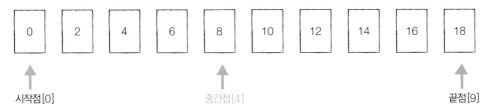

step 2 시작점은 [0], 끝점은 [3], 중간점은 (1.5에서 소수점 이하를 버려서) [1]이다. 중간점에 위치한 데이터 2는 찾으려는 데이터 4보다 작으므로 이번에는 값이 2 이하인 데이터는 더 이상 확인할 필요가 없다. 따라서 시작점을 [2]로 변경한다.

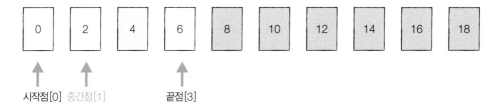

시작점[0]　　중간점[1]　　　　끝점[3]

step 3 시작점은 [2], 끝점은 [3]이다. 이때 중간점은 (2.5에서 소수점 이하를 버려서) [2]이다. 중간점에
위치한 데이터 4는 찾으려는 데이터 4와 동일하므로 이 시점에서 탐색을 종료한다.

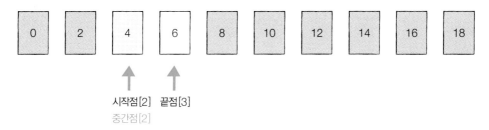

시작점[2]　끝점[3]
중간점[2]

전체 데이터의 개수는 10개지만, 이진 탐색을 이용해 총 3번의 탐색으로 원소를 찾을 수 있었다. 이
진 탐색은 한 번 확인할 때마다 확인하는 원소의 개수가 절반씩 줄어든다는 점에서 시간 복잡도가
$O(logN)$이다. 절반씩 데이터를 줄어들도록 만든다는 점은 앞서 다룬 퀵 정렬과 공통점이 있다.

간단히 부가 설명을 하자면, 이진 탐색 알고리즘은 한 단계를 거칠 때마다 확인하는 원소가 평균적
으로 절반으로 줄어든다. 예를 들어 데이터의 개수가 32개일 때, 1단계만 거치면 이상적인 경우 16
개가량의 데이터만 남게 될 것이다. 2단계를 거치면 8개가량의 데이터만 확인하면 될 것이다. 즉,
단계마다 2로 나누는 것과 동일하므로 연산 횟수는 log_2N에 비례한다고 할 수 있다. 이는 빅오 표기
법에 따라서 간단히 $O(logN)$이라고 작성한다.

이진 탐색을 구현하는 방법에는 2가지가 있는데 하나는 재귀 함수를 이용하는 방법이고, 다른 하나
는 단순하게 반복문을 이용하는 방법이다. 먼저 재귀 함수를 이용한 코드를 보자.

7-2.py 재귀 함수로 구현한 이진 탐색 소스코드

```
# 이진 탐색 소스코드 구현(재귀 함수)
def binary_search(array, target, start, end):
    if start > end:
        return None
    mid = (start + end) // 2
    # 찾은 경우 중간점 인덱스 반환
```

```
        if array[mid] == target:
            return mid
        # 중간점의 값보다 찾고자 하는 값이 작은 경우 왼쪽 확인
        elif array[mid] > target:
            return binary_search(array, target, start, mid - 1)
        # 중간점의 값보다 찾고자 하는 값이 큰 경우 오른쪽 확인
        else:
            return binary_search(array, target, mid + 1, end)

# n(원소의 개수)과 target(찾고자 하는 문자열)을 입력받기
n, target = list(map(int, input().split()))
# 전체 원소 입력받기
array = list(map(int, input().split()))

# 이진 탐색 수행 결과 출력
result = binary_search(array, target, 0, n - 1)
if result == None:
    print("원소가 존재하지 않습니다.")
else:
    print(result + 1)
```

```
10 7 ↵
1 3 5 7 9 11 13 15 17 19 ↵
4
```

```
10 7 ↵
1 3 5 6 9 11 13 15 17 19 ↵
원소가 존재하지 않습니다.
```

mid = (start + end) // 2는 중간점을 의미한다. 2로 나눈 몫만 구하기 위해 몫 연산자(//)를 사용한 것이다. 앞서 그리디 부분에서 '큰 수의 법칙' 문제를 풀 때에는 나눈 뒤에 몫을 구하기 위해 int() 함수를 이용했다. 기능 면에서는 두 코드 모두 나눈 몫을 구하는 코드이다. 이처럼 같은 기능이라고 하더라도 다양한 방법으로 구현이 가능하다는 점을 기억하자.

다음은 단순하게 반복문을 사용한 코드이다. 실행 결과는 재귀 함수와 같으므로 생략한다.

7-3.py 반복문으로 구현한 이진 탐색 소스코드

```
# 이진 탐색 소스코드 구현(반복문)
def binary_search(array, target, start, end):
    while start <= end:
        mid = (start + end) // 2
        # 찾은 경우 중간점 인덱스 반환
```

```
        if array[mid] == target:
            return mid
        # 중간점의 값보다 찾고자 하는 값이 작은 경우 왼쪽 확인
        elif array[mid] > target:
            end = mid - 1
        # 중간점의 값보다 찾고자 하는 값이 큰 경우 오른쪽 확인
        else:
            start = mid + 1
    return None

# n(원소의 개수)과 target(찾고자 하는 문자열)을 입력받기
n, target = list(map(int, input().split()))
# 전체 원소 입력받기
array = list(map(int, input().split()))

# 이진 탐색 수행 결과 출력
result = binary_search(array, target, 0, n - 1)
if result == None:
    print("원소가 존재하지 않습니다.")
else:
    print(result + 1)
```

코딩 테스트에서의 이진 탐색

단순히 앞의 코드를 보고 이진 탐색이 단순하다고 느낄 수 있지만, 정작 참고할 소스코드가 없는 상태에서 이진 탐색의 소스코드를 구현하는 것은 상당히 어려운 작업이 될 수 있다.

존 벤틀리*의 말에 따르면 제대로 이진 탐색 코드를 작성한 프로그래머는 10% 내외라 할 정도로 실제 구현은 까다롭다. 코드가 짧으니 이진 탐색을 처음 접한 독자라면, 여러 차례 코드를 입력하며 자연스럽게 외워보자. 이진 탐색은 코딩 테스트에서 단골로 나오는 문제이니 가급적 외우길 권한다.

이진 탐색의 원리는 다른 알고리즘에서도 폭넓게 적용되는 원리와 유사하기 때문에 매우 중요하다. 또, 높은 난이도의 문제에서는 이진 탐색 알고리즘이 다른 알고리즘과 함께 사용되기도 한다. 예를 들어 대회에서 그리디 알고리즘과 이진 탐색 알고리즘을 모두 사용해서 풀어야 하는 문제가 출제된 적이 있는데, 이런 문제는 난이도가 상당히 높은 데다가 구현할 코드량이 많아 실수하기 쉽다. 이때

---

* 『생각하는 프로그래밍』(인사이트, 2014)의 필자

이진 탐색 코드만 암기하고 있어도 꽤 도움이 된다.

더불어 코딩 테스트의 이진 탐색 문제는 탐색 범위가 큰 상황에서의 탐색을 가정하는 문제가 많다. 따라서 탐색 범위가 2,000만을 넘어가면 이진 탐색으로 문제에 접근해보길 권한다. 처리해야 할 데이터의 개수나 값이 1,000만 단위 이상으로 넘어가면 이진 탐색과 같이 $O(logN)$의 속도를 내야 하는 알고리즘을 떠올려 문제를 풀 수 있는 경우가 많다는 점을 기억하자.

트리 자료구조

이진 탐색은 전제 조건이 데이터 정렬이다. 예를 들어 동작하는 프로그램에서 데이터를 정렬해두는 경우가 많으므로 이진 탐색을 효과적으로 사용할 수 있다. 데이터베이스는 내부적으로 대용량 데이터 처리에 적합한 트리Tree 자료구조를 이용하여 항상 데이터가 정렬되어 있다. 따라서 데이터베이스에서의 탐색은 이진 탐색과는 조금 다르지만, 이진 탐색과 유사한 방법을 이용해 탐색을 항상 빠르게 수행하도록 설계되어 있어서 데이터가 많아도 탐색하는 속도가 빠르다.

그렇다면 트리 자료구조가 무엇인지 간단하게 알아보자. 트리 자료구조는 노드와 노드의 연결로 표현하며 여기에서 노드는 정보의 단위로서 어떠한 정보를 가지고 있는 개체로 이해할 수 있다. 5장에서 그래프를 다룰 때 언급했던 노드와 동일하다. 최단 경로에서는 노드가 '도시'와 같은 정점의 의미를 가진다고 하였다. 트리 자료구조는 그래프 자료구조의 일종으로 데이터베이스 시스템이나 파일 시스템과 같은 곳에서 많은 양의 데이터를 관리하기 위한 목적으로 사용한다. 트리 자료구조는 몇 가지 주요한 특징이 있다.

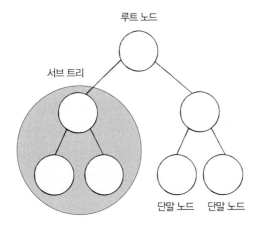

- 트리는 부모 노드와 자식 노드의 관계로 표현된다.
- 트리의 최상단 노드를 루트 노드라고 한다.
- 트리의 최하단 노드를 단말 노드라고 한다.
- 트리에서 일부를 떼어내도 트리 구조이며 이를 서브 트리라 한다.
- 트리는 파일 시스템과 같이 계층적이고 정렬된 데이터를 다루기에 적합하다.

정리하자면 큰 데이터를 처리하는 소프트웨어는 대부분 데이터를 트리 자료구조로 저장해서 이진 탐색과 같은 탐색 기법을 이용해 빠르게 탐색이 가능하다. 그렇다면 이런 트리 구조를 이용하면 정확히 어떤 방식으로 항상 이진 탐색이 가능한 걸까?

이진 탐색 트리

트리 자료구조 중에서 가장 간단한 형태가 이진 탐색 트리이다. 이진 탐색 트리란 이진 탐색이 동작할 수 있도록 고안된, 효율적인 탐색이 가능한 자료구조이다. 이진 탐색 트리를 설명하는 동안 코드를 배제할 테니 편하게 다음 그림을 보자.

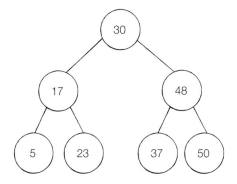

보통 이진 탐색 트리는 이 그림과 같은데 모든 트리가 다 이진 탐색 트리는 아니며, 이진 탐색 트리는 다음과 같은 특징을 가진다.

- 부모 노드보다 왼쪽 자식 노드가 작다.
- 부모 노드보다 오른쪽 자식 노드가 크다.

그림에서 루트를 포함한 일부만 다시 살펴보자.

좀 더 간단하게 표현하면 **왼쪽 자식 노드 〈 부모 노드 〈 오른쪽 자식 노드**가 성립해야지 이진 탐색 트리라 할 수 있다. 그림에서도 17 〈 30 〈 48로 성립한다는 걸 알 수 있다.

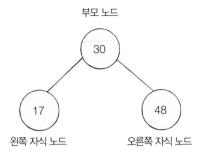

부모 노드

왼쪽 자식 노드   오른쪽 자식 노드

이진 탐색 트리에 데이터를 넣고 빼는 방법은 알고리즘보다는 자료구조에 가까우며, 이진 탐색 트리 자료구조를 구현하도록 요구하는 문제는 출제 빈도가 낮으므로, 이 책에서는 이진 탐색 트리를 구현하는 방법은 소개하지는 않는다.

따라서 이진 탐색 트리가 미리 구현되어 있다고 가정하고 다음 그림과 같은 이진 탐색 트리에서 데이터를 조회하는 과정만 살펴보겠다. 다음은 찾는 원소가 37일 때 동작하는 과정이다.

step 1 이진 탐색은 루트 노드부터 방문한다. 루트 노드는 '30'이고 찾는 원소값은 '37'이다. 공식에 따라 부모 노드의 왼쪽 자식 노드는 '30' 이하이므로 왼쪽에 있는 모든 노드는 확인할 필요가 없다. 따라서 오른쪽 노드를 방문한다.

① 부모 노드와 찾는 원소값 '37'을 비교한다.

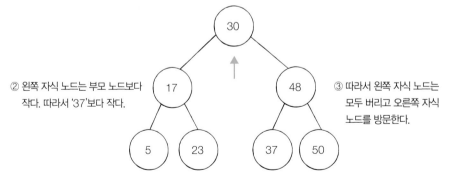

② 왼쪽 자식 노드는 부모 노드보다 작다. 따라서 '37'보다 작다.

③ 따라서 왼쪽 자식 노드는 모두 버리고 오른쪽 자식 노드를 방문한다.

오른쪽 자식 노드인 '48'이 이번에는 부모 노드이다. '48'은 찾는 원소값인 '37'보다 크다. 공식에 따라 부모 노드(48)의 오른쪽 자식 노드는 모두 '48' 이상이므로 확인할 필요가 없다. 따라서 왼쪽 노드를 방문한다.

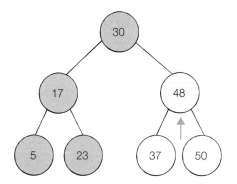

현재 방문한 노드의 값인 '37'과 찾는 원소값인 '37'이 동일하다. 따라서 탐색을 마친다.

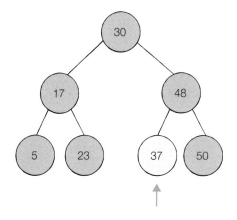

이진 탐색 트리에서 데이터 조회는 동작 원리만 살펴보면 간단하게 느껴진다. 공식에 따라 루트 노드부터 왼쪽 자식 노드 혹은 오른쪽 자식 노드로 이동하며 반복적으로 방문한다. 자식 노드가 없을 때까지 원소를 찾지 못했다면, 이진 탐색 트리에 원소가 없는 것이다. 짧게 3단계로 살펴봤지만 아무리 노드가 많아도 이진 탐색 트리는 이 과정을 반복하는 것에 불과하니 위의 과정 그림을 이해하면 충분하다.

빠르게 입력받기

이진 탐색 문제는 입력 데이터가 많거나, 탐색 범위가 매우 넓은 편이다. 예를 들어 데이터의 개수가 1,000만 개를 넘어가거나 탐색 범위의 크기가 1,000억 이상이라면 이진 탐색 알고리즘을 의심해 보자. 그런데 이렇게 입력 데이터의 개수가 많은 문제에 input() 함수를 사용하면 동작 속도가 느려서 시간 초과로 오답 판정을 받을 수 있다. 이처럼 입력 데이터가 많은 문제는 sys 라이브러리의 readline() 함수를 이용하면 시간 초과를 피할 수 있다.

때로는 코딩 테스트 출제자가 아예 sys 라이브러리를 사용하기를 권고하는 문장을 문제에 적어 놓기도 한다. sys 라이브러리는 다음과 같은 방식으로 사용하며 한 줄씩 입력받는다.

7-4.py 한 줄 입력받아 출력하는 소스코드

```
import sys
# 하나의 문자열 데이터 입력받기
input_data = sys.stdin.readline().rstrip()

# 입력받은 문자열 그대로 출력
print(input_data)
```

```
Hello, Coding Test! ↵
Hello, Coding Test!
```

sys 라이브러리를 사용할 때는 한 줄 입력받고 나서 rstrip() 함수를 꼭 호출해야 한다. 소스코드에 readline()으로 입력하면 입력 후 엔터Enter가 줄 바꿈 기호로 입력되는데, 이 공백 문자를 제거하려면 rstrip() 함수를 사용해야 한다. 코드가 짧으니, 관행적으로 외워서 사용하자. 또한 readline() 함수를 더 간결하게 사용하는 팁은 부록에서 추가로 다루고 있다. 이제 실전 예제를 풀어보며 이진 탐색을 어떻게 사용하는지 알아보자.

부품 찾기

난이도 ●●○ **| 풀이 시간** 30분 **| 시간 제한** 1초 **| 메모리 제한** 128MB

동빈이네 전자 매장에는 부품이 N개 있다. 각 부품은 정수 형태의 고유한 번호가 있다. 어느 날 손님이 M개 종류의 부품을 대량으로 구매하겠다며 당일 날 견적서를 요청했다. 동빈이는 때를 놓치지 않고 손님이 문의한 부품 M개 종류를 모두 확인해서 견적서를 작성해야 한다. 이때 가게 안에 부품이 모두 있는지 확인하는 프로그램을 작성해보자.

예를 들어 가게의 부품이 총 5개일 때 부품 번호가 다음과 같다고 하자.

```
N = 5
[8, 3, 7, 9, 2]
```

손님은 총 3개의 부품이 있는지 확인 요청했는데 부품 번호는 다음과 같다.

```
M = 3
[5, 7, 9]
```

이때 손님이 요청한 부품 번호의 순서대로 부품을 확인해 부품이 있으면 yes를, 없으면 no를 출력한다. 구분은 공백으로 한다.

입력 조건 • 첫째 줄에 정수 N이 주어진다. (1 ≤ N ≤ 1,000,000)

• 둘째 줄에는 공백으로 구분하여 N개의 정수가 주어진다. 이때 정수는 1보다 크고 1,000,000 이하이다.

• 셋째 줄에는 정수 M이 주어진다. (1 ≤ M ≤ 100,000)

• 넷째 줄에는 공백으로 구분하여 M개의 정수가 주어진다. 이때 정수는 1보다 크고 1,000,000 이하이다.

출력 조건 • 첫째 줄에 공백으로 구분하여 각 부품이 존재하면 yes를, 없으면 no를 출력한다.

입력 예시

```
5
8 3 7 9 2
3
5 7 9
```

출력 예시

no yes yes

문제 해설

이 문제는 여러 방법으로 해결할 수 있다. 여기서는 가장 먼저 이진 탐색 알고리즘으로 풀이할 텐데, 이처럼 다량의 데이터 검색은 이진 탐색 알고리즘을 이용해 효과적으로 처리할 수 있다.

먼저 매장 내 N개의 부품을 번호를 기준으로 정렬하자. 그 이후에 M개의 찾고자 하는 부품이 각각 매장에 존재하는지 검사하면 된다. 이때 매장의 부품들은 정렬이 되어 있기 때문에 이진 탐색을 수행하여 찾을 수 있다.

따라서 이렇게 문제를 풀면, 부품을 찾는 과정에서 최악의 경우 시간 복잡도 $O(M \times logN)$의 연산이 필요하므로 이론상 최대 약 200만 번의 연산이 이루어진다고 분석할 수 있다. 오히려 N개의 부품을 정렬하기 위해서 요구되는 시간 복잡도 $O(N \times logN)$이 이론적으로 최대 약 2,000만으로 더욱더 많은 연산이 필요한 것을 알 수 있다($log_2 1,000,000 \approx 20$). 결과적으로 이진 탐색을 사용하는 문제 풀이 방법의 경우 시간 복잡도는 $O((M + N) \times logN)$이다.

우리가 지금까지 배운 이진 탐색 알고리즘을 이용한 풀이는 다음 소스코드와 같다.

7-5.py 답안 예시(이진 탐색)

```python
# 이진 탐색 소스코드 구현(반복문)
def binary_search(array, target, start, end):
    while start <= end:
        mid = (start + end) // 2
        # 찾은 경우 중간점 인덱스 반환
        if array[mid] == target:
            return mid
        # 중간점의 값보다 찾고자 하는 값이 작은 경우 왼쪽 확인
        elif array[mid] > target:
            end = mid - 1
        # 중간점의 값보다 찾고자 하는 값이 큰 경우 오른쪽 확인
        else:
```

```
            start = mid + 1
    return None


# N(가게의 부품 개수) 입력
n = int(input())
# 가게에 있는 전체 부품 번호를 공백으로 구분하여 입력
array = list(map(int, input().split()))
array.sort() # 이진 탐색을 수행하기 위해 사전에 정렬 수행
# M(손님이 확인 요청한 부품 개수) 입력
m = int(input())
# 손님이 확인 요청한 전체 부품 번호를 공백으로 구분하여 입력
x = list(map(int, input().split()))

# 손님이 확인 요청한 부품 번호를 하나씩 확인
for i in x:
    # 해당 부품이 존재하는지 확인
    result = binary_search(array, i, 0, n - 1)
    if result != None:
        print('yes', end=' ')
    else:
        print('no', end=' ')
```

이진 탐색 말고도 계수 정렬의 개념을 이용하여 문제를 풀 수도 있다. 모든 원소의 번호를 포함할 수 있는 크기의 리스트를 만든 뒤에, 리스트의 인덱스에 직접 접근하여 특정한 번호의 부품이 매장에 존재하는지 확인하면 된다.

7-6.py 답안 예시(계수 정렬)

```
# N(가게의 부품 개수)을 입력받기
n = int(input())
array = [0] * 1000001

# 가게에 있는 전체 부품 번호를 입력받아서 기록
for i in input().split():
    array[int(i)] = 1

# M(손님이 확인 요청한 부품 개수)을 입력받기
m = int(input())
# 손님이 확인 요청한 전체 부품 번호를 공백으로 구분하여 입력
x = list(map(int, input().split()))
```

```
    # 손님이 확인 요청한 부품 번호를 하나씩 확인
for i in x:
    # 해당 부품이 존재하는지 확인
    if array[i] == 1:
        print('yes', end=' ')
    else:
        print('no', end=' ')
```

또는 이 문제는 단순히 특정한 수가 한 번이라도 등장했는지를 검사하면 되므로 집합 자료형을 이용해서 문제를 해결할 수 있다. set( ) 함수는 집합 자료형을 초기화할 때 사용한다. 이러한 집합 자료형은 단순히 특정한 데이터가 존재하는지 검사할 때에 매우 효과적으로 사용할 수 있다. 다음의 소스코드가 간결한 측면에서는 가장 우수하다.

7-7.py 답안 예시(집합 자료형 이용)

```
# N(가게의 부품 개수)을 입력받기
n = int(input())
# 가게에 있는 전체 부품 번호를 입력받아서 집합(set) 자료형에 기록
array = set(map(int, input().split()))

# M(손님이 확인 요청한 부품 개수)을 입력받기
m = int(input())
# 손님이 확인 요청한 전체 부품 번호를 공백으로 구분하여 입력
x = list(map(int, input().split()))

# 손님이 확인 요청한 부품 번호를 하나씩 확인
for i in x:
    # 해당 부품이 존재하는지 확인
    if i in array:
        print('yes', end=' ')
    else:
        print('no', end=' ')
```

하지만 이진 탐색으로도 충분히 풀 수 있으며, 경험이 많지 않으면 이진 탐색을 이용한 해법보다 집합 자료형을 이용한 해법을 떠올리기 어려울 수 있고, 혹은 그 반대일 수도 있다. 따라서 동일한 문제를 여러 가지 방법으로 풀 수 있으며, 이 문제는 3가지 방법을 이용해 모두 효과적으로 풀 수 있다는 점을 기억하자.

〈3〉 실전 문제 떡볶이 떡 만들기

난이도 ●●○ | **풀이 시간** 40분 | **시간 제한** 2초 | **메모리 제한** 128MB

오늘 동빈이는 여행 가신 부모님을 대신해서 떡집 일을 하기로 했다. 오늘은 떡볶이 떡을 만드는 날이다. 동빈이네 떡볶이 떡은 재밌게도 떡볶이 떡의 길이가 일정하지 않다. 대신에 한 봉지 안에 들어가는 떡의 총 길이는 절단기로 잘라서 맞춰준다.

절단기에 높이(H)를 지정하면 줄지어진 떡을 한 번에 절단한다. 높이가 H보다 긴 떡은 H 위의 부분이 잘릴 것이고, 낮은 떡은 잘리지 않는다.

예를 들어 높이가 19, 14, 10, 17cm인 떡이 나란히 있고 절단기 높이를 15cm로 지정하면 자른 뒤 떡의 높이는 15, 14, 10, 15cm가 될 것이다. 잘린 떡의 길이는 차례대로 4, 0, 0, 2cm이다. 손님은 6cm만큼의 길이를 가져간다.

손님이 왔을 때 요청한 총 길이가 M일 때 적어도 M만큼의 떡을 얻기 위해 절단기에 설정할 수 있는 높이의 최댓값을 구하는 프로그램을 작성하시오.

입력 조건
- 첫째 줄에 떡의 개수 N과 요청한 떡의 길이 M이 주어진다. (1 ≤ N ≤ 1,000,000, 1 ≤ M ≤ 2,000,000,000)
- 둘째 줄에는 떡의 개별 높이가 주어진다. 떡 높이의 총합은 항상 M 이상이므로, 손님은 필요한 양만큼 떡을 사갈 수 있다. 높이는 10억보다 작거나 같은 양의 정수 또는 0이다.

출력 조건
- 적어도 M만큼의 떡을 집에 가져가기 위해 절단기에 설정할 수 있는 높이의 최댓값을 출력한다.

입력 예시
```
4 6
19 15 10 17
```

출력 예시
```
15
```

문제 해설

전형적인 이진 탐색 문제이자, 파라메트릭 서치Parametric Search 유형의 문제이다. 파라메트릭 서치는 최적화 문제를 결정 문제*로 바꾸어 해결하는 기법이다. '원하는 조건을 만족하는 가장 알맞은 값을 찾는 문제'에 주로 파라메트릭 서치를 사용한다. 예를 들어 범위 내에서 조건을 만족히는 가장 큰 값을 찾으라는 최직화 문제라면 이진 탐색으로 결정 문제를 해결하면서 범위를 좁혀갈 수 있다. 코딩 테스트나 프로그래밍 대회에서는 보통 파라메트릭 서치 유형은 이진 탐색을 이용하여 해결한다.

이 문제의 풀이 아이디어는 의외로 간단한데 적절한 높이를 찾을 때까지 절단기의 높이 H를 반복해서 조정하는 것이다. 그래서 '현재 이 높이로 자르면 조건을 만족할 수 있는가?'를 확인한 뒤에 조건의 만족 여부('예' 혹은 '아니오')에 따라서 탐색 범위를 좁혀서 해결할 수 있다. 범위를 좁힐 때는 이진 탐색의 원리를 이용하여 절반씩 탐색 범위를 좁혀 나간다.

절단기의 높이(탐색 범위)는 1부터 10억까지의 정수 중 하나인데, 이처럼 큰 수를 보면 당연하다는 듯이 가장 먼저 이진 탐색을 떠올려야 한다. 이 문제에서 절단기의 높이 범위가 한정적이었다면 순차 탐색으로도 해결할 수 있지만, 현재 문제에서 절단기의 높이는 최대 10억까지의 정수이므로 순차 탐색은 분명 시간 초과를 받을 것이다.

반면에 높이 H를 이진 탐색으로 찾는다면, 대략 31번 만에 경우의 수를 모두 고려할 수 있다. 이때 떡의 개수 N이 최대 100만 개이므로 이진 탐색으로 절단기의 높이 H를 바꾸면서, 바꿀 때마다 모든 떡을 체크하는 경우 대략 최대 3,000만 번 정도의 연산으로 문제를 풀 수 있다.

문제의 시간 제한은 2초이므로 최악의 경우 3,000만 번 정도의 연산이 필요하다면 아슬아슬하게 시간 초과를 받지 않고 정답 판정을 받을 것이다. 그렇다면 구체적으로 어떻게 이 문제를 이진 탐색으로 해결할 수 있을까? 절단기의 적절한 높이 H를 정하는 과정을 살펴보자.

다음의 예시를 살펴보자. 필요한 떡의 길이가 6cm이고, 떡의 높이가 차례대로 19, 15, 10, 17cm이다(이후 cm는 생략한다). 당연하지만, 절단기의 높이 H는 0부터 가장 긴 떡의 길이 안에 있어야만 떡을 자를 수 있다.

---

* 결정 문제는 '예' 혹은 '아니오'로 답하는 문제를 말한다.

step 1 시작점은 0, 끝점은 가장 긴 떡의 길이(19)로 설정한다. 0과 19 사이의 중간점 9를 절단기 높이 H 로 설정하면 얻을 수 있는 떡의 합은 (10 + 6 + 1 + 8) = 25이다. 필요한 떡의 길이가 6보다 크기 때문에 시작점을 증가시킨다.

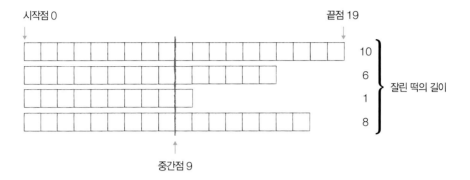

step 2 시작점을 10으로 옮긴다. 끝점은 여전히 19이므로 중간점은 14이다. 절단기 높이를 14로 설정하 면 얻을 수 있는 떡의 합이 (5 + 1 + 3) = 9이다. 여전히 필요한 떡의 길이인 6보다 크기 때문에 시작점을 증가시킨다.

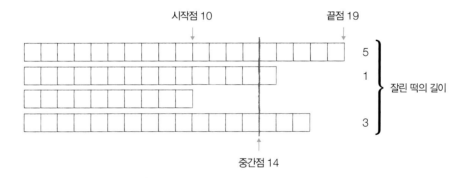

step 3 현재 시작점은 15, 끝점은 19, 중간점이 17이므로 얻을 수 있는 떡의 합은 2이다. 필요한 떡의 길이인 6보다 작기 때문에 끝점을 감소시킨다.

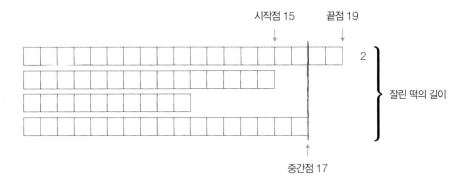

여기서 잠깐

시작점 15

[step 2]에서의 중간점에 1을 더한 값인 15로 설정한다. 이미 이전 단계에서 14(중간점)인 경우를 처리했으므로 이번 단계에서는 15부터 본다는 의미이다.

step 4 현재 시작점은 15, 끝점은 16, 중간점이 15이므로 얻을 수 있는 떡의 합은 (4 + 2) = 6이다. 필요한 떡의 길이인 6과 동일하다.

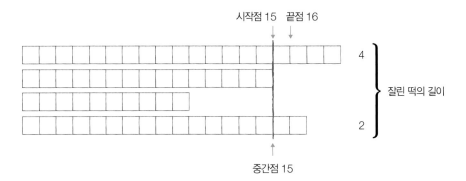

이러한 이진 탐색 과정을 반복하면 답을 도출할 수 있다. 중간점의 값은 시간이 지날수록 '최적화된 값'을 찾기 때문에, 과정을 반복하면서 얻을 수 있는 떡의 길이 합이 필요한 떡의 길이보다 크거나 같을 때마다 결괏값을 중간점(MID) 값으로 갱신해주면 된다.

또한 이 문제에서는 현재 얻을 수 있는 떡볶이의 양에 따라서 자를 위치를 결정해야 하기 때문에 이를 재귀적으로 구현하는 것은 귀찮은 작업이 될 수 있다. 따라서 일반적으로 이 문제와 같은 파라메트릭 서치 문제 유형은 이진 탐색을 재귀적으로 구현하지 않고 반복문을 이용해 구현하면 더 간결하게 문제를 풀 수 있다. 전체 소스코드는 다음과 같다.

7-8.py 답안 예시

```
# 떡의 개수(N)와 요청한 떡의 길이(M)을 입력받기
n, m = list(map(int, input().split(' ')))
# 각 떡의 개별 높이 정보를 입력받기
array = list(map(int, input().split()))

# 이진 탐색을 위한 시작점과 끝점 설정
start = 0
end = max(array)

# 이진 탐색 수행(반복적)
result = 0
while(start <= end):
    total = 0
    mid = (start + end) // 2
    for x in array:
        # 잘랐을 때의 떡의 양 계산
        if x > mid:
            total += x - mid
    # 떡의 양이 부족한 경우 더 많이 자르기(왼쪽 부분 탐색)
    if total < m:
        end = mid - 1
    # 떡의 양이 충분한 경우 덜 자르기(오른쪽 부분 탐색)
    else:
        result = mid # 최대한 덜 잘랐을 때가 정답이므로, 여기에서 result에 기록
        start = mid + 1

# 정답 출력
print(result)
```

다이나믹 프로그래밍

CHAPTER

08

다이나믹 프로그래밍

한 번 계산한 문제는 다시 계산하지 않도록 하는 알고리즘

⟪1⟫ 다이나믹 프로그래밍

중복되는 연산을 줄이자

현실 세계에는 다양한 문제가 있다. 그런데 이 중에서 컴퓨터를 활용해도 해결하기 어려운 문제는 무엇일까? 최적의 해를 구하기에 시간이 매우 많이 필요하거나 메모리 공간이 매우 많이 필요한 문제 등이 컴퓨터로도 해결하기 어려운 문제이다. 컴퓨터는 연산 속도에 한계가 있고, 메모리 공간을 사용할 수 있는 데이터의 개수도 한정적이라는 점이 많은 제약을 발생시킨다. 그래서 우리는 연산 속도와 메모리 공간을 최대한으로 활용할 수 있는 효율적인 알고리즘을 작성해야 한다.*

다만, 어떤 문제는 메모리 공간을 약간 더 사용하면 연산 속도를 비약적으로 증가시킬 수 있는 방법이 있다. 대표적인 방법이 바로 이번 장에서 다루는 다이나믹 프로그래밍Dynamic Programming 기법으로 동적 계획법이라고 표현하기도 한다. 먼저 다이나믹 프로그래밍의 기본적인 아이디어를 소개한 뒤에, 다이나믹 프로그래밍의 2가지 방식(탑다운과 보텀업)을 설명할 것이다. 특히 다이나믹 프로그래밍을 위해 자주 사용되는 메모이제이션 기법까지 소개하겠다.

⬛ 여기서 잠깐

다이나믹 프로그래밍과 동적 할당의 다이나믹은 같은 의미일까?

지금까지 다룬 알고리즘은 이름으로 동작 과정을 유추할 수 있었지만 다이나믹 프로그래밍은 감이 오지 않을 것이다. 프로그래밍에서 다이나믹은 '프로그램이 실행되는 도중에'라는 의미이다. 예를 들어 자료구조에서 동적 할당(Dynamic Allocation)은 프로그램 실행 중에 프로그램 실행에 필요한 메모리를 할당하는 기법이다. 하지만 다이나믹 프로그래밍에서의 '다이나믹'은 이런 의미가 아니라는 것 정도만 기억하자.

다이나믹 프로그래밍에 대해 알아보기 전에 기존의 알고리즘으로 해결하기 어려운 문제 중에서 다이나믹 프로그래밍으로 해결할 수 있는 문제를 살펴보자.

---

* 해결하기 어려운 문제에 대해서 깊게 다루는 분야로는 계산 복잡도 이론이 있다. 이 부분에 대해서 깊게 공부하기 위해서는 P–NP 문제를 다루는 계산 복잡도 이론에 대해 공부해보는 것을 추천한다.

다이나믹 프로그래밍으로 해결할 수 있는 대표적인 예시로 피보나치 수열이 있다. 피보나치 수열은 이전 두 항의 합을 현재의 항으로 설정하는 특징이 있는 수열이다. 피보나치 수열은 다음과 같은 형태로 끝없이 이어진다.

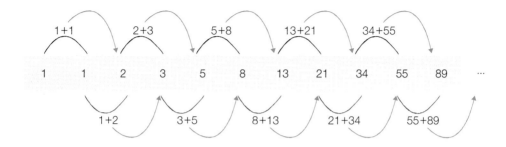

수학자들은 점화식을 사용해 수열의 항이 이어지는 형태를 간결하게 표현한다. 점화식이란 인접한 항들 사이의 관계식을 의미하는데, 예를 들어 수열 $\{a_n\}$이 있을 때 수열에서의 각 항을 a_n이라고 부른다고 가정하자. 우리는 점화식을 이용해 현재의 항을 이전의 항에 대한 식으로 표현할 수 있다. 예를 들어 피보나치 수열의 점화식은 다음과 같이 표현할 수 있다.

$$a_{n+2} = f(a_{n+1}, a_n) = a_{n+1} + a_n$$

이러한 점화식은 인접 3항간 점화식이라고 부르는데 인접한 총 3개의 항에 대해서 식이 정의되기 때문이다. 수학과 친하지 않은 독자를 위해 좀 더 기본 예시를 가져와 보았다. 1, 2, 3, ...과 같이 이어지는 등차수열의 점화식은 다음과 같이 표현할 수 있다.

$$a_{n+1} = f(a_n) = a_n + 1$$

결과적으로 앞서 언급했던 피보나치 수열에서는 첫 번째 항과 두 번째 항의 값이 모두 1이기 때문에 최종적으로 피보나치 수열을 나타낼 때에는 다음과 같이 정의할 수 있다.

$$a_n = a_{n-1} + a_{n-2}, \ a_1 = 1, \ a_2 = 1$$

이를 해석하면 다음과 같다.

- n번째 피보나치 수 = (n − 1)번째 피보나치 수 + (n − 2)번째 피보나치 수
- 단, 1번째 피보나치 수 = 1, 2번째 피보나치 수 = 1

프로그래밍에서는 이러한 수열을 **배열**이나 **리스트**로 표현할 수 있다. 수열 자체가 여러 개의 수가 규칙에 따라서 배열된 형태를 의미하는 것이기 때문이다. 파이썬에서는 리스트 자료형이 이를 처리하고, C/C++와 자바에서는 배열을 이용해 이를 처리한다. 리스트나 배열 모두 '연속된 많은 데이터'를 처리한다는 점은 동일하다.*

그렇다면 이 점화식에 따라서 실제로 피보나치 수를 구하는 과정을 어떻게 표현할 수 있을까? n번째 피보나치 수를 f(n)이라고 표현할 때 4번째 피보나치 수 f(4)를 구하려면 다음과 같이 함수 f를 반복해서 호출할 것이다. 그런데 f(2)와 f(1)은 항상 1이기 때문에 f(1)이나 f(2)를 만났을 때는 호출을 정지한다.

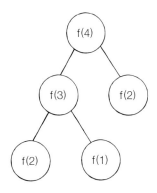

수학적 점화식을 프로그래밍으로 표현하려면 재귀 함수를 사용하면 간단하다. 예시를 소스코드로 바꾸면 다음과 같다.

8-1.py 피보나치 함수 소스코드

```python
# 피보나치 함수(Fibonacci Function)를 재귀 함수로 구현
def fibo(x):
    if x == 1 or x == 2:
        return 1
    return fibo(x - 1) + fibo(x - 2)

print(fibo(4))
```

---

* 파이썬의 경우 기본 자료형인 리스트 자료형이 연결 리스트의 기능을 포함하고 있는 점이 다른 프로그래밍 언어에서의 배열과 차이점이다.

그런데 피보나치 수열의 소스코드를 이렇게 작성하면 심각한 문제가 생길 수 있다. 바로 f(n) 함수에서 n이 커지면 커질수록 수행 시간이 기하급수적으로 늘어나기 때문이다. 이 소스코드의 시간 복잡도는, 엄밀히 말하면 피보나치 수열의 정확한 시간 복잡도는 세타 표기법을 사용하여 $\theta(1.618\cdots^N)$으로 표현할 수 있다. 하지만 일반적으로는 빅오 표기법을 이용하여 $O(2^N)$의 지수 시간이 소요된다고 표현한다. 예를 들어 N = 30이면, 약 10억 가량의 연산을 수행해야 한다. f(6)일 때의 호출 과정을 그림으로 그려 확인해보자.

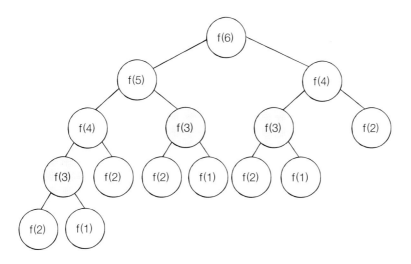

그림을 보면 동일한 함수가 반복적으로 호출되는 것을 알 수 있다. 이미 한 번 계산했지만, 계속 호출할 때마다 계산하는 것이다. 그림에서 f(3)이 몇 번 호출되었는가? f(3)은 총 3번 호출되었다. 즉, f(n)에서 n이 커지면 커질수록 반복해서 호출하는 수가 많아진다. 예를 들어 f(100)을 계산하려면 얼마나 많은 연산을 해야 할까? 2^{10}을 약 1,000이라고 했을 때, 연산 횟수는 약 1,000,000,000,000,000,000,000,000,000,000번이다. 아마 현대의 2진수 처리 방식을 가진 컴퓨터 구조에 기반한 시스템에서 연산을 수행했을 때 우리의 수명이 다할 때까지 연산을 진행해도 답을 도출할 수 없을 것이다.

여기서 잠깐

2^{10}은?

2^{10}은 1,024(약 1,000)인데, 시간 복잡도가 $O(2^N)$인 상황에서 N이 100이라면 저 정도의 큰 수가 나온다. 일반적인 컴퓨터가 1초에 1억 번 정도의 연산을 한다고 하면 이 수치만으로도 수백억 년을 넘어간다.

이처럼 피보나치 수열의 점화식을 재귀 함수를 사용해 만들 수는 있지만, 단순히 매번 계산하도록 하면 문제를 효율적으로 해결할 수 없다. 이러한 문제는 다이나믹 프로그래밍을 사용하면 효율적으로 해결할 수 있다. 다만 항상 다이나믹 프로그래밍을 사용할 수는 없으며, 다음 조건을 만족할 때 사용할 수 있다.

1. 큰 문제를 작은 문제로 나눌 수 있다.
2. 작은 문제에서 구한 정답은 그것을 포함하는 큰 문제에서도 동일하다.

피보나치 수열은 이러한 조건을 만족하는 대표 문제이다. 이 문제를 메모이제이션Memoization 기법을 사용해서 해결해보자. 메모이제이션은 다이나믹 프로그래밍을 구현하는 방법 중 한 종류로, 한 번 구한 결과를 메모리 공간에 메모해두고 같은 식을 다시 호출하면 메모한 결과를 그대로 가져오는 기법을 의미한다. 메모이제이션은 값을 저장하는 방법이므로 캐싱Caching이라고도 한다.

그렇다면 실제로 메모이제이션은 어떻게 구현될 수 있을까? 단순하다. 한 번 구한 정보를 리스트에 저장하는 것이다. 다이나믹 프로그래밍을 재귀적으로 수행하다가 같은 정보가 필요할 때는 이미 구한 정답을 그대로 리스트에서 가져오면 된다. 이를 소스코드로 나타내면 다음과 같다.

8-2.py 피보나치 수열 소스코드(재귀적)

```python
# 한 번 계산된 결과를 메모이제이션(Memoization)하기 위한 리스트 초기화
d = [0] * 100

# 피보나치 함수(Fibonacci Function)를 재귀함수로 구현(탑다운 다이나믹 프로그래밍)
def fibo(x):
    # 종료 조건(1 혹은 2일 때 1을 반환)
    if x == 1 or x == 2:
        return 1
    # 이미 계산한 적 있는 문제라면 그대로 반환
    if d[x] != 0:
        return d[x]
    # 아직 계산하지 않은 문제라면 점화식에 따라서 피보나치 결과 반환
    d[x] = fibo(x - 1) + fibo(x - 2)
    return d[x]

print(fibo(99))
```

파이썬 프로그램을 실행해보면 99번째 피보나치 수를 구하도록 했음에도 불구하고 금방 정답을 도출하는 것을 알 수 있다.

정리하자면 다이나믹 프로그래밍이란 큰 문제를 작게 나누고, 같은 문제라면 한 번씩만 풀어 문제를 효율적으로 해결하는 알고리즘 기법이다. 사실 큰 문제를 작게 나누는 방법은 퀵 정렬에서도 소개된 적이 있다. 퀵 정렬은 정렬을 수행할 때 정렬할 리스트를 분할하며 전체적으로 정렬이 될 수 있도록 한다. 이는 분할 정복Divide and Conquer 알고리즘으로 분류된다. 다이나믹 프로그래밍과 분할 정복의 차이점은 다이나믹 프로그래밍은 문제들이 서로 영향을 미치고 있다는 점이다.

퀵 정렬을 예로 들면, 한 번 기준 원소Pivot가 자리를 변경해서 자리를 잡게 되면 그 기준 원소의 위치는 더 이상 바뀌지 않고 그 피벗값을 다시 처리하는 부분 문제는 존재하지 않는다. 반면에 다이나믹 프로그래밍은 한 번 해결했던 문제를 다시금 해결한다는 점이 특징이다. 그렇기 때문에 이미 해결된 부분 문제에 대한 답을 저장해 놓고, 이 문제는 이미 해결이 됐던 것이니까 다시 해결할 필요가 없다고 반환하는 것이다. 예를 들어 재귀 함수를 이용하는 방법(메모이제이션)에서는 한 번 푼 문제는 그 결과를 저장해 놓았다가 나중에 동일한 문제를 풀어야 할 때 이미 저장한 값을 반환한다. f(6) 해법을 다시 메모이제이션 기법을 이용하여 그려보면 6번째 피보나치 수를 호출할 때는 다음 그림처럼 색칠된 노드만 방문하게 된다.

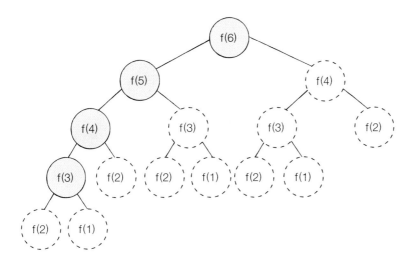

처음 방식으로 호출했던 부분은 점선으로 노드를 표현했는데 사실상 호출되지 않는다고 이해하자. 왜냐하면 호출하더라도 따로 계산하지 않고 리스트에서 값을 가져오거나 바로 1을 반환하기 때문이다. 물론 재귀 함수를 사용하면 컴퓨터 시스템에서는 함수를 다시 호출했을 때 메모리 상에 적재되는

일련의 과정을 따라야 하므로 오버헤드가 발생할 수 있다. 따라서 재귀 함수 대신에 반복문을 사용하여 오버헤드를 줄일 수 있다. 일반적으로 반복문을 이용한 다이나믹 프로그래밍이 더 성능이 좋기 때문이다.

그렇다면 다이나믹 프로그래밍을 적용했을 때의 피보나치 수열 알고리즘의 시간 복잡도는 어떻게 될까? 바로 $O(N)$이다. 왜냐하면 $f(1)$을 구한 다음 그 값이 $f(2)$를 푸는 데 사용되고, $f(2)$의 값이 $f(3)$를 푸는 데 사용되는 방식으로 이어지기 때문이다. 한 번 구한 결과는 다시 구해지지 않는다. 따라서 실제로 호출되는 함수에 대해서만 확인해보면 다음과 같이 방문한다.

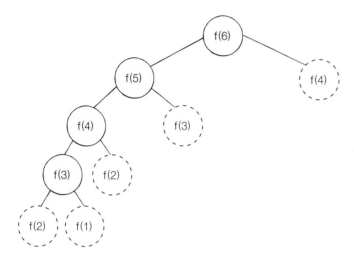

함수가 종료될 때 어떤 함수를 호출했는지, 현재의 피보나치 수를 출력하도록 코드를 만들면 실제로 그림처럼 호출된다는 것을 알 수 있다. 이로써 시간 복잡도가 $O(N)$이라는 것을 쉽게 이해할 수 있다. 소스코드는 다음과 같다.

8-3.py 호출되는 함수 확인

```python
d = [0] * 100

def pibo(x):
    print('f(' + str(x) + ')', end=' ')
    if x == 1 or x == 2:
        return 1
    if d[x] != 0:
        return d[x]
    d[x] = pibo(x - 1) + pibo(x - 2)
```

```
        return d[x]

    pibo(6)
```

```
f(6) f(5) f(4) f(3) f(2) f(1) f(2) f(3) f(4)
```

이처럼 재귀 함수를 이용하여 다이나믹 프로그래밍 소스코드를 작성하는 방법을, 큰 문제를 해결하기 위해 작은 문제를 호출한다고 하여 **탑다운**Top-Down **방식**이라고 말한다. 반면에 단순히 반복문을 이용하여 소스코드를 작성하는 경우 작은 문제부터 차근차근 답을 도출한다고 하여 **보텀업**Bottom-Up **방식**이라고 말한다. 피보나치 수열 문제를 아래에서 위로 올라가는 보텀업 방식으로 풀면 다음과 같다. 동일한 원리를 적용하되 단순히 반복문을 이용하여 문제를 해결한 것으로 이해하면 된다.

8-4.py 피보나치 수열 소스코드(반복적)

```
# 앞서 계산된 결과를 저장하기 위한 DP 테이블 초기화
d = [0] * 100

# 첫 번째 피보나치 수와 두 번째 피보나치 수는 1
d[1] = 1
d[2] = 1
n = 99

# 피보나치 함수(Fibonacci Function) 반복문으로 구현(보텀업 다이나믹 프로그래밍)
for i in range(3, n + 1):
    d[i] = d[i - 1] + d[i - 2]

print(d[n])
```

탑다운(메모이제이션) 방식은 '하향식'이라고도 하며, 보텀업 방식은 '상향식'이라고도 한다. 다이나믹 프로그래밍의 전형적인 형태는 보텀업 방식이다. 보텀업 방식에서 사용되는 결과 저장용 리스트는 'DP 테이블'이라고 부르며, 메모이제이션은 탑다운 방식에 국한되어 사용되는 표현이다. 다이나믹 프로그래밍과 메모이제이션의 개념을 혼용해서 사용하는 경우도 있는데, 엄밀히 말하면 메모이제이션은 이전에 계산된 결과를 일시적으로 기록해 놓는 넓은 개념을 의미하므로, 다이나믹 프로그래밍과는 별도의 개념이다. 한 번 계산된 결과를 어딘가에 담아 놓기만 하고 다이나믹 프로그래밍을 위해 활용하지 않을 수도 있다.

또한 앞서 수열은 배열이나 리스트로 표현할 수 있다고 했는데, 메모이제이션은 때에 따라서 다른 자료형, 예를 들어 사전(dict) 자료형을 이용할 수도 있다. 사전 자료형은 수열처럼 연속적이지 않은 경우에 유용한데, 예를 들어 a_n을 계산하고자 할 때 $a_0 \sim a_{n-1}$ 모두가 아닌 일부의 작은 문제에 대한 해답만 필요한 경우가 존재할 수 있다. 이럴 때에는 사전 자료형을 사용하는 게 더 효과적이다.

다이나믹 프로그래밍을 이용하여 피보나치 수열 문제를 풀었던 방법을 잘 알아두면 다른 다이나믹 프로그래밍 문제에 접근하는 방법 또한 떠올릴 수 있을 것이다. 물론 3차원 리스트를 이용해야 하는 복잡한 난이도의 문제가 출제될 수도 있다. 이런 문제는 이어서 배울 9장 '최단 경로'의 '플로이드 워셜' 알고리즘에서 다룬다.

하지만 코딩 테스트에서의 다이나믹 프로그래밍 문제는 대체로 간단한 형태로 출제되므로, 이 책에서 다루는 문제 정도만 바르게 습득해도 코딩 테스트에서 다이나믹 프로그래밍 문제를 풀기에는 큰 어려움이 없을 것이다.

문제를 푸는 첫 번째 단계는 (당연하게 들리겠지만) 주어진 문제가 다이나믹 프로그래밍 유형임을 파악하는 것이다. 특정한 문제를 완전 탐색 알고리즘으로 접근했을 때 시간이 매우 오래 걸리면 다이나믹 프로그래밍을 적용할 수 있는지 해결하고자 하는 부분 문제들의 중복 여부를 확인해보자.

일단 단순히 재귀 함수로 비효율적인 프로그램을 작성한 뒤에 (탑다운) 작은 문제에서 구한 답이 큰 문제에서 그대로 사용될 수 있으면, 즉 메모이제이션을 적용할 수 있으면 코드를 개선하는 방법도 좋은 아이디어다. 앞서 다루었던 피보나치 수열의 예제처럼 재귀 함수를 작성한 뒤에 나중에 메모이제이션 기법을 적용해 소스코드를 수정하는 것도 좋은 방법이다.

또한 가능하다면 재귀 함수를 이용하는 탑다운 방식보다는 보텀업 방식으로 구현하는 것을 권장한다. 시스템상 재귀 함수의 스택 크기가 한정되어 있을 수 있기 때문이다. 실제로 앞에서 제시한 재귀적인 피보나치 수열의 소스코드에서 오천 번째 이상의 큰 피보나치 수를 구하도록 하면 'recursion depth^{재귀 함수 깊이}'와 관련된 오류가 발생할 수 있다. 이 경우 sys 라이브러리에 포함되어 있는 setrecursionlimit() 함수를 호출하여 재귀 제한을 완화할 수 있다는 점 정도만 기억하자.

지금까지 배운 내용을 토대로 실전 문제를 풀어보도록 하자.

 **실전 문제**

1로 만들기

난이도 ●●○ | **풀이 시간** 20분 | **시간 제한** 1초 | **메모리 제한** 128MB

정수 X가 주어질 때 정수 X에 사용할 수 있는 연산은 다음과 같이 4가지이다.

   ⓐ X가 5로 나누어떨어지면, 5로 나눈다.

   ⓑ X가 3으로 나누어떨어지면, 3으로 나눈다.

   ⓒ X가 2로 나누어떨어지면, 2로 나눈다.

   ⓓ X에서 1을 뺀다.

정수 X가 주어졌을 때, 연산 4개를 적절히 사용해서 1을 만들려고 한다. 연산을 사용하는 횟수의 최솟값을 출력하시오.

예를 들어 정수가 26이면 다음과 같이 계산해서 3번의 연산이 최솟값이다.

   1. 26 - 1 = 25 (ⓓ)

   2. 25 / 5 = 5 (ⓐ)

   3. 5 / 5 = 1 (ⓐ)

입력 조건　• 첫째 줄에 정수 X가 주어진다. (1 ≤ X ≤ 30,000)

출력 조건　• 첫째 줄에 연산을 하는 횟수의 최솟값을 출력한다.

입력 예시
```
26
```

출력 예시
```
3
```

문제 해설

이 문제는 잘 알려진 다이나믹 프로그래밍 문제이다. 피보나치 수열 문제를 도식화했던 것처럼 문제를 풀기 전에 함수가 호출되는 과정을 그림으로 그려보면 이해하는 데 도움이 된다.

예를 들어 X = 6일 때, 함수가 호출되는 과정을 그리면 다음과 같을 것이다. 확인해보면, 마찬가지로 f(2)와 같은 함수들이 동일하게 여러 번 호출되는 것을 알 수 있다. 이 문제에서 동일한 함수에서 구하는 값들은 동일해야 하므로 다이나믹 프로그래밍을 효과적으로 사용할 수 있다.

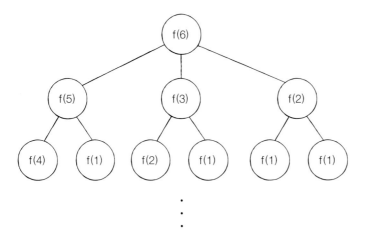

이제 문제에서 요구하는 내용을 점화식으로 표현해보자. 점화식 끝에 1을 더해주는 이유는 함수의 호출 횟수를 구해야 하기 때문이다.

$$a_i = min(a_{i-1}, a_{i/2}, a_{i/3}, a_{i/5}) + 1$$

따라서 이 점화식을 토대로 보텀업 다이나믹 프로그래밍으로 소스코드를 작성해보자. 실제 코드로 구현할 때는 1을 빼는 연산을 제외하고는 해당 수로 나누어떨어질 때에 한해서만 점화식을 적용할 수 있다. 더불어 두 수 중에서 단순히 더 작은 수를 구하고자 할 때는 파이썬에서의 min( ) 함수를 이용하면 간단하다.

8-5.py 답안 예시

```python
# 정수 X를 입력받기
x = int(input())

# 앞서 계산된 결과를 저장하기 위한 DP 테이블 초기화
d = [0] * 30001

# 다이나믹 프로그래밍(Dynamic Programming) 진행(보텀업)
for i in range(2, x + 1):
    # 현재의 수에서 1을 빼는 경우
    d[i] = d[i - 1] + 1
    # 현재의 수가 2로 나누어 떨어지는 경우
    if i % 2 == 0:
        d[i] = min(d[i], d[i // 2] + 1)
    # 현재의 수가 3으로 나누어 떨어지는 경우
    if i % 3 == 0:
        d[i] = min(d[i], d[i // 3] + 1)
    # 현재의 수가 5로 나누어 떨어지는 경우
    if i % 5 == 0:
        d[i] = min(d[i], d[i // 5] + 1)

print(d[x])
```

개미 전사

실전 문제

난이도 ●●○ | **풀이 시간** 30분 | **시간 제한** 1초 | **메모리 제한** 128MB

개미 전사는 부족한 식량을 충당하고자 메뚜기 마을의 식량창고를 몰래 공격하려고 한다. 메뚜기 마을에는 여러 개의 식량창고가 있는데 식량창고는 일직선으로 이어져 있다. 각 식량창고에는 정해진 수의 식량을 저장하고 있으며 개미 전사는 식량창고를 선택적으로 약탈하여 식량을 빼앗을 예정이다. 이때 메뚜기 정찰병들은 일직선상에 존재하는 식량창고 중에서 서로 인접한 식량창고가 공격받으면 바로 알아챌 수 있다. 따라서 개미 전사가 정찰병에게 들키지 않고 식량창고를 약탈하기 위해서는 최소한 한 칸 이상 떨어진 식량창고를 약탈해야 한다. 예를 들어 식량창고 4개가 다음과 같이 존재한다고 가정하자.

```
{1, 3, 1, 5}
```

1	3	1	5

이때 개미 전사는 두 번째 식량창고와 네 번째 식량창고를 선택했을 때 최댓값인 총 8개의 식량을 빼앗을 수 있다. 개미 전사는 식량창고가 이렇게 일직선상일 때 최대한 많은 식량을 얻기를 원한다.

개미 전사를 위해 식량창고 N개에 대한 정보가 주어졌을 때 얻을 수 있는 식량의 최댓값을 구하는 프로그램을 작성하시오.

입력 조건
- 첫째 줄에 식량창고의 개수 N이 주어진다. (3 ≤ N ≤ 100)
- 둘째 줄에 공백으로 구분되어 각 식량창고에 저장된 식량의 개수 K가 주어진다. (0 ≤ K ≤ 1,000)

출력 조건
- 첫째 줄에 개미 전사가 얻을 수 있는 식량의 최댓값을 출력하시오.

입력 예시
```
4
1 3 1 5
```

출력 예시
```
8
```

문제 해설

이 문제 또한 그림으로 도식화한 뒤에 생각하면 어렵지 않다. 예를 들어 N이 4이고 차례대로 식량이 1, 3, 1, 5만큼 들어 있다고 가정하자. 그렇다면 식량을 선택할 수 있는 경우의 수는 다음 그림처럼 8이다. 또한 7번째 경우에서 총 8만큼의 식량을 얻을 수 있기 때문에 정답은 8이다.

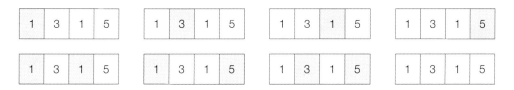

그럼 이 문제의 점화식은 어떻게 세울까? 처음 이 문제를 접했을 때는 문제 풀이를 위한 아이디어를 떠올리기 어려울 수 있지만 왼쪽부터 차례대로 식량창고를 턴다고 가정하면 어렵지 않게 점화식을 세울 수 있다. 왼쪽부터 차례대로 식량창고를 털지 안 털지를 결정하는 경우와 특정한 i번째 식량창고에 대해서 털지 안 털지의 여부를 결정할 때, 단 2가지 경우에 대해서만 확인하면 된다.

ⓐ (i − 1)번째 식량창고를 털기로 결정한 경우 현재의 식량창고를 털 수 없다.

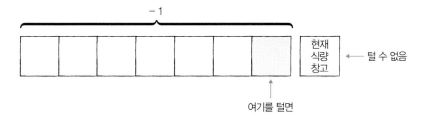

ⓑ (i − 2)번째 식량창고를 털기로 결정한 경우 현재의 식량창고를 털 수 있다.

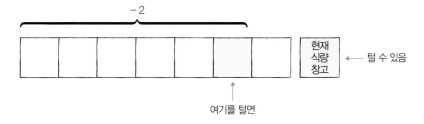

따라서 ⓐ와 ⓑ 중에서 더 많은 식량을 털 수 있는 경우를 선택하면 된다. 그림으로 보았을 때는 색칠한 식량창고에서 식량을 얻을 수 있는 것이다.

여기서 알아둘 점은 i번째 식량창고에 대한 최적의 해를 구할 때 왼쪽부터 (i − 3)번째 이하의 식량 창고에 대한 최적의 해에 대해서는 고려할 필요가 없다는 점이다. 예를 들어 d[i − 3]는 d[i − 1]과 d[i − 2]을 구하는 과정에서 이미 계산되었기(고려되었기) 때문에, d[i]의 값을 구할 때는 d[i − 1]과 d[i − 2]만 고려하면 된다. 따라서 i번째 식량창고에 있는 식량의 양이 k_i라고 했을 때 점화식은 다음과 같다.

$$a_i = max(a_{i-1}, a_{i-2} + k_i)$$

보텀업 방식의 풀이를 살펴보면 다음과 같다.

8-6.py 답안 예시

```
# 정수 N을 입력받기
n = int(input())
# 모든 식량 정보 입력받기
array = list(map(int, input().split()))

# 앞서 계산된 결과를 저장하기 위한 DP 테이블 초기화
d = [0] * 100

# 다이나믹 프로그래밍(Dynamic Programming) 진행(보텀업)
d[0] = array[0]
d[1] = max(array[0], array[1])
for i in range(2, n):
    d[i] = max(d[i - 1], d[i - 2] + array[i])

# 계산된 결과 출력
print(d[n - 1])
```

바닥 공사

난이도 ●◐○ | **풀이 시간** 20분 | **시간 제한** 1초 | **메모리 제한** 128MB

가로의 길이가 N, 세로의 길이가 2인 직사각형 형태의 얇은 바닥이 있다. 태일이는 이 얇은 바닥을 1 × 2의 덮개, 2 × 1의 덮개, 2 × 2의 덮개를 이용해 채우고자 한다.

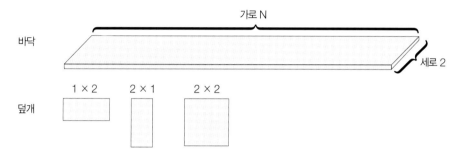

이때 바닥을 채우는 모든 경우의 수를 구하는 프로그램을 작성하시오. 예를 들어 2 × 3 크기의 바닥을 채우는 경우의 수는 5가지이다.

입력 조건 • 첫째 줄에 N이 주어진다. (1 ≤ N ≤ 1,000)

출력 조건 • 첫째 줄에 2 × N 크기의 바닥을 채우는 방법의 수를 796,796으로 나눈 나머지를 출력한다.

입력 예시	출력 예시
3	5

문제 해설

이 문제 또한 마찬가지로 다이나믹 프로그래밍의 기초 예제에서 빠질 수 없는 타일링 문제 유형이다. 다이나믹 프로그래밍 문제에서는 종종 결과를 어떤 수로 나눈 결과를 출력하라는 내용이 들어가 있는 경우가 많다. 이 문제에서도 796,796으로 나눈 나머지를 출력하라고 하는데, 이는 단지 결괏값이 굉장히 커질 수 있기 때문에 그런 것이다. 따라서 값을 계산할 때마다 특정한 수로 나눈 나머지만 취하도록 하면 된다.

이 문제 또한 그림으로 그려서 생각하면 어렵지 않게 풀 수 있다. 예를 들어 N이 3일 때 바닥을 덮개로 채울 수 있는 모든 경우의 수는 다음과 같다.

또한 왼쪽부터 차례대로 바닥을 덮개로 채운다고 생각하면 어렵지 않게 점화식을 세울 수 있다.

1 왼쪽부터 $i-1$까지 길이가 덮개로 이미 채워져 있으면 2×1의 덮개를 채우는 하나의 경우밖에 존재하지 않는다.

2 왼쪽부터 $i-2$까지 길이가 덮개로 이미 채워져 있으면 1×2 덮개 2개를 넣는 경우, 혹은 2×2의 덮개 하나를 넣는 경우로 2가지 경우가 존재한다. 참고로 2×1 덮개 2개를 넣는 경우를 고려하지 않는 이유는 **1** 에서 이미 해당 경우가 고려되었기 때문이다.

또한 이 문제 역시 i번째 위치에 대한 최적의 해를 구할 때 왼쪽부터 $(i - 3)$번째 이하의 위치에 대한 최적의 해에 대해서는 고려할 필요가 없다. 왜냐하면 사용할 수 있는 덮개의 형태가 최대 2×2 크기의 직사각형 형태이기 때문이다. 다시 말해 바닥을 채울 수 있는 형태는 위에서 언급한 경우밖에 없다. 따라서 다음과 같이 점화식을 세울 수 있다.

$$a_i = a_{i-1} + a_{i-2} \times 2$$

왼쪽부터 $N - 2$까지 길이가 덮개로 이미 채워져 있는 경우 덮개를 채우는 방법은 2가지 경우가 있다. 이 두 방법은 서로 다른 것이므로, 결과적으로 a_i는 $a_{i-1} + a_{i-2} + a_{i-2}$가 된다. 따라서 이를 간략히 $a_i = a_{i-1} + a_{i-2} \times 2$로 표현한 것이다.

8-7.py 답안 예시

```python
# 정수 N을 입력받기
n = int(input())

# 앞서 계산된 결과를 저장하기 위한 DP 테이블 초기화
d = [0] * 1001

# 다이나믹 프로그래밍(Dynamic Programming) 진행(보텀업)
d[1] = 1
d[2] = 3
for i in range(3, n + 1):
    d[i] = (d[i - 1] + 2 * d[i - 2]) % 796796

# 계산된 결과 출력
print(d[n])
```

5 효율적인 화폐 구성

난이도 ●●○○ | 풀이 시간 30분 | 시간 제한 1초 | 메모리 제한 128MB

N가지 종류의 화폐가 있다. 이 화폐들의 개수를 최소한으로 이용해서 그 가치의 합이 M원이 되도록 하려고 한다. 이때 각 화폐는 몇 개라도 사용할 수 있으며, 사용한 화폐의 구성은 같지만 순서만 다른 것은 같은 경우로 구분한다. 예를 들어 2원, 3원 단위의 화폐가 있을 때는 15원을 만들기 위해 3원을 5개 사용하는 것이 가장 최소한의 화폐 개수이다.

입력 조건
- 첫째 줄에 N, M이 주어진다. (1 ≤ N ≤ 100, 1 ≤ M ≤ 10,000)
- 이후 N개의 줄에는 각 화폐의 가치가 주어진다. 화폐 가치는 10,000보다 작거나 같은 자연수이다.

출력 조건
- 첫째 줄에 M원을 만들기 위한 최소한의 화폐 개수를 출력한다.
- 불가능할 때는 −1을 출력한다.

입력 예시 1
```
2 15
2
3
```

출력 예시 1
```
5
```

입력 예시 2
```
3 4
3
5
7
```

출력 예시 2
```
-1
```

문제 해설

이 문제는 그리디에서 다루었던 거스름돈 문제와 거의 동일하다. 단지 화폐 단위에서 큰 단위가 작은 단위의 배수가 아니라는 점만 다르다. 그렇기 때문에 그리디 알고리즘을 사용했던 예시처럼 매번 가장 큰 화폐 단위부터 처리하는 방법으로는 해결할 수 없고 다이나믹 프로그래밍을 이용해야 한다.

이번 문제는 적은 금액부터 큰 금액까지 확인하며 차례대로 만들 수 있는 최소한의 화폐 개수를 찾으면 된다. 금액 i를 만들 수 있는 최소한의 화폐 개수를 a_i, 화폐의 단위를 k라고 했을 때 다음과 같이 점화식을 작성할 수 있다. a_{i-k}는 금액 $(i - k)$를 만들 수 있는 최소한의 화폐 개수를 의미한다.

- a_{i-k}를 만드는 방법이 존재하는 경우, $a_i = min(a_i, a_{i-k} + 1)$
- a_{i-k}를 만드는 방법이 존재하지 않는 경우, $a_i = 10,001$

이 점화식을 모든 화폐 단위에 대하여 차례대로 적용하면 된다. 실제로 문제를 풀기 위해서는 가장 먼저 K의 크기만큼 리스트를 할당한다. 이후에 각 인덱스를 '금액'으로 고려하여 메모이제이션을 진행한다. 예를 들어 N = 3, K = 7이고, 각 화폐의 단위가 2, 3, 5인 경우를 생각해보자.

step 0 **초기화:** 각 인덱스에 해당하는 값으로 10,001을 설정한다. 10,001은 특정 금액을 만들 수 있는 화폐 구성이 가능하지 않다는 의미이다. 필자는 M의 최대 크기가 10,000이므로 불가능한 수로 10,001이라는 값을 설정했으며 이보다 더 큰 수여도 상관없다. 또한 0원의 경우, 화폐를 하나도 사용하지 않았을 때 만들 수 있으므로 값으로 0을 설정한다. 따라서 초기 리스트의 값은 다음과 같다.

인덱스	0	1	2	3	4	5	6	7
값	0	10,001	10,001	10,001	10,001	10,001	10,001	10,001

step 1 **화폐 단위: 2, 3, 5** 가장 먼저 첫 번째 화폐 단위인 2부터 확인한다. 앞서 언급한 점화식에 따라 다음과 같이 리스트가 갱신된다. 예를 들어 인덱스 2의 경우 1이라는 값을 가지는데, 이는 2원짜리 화폐 하나를 이용하여 2원을 만들 수 있다는 의미이다. 다시 말해 $a_2 = a_0 + 1$이다. 인덱스 4의 경우 2라는 값을 가지는데, 이는 2원짜리 화폐를 2개 이용하여 $(2 + 2) = 4$원을 만들 수 있다는 의미이다. 다시 말해 $a_4 = a_2 + 1$이다. 몇 인덱스의 경우 10,001의 값을 그대로 가지는데, 이는 2원짜리 화폐를 가지고 구성할 수 없는 금액이기 때문이다. 예를 들어 인덱스 3의 경우 인덱스 1의 값이 10,001이므로 마찬가지로 10,001의 값을 가진다.

인덱스	0	1	2	3	4	5	6	7
값	0	10,001	1	10,001	2	10,001	3	10,001

step 2 **화폐 단위: 2, 3, 5** 이어서 화폐 단위 3을 확인한다. 앞서 언급한 점화식에 따라서 값을 도출하면 다음과 같이 리스트가 갱신된다. 예를 들어 $a_5 = a_2 + 1$로 2라는 값을 가진다. 이것은 2원짜리 화폐 1개, 3원짜리 화폐 1개로 $(2 + 3) = 5$원을 만들 수 있다는 의미가 된다.

인덱스	0	1	2	3	4	5	6	7
값	0	10,001	1	1	2	2	2	3

step 3 **화폐 단위: 2, 3, 5** 이어서 화폐 단위 5를 확인한다. 앞서 언급한 점화식에 따라서 값을 도출하면 다음과 같이 리스트가 갱신된다. 예를 들어 $a_7 = a_2 + 1$로 2라는 값을 가진다. 이는 2원짜리 화폐 1개, 5원짜리 화폐 1개로 (2 + 5) = 7원을 만들 수 있다는 의미가 된다. 원래 이전 단계에서 a_7의 값은 3이었는데, 이는 (2 + 2 + 3) = 7원으로 3개의 화폐를 사용했을 때를 나타낸 것이다. 다만, 현재 단계에서 (2 + 5) = 7원을 만들면 화폐를 2개만 사용해도 되므로, 더 작은 값으로 갱신된다.

인덱스	0	1	2	3	4	5	6	7
값	0	10,001	1	1	2	1	2	2

결과적으로 7원을 만들기 위한 최소의 화폐 개수는 2개이다. 따라서 앞서 언급한 점화식을 그대로 소스코드로 옮기면 다음과 같다. 또한 아래 코드에서 d[j - array[i]]가 10001인지 검사하는 부분은 사실 없어도 되는 코드인데, d[j - array[i]]가 10001의 값을 가지더라도 min(d[j], d[j - array[i]] + 1)은 항상 d[j]의 값을 반환하기 때문이다. 다만, 이해를 돕기 위해 코드에는 그대로 넣어주었다.

8-8.py 답안 예시

```
# 정수 N, M을 입력받기
n, m = map(int, input().split())
# N개의 화폐 단위 정보를 입력받기
array = []
for i in range(n):
    array.append(int(input()))

# 한 번 계산된 결과를 저장하기 위한 DP 테이블 초기화
d = [10001] * (m + 1)

# 다이나믹 프로그래밍(Dynamic Programming) 진행(보텀업)
d[0] = 0
for i in range(n):
    for j in range(array[i], m + 1):
        if d[j - array[i]] != 10001: # (i - k)원을 만드는 방법이 존재하는 경우
            d[j] = min(d[j], d[j - array[i]] + 1)

# 계산된 결과 출력
if d[m] == 10001: # 최종적으로 M원을 만드는 방법이 없는 경우
    print(-1)
else:
    print(d[m])
```

최단 경로

특정 지점까지 가장 빠르게 도달하는 방법을 찾는 알고리즘

가장 빠른 길 찾기

가장 빠르게 도달하는 방법

최단 경로 Shortest Path 알고리즘은 말 그대로 가장 짧은 경로를 찾는 알고리즘이다. 그래서 '길 찾기' 문제라고도 불린다. 최단 경로 알고리즘 유형에는 다양한 종류가 있는데, 상황에 맞는 효율적인 알고리즘이 이미 정립되어 있다.

예를 들어 '한 지점에서 다른 특정 지점까지의 최단 경로를 구해야 하는 경우', '모든 지점에서 다른 모든 지점까지의 최단 경로를 모두 구해야 하는 경우' 등의 다양한 사례가 존재한다. 이런 사례에 맞는 알고리즘을 알고 있다면 문제를 좀 더 쉽게 풀 수 있다.

최단 경로 문제는 보통 그래프를 이용해 표현하는데 각 지점은 그래프에서 '노드'로 표현되고, 지점 간 연결된 도로는 그래프에서 '간선'으로 표현된다. 또한 실제 코딩 테스트에서는 최단 경로를 모두 출력하는 문제보다는 단순히 최단 거리를 출력하도록 요구하는 문제가 많이 출제된다.

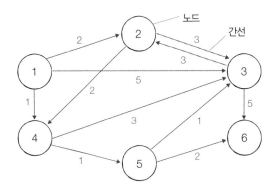

컴퓨터공학과 학부 수준에서 사용하는 최단 거리 알고리즘은 다익스트라 최단 경로 알고리즘, 플로이드 워셜, 벨만 포드 알고리즘, 이렇게 3가지이다. 이 책에서는 이 중에 다익스트라 최단 경로와 플로이드 워셜 알고리즘 유형만 다루려 한다. 이 2가지가 코딩 테스트에서 가장 많이 등장하는 유형이다. 따라서 이 유형만 파악해도 코딩 테스트 수준에서의 최단 경로 문제는 어렵지 않게 해결할 수 있다.

더불어 앞서 공부한 그리디 알고리즘과 다이나믹 프로그래밍 알고리즘이 최단 경로 알고리즘에 그대로 적용된다는 특징이 있다. 다시 말해 이번 장에서 배우는 내용은 사실 그리디 알고리즘 및 다이나믹 프로그래밍 알고리즘의 한 유형으로 볼 수 있다.

다익스트라 최단 경로 알고리즘

다익스트라Dijkstra 최단 경로 알고리즘은 그래프에서 여러 개의 노드가 있을 때, 특정한 노드에서 출발하여 다른 노드로 가는 각각의 최단 경로를 구해주는 알고리즘이다. 다익스트라 최단 경로 알고리즘은 '음의 간선'이 없을 때 정상적으로 동작한다. 음의 간선이란 0보다 작은 값을 가지는 간선을 의미하는데, 현실 세계의 길(간선)은 음의 간선으로 표현되지 않으므로 다익스트라 알고리즘은 실제로 GPS 소프트웨어의 기본 알고리즘으로 채택되곤 한다.*

다익스트라 최단 경로 알고리즘은 기본적으로 그리디 알고리즘으로 분류된다. 매번 '가장 비용이 적은 노드'를 선택해서 임의의 과정을 반복하기 때문이다. 알고리즘의 원리를 간략히 설명하면 다음과 같다.

1. 출발 노드를 설정한다.
2. 최단 거리 테이블을 초기화한다.
3. 방문하지 않은 노드 중에서 최단 거리가 가장 짧은 노드를 선택한다.
4. 해당 노드를 거쳐 다른 노드로 가는 비용을 계산하여 최단 거리 테이블을 갱신한다.
5. 위 과정에서 3과 4번을 반복한다.

다익스트라 알고리즘은 최단 경로를 구하는 과정에서 '각 노드에 대한 현재까지의 최단 거리' 정보를 항상 1차원 리스트에 저장하며 리스트를 계속 갱신한다는 특징이 있다.** 매번 현재 처리하고 있는 노드를 기준으로 주변 간선을 확인한다. 나중에 현재 처리하고 있는 노드와 인접한 노드로 도달하는 더 짧은 경로를 찾으면 '더 짧은 경로도 있었네? 이제부터는 이 경로가 제일 짧은 경로야'라고 판단하는 것이다. 따라서 '방문하지 않은 노드 중에서 현재 최단 거리가 가장 짧은 노드를 확인'해 그 노드에 대하여 4번 과정을 수행한다는 점에서 그리디 알고리즘으로 볼 수 있다.

---

* 에츠허르 다익스트라(Edsger Wybe Dijkstra)는 최단 경로 알고리즘을 제외하고도 다양한 알고리즘을 연구했지만 가장 잘 알려진 것이 다익스트라의 최단 경로 알고리즘이다. 그래서 일반적으로 '다익스트라 알고리즘'이라고 하면 다익스트라의 최단 경로 알고리즘을 지칭한다.

** 이러한 1차원 리스트를 최단 거리 테이블이라고 한다.

다익스트라 알고리즘을 구현하는 방법은 2가지이다.

방법 1. 구현하기 쉽지만 느리게 동작하는 코드

방법 2. 구현하기에 조금 더 까다롭지만 빠르게 동작하는 코드

시험을 준비하는 여러분은 방법 2를 정확히 이해하고 구현할 수 있을 때까지 연습해야 한다. 특히 알고리즘 대회를 준비하는 독자라면 다익스트라 최단 경로 알고리즘은 자다가도 일어나서 바로 코드를 작성할 수 있을 정도로 코드에 숙달되어 있어야 한다. 또한 최단 경로 알고리즘을 응용해서 풀 수 있는 고난이도 문제들이 많으므로 방법 2를 이해하고 정확히 구현할 수 있다면 다양한 고난이도 문제를 만났을 때에도 도움을 얻을 수 있다.

 여기서 잠깐

다익스트라 vs 데이크스트라

다익스트라 알고리즘을 고안한 에츠허르 다익스트라는 본래 네델란드 사람이라서 다익스트라(Dijkstra)의 정확한 외래어 표기는 '데이크스트라'가 맞다. 하지만, 이 책을 읽는 독자는 대부분 다익스트라로 알고 있을 듯하여 이 책에서는 다익스트라로 표기하였다.

다른 책이나 문서에서 데이크스트라를 보면 같은 알고리즘이라는 점을 기억하길 바란다.

우선 먼저 다익스트라 알고리즘의 동작 원리를 살펴보자. 다음과 같은 그래프가 있을 때 1번 노드에서 다른 모든 노드로 가는 최단 경로를 구하는 문제를 생각해보자.

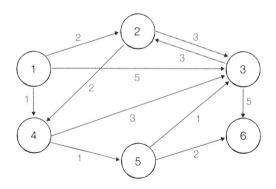

예시에서 출발 노드를 1이라 하겠다. 1번 노드에서 다른 모든 노드로의 최단 거리를 계산해볼 것이다. 초기 상태에서는 다른 모든 노드로 가는 최단 거리를 '무한'으로 초기화한다. 앞서 설명했듯이 코

드로는 999,999,999 등의 값으로 설정할 수 있다. (약 10억) 자릿수가 헷갈리지 않도록 하기 위해서 987,654,321로 설정하기도 한다. 가장 간단한 방법은 지수표기법을 사용하는 건데 1e9라고 사용하면 1,000,000,000(10억)이다. 그런데 파이썬에서 기본으로 1e9를 실수 자료형으로 처리하므로 모든 간선이 정수형으로 표현되는 문제에서는 int(1e9)로 초기화한다. 앞으로의 소스코드에서 '무한'이라는 값을 대입할 때는 int(1e9)를 사용하겠다.*

step 0 먼저 방문하지 않은 노드 중에서 최단 거리가 가장 짧은 노드를 선택하는데, 출발 노드에서 출발 노드로의 거리는 0으로 보기 때문에 처음에는 출발 노드가 선택된다.

노드 번호	1	2	3	4	5	6
거리	0	무한	무한	무한	무한	무한

step 1 이제 1번 노드를 거쳐 다른 노드로 가는 비용을 계산한다. 즉, 1번 노드와 연결된 모든 간선을 하나씩 확인하면 된다. 현재 1번 노드까지 오는 비용은 0이므로, 1번 노드를 거쳐서 2번, 3번, 4번 노드로 가는 최소 비용은 차례대로 2(0 + 2), 5(0 + 5), 1(0 + 1)이다. 현재 2번, 3번, 4번 노드로 가는 비용이 '무한'으로 설정되어 있는데, 세 노드에 대하여 더 짧은 경로를 찾았으므로 각각 새로운 값으로 갱신한다. 처리된 결과는 다음 그림과 같다. 현재 처리 중인 노드와 간선은 하늘색으로, 이미 처리한 노드는 회색, 이미 처리한 간선은 점선으로 표현했다.

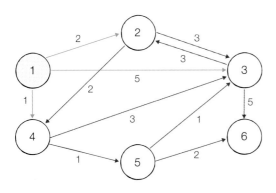

노드 번호	1	2	3	4	5	6
거리	0	2	5	1	무한	무한

---

* 대부분의 문제에서는 그래프의 간선 길이 정보를 줄 때 1억 미만의 값으로 준다. 큰 크기의 정수를 처리하기 어려운 프로그래밍 언어를 이용하는 사람도 많기 때문이다.

이후의 모든 단계에서도 마찬가지로 방문하지 않은 노드 중에서 최단 거리가 가장 짧은 노드를 선택해야 한다. 따라서 [step 2]에서는 4번 노드가 선택된다. 이어서 4번 노드를 거쳐서 갈 수 있는 노드를 확인한다. 4번 노드에서 갈 수 있는 노드는 3번과 5번이다. 이때 4번 노드까지의 최단 거리는 1이므로 4번 노드를 거쳐서 3번과 5번 노드로 가는 최소 비용은 차례대로 $4(1 + 3)$, $2(1 + 1)$이다. 이 두 값은 기존의 리스트에 담겨 있던 값보다 작으므로 다음처럼 리스트가 갱신된다.

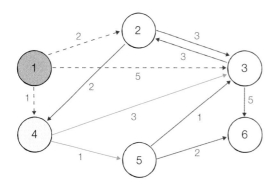

노드 번호	1	2	3	4	5	6
거리	0	2	4	1	2	무한

[step 3]에서는 2번 노드가 선택된다. 2번과 5번 노드까지의 최단 거리가 2로 값이 같은데, 이럴 때는 일반적으로 번호가 작은 노드를 선택한다. 그리고 2번 노드를 거쳐서 도달할 수 있는 노드 중에서 거리가 더 짧은 경우가 있는지 확인한다. 이번 단계에서 2번 노드를 거쳐서 가는 경우, 현재의 최단 거리를 더 짧게 갱신할 수 있는 방법은 없다.

예를 들어 2번 노드를 거쳐서 3번 노드로 이동하는 경우, $5(2 + 3)$만큼의 비용이 발생한다. 하지만 이미 현재 최단 거리 테이블에서 3번 노드까지의 최단 거리는 4이므로, 값이 갱신되지 않는다.

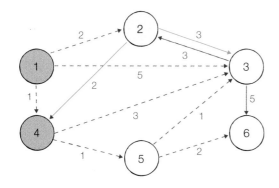

노드 번호	1	2	3	4	5	6
거리	0	2	4	1	2	무한

step 4 이번에는 5번 노드가 선택된다. 5번 노드를 거쳐 3번과 6번 노드로 갈 수 있다. 현재 5번 노드까지 가는 최단 거리가 2이므로 5번 노드에서 3번 노드로 가는 거리인 1을 더한 3이 기존 값인 4보다 작기 때문에 새로운 값 3으로 갱신된다. 또한 6번 노드로 가는 거리도 마찬가지로 4로 갱신된다.

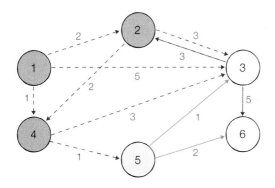

노드 번호	1	2	3	4	5	6
거리	0	2	3	1	2	4

step 5 이어서 3번 노드를 선택한 뒤에 동일한 과정을 반복한다.

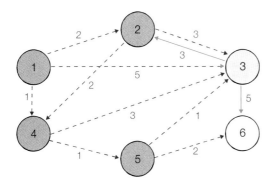

노드 번호	1	2	3	4	5	6
거리	0	2	3	1	2	4

step 6 6번 노드를 선택한 후 같은 과정을 반복한다. 지금까지의 최종 최단 거리 테이블은 다음과 같다.

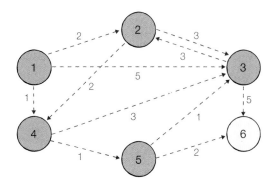

노드 번호	1	2	3	4	5	6
거리	0	2	3	1	2	4

최단 거리 테이블이 의미하는 바는 1번 노드로부터 출발했을 때 2번, 3번, 4번, 5번, 6번 노드까지 가기 위한 최단 경로가 각각 2, 3, 1, 2, 4라는 의미다.

다익스트라 최단 경로 알고리즘에서는 '방문하지 않은 노드 중에서 가장 최단 거리가 짧은 노드를 선택'하는 과정을 반복하는데, 이렇게 선택된 노드는 '최단 거리'가 완전히 선택된 노드이므로, 더 이상 알고리즘을 반복해도 최단 거리가 줄어들지 않는다. 앞서 [step 6]까지의 모든 경우를 확인해보면, 실제로 한 번 선택된 노드는 최단 거리가 감소하지 않는다. 예를 들어 [step 2]에서는 4번 노드가 선택되어서 4번 노드를 거쳐서 이동할 수 있는 경로를 확인했다. 이후에 [step 3] ~ [step 6]이 진행되었으나, 4번 노드에 대한 최단 거리는 더 이상 감소하지 않았다. 다시 말해 다익스트라 알고리즘이 진행되면서 한 단계당 하나의 노드에 대한 최단 거리를 확실히 찾는 것으로 이해할 수 있다.

그렇기 때문에, 사실 마지막 노드에 대해서는 해당 노드를 거쳐 다른 노드로 가는 경우를 확인할 필요가 없다. 예를 들어 위의 예시에서 [step 6]을 수행할 때는 이미 나머지 5개 노드에 대한 최단 거리가 확정된 상태이므로 더 이상 테이블이 갱신될 수 없기 때문이다.

방법 1. 간단한 다익스트라 알고리즘

알고리즘을 실제로 구현해보자. 먼저 알고리즘을 그대로 구현하는 방법에 대해서 알아보겠다. 간단한 다익스트라 알고리즘은 $O(V^2)$의 시간 복잡도를 가지며, 다익스트라에 의해서 처음 고안되었던 알고리즘이다. 여기서 V는 노드의 개수를 의미한다. 이 알고리즘은 직관적이고 쉽게 이해할 수 있다. 처음에 각 노드에 대한 최단 거리를 담는 1차원 리스트를 선언한다. 이후에 단계마다 '방문하지 않은 노드 중에서 최단 거리가 가장 짧은 노드를 선택'하기 위해 매 단계마다 1차원 리스트의 모든 원소를 확인(순차 탐색)한다.

앞서 다익스트라 알고리즘을 '최단 경로'를 구하는 알고리즘이라고 소개했는데, 왜 1차원 리스트에는 '최단 거리'만을 저장하고 있는지 궁금할 수 있다. 사실 완벽한 형태의 '최단 경로'를 구하려면 책에서 제공하는 코드를 조금 수정해야 한다. 코딩 테스트에서는 대체로 특정한 노드에서 다른 특정한 노드까지의 최단 거리만을 출력하도록 요청하므로, 이번 장에서 '최단 경로'까지 모두 출력하는 내용은 다루지 않겠다.

참고로 다음 소스코드에서는 입력되는 데이터의 수가 많다는 가정하에 파이썬 내장 함수인 input()을 더 빠르게 동작하는 sys.std.realine()으로 치환하여 사용하는 방법을 적용했다. 또한 DFS/BFS에서의 소스코드와 마찬가지로 모든 리스트는 (노드의 개수 + 1)의 크기로 할당하여, 노드의 번호를 인덱스로 하여 바로 리스트에 접근할 수 있도록 했다. 그래프를 표현해야 할 때 많이 사용하는 일반적인 코드 작성법이므로 기억해두자.

9-1.py 간단한 다익스트라 알고리즘 소스코드

```python
import sys
input = sys.stdin.readline
INF = int(1e9) # 무한을 의미하는 값으로 10억을 설정

# 노드의 개수, 간선의 개수를 입력받기
n, m = map(int, input().split())
# 시작 노드 번호를 입력받기
start = int(input())
# 각 노드에 연결되어 있는 노드에 대한 정보를 담는 리스트를 만들기
graph = [[] for i in range(n + 1)]
# 방문한 적이 있는지 체크하는 목적의 리스트를 만들기
visited = [False] * (n + 1)
# 최단 거리 테이블을 모두 무한으로 초기화
distance = [INF] * (n + 1)

# 모든 간선 정보를 입력받기
for _ in range(m):
    a, b, c = map(int, input().split())
    # a번 노드에서 b번 노드로 가는 비용이 c라는 의미
```

```
        graph[a].append((b, c))

# 방문하지 않은 노드 중에서, 가장 최단 거리가 짧은 노드의 번호를 반환
def get_smallest_node():
    min_value = INF
    index = 0 # 가장 최단 거리가 짧은 노드(인덱스)
    for i in range(1, n + 1):
        if distance[i] < min_value and not visited[i]:
            min_value = distance[i]
            index = i
    return index


def dijkstra(start):
    # 시작 노드에 대해서 초기화
    distance[start] = 0
    visited[start] = True
    for j in graph[start]:
        distance[j[0]] = j[1]
    # 시작 노드를 제외한 전체 n - 1개의 노드에 대해 반복
    for i in range(n - 1):
        # 현재 최단 거리가 가장 짧은 노드를 꺼내서, 방문 처리
        now = get_smallest_node()
        visited[now] = True
        # 현재 노드와 연결된 다른 노드를 확인
        for j in graph[now]:
            cost = distance[now] + j[1]
            # 현재 노드를 거쳐서 다른 노드로 이동하는 거리가 더 짧은 경우
            if cost < distance[j[0]]:
                distance[j[0]] = cost

# 다익스트라 알고리즘 수행
dijkstra(start)

# 모든 노드로 가기 위한 최단 거리를 출력
for i in range(1, n + 1):
    # 도달할 수 없는 경우, 무한(INFINITY)이라고 출력
    if distance[i] == INF:
        print("INFINITY")
    # 도달할 수 있는 경우 거리를 출력
    else:
        print(distance[i])
```

```
6 11
1
1 2 2
1 3 5
1 4 1
2 3 3
2 4 2
3 2 3
3 6 5
4 3 3
4 5 1
5 3 1
5 6 2
```

```
0
2
3
1
2
4
```

간단한 다익스트라 알고리즘의 시간 복잡도

앞서 시간 복잡도는 $O(V^2)$이라고 했다. 왜냐하면 총 $O(V)$번에 걸쳐서 최단 거리가 가장 짧은 노드를 매번 선형 탐색해야 하고, 현재 노드와 연결된 노드를 매번 일일이 확인하기 때문이다.

따라서 코딩 테스트의 최단 경로 문제에서 전체 노드의 개수가 5,000개 이하라면 일반적으로 이 코드로 문제를 풀 수 있을 것이다. 하지만 노드의 개수가 10,000개를 넘어가는 문제라면 이 코드로는 문제를 해결하기 어렵다. 노드의 개수 및 간선의 개수가 많을 때는 이어서 설명할 '개선된 다익스트라 알고리즘'을 이용해야 한다.

방법 2. 개선된 다익스트라 알고리즘

이제 개선된 다익스트라 알고리즘에 대해 알아보자. 재차 설명하지만, 다익스트라 알고리즘을 간단히 구현하면 시간 복잡도가 $O(V^2)$이다. 하지만 지금 배울 구현 방법을 이용하면 다익스트라 최단 경로 문제를 최악의 경우에도 시간 복잡도 $O(E log V)$를 보장하여 해결할 수 있다. 여기서 V는 노드의 개수이고, E는 간선의 개수를 의미한다.

간단한 다익스트라 알고리즘은 '최단 거리가 가장 짧은 노드'를 찾기 위해서, 매번 최단 거리 테이블을 선형적으로(모든 원소를 앞에서부터 하나씩) 탐색해야 했다. 이 과정에서만 $O(V)$의 시간이 걸렸다. 하지만 최단 거리가 가장 짧은 노드를 단순히 선형적으로 찾는 것이 아니라 더욱더 빠르게 찾을 수 있다면 어떨까? 알고리즘의 시간 복잡도를 더욱 줄일 수 있을 것이다.

개선된 다익스트라 알고리즘에서는 힙^{Heap} 자료구조를 사용한다. 힙 자료구조를 이용하게 되면 특정 노드까지의 최단 거리에 대한 정보를 힙에 담아서 처리하므로 출발 노드로부터 가장 거리가 짧은 노드를 더욱 빠르게 찾을 수 있다. 이 과정에서 선형 시간이 아닌 로그 시간이 걸린다. N = 1,000,000 일 때, log_2N이 약 20인 것을 감안하면 속도가 획기적으로 빨라지는 것임을 이해할 수 있다.

힙 설명

힙 자료구조에 대해서 간단히 알아보자. 힙 자료구조는 우선순위 큐$^{Priority\ Queue}$를 구현하기 위하여 사용하는 자료구조 중 하나다. 5장에서 'DFS/BFS'를 공부할 때 스택^{Stack}과 큐^{Queue}의 원리에 대해서 알아보았다. 스택은 가장 나중에 삽입된 데이터를 가장 먼저 삭제하고, 큐는 가장 먼저 삽입된 데이터를 가장 먼저 삭제한다. **우선순위 큐**는 우선순위가 가장 높은 데이터를 가장 먼저 삭제한다는 점이 특징이다. 스택, 큐, 우선순위 큐 자료구조를 비교한 내용을 표로 나타내면 다음과 같다.

자료구조	추출되는 데이터
스택(Stack)	가장 나중에 삽입된 데이터
큐(Queue)	가장 먼저 삽입된 데이터
우선순위 큐(Priority Queue)	가장 우선순위가 높은 데이터

이러한 우선순위 큐는 데이터를 우선순위에 따라 처리하고 싶을 때 사용한다. 예를 들어 여러 개의 물건 데이터를 자료구조에 넣었다가 가치가 높은 물건 데이터부터 꺼내서 확인해야 하는 경우를 가정해보자. 이런 경우에 우선순위 큐 자료구조를 이용하면 효과적이다.

대부분의 프로그래밍 언어에서는 우선순위 큐 라이브러리를 지원하기 때문에 일반적인 코딩 테스트 환경에서 우리가 직접 힙 자료구조부터 작성해서 우선순위 큐를 구현할 일은 없다. 따라서 이 책에서도 힙을 구현하는 방법에 대해서는 다루지 않을 것이다.

파이썬에서는 우선순위 큐가 필요할 때 PriorityQueue 혹은 heapq를 사용할 수 있는데, 이 두 라이브러리는 모두 우선순위 큐 기능을 지원한다. 다만, PriorityQueue 보다는 일반적으로 heapq가 더 빠르게 동작하기 때문에 수행 시간이 제한된 상황에서는 heapq를 사용하는 것을 권장한다.

우선순위 값을 표현할 때는 일반적으로 정수형 자료형의 변수가 사용된다. 예를 들어 물건 정보가 있고, 이 물건 정보는 물건의 가치와 물건의 무게로만 구성된다고 가정해보자. 그러면 모든 물건 데이터를 (가치, 물건)으로 묶어서 우선순위 큐 자료구조에 넣을 수 있다. 이후에 우선순위 큐에서 물건을 꺼내게 되면, 항상 가치가 높은 물건이 먼저 나오게 된다.* 대부분의 프로그래밍 언어에서는 우선순위 큐 라이브러리에 데이터의 묶음을 넣으면, 첫 번째 원소를 기준으로 우선순위를 설정한다. 따라서 데이터가 (가치, 물건)으로 구성된다면 '가치' 값이 우선순위 값이 되는 것이다. 이는 파이썬에서도 마찬가지다.

또한 우선순위 큐를 구현할 때는 내부적으로 최소 힙^Min Heap 혹은 최대 힙^Max Heap을 이용한다. 최소 힙을 이용하는 경우 '값이 낮은 데이터가 먼저 삭제'되며, 최대 힙을 이용하는 경우 '값이 큰 데이터가 먼저 삭제'된다. 파이썬 라이브러리에서는 기본적으로 최소 힙 구조를 이용하는데 다익스트라 최단 경로 알고리즘에서는 비용이 적은 노드를 우선하여 방문하므로 최소 힙 구조를 기반으로 하는 파이썬의 우선순위 큐 라이브러리를 그대로 사용하면 적합하다.**

또한 최소 힙을 최대 힙처럼 사용하기 위해서 일부러 우선순위에 해당하는 값에 음수 부호(−)를 붙여서 넣었다가, 나중에 우선순위 큐에서 꺼낸 다음에 다시 음수 부호(−)를 붙여서 원래의 값으로 돌리는 방식을 사용할 수 있다. 이러한 테크닉도 실제 코딩 테스트 환경에서는 자주 사용되기 때문에 기억해 놓자.

앞서 우선순위 큐를 구현할 때는 힙 자료구조를 이용한다고 했는데, 사실 우선순위 큐를 구현하는 방법은 다양하다. 단순히 리스트를 이용해서 구현할 수도 있다. 데이터의 개수가 N개일 때, 구현 방식에 따라서 시간 복잡도를 비교한 내용을 표로 확인해보자. 리스트를 이용해서 우선순위 큐의 기능을 구현하기 위해서는 삭제할 때마다 모든 원소를 확인해서 우선순위가 가장 높은 것을 찾아야 하므로 최악의 경우 $O(N)$의 시간이 소요된다.

우선순위 큐 구현 방식	삽입 시간	삭제 시간
리스트	$O(1)$	$O(N)$
힙(Heap)	$O(logN)$	$O(logN)$

데이터의 개수가 N개일 때, 힙 자료구조에 N개의 데이터를 모두 넣은 뒤에 다시 모든 데이터를 꺼낸다고 해보자. 이때의 시간 복잡도는 어떻게 될까? 삽입할 때는 $O(logN)$의 연산을 N번 반복하므로 $O(NlogN)$이고 삭제할 때에도 $O(logN)$의 연산을 N번 반복하므로 $O(NlogN)$이다. 따라서 전체 연산 횟수는 대략 $2Nlog_2N$으로 빅오 표기법에 따라 전체 시간 복잡도는 $O(NlogN)$이 될 것

---

* 우선순위 큐가 최대 힙으로 구현되어 있을 때를 가정한다. 최대 힙을 이용하는 경우, 값이 큰 데이터가 먼저 추출된다.

** 참고로 C++에서는 최대 힙, 자바에서는 최소 힙을 이용하여 각각 우선순위 라이브러리가 구현되어 있다. 언어마다 라이브러리의 자료구조가 조금씩 다르므로, 다른 언어에서 우선순위 큐 라이브러리를 이용할 때는 헷갈리지 않도록 조심하자.

이다. 사실 이는 힙 정렬Heap Sort의 원리를 설명한 것이며, 힙 정렬 구현 소스코드는 부록 A의 파이썬 문법 파트에서 제시하고 있다. 만약 동일한 작업을 리스트를 이용해 수행하고자 한다면, 시간 복잡도가 $O(N^2)$이 된다. N이 커지면 커질수록 시간 차이는 극명할 것이며, 대부분의 경우 힙을 이용했을 때 훨씬 빠르게 동작한다. 이처럼 힙을 이용하는 경우 모든 원소를 저장한 뒤에 우선순위에 맞게 빠르게 뽑아낼 수 있으므로 힙은 '우선순위 큐'를 구현하는 데 가장 많이 사용된다.

최소 힙을 이용하는 경우 힙에서 원소를 꺼내면 '가장 값이 작은 원소'가 추출되는 특징이 있으며, 파이썬의 우선순위 큐 라이브러리는 최소 힙에 기반한다는 점을 기억하자. 우리는 이러한 최소 힙을 다익스트라 최단 경로 알고리즘에 적용할 것이다. 단순히 우선순위 큐를 이용해서 시작 노드로부터 '거리'가 짧은 노드 순서대로 큐에서 나올 수 있도록 다익스트라 알고리즘을 작성하면 된다.

이번에는 단계별로 우선순위 큐가 어떻게 변하는지를 중심으로 살펴보자. 다음 그림에서는 단순히 우선순위 큐를 개념적으로 보여줄 것이다. 우선순위 큐 그림에서는 각 원소를 거리가 짧은 순서대로 왼쪽부터 나열하겠다. 우선순위 큐를 적용하여도 다익스트라 알고리즘이 동작하는 기본 원리는 동일하다. 최단 거리를 저장하기 위한 1차원 리스트(최단 거리 테이블)는 아까와 같이 그대로 이용하고, 현재 가장 가까운 노드를 저장하기 위한 목적으로만 우선순위 큐를 추가로 이용한다고 보면 된다.

step 0 역시 1번 노드가 출발 노드인 경우를 고려해보자. 여기서는 다음과 같이 출발 노드를 제외한 모든 노드의 최단 거리를 무한으로 설정한다. 이후에 우선순위 큐에 1번 노드를 넣는다. 이때 1번 노드로 가는 거리는 자기 자신까지 도달하는 거리이기 때문에 0이다. 즉, (거리: 0, 노드: 1)의 정보를 가지는 객체를 우선순위 큐에 넣으면 된다.

파이썬에서는 간단히 튜플 (0, 1)을 우선순위 큐에 넣는다. 파이썬의 heapq 라이브러리는 원소로 튜플을 입력받으면 튜플의 첫 번째 원소를 기준으로 우선순위 큐를 구성한다. 따라서 (거리, 노드 번호) 순서대로 튜플 데이터를 구성해 우선순위 큐에 넣으면 거리순으로 정렬된다.

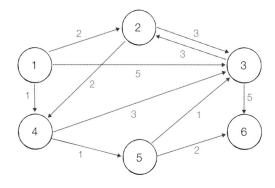

노드 번호	1	2	3	4	5	6
거리	0	무한	무한	무한	무한	무한

우선순위 큐	(거리: 0, 노드: 1)

step 1 우리는 우선순위 큐를 이용하고 있으므로 거리가 가장 짧은 노드를 선택하기 위해서는 우선순위 큐에서 그냥 노드를 꺼내면 된다. 기본적으로 거리가 짧은 원소가 우선순위 큐의 최상위 원소로 위치해 있다. 따라서 우선순위 큐에서 노드를 꺼낸 뒤에 해당 노드를 이미 처리한 적이 있다면 무시하면 되고, 아직 처리하지 않은 노드에 대해서만 처리하면 된다.

따라서 [step 1]의 우선순위 큐에서 원소를 꺼내면 (0, 1)이 나온다. 이는 1번 노드까지 가는 최단 거리가 0이라는 의미이므로, 1번 노드를 거쳐서 2번, 3번, 4번 노드로 가는 최소 비용을 계산한다. 차례대로 2(0 + 2), 5(0 + 5), 1(0 + 1)이다. 현재 2번, 3번, 4번 노드로 가는 비용이 '무한'으로 설정되어 있는데, 더 짧은 경로를 찾았으므로 각각 갱신하면 된다. 이렇게 더 짧은 경로를 찾은 노드 정보들은 다시 우선순위 큐에 넣는다. 현재 처리 중인 노드와 간선은 하늘색으로, 이전 단계에서 처리한 노드는 회색, 간선은 점선으로 표시했다.

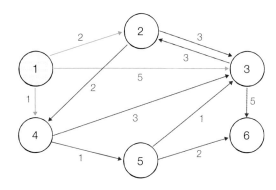

꺼낸 원소: (거리: 0, 노드: 1)

노드 번호	1	2	3	4	5	6
거리	0	2	5	1	무한	무한

우선순위 큐	(거리: 1, 노드: 4) (거리: 2, 노드: 2) (거리: 5, 노드: 3)

step 2 이어서 다시 우선순위 큐에서 원소를 꺼내서 동일한 과정을 반복한다. 이번에는 (1, 4)의 값을 갖는 원소가 추출된다. 아직 노드 4를 방문하지 않았으며, 현재 최단 거리가 가장 짧은 노드가 4이다. 따라서 노드 4를 기준으로 노드 4와 연결된 간선들을 확인한다. 이때 4번 노드까지의 최단 거리는 1이므로 4번 노드를 거쳐서 3번과 5번 노드로 가는 최소 비용은 차례로 4(1 + 3)과 2(1 + 1)이다. 이는 기존의 리스트에 담겨 있던 값들보다 작기 때문에 다음과 같이 리스트가 갱신되고, 우선순위 큐에는 (4, 3), (2, 5)라는 두 원소가 추가로 들어가게 된다. 앞서 말했듯이 현재 그림에서는 튜플의 첫 번째 원소(거리)가 작은 순서대로 왼쪽부터 기록하고 있다. 따라서 갱신된 우선순위 큐 또한 그림처럼 그려진다.

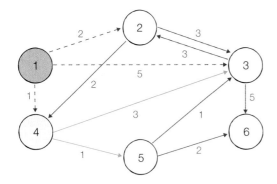

꺼낸 원소: (거리: 1, 노드: 4)

노드 번호	1	2	3	4	5	6
거리	0	2	4	1	2	무한

우선순위 큐	(거리: 2, 노드: 2) (거리: 2, 노드: 5) (거리: 4, 노드: 3) (거리: 5, 노드: 3)

step 3 마찬가지로 [step 3]에서는 노드 2에 대해 처리한다. 2번과 5번 노드까지의 최단 거리가 모두 값이 2로 같으므로 어떤 원소부터 처리해도 상관은 없지만, 우선순위 큐에서 2번 노드가 꺼내졌다고 가정하자. 마찬가지로 2번 노드를 거쳐서 도달할 수 있는 노드 중에서 더 거리가 짧은 경우가 있는지 확인한다. 이번 단계에서는 2번 노드를 거쳐서 가는 경우 중 현재의 최단 거리를 더 짧게 갱신할 수 있는 방법은 없다. 따라서 우선순위 큐에 어떠한 원소도 들어가지 않고 다음과 같이 리스트가 갱신된다.

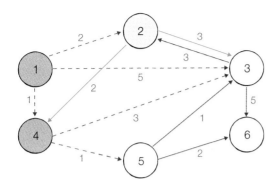

꺼낸 노드: (거리: 2, 노드: 2)

노드 번호	1	2	3	4	5	6
거리	0	2	4	1	2	무한

우선순위 큐	(거리: 2, 노드: 5) (거리: 4, 노드: 3) (거리: 5, 노드: 3)

step 4 이번 단계에서는 노드 5에 대해 처리한다. 5번 노드를 거쳐서 3번과 6번 노드로 갈 수 있다. 현재 5번 노드까지 가는 최단 거리가 2이므로 5번 노드에서 3번 노드로 가는 거리인 1을 더한 3이 기존의 값인 4보다 작다. 따라서 새로운 값인 3으로 갱신한다. 또한 6번 노드로 가는 최단 거리 역시 마찬가지로 갱신된다. 그래서 이번에는 (3, 3)과 (4, 6)이 우선순위 큐에 들어간다.

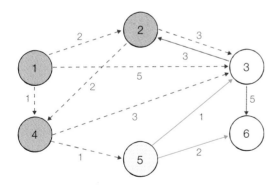

꺼낸 원소: (거리: 2, 노드: 5)

노드 번호	1	2	3	4	5	6
거리	0	2	3	1	2	4

우선순위 큐	(거리: 3, 노드: 3) (거리: 4, 노드: 3) (거리: 4, 노드: 6) (거리: 5, 노드: 3)

step 5 마찬가지로 원소 (3, 3)을 꺼내서 3번 노드를 기준으로 알고리즘을 수행한다. 최단 거리 테이블이 갱신되지 않으며 결과는 다음과 같다.

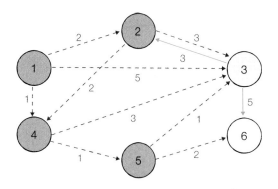

꺼낸 원소: (거리: 3, 노드: 3)

노드 번호	1	2	3	4	5	6
거리	0	2	3	1	2	4

우선순위 큐	(거리: 4, 노드: 3) (거리: 4, 노드: 6) (거리: 5, 노드: 3)

step 6 이어서 원소 (4, 3)을 꺼내서 3번 노드를 기준으로 알고리즘을 수행한다. 다만, 3번 노드는 앞서 처리된 적이 있다. 현재 우선순위 큐에서 꺼낸 원소에는 3번 노드까지 가는 최단 거리가 4라는 정보가 들어 있다. 하지만 현재 최단 거리 테이블에서 3번 노드까지의 최단 거리는 3이다. 따라서 현재 노드인 3번에 대해서는 이미 처리된 것으로 볼 수 있으므로 현재 우선순위 큐에서 꺼낸 (4, 3)이라는 원소는 무시하면 된다.

꺼낸 원소: (거리: 4, 노드: 3)

노드 번호	1	2	3	4	5	6
거리	0	2	3	1	2	4

우선순위 큐	(거리: 4, 노드: 6) (거리: 5, 노드: 3)

step 7 이어서 원소 (4, 6)이 꺼내진다. 따라서 6번 노드에 대해서 처리하면 다음과 같다.

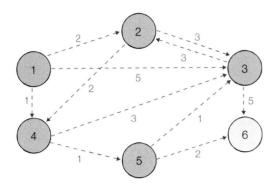

꺼낸 원소: (거리: 4, 노드: 6)

노드 번호	1	2	3	4	5	6
거리	0	2	3	1	2	4

우선순위 큐	(거리: 5, 노드: 3)

step 8 마지막으로 남은 원소를 꺼내지만, 아까와 마찬가지로 이미 처리된 노드이므로 무시한다.

꺼낸 원소: (거리: 5, 노드: 3)

노드 번호	1	2	3	4	5	6
거리	0	2	3	1	2	4

우선순위 큐	

이와 같이 모든 단계를 거친 후에 최단 거리 테이블에 남아 있는 0, 2, 3, 1, 2, 4가 각 노드로의 최단 거리이다. 위의 방법에서는 최단 거리가 가장 짧은 노드를 찾기 위해서 우선순위 큐를 이용하고 있으며, 앞서 보여줬던 방법과 비교했을 때 훨씬 빠르게 동작한다. 파이썬에서 표준 라이브러리로 제공하는 PriorityQueue와 heapq는 데이터의 개수가 N개일 때, 하나의 데이터를 삽입 및 삭제할 때의 시간 복잡도는 $O(logN)$이다.

개선된 다익스트라 알고리즘의 코드는 다음과 같다. 앞서 말했듯이 PriorityQueue보다 통상적으로 조금 더 빠르게 동작하는 heapq를 이용하는 방식으로 작성된 코드이다. heapq에 대한 더 자세한 설명은 부록에서 다루고 있다.

앞의 코드와 비교했을 때 get_smallest_node( )라는 함수를 작성할 필요가 없다는 특징이 있다. '최단 거리가 가장 짧은 노드'를 선택하는 과정을 다익스트라 최단 경로 함수 안에서 우선순위 큐를 이용하는 방식으로 대체할 수 있기 때문이다.

9-2.py 개선된 다익스트라 알고리즘 소스코드

```python
import heapq
import sys
input = sys.stdin.readline
INF = int(1e9) # 무한을 의미하는 값으로 10억을 설정

# 노드의 개수, 간선의 개수를 입력받기
n, m = map(int, input().split())
# 시작 노드 번호를 입력받기
start = int(input())
# 각 노드에 연결되어 있는 노드에 대한 정보를 담는 리스트를 만들기
graph = [[] for i in range(n + 1)]
# 최단 거리 테이블을 모두 무한으로 초기화
distance = [INF] * (n + 1)

# 모든 간선 정보를 입력받기
for _ in range(m):
    a, b, c = map(int, input().split())
    # a번 노드에서 b번 노드로 가는 비용이 c라는 의미
    graph[a].append((b, c))

def dijkstra(start):
    q = []
    # 시작 노드로 가기 위한 최단 경로는 0으로 설정하여, 큐에 삽입
    heapq.heappush(q, (0, start))
    distance[start] = 0
    while q: # 큐가 비어있지 않다면
        # 가장 최단 거리가 짧은 노드에 대한 정보 꺼내기
        dist, now = heapq.heappop(q)
        # 현재 노드가 이미 처리된 적이 있는 노드라면 무시
        if distance[now] < dist:
            continue
        # 현재 노드와 연결된 다른 인접한 노드들을 확인
        for i in graph[now]:
            cost = dist + i[1]
            # 현재 노드를 거쳐서, 다른 노드로 이동하는 거리가 더 짧은 경우
```

```
        if cost < distance[i[0]]:
            distance[i[0]] = cost
            heapq.heappush(q, (cost, i[0]))

# 다익스트라 알고리즘을 수행
dijkstra(start)

# 모든 노드로 가기 위한 최단 거리를 출력
for i in range(1, n + 1):
    # 도달할 수 없는 경우, 무한(INFINITY)이라고 출력
    if distance[i] == INF:
        print("INFINITY")
    # 도달할 수 있는 경우 거리를 출력
    else:
        print(distance[i])
```

입력 예시	출력 예시
6 11	0
1	2
1 2 2	3
1 3 5	1
1 4 1	2
2 3 3	4
2 4 2	
3 2 3	
3 6 5	
4 3 3	
4 5 1	
5 3 1	
5 6 2	

개선된 다익스트라 알고리즘의 시간 복잡도

앞서 배웠던 간단한 다익스트라 알고리즘에 비해 개선된 다익스트라 알고리즘은 시간 복잡도가 $O(E \log V)$로 훨씬 빠르다. 하지만 직관적으로 봤을 때, 이처럼 우선순위 큐를 이용하는 방식이 훨씬 빠른 이유에 대해서 잘 납득이 가지 않을 수 있다.

우리의 코드에서도 확인할 수 있듯이 한 번 처리된 노드는 더 이상 처리되지 않는다. 다시 말해 큐에서 노드를 하나씩 꺼내 검사하는 반복문(while문)은 노드의 개수 V 이상의 횟수로는 반복되지 않는다. 또한 V번 반복될 때마다 각각 자신과 연결된 간선들을 모두 확인한다. 따라서 '현재 우선순위 큐에서 꺼낸 노드와 연결된 다른 노드들을 확인'하는 총횟수는 총 최대 간선의 개수(E)만큼 연산이 수행될 수 있다.

따라서 전체 다익스트라 최단 경로 알고리즘은 E개의 원소를 우선순위 큐에 넣었다가 모두 빼내는 연산과 매우 유사하다고 볼 수 있다. 앞에서 말했듯이 힙에 N개의 데이터를 모두 넣고, 이후에 모두 빼는 과정은 $O(NlogN)$이다. 간단하게 생각하면 다익스트라 알고리즘의 시간 복잡도는 최대 E개의 간선 데이터를 힙에 넣었다가 다시 빼는 것으로 볼 수 있으므로 $O(ElogE)$임을 이해할 수 있다.

이때 중복 간선을 포함하지 않는 경우, E는 항상 V^2보다 작다. 왜냐하면, 모든 노드끼리 서로 다 연결되어 있다고 했을 때 간선의 개수를 약 V^2으로 볼 수 있고 E는 항상 V^2 이하이기 때문이다. 다시 말해 $logE$는 $logV^2$보다 작다. 이때 $O(logV^2)$은 $O(2logV)$이고, 이는 $O(logV)$이다. 따라서 다익스트라 알고리즘의 전체 시간 복잡도를 간단히 $O(ElogV)$라고 볼 수 있다.

현재 소스코드에서는 우선순위 큐의 개념이 들어가므로 시간 복잡도 계산을 바로 이해하기엔 어렵겠지만, 천천히 생각해보면 이해할 수 있을 것이다. 시간 복잡도 개념을 제대로 이해하지 못해도 최소한 다익스트라 최단 경로 알고리즘의 소스코드만 잘 기억해두자. 그러면 최단 경로 문제를 풀 수 있으며 많은 문제를 풀다보면 결국엔 정확한 내용까지 잘 이해하게 될 것이다.

또한 앞서 언급했듯이, 우선순위 큐는 실제로는 단순히 힙 자료구조로 구현할 수 있다. 거기다가 파이썬을 이용하면 힙을 직접 구현할 필요가 없다. '항상 가장 작은 값이 먼저 나온다'라는 특징을 지키면서, 단일 데이터의 삽입과 삭제 연산을 $O(logN)$에 수행하는 heapq 라이브러리를 이용하면 된다. 또한 기본적으로 튜플의 첫 번째 원소인 '거리' 정보를 기준으로 해서 우선순위 큐를 구성하므로 거리가 짧은 원소가 항상 먼저 나온다.

다익스트라 최단 경로 알고리즘은 우선순위 큐를 이용한다는 점에서 우선순위 큐를 필요로 하는 다른 문제 유형과도 흡사하다는 특징이 있다. 그래서 최단 경로를 찾는 문제를 제외하고도 다른 문제에도 두루 적용되는 소스코드 형태라고 이해할 수 있다. 예를 들어 그래프 문제로 유명한 최소 신장 트리 문제를 풀 때에도 일부 알고리즘(Prim 알고리즘)의 구현이 다익스트라 알고리즘의 구현과 흡사하다는 특징이 있다. 따라서 다익스트라 알고리즘을 바르게 이해할 수 있는 독자라면, 다른 고급 알고리즘도 이해할 가능성이 매우 높다.

플로이드 워셜 알고리즘

다익스트라 알고리즘은 '한 지점에서 다른 특정 지점까지의 최단 경로를 구해야 하는 경우'에 사용할 수 있는 최단 경로 알고리즘이다. 이번에 설명하는 **플로이드 워셜 알고리즘**Floyd-Warshall Algorithm은 '모든 지점에서 다른 모든 지점까지의 최단 경로를 모두 구해야 하는 경우'에 사용할 수 있는 알고리즘이다. 심지어 소스코드 또한 매우 짧아서 다익스트라 알고리즘과 비교하면 구현 과정에서 어려움을 겪지는 않을 것이다. 다만, 핵심 아이디어를 이해하는 것이 중요하다.

다익스트라 알고리즘은 단계마다 최단 거리를 가지는 노드를 하나씩 반복적으로 선택한다. 그리고 해당 노드를 거쳐 가는 경로를 확인하며, 최단 거리 테이블을 갱신하는 방식으로 동작한다. 플로이드 워셜 알고리즘 또한 단계마다 '거쳐 가는 노드'를 기준으로 알고리즘을 수행한다. 하지만 매번 방문하지 않은 노드 중에서 최단 거리를 갖는 노드를 찾을 필요가 없다는 점이 다르다. 노드의 개수가 N개일 때 알고리즘상으로 N번의 단계를 수행하며, 단계마다 $O(N^2)$의 연산을 통해 '현재 노드를 거쳐 가는' 모든 경로를 고려한다. 따라서 플로이드 워셜 알고리즘의 총시간 복잡도는 $O(N^3)$이다.

다익스트라 알고리즘에서는 출발 노드가 1개이므로 다른 모든 노드까지의 최단 거리를 저장하기 위해서 1차원 리스트를 이용했다. 반면에 플로이드 워셜 알고리즘은 다익스트라 알고리즘과는 다르게 2차원 리스트에 '최단 거리' 정보를 저장한다는 특징이 있다. 모든 노드에 대하여 다른 모든 노드로 가는 최단 거리 정보를 담아야 하기 때문이다. 다시 말해 2차원 리스트를 처리해야 하므로 N번의 단계에서 매번 $O(N^2)$의 시간이 소요된다.

또한 다익스트라 알고리즘은 그리디 알고리즘인데 플로이드 워셜 알고리즘은 다이나믹 프로그래밍이라는 특징이 있다. 노드의 개수가 N이라고 할 때, N번 만큼의 단계를 반복하며 '점화식에 맞게' 2차원 리스트를 갱신하기 때문에 다이나믹 프로그래밍으로 볼 수 있다.

각 단계에서는 해당 노드를 거쳐 가는 경우를 고려한다. 예를 들어 1번 노드에 대해서 확인할 때는 1번 노드를 중간에 거쳐 지나가는 모든 경우를 고려하면 된다. 정확히는 A → 1번 노드 → B로 가는 비용을 확인한 후에 최단 거리를 갱신한다. 이를테면 현재 최단 거리 테이블에 A번 노드에서 B번 노드로 이동하는 비용이 3으로 기록되어 있을 때, A번 노드에서 1번 노드를 거쳐 B번 노드로 이동하는 비용이 2라는 것이 밝혀지면, A번 노드에서 B번 노드로 이동하는 비용을 2로 갱신하는 것이다.

따라서 알고리즘에서는 현재 확인하고 있는 노드를 제외하고, N − 1개의 노드 중에서 서로 다른 노드 (A, B)쌍을 선택한다. 이후에 A → 1번 노드 → B로 가는 비용을 확인한 뒤에 최단 거리를 갱신한다. 다시 말해 $_{N-1}P_2$개의 쌍을 단계마다 반복해서 확인하면 된다. 이때 $O(_{N-1}P_2)$는 $O(N^2)$이라고 볼 수 있기 때문에, 전체 시간 복잡도는 $O(N^3)$이라고 할 수 있다. 구체적인 (K번의 단계에 대한) 점화식은 다음과 같다.**

$$D_{ab} = min(D_{ab}, D_{ak} + D_{kb})$$

따라서 전체적으로 3중 반복문을 이용하여 이 점화식에 따라 최단 거리 테이블을 갱신하면 된다. 위의 점화식이 의미하는 내용을 말로 풀어 설명하자면, 'A에서 B로 가는 최소 비용'과 'A에서 K를 거쳐 B로 가는 비용'을 비교하여 더 작은 값으로 갱신하겠다는 것이다. 즉, '바로 이동하는 거리'가 '특정한 노드를 거쳐서 이동하는 거리'보다 더 많은 비용을 가진다면 이를 더 짧은 것으로 갱신한다는 것이다. 다음 그림을 통해서 구체적인 예시를 확인해보도록 하자.

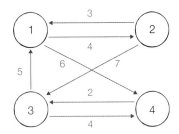

이런 그래프가 있을 때, 우리는 다음처럼 초기 테이블을 설정할 수 있다. 초기 상태인 [step 0]에서는 '연결된 간선'은 단순히 그 값을 채워 넣고, 연결되지 않은 간선은 '무한'이라는 값을 넣는다. 마찬가지로 실제 구현에서는 10억과 같이 임의의 큰 값을 '무한'이라고 여기고 넣는다. 앞서 다익스트라에서와 마찬가지로 파이썬에서는 int(1e9)를 이용하는 것이 일반적이다. 2차원 리스트에서 각 값에 해당하는 D_{ab}는 'a에서 b로 가는 최단 거리'이다.

예를 들어 1번 노드에서 4번 노드로 가는 비용은 6이기 때문에 다음의 2차원 리스트의 첫 번째 행의 네 번째 열의 값이 6인 것을 확인할 수 있다. 그리고 자기 자신에서 자기 자신으로 가는 비용은 0이므로, $(1 \leq i \leq n)$의 범위를 가지는 모든 i에 대하여 D_{ii}는 0이라는 값으로 초기화한다. 즉, 왼쪽 위에서 오른쪽 아래로 내려가는 대각선에 놓인 모든 원소는 0이다.

---

* 앞서도 한 번 설명했지만, 점화식에서 min(x, y) 함수는 x와 y 중에서 더 작은 수를 반환하는 함수다. 일반적으로 점화식에서 자주 등장하는 함수이므로 기억해두자.

step 0

도착 출발	1번	2번	3번	4번
1번	0	4	무한	6
2번	3	0	7	무한
3번	5	무한	0	4
4번	무한	무한	2	0

step 1 [step 1]에서는 단순히 1번 노드를 거쳐 가는 경우를 고려한다. 이때는 정확히 다음과 같이 $6 = {}_3P_2$가지 경우에 대해서만 고민하면 된다. 2차원 테이블에서는 다른 색으로 칠해 놓았는데, 계산해야 할 값들은 구체적으로 다음과 같다.

$$D_{23} = min\left(D_{23},\, D_{21} + D_{13}\right)$$
$$D_{24} = min\left(D_{24},\, D_{21} + D_{14}\right)$$
$$D_{32} = min\left(D_{32},\, D_{31} + D_{12}\right)$$
$$D_{34} = min\left(D_{34},\, D_{31} + D_{14}\right)$$
$$D_{42} = min\left(D_{42},\, D_{41} + D_{12}\right)$$
$$D_{43} = min\left(D_{43},\, D_{41} + D_{13}\right)$$

이 6가지 경우만 하나씩 확인하며 값을 계산하여 갱신한다. 예를 들어 $D_{23} = min(D_{23},\, D_{21} + D_{13})$은 '기존의 2번 노드에서 3번 노드로 가는 비용'보다 '2번 노드에서 1번 노드를 거쳐 3번 노드로 가는 비용'이 더 작다면, 그것으로 갱신해주겠다는 의미를 가진다. 그래서 D_{23}의 값은 D_{23}과 $(D_{21} + D_{13})$ 중에서 더 작은 값으로 교체된다. 다시 말해 1을 거쳐 갈 때가 더 빠른 경우가 존재한다면 빠른 경우로 최단 거리를 갱신해주는 식이다.

0	4	무한	6
3	0		
5		0	
무한			0

이렇게 6가지 식을 모두 계산해서 값을 갱신하면 테이블이 다음과 같이 바뀐다. 예를 들어 D_{24}는 원래 '무한'의 값을 가졌는데, $D_{21} + D_{14} = 9$와 비교해서 9로 갱신된다.

0	4	무한	6
3	0	7	9
5	9	0	4
무한	무한	2	0

step 2 마찬가지의 알고리즘을 [step 2]에 대해서도 수행할 수 있다. 현재 테이블의 상태는 다음과 같다.

0	4	무한	6
3	0	7	9
5	9	0	4
무한	무한	2	0

이번에는 2번 노드를 거쳐 가는 경우를 계산해야 하므로 2번 노드를 제외한 1번, 3번, 4번 노드에서 2개의 노드를 뽑는 경우를 고려한다. 정확히 $(1, 3)$, $(1, 4)$, $(3, 1)$, $(3, 4)$, $(4, 1)$, $(4, 3)$으로 6가지 경우가 있다. 각각의 위치를 테이블 상에서 하늘색으로 표시하면 다음과 같다. 이 6가지 값만 갱신하면 된다.

0	4		
3	0	7	9
	9	0	
	무한		0

마찬가지로 하늘색 부분에 대해서만 고려하면, 갱신 결과는 다음과 같다. 예를 들어 D_{13}은 원래 '무한'의 값을 가졌는데, $D_{12} + D_{23} = 11$과 비교해서 11로 갱신된다.

0	4	11	6
3	0	7	9
5	9	0	4
무한	무한	2	0

step 3 마찬가지로 3번 노드에 대해서도 동일한 과정을 반복하면 된다. 현재 테이블은 다음과 같은 값을 가지고 있다.

0	4	11	6
3	0	7	9
5	9	0	4
무한	무한	2	0

3번을 제외하고 1번, 2번, 4번 중에서 두 쌍을 선택하는 경우는 $(1, 2)$, $(1, 4)$, $(2, 1)$, $(2, 4)$, $(4, 1)$, $(4, 2)$로 6가지 경우가 있다. 이 6가지 경우를 색칠하면 다음과 같다.

0		11	
	0	7	
5	9	0	4
		2	0

마찬가지로 [step 3]에 대해서도 점화식에 맞게 테이블을 갱신하여, 변경된 결과를 확인하면 다음과 같다.

0	4	11	6
3	0	7	9
5	9	0	4
7	11	2	0

step 4 마찬가지로 4번 노드에 대해서도 처리할 수 있다. 현재 테이블의 상태는 다음과 같다.

0	4	11	6
3	0	7	9
5	9	0	4
7	11	2	0

4번 노드를 거쳐 가는 경우를 고려하면 다음과 같이 6가지 경우를 테이블에 색칠해두었다.

0			6
	0		9
		0	4
7	11	2	0

갱신된 결과는 다음과 같다.

0	4	8	6
3	0	7	9
5	9	0	4
7	11	2	0

최종 결과

노드의 개수가 4개이므로 총 [step 4]까지 알고리즘을 수행하였다. 그래서 [step 4]가 모두 수행되었을 때 최종적으로 테이블의 형태는 다음과 같다. 여기 기록되어 있는 내용이 모든 노드에서 모든 노드로 가는 최단 거리 정보를 표현하고 있다. 예를 들어 D_{13}(첫 번째 행의 세 번째 열)은 8이라는 값을 가지고 있는데, 이는 1번 노드에서 3번 노드로 가는 최단 거리가 8이라는 의미다.

0	4	8	6
3	0	7	9
5	9	0	4
7	11	2	0

소스코드는 다음과 같다. 시간 복잡도는 $O(N^3)$이다.

9-3.py 플로이드 워셜 알고리즘 소스코드

```python
INF = int(1e9)  # 무한을 의미하는 값으로 10억을 설정

# 노드의 개수 및 간선의 개수를 입력받기
n = int(input())
m = int(input())
# 2차원 리스트(그래프 표현)를 만들고, 모든 값을 무한으로 초기화
graph = [[INF] * (n + 1) for _ in range(n + 1)]
```

```python
# 자기 자신에서 자기 자신으로 가는 비용은 0으로 초기화
for a in range(1, n + 1):
    for b in range(1, n + 1):
        if a == b:
            graph[a][b] = 0

# 각 간선에 대한 정보를 입력받아, 그 값으로 초기화
for _ in range(m):
    # A에서 B로 가는 비용은 C라고 설정
    a, b, c = map(int, input().split())
    graph[a][b] = c

# 점화식에 따라 플로이드 워셜 알고리즘을 수행
for k in range(1, n + 1):
    for a in range(1, n + 1):
        for b in range(1, n + 1):
            graph[a][b] = min(graph[a][b], graph[a][k] + graph[k][b])

# 수행된 결과를 출력
for a in range(1, n + 1):
    for b in range(1, n + 1):
        # 도달할 수 없는 경우, 무한(INFINITY)이라고 출력
        if graph[a][b] == INF:
            print("INFINITY", end=" ")
        # 도달할 수 있는 경우 거리를 출력
        else:
            print(graph[a][b], end=" ")
    print()
```

입력 예시

```
4
7
1 2 4
1 4 6
2 1 3
2 3 7
3 1 5
3 4 4
4 3 2
```

출력 예시

```
0 4 8 6
3 0 7 9
5 9 0 4
7 11 2 0
```

실전 문제
미래 도시

난이도 ●●○ | **풀이 시간** 40분 | **시간 제한** 1초 | **메모리 제한** 128MB | **기출** M 기업 코딩 테스트

방문 판매원 A는 많은 회사가 모여 있는 공중 미래 도시에 있다. 공중 미래 도시에는 1번부터 N번까지의 회사가 있는데 특정 회사끼리는 서로 도로를 통해 연결되어 있다. 방문 판매원 A는 현재 1번 회사에 위치해 있으며, X번 회사에 방문해 물건을 판매하고자 한다.

공중 미래 도시에서 특정 회사에 도착하기 위한 방법은 회사끼리 연결되어 있는 도로를 이용하는 방법이 유일하다. 또한 연결된 2개의 회사는 양방향으로 이동할 수 있다. 공중 미래 도시에서의 도로는 마하의 속도로 사람을 이동시켜주기 때문에 특정 회사와 다른 회사가 도로로 연결되어 있다면, 정확히 1만큼의 시간으로 이동할 수 있다.

또한 오늘 방문 판매원 A는 기대하던 소개팅에도 참석하고자 한다. 소개팅의 상대는 K번 회사에 존재한다. 방문 판매원 A는 X번 회사에 가서 물건을 판매하기 전에 먼저 소개팅 상대의 회사에 찾아가서 함께 커피를 마실 예정이다. 따라서 방문 판매원 A는 1번 회사에서 출발하여 K번 회사를 방문한 뒤에 X번 회사로 가는 것이 목표다. 이때 방문 판매원 A는 가능한 한 빠르게 이동하고자 한다. 방문 판매원이 회사 사이를 이동하게 되는 최소 시간을 계산하는 프로그램을 작성하시오. 이때 소개팅의 상대방과 커피를 마시는 시간 등은 고려하지 않는다고 가정한다. 예를 들어 N = 5, X = 4, K = 5이고 회사 간 도로가 7개면서 각 도로가 다음과 같이 연결되어 있을 때를 가정할 수 있다.

> (1번, 2번), (1번, 3번), (1번, 4번), (2번, 4번), (3번, 4번), (3번, 5번), (4번, 5번)

이때 방문 판매원 A가 최종적으로 4번 회사에 가는 경로를 (1번 – 3번 – 5번 – 4번)으로 설정하면, 소개팅에도 참석할 수 있으면서 총 3만큼의 시간으로 이동할 수 있다. 따라서 이 경우 최소 이동시간은 3이다.

입력 조건
- 첫째 줄에 전체 회사의 개수 N과 경로의 개수 M이 공백으로 구분되어 차례대로 주어진다. (1 ≤ N, M ≤ 100)
- 둘째 줄부터 M + 1번째 줄에는 연결된 두 회사의 번호가 공백으로 구분되어 주어진다.
- M + 2번째 줄에는 X와 K가 공백으로 구분되어 차례대로 주어진다. (1 ≤ K ≤ 100)

출력 조건 · 첫째 줄에 방문 판매원 A가 K번 회사를 거쳐 X번 회사로 가는 최소 이동 시간을 출력한다.

· 만약 X번 회사에 도달할 수 없다면 −1을 출력한다.

입력 예시 1

```
5 7
1 2
1 3
1 4
2 4
3 4
3 5
4 5
4 5
```

출력 예시 1

```
3
```

입력 예시 2

```
4 2
1 3
2 4
3 4
```

출력 예시 2

```
−1
```

문제 해설

이 문제는 전형적인 플로이드 워셜 알고리즘 문제이다. 현재 문제에서 N의 범위가 100 이하로 매우 한정적이다. 따라서 플로이드 워셜 알고리즘을 이용해도 빠르게 풀 수 있기 때문에, 구현이 간단한 플로이드 워셜 알고리즘을 이용하는 것이 유리하다. 이 문제의 핵심 아이디어는 1번 노드에서 K를 거쳐 X로 가는 최단 거리는 (1번 노드에서 K까지의 최단 거리 + K에서 X까지의 최단 거리)라는 점이다.

최단 거리 문제는 그림으로 먼저 그려보는 것도 좋은 방법이다. 노드 간의 연결을 그림으로 표현하면 오른쪽과 같다.

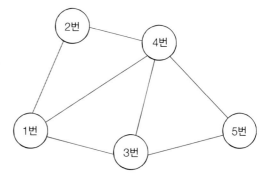

(1번, 2번), (1번, 3번), (1번, 4번), (2번, 4번), (3번, 4번), (3번, 5번), (4번, 5번)

9-4.py 답안 예시

```python
INF = int(1e9) # 무한을 의미하는 값으로 10억을 설정

# 노드의 개수 및 간선의 개수를 입력받기
n, m = map(int, input().split())
# 2차원 리스트(그래프 표현)를 만들고, 모든 값을 무한으로 초기화
graph = [[INF] * (n + 1) for _ in range(n + 1)]

# 자기 자신에서 자기 자신으로 가는 비용은 0으로 초기화
for a in range(1, n + 1):
    for b in range(1, n + 1):
        if a == b:
            graph[a][b] = 0

# 각 간선에 대한 정보를 입력받아, 그 값으로 초기화
for _ in range(m):
    # A와 B가 서로에게 가는 비용은 1이라고 설정
    a, b = map(int, input().split())
    graph[a][b] = 1
    graph[b][a] = 1

# 거쳐 갈 노드 X와 최종 목적지 노드 K를 입력받기
x, k = map(int, input().split())

# 점화식에 따라 플로이드 워셜 알고리즘을 수행
for k in range(1, n + 1):
    for a in range(1, n + 1):
        for b in range(1, n + 1):
            graph[a][b] = min(graph[a][b], graph[a][k] + graph[k][b])

# 수행된 결과를 출력
distance = graph[1][k] + graph[k][x]

# 도달할 수 없는 경우, -1을 출력
if distance >= INF:
    print("-1")
# 도달할 수 있다면, 최단 거리를 출력
else:
    print(distance)
```

전보

난이도 ●●● | **풀이 시간** 60분 | **시간 제한** 1초 | **메모리 제한** 128MB | **기출** 유명 알고리즘 대회

어떤 나라에는 N개의 도시가 있다. 그리고 각 도시는 보내고자 하는 메시지가 있는 경우, 다른 도시로 전보를 보내서 다른 도시로 해당 메시지를 전송할 수 있다. 하지만 X라는 도시에서 Y라는 도시로 전보를 보내고자 한다면, 도시 X에서 Y로 향하는 통로가 설치되어 있어야 한다. 예를 들어 X에서 Y로 향하는 통로는 있지만, Y에서 X로 향하는 통로가 없다면 Y는 X로 메시지를 보낼 수 없다. 또한 통로를 거쳐 메시지를 보낼 때는 일정 시간이 소요된다.

어느 날 C라는 도시에서 위급 상황이 발생했다. 그래서 최대한 많은 도시로 메시지를 보내고자 한다. 메시지는 도시 C에서 출발하여 각 도시 사이에 설치된 통로를 거쳐, 최대한 많이 퍼져나갈 것이다. 각 도시의 번호와 통로가 설치되어 있는 정보가 주어졌을 때, 도시 C에서 보낸 메시지를 받게 되는 도시의 개수는 총 몇 개이며 도시들이 모두 메시지를 받는 데까지 걸리는 시간은 얼마인지 계산하는 프로그램을 작성하시오.

입력 조건
- 첫째 줄에 도시의 개수 N, 통로의 개수 M, 메시지를 보내고자 하는 도시 C가 주어진다.
  ($1 \le N \le 30{,}000$, $1 \le M \le 200{,}000$, $1 \le C \le N$)
- 둘째 줄부터 M + 1번째 줄에 걸쳐서 통로에 대한 정보 X, Y, Z가 주어진다. 이는 특정 도시 X에서 다른 특정 도시 Y로 이어지는 통로가 있으며, 메시지가 전달되는 시간이 Z라는 의미다.
  ($1 \le X, Y \le N$, $1 \le Z \le 1{,}000$)

출력 조건
- 첫째 줄에 도시 C에서 보낸 메시지를 받는 도시의 총 개수와 총 걸리는 시간을 공백으로 구분하여 출력한다.

입력 예시
```
3 2 1
1 2 4
1 3 2
```

출력 예시
```
2 4
```

문제 해설

이 문제를 들여다보면 한 도시에서 다른 도시까지의 최단 거리 문제로 치환할 수 있으므로 다익스트라 알고리즘을 이용해서 풀 수 있다. 또한 N과 M의 범위가 충분히 크기 때문에, 우선순위 큐를 이용하여 다익스트라 알고리즘을 작성해야 한다. 결과적으로 앞서 다루었던 다익스트라 알고리즘의 소스코드에서 마지막 부분만 조금 수정하여 답안 코드를 만들 수 있다.

9-5.py 답안 예시

```python
import heapq
import sys

input = sys.stdin.readline
INF = int(1e9) # 무한을 의미하는 값으로 10억을 설정

# 노드의 개수, 간선의 개수, 시작 노드를 입력받기
n, m, start = map(int, input().split())
# 각 노드에 연결되어 있는 노드에 대한 정보를 담는 리스트를 만들기
graph = [[] for i in range(n + 1)]
# 최단 거리 테이블을 모두 무한으로 초기화
distance = [INF] * (n + 1)

# 모든 간선 정보를 입력받기
for _ in range(m):
    x, y, z = map(int, input().split())
    # x번 노드에서 y번 노드로 가는 비용이 z라는 의미
    graph[x].append((y, z))

def dijkstra(start):
    q = []
    # 시작 노드로 가기 위한 최단 경로는 0으로 설정하여, 큐에 삽입
    heapq.heappush(q, (0, start))
    distance[start] = 0
    while q: # 큐가 비어있지 않다면
        # 가장 최단 거리가 짧은 노드에 대한 정보를 꺼내기
        dist, now = heapq.heappop(q)
        if distance[now] < dist:
            continue
        # 현재 노드와 연결된 다른 인접한 노드들을 확인
        for i in graph[now]:
```

```
                cost = dist + i[1]
                # 현재 노드를 거쳐서, 다른 노드로 이동하는 거리가 더 짧은 경우
                if cost < distance[i[0]]:
                    distance[i[0]] = cost
                    heapq.heappush(q, (cost, i[0]))


# 다익스트라 알고리즘을 수행
dijkstra(start)


# 도달할 수 있는 노드의 개수
count = 0
# 도달할 수 있는 노드 중에서, 가장 멀리 있는 노드와의 최단 거리
max_distance = 0
for d in distance:
    # 도달할 수 있는 노드인 경우
    if d != INF:
        count += 1
        max_distance = max(max_distance, d)


# 시작 노드는 제외해야 하므로 count - 1을 출력
print(count - 1, max_distance)
```

그래프 이론

코딩 테스트에서 자주 등장하는 기타 그래프 이론 공부하기

〈1〉 다양한 그래프 알고리즘

이미 배운 내용을 훑어보자

지금까지 코딩 테스트에서 출제 비중이 높은 알고리즘 유형들을 다루어보았다. 이번 장에서는 지금까지 다루지 않았던 그래프 알고리즘을 추가로 다룰 것이다. 이전 5장 'DFS/BFS'와 9장 '최단 경로'에서 다룬 내용은 모두 그래프 알고리즘의 한 유형으로 볼 수 있다. 이외에도 그래프 알고리즘은 굉장히 다양한데, 코딩 테스트에서 출제 비중이 낮은 편이지만 꼭 제대로 알아야 하는 알고리즘이다.

여기서 다루는 개념들을 바르게 이해할 수 있다면 코딩 테스트에서 만나게 될 다양한 응용문제들도 해결할 수 있을 것이다.

10장에서 다룰 알고리즘은 앞서 배운 내용에 기반하는데, 예를 들어 크루스칼 알고리즘Kruskal Algorithms은 그리디 알고리즘으로 분류되며, 위상 정렬 알고리즘Topology Algorithms은 앞서 배운 큐 자료구조 혹은 스택 자료구조를 활용해야 구현할 수 있다. 따라서 배운 내용을 잘 이해하고 있다면, 이번 장의 내용을 이해하는 데 크게 어렵지 않을 것이다. 다른 장에 비해서 비중은 낮은 편이지만, 코딩 테스트를 꼼꼼히 준비하기 위해서 지금부터 배울 내용을 잘 숙지하도록 하자.

내용을 다루기 전에, 앞서 공부했던 그래프에 대해 복습해보자. 먼저 그래프Graph란 노드Node와 노드 사이에 연결된 간선Edge의 정보를 가지고 있는 자료구조를 의미한다. 알고리즘 문제를 접했을 때 '서로 다른 개체(혹은 객체)Object가 연결되어 있다'는 이야기를 들으면 가장 먼저 그래프 알고리즘을 떠올려야 한다. 예를 들어 '여러 개의 도시가 연결되어 있다'와 같은 내용이 등장하면 그래프 알고리즘을 의심해보자.

더불어 그래프 자료구조 중에서 트리Tree 자료구조는 다양한 알고리즘에서 사용되므로 꼭 기억하자. 9장의 '다익스트라 최단 경로 알고리즘'에서는 우선순위 큐가 사용되었는데, 우선순위 큐를 구현하기 위해 최소 힙Min Heap이나 최대 힙Max Heap을 이용할 수 있다고 했다. 최소 힙은 항상 부모 노드가 자식 노드보다 크기가 작은 자료구조로서 트리 자료구조에 속한다. 트리 자료구조는 부모에서 자식으로 내려오는 계층적인 모델에 속한다. 그래프와 트리 자료구조를 비교하면 다음 표의 내용과 같다. 참고로 트리는 전통적인 수학에서는 무방향 그래프로 간주되지만, 컴퓨터공학 분야에서는 보통 방향 그래프라고 간주된다.

	그래프	트리
방향성	방향 그래프 혹은 무방향 그래프	방향 그래프
순환성	순환 및 비순환	비순환
루트 노드 존재 여부	루트 노드가 없음	루트 노드가 존재
노드간 관계성	부모와 자식 관계 없음	부모와 자식 관계
모델의 종류	네트워크 모델	계층 모델

또한 그래프의 구현 방법은 (앞서 5장에서 알아보았던 것처럼) 2가지 방식이 존재한다. 이를 다시 한번 간단히 요약하면 다음과 같다.

- 인접 행렬(Adjacency Matrix): 2차원 배열을 사용하는 방식
- 인접 리스트(Adjacency List): 리스트를 사용하는 방식

2가지 모두 그래프 알고리즘에서 매우 많이 사용된다. 두 방식은 메모리와 속도 측면에서 구별되는 특징을 가진다는 점을 기억하자.

노드의 개수가 V, 간선의 개수가 E인 그래프를 생각해보자. 인접 행렬을 이용하는 방식은 간선 정보를 저장하기 위해서 $O(V^2)$만큼의 메모리 공간이 필요하다. 반면에 인접 리스트를 이용할 때는 간선의 개수만큼인 $O(E)$만큼만 메모리 공간이 필요하다. 또한 인접 행렬은 특정한 노드 A에서 다른 특정한 노드 B로 이어진 간선의 비용을 $O(1)$의 시간으로 즉시 알 수 있다는 장점이 있으며, 반면에 인접 리스트를 이용할 때는 $O(V)$만큼의 시간이 소요된다.

9장에서 우선순위 큐를 이용하는 다익스트라 최단 경로 알고리즘은 인접 리스트를 이용하는 방식이다. 노드의 개수가 V개일 때는 V개의 리스트를 만들어서 각 노드와 연결된 모든 간선에 대한 정보를 리스트에 저장했다.

플로이드 워셜 알고리즘은 인접 행렬을 이용하는 방식이다. 모든 노드에 대하여 다른 노드로 가는 최소 비용을 V^2 크기의 2차원 리스트에 저장한 뒤에 해당 비용을 갱신해서 최단 거리를 계산했다. 이처럼 인접 행렬과 인접 리스트는 다양한 그래프 알고리즘에서 사용되고 있다.

알아두어야 할 점은 어떤 문제를 만나든 메모리와 시간을 염두에 두고 알고리즘을 선택해서 구현해야 한다는 것이다. 예를 들어 최단 경로를 찾아야 하는 문제가 출제되었을 때, 노드의 개수가 적은 경우에는 플로이드 워셜 알고리즘을 이용할 수 있다. 반면에 노드와 간선의 개수가 모두 많으면 우선순위 큐를 이용하는 다익스트라 알고리즘을 이용하면 유리하다. 지금부터 기타 그래프 알고리즘들을 익혀보자.

서로소 집합

수학에서 **서로소 집합**Disjoint Sets이란 공통 원소가 없는 두 집합을 의미한다. 예를 들어 집합 {1, 2}와 집합 {3, 4}는 서로소 관계이다. 반면에 집합 {1, 2}와 집합 {2, 3}은 2라는 원소가 두 집합에 공통적으로 포함되어 있기 때문에 서로소 관계가 아니다.

{1, 2}와 {3, 4}는 서로소 관계이다.　　　　　　{1, 2}와 {2, 3}은 서로소 관계가 아니다.

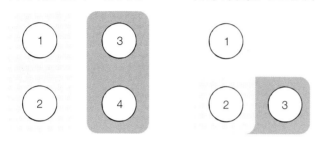

서로소 집합 자료구조를 설명하려면 서로소 집합 개념이 필요하다. 서로소 집합 자료구조는 몇몇 그래프 알고리즘에서 매우 중요하게 사용되므로 그래프 알고리즘 이론 전에 설명하고자 한다.

서로소 집합 자료구조란 서로소 부분 집합들로 나누어진 원소들의 데이터를 처리하기 위한 자료구조라고 할 수 있다. 서로소 집합 자료구조는 union과 find 이 2개의 연산으로 조작할 수 있다.

union합집합 연산은 2개의 원소가 포함된 집합을 하나의 집합으로 합치는 연산이다. find찾기 연산은 특정한 원소가 속한 집합이 어떤 집합인지 알려주는 연산이다. 스택과 큐가 각각 push넣기와 pop꺼내기 연산으로 이루어졌던 것처럼, 서로소 집합 자료구조는 합집합과 찾기 연산으로 구성된다.

서로소 집합 자료구조는 union-find합치기 찾기* 자료구조라고 불리기도 한다. 연산의 이름 자체가 합치기와 찾기이기도 하고, 두 집합이 서로소 관계인지를 확인할 수 있다는 말은 각 집합이 어떤 원소를 공통으로 가지고 있는지를 확인할 수 있다는 말과 같기 때문이다.

서로소 집합 자료구조

서로소 집합 자료구조를 구현할 때는 트리 자료구조를 이용하여 집합을 표현하는데, 서로소 집합 정보(합집합 연산)가 주어졌을 때 트리 자료구조를 이용해서 집합을 표현하는 서로소 집합 계산

---

* union의 의미는 '합집합'이라는 의미(명사)도 있고, '합치기' 혹은 '합체'라는 의미(동명사)도 있다.

알고리즘은 다음과 같다.

1 union(합집합) 연산을 확인하여, 서로 연결된 두 노드 A, B를 확인한다.

    I. A와 B의 루트 노드 A', B'를 각각 찾는다.

    II. A'를 B'의 부모 노드로 설정한다(B'가 A'를 가리키도록 한다).

2 모든 union(합집합) 연산을 처리할 때까지 **1**번 과정을 반복한다.

이것이 트리를 이용해 서로소 집합을 계산하는 알고리즘이다. 또한 실제로 구현할 때는 A'와 B' 중에서 더 번호가 작은 원소가 부모 노드가 되도록 구현하는 경우가 많으므로, 이 책에서도 그러한 구현 방식을 따르도록 하겠다. A'가 1이고, B'가 3이라면, B'가 A'를 가리키도록 설정한다. 여기서 '가리킨다'는 표현은 부모 노드로 설정한다는 의미이다. 예를 들어 B'가 A'를 부모 노드로 설정하는 것을 그래프로 시각화할 때, B'와 A'를 간선으로 연결하는 형태로 그래프를 그릴 수 있다. 이어지는 step에 있는 그림을 보면 이해가 쉬울 것이다.

예시를 통해서 서로소 집합 계산 알고리즘의 동작 방식을 이해해보도록 하자. 이번에는 전체 집합 {1, 2, 3, 4, 5, 6}이 6개의 원소로 구성되어 있는 상황을 생각해보자. 이때 다음과 같은 4개의 union 연산이 주어져 있다.

- union 1, 4
- union 2, 3
- union 2, 4
- union 5, 6

이러한 4개의 union 연산은 각각 '1과 4는 같은 집합', '2와 3은 같은 집합', '2와 4는 같은 집합', '5와 6은 같은 집합'이라는 의미를 가지고 있다. 다시 말해 총 4개의 union 연산이 존재하는 것이다. 이때 4개의 union 연산이 수행된 후에, 전체 원소들이 결과적으로 어떠한 형태의 부분 집합으로 나누어질지 확인해보자.

이러한 union 연산들은 그래프 형태로 표현될 수도 있다. 각 원소는 그래프에서의 노드로 표현되고, '같은 집합에 속한다'는 정보를 담은 union 연산들은 간선으로 표현된다. 즉, 6개의 노드가 있고 4개의 간선이 존재하는 그래프로 바꾸어서 생각할 수 있다.

유의할 점은 다음 그래프는 union의 관계를 효과적으로 보여주기 위해 그래프 형태로 시각화할 수 있다는 의미를 보여주기 위해 보여주는 것이다. 앞서 언급했듯이 실제로 각 원소의 집합 정보를 표현하려면 트리 자료구조를 이용한다. 일반적으로 서로소 집합을 그림으로 표현할 때는 번호가 큰 노드가 번호가 작은 노드를 간선으로 가리키도록 트리 구조를 이용해 그림을 그리게 된다. 즉, 트리 구조상 번호가 작은 노드가 부모가 되고, 번호가 큰 노드가 자식이 된다. 구체적인 과정은 뒤에 다루겠다.

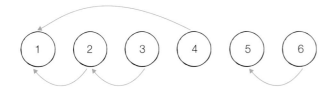

우리는 이 그림을 보자마자 노드 간의 관계를 빠르게 확인할 수 있다. 전체 원소가 {1, 2, 3, 4}와 {5, 6}이라는 두 집합으로 나누어지는 것을 알 수 있다. 노드 1, 2, 3, 4가 같은 집합에 속하며 노드 5, 6이 같은 집합에 속한다. 이렇게 union 연산을 토대로 그래프를 그리면 '연결성'으로 손쉽게 집합의 형태를 확인할 수 있다. 위 그래프에서는 노드 3에서 노드 1로 간접적으로 연결되어 이동할 수 있기 때문에, 같은 집합에 있는 것으로 이해할 수 있다. 반면에 노드 1과 노드 5는 서로 연결되어 있지 않기 때문에 서로 다른 집합으로 나누어져 있다고 이해할 수 있다.

따라서 우리는 이 그래프가 다음 그림처럼 나누어지리라는 것을 쉽게 파악할 수 있다.

예제를 통해 서로소 집합 알고리즘을 자세히 확인해보겠다. union 연산을 하나씩 확인하면서 서로 다른 두 원소에 대해 합집합union을 수행해야 할 때는, 각각 루트 노드를 찾아서 더 큰 루트 노드가 더 작은 루트 노드를 가리키도록 하면 된다. 구체적인 알고리즘의 동작 과정을 단계별로 알아보자.

step 0 초기 단계에서는 가장 먼저 노드의 개수(V) 크기의 부모 테이블을 초기화한다. 이때 모든 원소가 자기 자신을 부모로 가지도록 설정한다. 현재 원소의 개수가 6이므로, 초기 단계에서는 총 6개의 트리가 존재하는 것과 같다. 여기에서 유의할 점은 부모 테이블은 말 그대로 부모에 대한 정보만을 담고 있다. 다시 말해 특정한 노드의 부모에 대해서만 저장하고 있다. 우리가 실제로 루트를 확인하고자 할 때는 재귀적으로 부모를 거슬러 올라가서 최종적인 루트 노드를 찾아야 한다.

노드 번호	1	2	3	4	5	6
부모	1	2	3	4	5	6

step 1 union **1, 4**

첫 번째 union 연산을 확인하면, 1과 4를 합친다. 이때는 노드 1과 노드 4의 루트 노드를 각각 찾으면 된다. 현재 루트 노드는 각각 1과 4이기 때문에 더 큰 번호에 해당하는 루트 노드 4의 부모를 1로 설정한다.

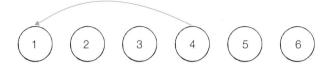

노드 번호	1	2	3	4	5	6
부모	1	2	3	1	5	6

step 2 union **2, 3**

현재 union 연산을 확인하면, 2와 3을 합친다. 따라서 노드 2와 노드 3의 루트 노드를 각각 찾으면 된다. 현재 루트 노드는 각각 2와 3이기 때문에 더 큰 번호에 해당하는 루트 노드 3의 부모를 2로 설정한다.

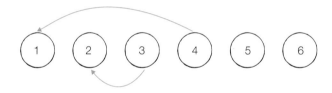

노드 번호	1	2	3	4	5	6
부모	1	2	2	1	5	6

step 3 union **2, 4**

다시 union 연산을 확인하면, 2와 4를 합친다. 따라서 노드 2와 노드 4의 루트 노드를 각각 찾으면 된다. 현재 루트 노드는 각각 2와 1이기 때문에 더 큰 번호에 해당하는 루트 노드 2의 부모를 1로 설정한다.

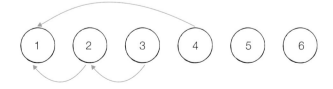

노드 번호	1	2	3	4	5	6
부모	1	1	2	1	5	6

step 4 union 5, 6

마지막 union 연산을 확인하면, 5와 6을 합친다. 따라서 노드 5와 노드 6의 루트 노드를 각각 찾
으면 된다. 현재 루트 노드는 각각 5와 6이기 때문에 더 큰 번호에 해당하는 루트 노드 6의 부모를
5로 설정한다.

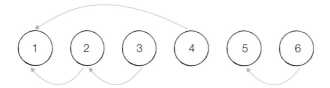

노드 번호	1	2	3	4	5	6
부모	1	1	2	1	5	5

이상으로 모든 union 연산을 처리했다. 이 알고리즘에서 유의할 점은 우리는 union 연산을 효과적
으로 수행하기 위해 '부모 테이블'을 항상 가지고 있어야 한다는 점이다. 또한 루트 노드를 즉시 계산
할 수 없고, 부모 테이블을 계속해서 확인하며 거슬러 올라가야 한다. 예를 들어 위의 [step 4] 그림
에서 노드 3의 부모 노드는 2라고 설정되어 있다. 다만, 노드 2의 부모 노드는 1이기 때문에 최종적
으로 노드 3의 루트 노드는 1이라고 볼 수 있다.

다음의 예시로 더욱 간략하게 살펴보자.

노드 번호	1	2	3
부모	1	1	2

이 예시에서 노드 3의 루트를 찾기 위해서는 먼저 부모 노드인 2로 이동한 다음 노드 2의 부모를 또
확인해서 노드 1로 접근해야 한다. 결과적으로 노드 1을 확인했을 때 더 이상 부모 노드가 없기 때
문에 노드 1이 최종적인 루트 노드라는 것을 알 수 있다. 다시 말해 서로소 집합 알고리즘으로 루트
를 찾기 위해서는 재귀적으로 부모를 거슬러 올라가야 한다는 점을 기억하자. 기본적인 서로소 집합
알고리즘의 소스코드는 다음과 같다.

```python
# 특정 원소가 속한 집합을 찾기
def find_parent(parent, x):
    # 루트 노드가 아니라면, 루트 노드를 찾을 때까지 재귀적으로 호출
    if parent[x] != x:
        return find_parent(parent, parent[x])
    return x

# 두 원소가 속한 집합을 합치기
def union_parent(parent, a, b):
    a = find_parent(parent, a)
    b = find_parent(parent, b)
    if a < b:
        parent[b] = a
    else:
        parent[a] = b

# 노드의 개수와 간선(union 연산)의 개수 입력받기
v, e = map(int, input().split())
parent = [0] * (v + 1) # 부모 테이블 초기화

# 부모 테이블상에서, 부모를 자기 자신으로 초기화
for i in range(1, v + 1):
    parent[i] = i

# union 연산을 각각 수행
for i in range(e):
    a, b = map(int, input().split())
    union_parent(parent, a, b)

# 각 원소가 속한 집합 출력
print('각 원소가 속한 집합: ', end='')
for i in range(1, v + 1):
    print(find_parent(parent, i), end=' ')

print()

# 부모 테이블 내용 출력
print('부모 테이블: ', end='')
for i in range(1, v + 1):
    print(parent[i], end=' ')
```

입력 예시
6 4
1 4
2 3
2 4
5 6

출력 예시

각 원소가 속한 집합: 1 1 1 1 5 5
부모 테이블: 1 1 2 1 5 5

실행 결과는 우리가 앞서 그림으로 확인했던 것과 동일하다. 결과적으로 모든 원소에 대하여 각 원소가 속한 집합을 출력하게 하면 차례대로 1, 1, 1, 1, 5, 5라고 출력된 것을 알 수 있다. 이는 1부터 6까지의 각 원소의 루트 노드가 1, 1, 1, 1, 5, 5라는 의미이다. 이 루트 노드가 같은 원소끼리는 동일한 집합을 이룬다. 다시 말해 전체 원소가 {1, 2, 3, 4}와 {5, 6}으로 나누어지는 것으로 이해할 수 있다.

다만, 이렇게 구현하면 답을 구할 수는 있지만, find 함수가 비효율적으로 동작한다. 최악의 경우 find 함수가 모든 노드를 다 확인하는 터라 시간 복잡도가 $O(V)$라는 점이다.

다음과 같이 {1, 2, 3, 4, 5}의 총 5개의 원소가 존재하는 상황에서 모두 같은 집합에 속하는 경우를 가정해보자. 구체적으로 4개의 union 연산이 순서대로 (4, 5), (3, 4), (2, 3), (1, 2)와 같이 주어졌다고 해보자. 이때 차례대로 연산을 처리하게 되면 다음과 같이 일렬로 나열하는 형태가 된다.

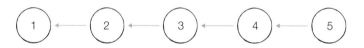

노드 번호	1	2	3	4	5
부모	1	1	2	3	4

위 그래프를 통해서 알 수 있듯이 1부터 5까지의 모든 원소가 루트 노드로 1이라는 값을 가진다. 하지만 실제로 부모 테이블에 담겨 있는 1부터 5까지의 노드에 대한 부모 노드 값은 차례대로 1, 1, 2, 3, 4가 된다. 예를 들어 노드 5의 루트를 찾기 위해서는 '노드 5 → 노드 4 → 노드 3 → 노드 2 → 노드 1' 순서대로 부모 노드를 거슬러 올라가야하므로 최대 $O(V)$의 시간이 소요될 수 있다. 결과적으로 현재의 알고리즘을 그대로 이용하게 되면 노드의 개수가 V개이고 find 혹은 union 연산의 개수가 M개일 때, 전체 시간 복잡도는 $O(VM)$이 되어 비효율적이다.

하지만 이러한 find 함수는 아주 간단한 과정으로 최적화가 가능하다. 바로 경로 압축Path Compression 기법을 적용하면 시간 복잡도를 개선시킬 수 있다. 경로 압축은 find 함수를 재귀적으로 호출한 뒤에 부모 테이블값을 갱신하는 기법이다. 기존의 find 함수를 다음과 같이 변경하면 경로 압축 기법의 구현이 완료된다.

10-2.py 경로 압축 기법 소스코드

```python
def find_parent(parent, x):
    if parent[x] != x:
        parent[x] = find_parent(parent, parent[x])
    return parent[x]
```

이렇게 함수를 수정하면 각 노드에 대하여 find 함수를 호출한 이후에, 해당 노드의 루트 노드가 바로 부모 노드가 된다. 아까와 동일하게 {1, 2, 3, 4, 5}의 총 5개의 원소가 존재하는 상황에서 4개의 union 연산이 순서대로 (4, 5), (3, 4), (2, 3), (1, 2)와 같이 주어졌다고 가정해보자. 이때 모든 union 함수를 처리한 후 각 원소에 대하여 find 함수를 수행하면 다음과 같이 부모 테이블이 형성된다. 결과적으로 경로 압축 기법을 이용하게 되면 루트 노드에 더욱 빠르게 접근할 수 있다는 점에서 기존의 기본적인 알고리즘과 비교했을 때 시간 복잡도가 개선된다.

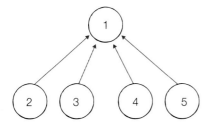

노드 번호	1	2	3	4	5
부모	1	1	1	1	1

10-3.py 개선된 서로소 집합 알고리즘 소스코드

```python
# 특정 원소가 속한 집합을 찾기
def find_parent(parent, x):
    # 루트 노드가 아니라면, 루트 노드를 찾을 때까지 재귀적으로 호출
    if parent[x] != x:
        parent[x] = find_parent(parent, parent[x])
    return parent[x]
```

```python
# 두 원소가 속한 집합을 합치기
def union_parent(parent, a, b):
    a = find_parent(parent, a)
    b = find_parent(parent, b)
    if a < b:
        parent[b] = a
    else:
        parent[a] = b

# 노드의 개수와 간선(union 연산)의 개수 입력받기
v, e = map(int, input().split())
parent = [0] * (v + 1) # 부모 테이블 초기화

# 부모 테이블상에서, 부모를 자기 자신으로 초기화
for i in range(1, v + 1):
    parent[i] = i

# union 연산을 각각 수행
for i in range(e):
    a, b = map(int, input().split())
    union_parent(parent, a, b)

# 각 원소가 속한 집합 출력
print('각 원소가 속한 집합: ', end='')
for i in range(1, v + 1):
    print(find_parent(parent, i), end=' ')

print()

# 부모 테이블 내용 출력
print('부모 테이블: ', end='')
for i in range(1, v + 1):
    print(parent[i], end=' ')
```

입력 예시

```
6 4
1 4
2 3
2 4
5 6
```

출력 예시

```
각 원소가 속한 집합: 1 1 1 1 5 5
부모 테이블: 1 1 1 1 5 5
```

서로소 집합 알고리즘의 시간 복잡도

서로소 집합 알고리즘을 구현할 때, 경로 압축 방법만을 이용할 경우의 시간 복잡도를 알아보자. 노드의 개수가 V개이고, 최대 V − 1개의 union 연산과 M개의 find 연산이 가능할 때 경로 압축 방법을 적용한 시간 복잡도는 $O(V + M(1 + log_{2-M/V}V))$라는 것이 알려져 있다. 증명 과정은 이 책의 범위가 아니라서 생략한다. 예를 들어 노드의 개수가 1,000개이고, union 및 find 연산이 총 100만 번 수행된다고 하자. 그러면 이 경우 정확하지는 않지만, 대략 $V + Mlog_2V$를 계산해서 약 1,000만 번 가량의 연산이 필요하다고 이해하면 된다.

사실 경로 압축을 제외하고도, 시간 복잡도를 줄일 수 있는 방법은 여러 가지가 더 있다. 하지만 프로그래밍 대회가 아니라면 (코딩 테스트 수준에서는) 경로 압축만 적용해도 충분하다. 또한 경로 압축은 개념 및 구현이 간단하다는 점에서 코딩 테스트를 치르는 여러분이 기억하기에도 쉽다. 따라서 꼭 기억해 놓자.

서로소 집합을 활용한 사이클 판별

서로소 집합은 다양한 알고리즘에 사용될 수 있다. 특히 서로소 집합은 무방향 그래프 내에서의 사이클을 판별할 때 사용할 수 있다는 특징이 있다. 참고로 방향 그래프에서의 사이클 여부는 DFS를 이용하여 판별할 수 있으며, 해당 내용은 책에서 다루지는 않는다.

앞서 union 연산은 그래프에서의 간선으로 표현될 수 있다고 했다. 따라서 간선을 하나씩 확인하면서 두 노드가 포함되어 있는 집합을 합치는 과정을 반복하는 것만으로도 사이클을 판별할 수 있다. 알고리즘은 다음과 같다.

1 각 간선을 확인하며 두 노드의 루트 노드를 확인한다.

　　I. 루트 노드가 서로 다르다면 두 노드에 대하여 union 연산을 수행한다.

　　II. 루트 노드가 서로 같다면 사이클(Cycle)이 발생한 것이다.

2 그래프에 포함되어 있는 모든 간선에 대하여 **1**번 과정을 반복한다.

다음 그래프의 사이클을 판별하는 과정을 살펴보자.

step 0 초기 단계에서는 모든 노드에 대하여 자기 자신을 부모로 설정하는 형태로 부모 테이블을 초기화한다.

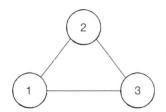

인덱스	1	2	3
부모	1	2	3

step 1 가장 먼저 간선 (1, 2)를 확인한다. 노드 1과 노드 2의 루트 노드는 각각 1과 2이다. 따라서 더 큰 번호를 갖는 노드 2의 부모 노드를 1로 변경한다.

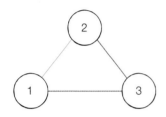

인덱스	1	2	3
부모	1	1	3

step 2 이어서 간선 (1, 3)을 확인한다. 노드 1과 노드 3의 루트 노드는 각각 1과 3이다. 따라서 더 큰 번호를 갖는 노드 3의 부모 노드를 1로 변경한다.

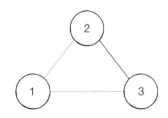

인덱스	1	2	3
부모	1	1	1

step 3 이후에 (2, 3) 간선을 확인한다. 다만, 이때 노드 2와 노드 3이 이미 루트 노드로 '노드 1'을 가지고 있다. 다시 말해서 사이클이 발생한다는 것을 알 수 있다.

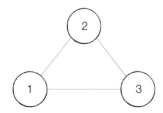

이러한 사이클 판별 알고리즘은 그래프에 포함되어 있는 간선의 개수가 E개일 때 모든 간선을 하나씩 확인하며, 매 간선에 대하여 union 및 find 함수를 호출하는 방식으로 동작한다. 이 알고리즘은 간선에 방향성이 없는 무향 그래프에서만 적용 가능하다.

10-4.py 서로소 집합을 활용한 사이클 판별 소스코드

```python
# 특정 원소가 속한 집합을 찾기
def find_parent(parent, x):
    # 루트 노드가 아니라면, 루트 노드를 찾을 때까지 재귀적으로 호출
    if parent[x] != x:
        parent[x] = find_parent(parent, parent[x])
    return parent[x]

# 두 원소가 속한 집합을 합치기
def union_parent(parent, a, b):
    a = find_parent(parent, a)
    b = find_parent(parent, b)
    if a < b:
        parent[b] = a
    else:
        parent[a] = b

# 노드의 개수와 간선(union 연산)의 개수 입력받기
v, e = map(int, input().split())
parent = [0] * (v + 1) # 부모 테이블 초기화

# 부모 테이블상에서, 부모를 자기 자신으로 초기화
for i in range(1, v + 1):
    parent[i] = i

cycle = False # 사이클 발생 여부

for i in range(e):
    a, b = map(int, input().split())
    # 사이클이 발생한 경우 종료
    if find_parent(parent, a) == find_parent(parent, b):
        cycle = True
        break
    # 사이클이 발생하지 않았다면 합집합(union) 수행
    else:
        union_parent(parent, a, b)
```

```
if cycle:
    print("사이클이 발생했습니다.")
else:
    print("사이클이 발생하지 않았습니다.")
```

입력 예시

```
3 3
1 2
1 3
2 3
```

출력 예시

사이클이 발생했습니다.

신장 트리

신장 트리는 그래프 알고리즘 문제로 자주 출제되는 문제 유형이다. 기본적으로 신장 트리^{Spanning Tree}란 하나의 그래프가 있을 때 모든 노드를 포함하면서 사이클이 존재하지 않는 부분 그래프를 의미한다. 이때 모든 노드가 포함되어 서로 연결되면서 사이클이 존재하지 않는다는 조건은 트리의 성립 조건이기도 하다. 그래서 이러한 그래프를 신장 트리라고 부르는 것이다. 예를 들어 다음 왼쪽과 같은 그래프에서는 여러 개의 신장 트리를 찾을 수 있다. 바로 오른쪽이 그 중 하나이다.

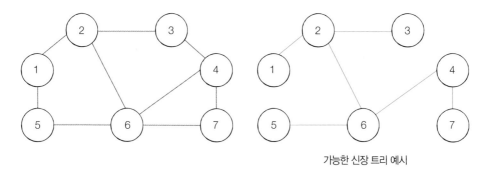

가능한 신장 트리 예시

반면에 다음 왼쪽 그림은 그래프가 '노드 1'을 포함하고 있지 않기 때문에 신장 트리에 해당하지 않는다. 또한 오른쪽 그림은 사이클이 존재하므로 신장 트리가 아니다.

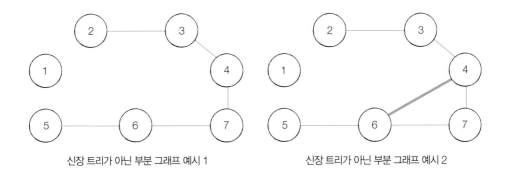

신장 트리가 아닌 부분 그래프 예시 1   신장 트리가 아닌 부분 그래프 예시 2

크루스칼 알고리즘

우리는 다양한 문제 상황에서 가능한 한 최소한의 비용으로 신장 트리를 찾아야 할 때가 있다. 예를 들어 N개의 도시가 존재하는 상황에서 두 도시 사이에 도로를 놓아 전체 도시가 서로 연결될 수 있게 도로를 설치하는 경우를 생각해보자. 2개의 도시 A, B를 선택했을 때, 도시 A에서 도시 B로 이동하는 경로가 반드시 존재하도록 도로를 설치하고자 한다. 모든 도시를 '연결'할 때, 최소한의 비용으로 연결하려면 어떤 알고리즘을 이용해야 할까?

예를 들어 오른쪽과 같은 그래프가 있다고 가정해보자.

3개의 도시가 있고 각 도시 간 도로를 건설하는 비용은 23, 13, 25이다.

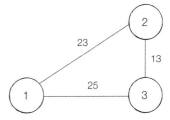

여기서 노드 1, 2, 3을 모두 연결하기 위해서 가장 최소한의 비용을 가지는 신장 트리는 36이다. 간단한 계산이니 경우의 수를 모두 계산해보자.

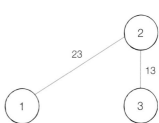

   ① 23 + 13 = 36

   ② 23 + 25 = 48

   ③ 25 + 13 = 38

역시 ①의 경우의 수가 최소 비용이다. 이처럼 신장 트리 중에서 최소 비용으로 만들 수 있는 신장 트리를 찾는 알고리즘을 '최소 신장 트리 알고리즘'이라고 한다. 대표적인 최소 신장 트리 알고리즘으로는 **크루스칼 알고리즘**Kruskal Algorithm이 있다.

크루스칼 알고리즘을 사용하면 가장 적은 비용으로 모든 노드를 연결할 수 있는데 크루스칼 알고리즘은 그리디 알고리즘으로 분류된다. 먼저 모든 간선에 대하여 정렬을 수행한 뒤에 가장 거리가 짧은 간선부터 집합에 포함시키면 된다. 이때 사이클을 발생시킬 수 있는 간선의 경우, 집합에 포함시키지 않는다. 구체적인 알고리즘을 살펴보면 다음과 같다.

1 간선 데이터를 비용에 따라 오름차순으로 정렬한다.

2 간선을 하나씩 확인하며 현재의 간선이 사이클을 발생시키는지 확인한다.

    I. 사이클이 발생하지 않는 경우 최소 신장 트리에 포함시킨다.

    II. 사이클이 발생하는 경우 최소 신장 트리에 포함시키지 않는다.

3 모든 간선에 대하여 **2** 번의 과정을 반복한다.

다음 그래프의 최소 신장 트리를 구해보자.

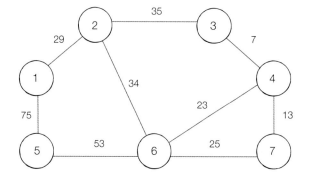

최소 신장 트리는 바로 다음 그래프와 같이 하늘색으로 칠한 간선들을 포함시키면 만들 수 있다. 최소 신장 트리는 일종의 트리Tree 자료구조이므로, 최종적으로 신장 트리에 포함되는 간선의 개수가 '노드의 개수 − 1'과 같다는 특징이 있다.* 예를 들어 아래 예시에서는 노드의 개수가 7이고 간선의 개수가 6인 것을 확인할 수 있다.

---

* 트리 자료구조는 노드가 N개일 때, 항상 간선의 개수가 N − 1개이다.

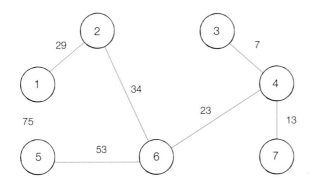

따라서 크루스칼 알고리즘의 핵심 원리는 가장 거리가 짧은 간선부터 차례대로 집합에 추가하면 된다는 것이다. 다만, 사이클을 발생시키는 간선은 제외하고 연결한다. 이렇게 하면 항상 최적의 해를 보장할 수 있다. 크루스칼 알고리즘을 이용해서 최소 신장 트리를 찾는 과정을 단계별로 확인해 보자.

step 0 초기 단계에서는 그래프의 모든 간선 정보만 따로 빼내어 정렬을 수행한다. 현재 전체 그래프에 존재하는 간선이 9개인 것을 알 수 있다. 따라서 맨 처음에는 모든 간선을 정렬한다. 실제로는 전체 간선 데이터를 리스트에 담은 뒤에 이를 정렬하지만, 가독성을 위해 다음 그림에서는 노드 데이터 순서에 따라 테이블 내에 데이터를 나열했다.

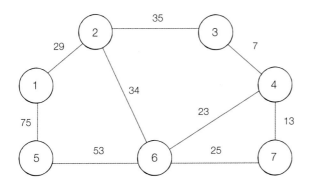

간선	(1, 2)	(1, 5)	(2, 3)	(2, 6)	(3, 4)	(4, 6)	(4, 7)	(5, 6)	(6, 7)
비용	29	75	35	34	7	23	13	53	25

첫 번째 단계에서는 가장 짧은 간선을 선택한다. 따라서 (3, 4)가 선택되고 이것을 집합에 포함하면 된다. 다시 말해 노드 3과 노드 4에 대하여 union 함수를 수행하면 된다. 그래서 노드 3과 노드 4를 동일한 집합에 속하도록 만든다.

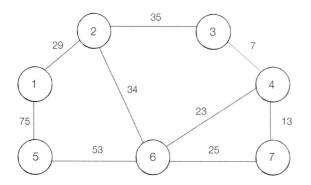

간선	(1, 2)	(1, 5)	(2, 3)	(2, 6)	(3, 4)	(4, 6)	(4, 7)	(5, 6)	(6, 7)
비용	29	75	35	34	7	23	13	53	25
순서					step 1				

그다음으로 비용이 가장 작은 간선인 (4, 7)을 선택한다. 현재 노드 4와 노드 7은 같은 집합에 속해 있지 않기 때문에, 노드 4와 노드 7에 대하여 union 함수를 호출한다.

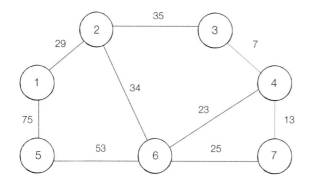

간선	(1, 2)	(1, 5)	(2, 3)	(2, 6)	(3, 4)	(4, 6)	(4, 7)	(5, 6)	(6, 7)
비용	29	75	35	34	7	23	13	53	25
순서					step 1		step 2		

step 3 그다음으로 비용이 가장 작은 간선인 (4, 6)을 선택한다. 현재 노드 4와 노드 6은 같은 집합에 속해 있지 않기 때문에, 노드 4와 노드 6에 대하여 union 함수를 호출한다.

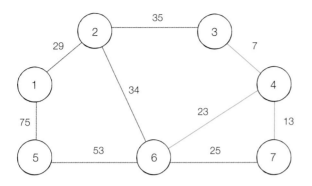

간선	(1, 2)	(1, 5)	(2, 3)	(2, 6)	(3, 4)	(4, 6)	(4, 7)	(5, 6)	(6, 7)
비용	29	75	35	34	7	23	13	53	25
순서					step 1	step 3	step 2		

step 4 그다음으로 비용이 가장 작은 간선인 (6, 7)을 선택한다. 선택된 노드 6과 노드 7의 루트 노드를 확인한다. 다만, 노드 6과 노드 7의 루트가 이미 동일한 집합에 포함되어 있으므로 신장 트리에 포함하지 않아야 한다. 따라서 union 함수를 호출하지 않는다. 앞으로의 단계에 대해서, 처리가 되었지만 신장 트리에 포함되지 않는 간선은 점선으로 표시하겠다.

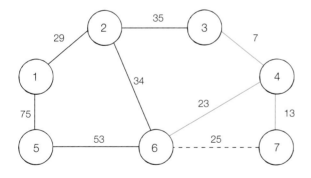

간선	(1, 2)	(1, 5)	(2, 3)	(2, 6)	(3, 4)	(4, 6)	(4, 7)	(5, 6)	(6, 7)
비용	29	75	35	34	7	23	13	53	25
순서					step 1	step 3	step 2		step 4

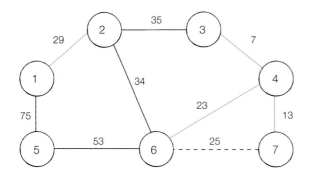

step 5 그다음으로 비용이 가장 작은 간선 (1, 2)를 선택한다. 현재 노드 1과 노드 2는 같은 집합에 속해 있지 않기 때문에, 노드 1과 노드 2에 대하여 union 함수를 호출한다.

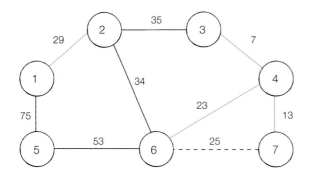

간선	(1, 2)	(1, 5)	(2, 3)	(2, 6)	(3, 4)	(4, 6)	(4, 7)	(5, 6)	(6, 7)
비용	29	75	35	34	7	23	13	53	25
순서	step 5				step 1	step 3	step 2		step 4

step 6 그다음으로 비용이 가장 작은 간선 (2, 6)을 선택한다. 현재 노드 2와 노드 6은 같은 집합에 속해 있지 않기 때문에, 노드 2와 노드 6에 대하여 union 함수를 호출한다.

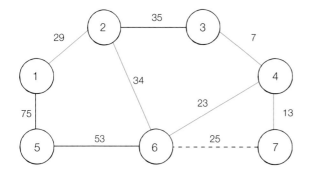

간선	(1, 2)	(1, 5)	(2, 3)	(2, 6)	(3, 4)	(4, 6)	(4, 7)	(5, 6)	(6, 7)
비용	29	75	35	34	7	23	13	53	25
순서	step 5			step 6	step 1	step 3	step 2		step 4

step 7 그다음으로 비용이 가장 작은 간선인 (2, 3)을 선택한다. 선택된 노드 2와 노드 3의 루트 노드를 확인한다. 다만, 노드 2와 노드 3의 루트가 이미 동일한 집합에 포함되어 있으므로 union 함수를 호출하지 않는다.

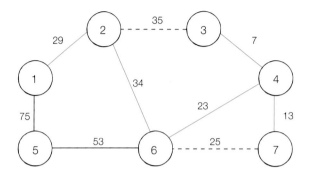

간선	(1, 2)	(1, 5)	(2, 3)	(2, 6)	(3, 4)	(4, 6)	(4, 7)	(5, 6)	(6, 7)
비용	29	75	35	34	7	23	13	53	25
순서	step 5		step 7	step 6	step 1	step 3	step 2		step 4

step 8 그다음으로 비용이 가장 작은 간선 (5, 6)을 선택한다. 현재 노드 5와 노드 6은 같은 집합에 속해 있지 않기 때문에, 노드 5와 노드 6에 대하여 union 함수를 호출한다.

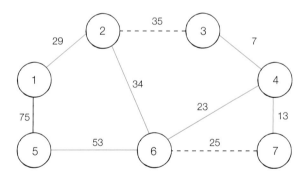

간선	(1, 2)	(1, 5)	(2, 3)	(2, 6)	(3, 4)	(4, 6)	(4, 7)	(5, 6)	(6, 7)
비용	29	75	35	34	7	23	13	53	25
순서	step 5		step 7	step 6	step 1	step 3	step 2	step 8	step 4

그다음으로 비용이 작은 간선 (1, 5)를 선택한다. 선택된 노드 1과 노드 5의 루트 노드를 확인한다. 다만, 노드 1과 노드 5의 루트가 이미 동일한 집합에 포함되어 있으므로 union 함수를 호출하지 않는다.

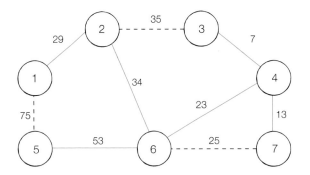

간선	(1, 2)	(1, 5)	(2, 3)	(2, 6)	(3, 4)	(4, 6)	(4, 7)	(5, 6)	(6, 7)
비용	29	75	35	34	7	23	13	53	25
순서	step 5	step 9	step 7	step 6	step 1	step 3	step 2	step 8	step 4

결과적으로 우리는 오른쪽과 같은 최소 신장 트리를 찾을 수 있다.

또한 최소 신장 트리에 포함되어 있는 간선의 비용만 모두 더하면, 그 값이 최종 비용에 해당한다. 위의 예시에서 총비용은 159이다. 최소 신장 트리를 만드는데 필요한 비용을 계산하는 크루스칼 알고리즘의 소스코드는 다음과 같다.

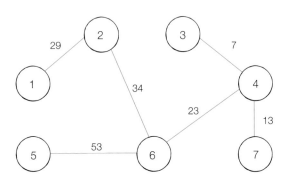

10-5.py 크루스칼 알고리즘 소스코드

```
# 특정 원소가 속한 집합을 찾기
def find_parent(parent, x):
    # 루트 노드가 아니라면, 루트 노드를 찾을 때까지 재귀적으로 호출
    if parent[x] != x:
        parent[x] = find_parent(parent, parent[x])
    return parent[x]
```

```python
# 두 원소가 속한 집합을 합치기
def union_parent(parent, a, b):
    a = find_parent(parent, a)
    b = find_parent(parent, b)
    if a < b:
        parent[b] = a
    else:
        parent[a] = b

# 노드의 개수와 간선(union 연산)의 개수 입력받기
v, e = map(int, input().split())
parent = [0] * (v + 1) # 부모 테이블 초기화

# 모든 간선을 담을 리스트와 최종 비용을 담을 변수
edges = []
result = 0

# 부모 테이블상에서, 부모를 자기 자신으로 초기화
for i in range(1, v + 1):
    parent[i] = i

# 모든 간선에 대한 정보를 입력받기
for _ in range(e):
    a, b, cost = map(int, input().split())
    # 비용순으로 정렬하기 위해서 튜플의 첫 번째 원소를 비용으로 설정
    edges.append((cost, a, b))

# 간선을 비용순으로 정렬
edges.sort()

# 간선을 하나씩 확인하며
for edge in edges:
    cost, a, b = edge
    # 사이클이 발생하지 않는 경우에만 집합에 포함
    if find_parent(parent, a) != find_parent(parent, b):
        union_parent(parent, a, b)
        result += cost

print(result)
```

입력 예시

```
7 9
1 2 29
1 5 75
2 3 35
2 6 34
3 4 7
4 6 23
4 7 13
5 6 53
6 7 25
```

출력 예시

```
159
```

크루스칼 알고리즘의 시간 복잡도

크루스칼 알고리즘은 간선의 개수가 E개일 때, $O(ElogE)$의 시간 복잡도를 가진다. 왜냐하면 크루스칼 알고리즘에서 시간이 가장 오래 걸리는 부분이 간선을 정렬하는 작업이며, E개의 데이터를 정렬했을 때의 시간 복잡도는 $O(ElogE)$이기 때문이다. 크루스칼 내부에서 사용되는 서로소 집합 알고리즘의 시간 복잡도는 정렬 알고리즘의 시간 복잡도보다 작으므로 무시한다.

위상 정렬

위상 정렬 Topology Sort은 정렬 알고리즘의 일종이다. 위상 정렬은 순서가 정해져 있는 일련의 작업을 차례대로 수행해야 할 때 사용할 수 있는 알고리즘이다. 조금 더 이론적으로 설명하자면, 위상 정렬이란 방향 그래프의 모든 노드를 '방향성에 거스르지 않도록 순서대로 나열하는 것'이다.

현실 세계에서 위상 정렬을 수행하게 되는 전형적인 예시로는 '선수과목을 고려한 학습 순서 설정'을 들 수 있다. 예를 들어 컴퓨터공학과 커리큘럼에는 '자료구조' 과목을 수강한 뒤에 '알고리즘' 강의를 수강하는 것을 권장한다. 이때 '자료구조' 및 '알고리즘'을 각각의 노드로 표현하고, '자료구조'에서 '알고리즘'으로 이어질 수 있도록 방향성을 갖는 간선을 그릴 수 있다. 다시 말해 그래프상에서 선후 관계가 있다면, 위상 정렬을 수행하여 모든 선후 관계를 지키는 전체 순서를 계산할 수 있다.

다시 예를 들면 컴퓨터공학과의 커리큘럼이 다음 그림과 같이 총 3개의 과목만으로 구성되고 '알고리즘'의 선수과목으로 '자료구조'가 있다고 가정하자. 또한 '고급 알고리즘'의 선수과목으로 '자료구조'와 '알고리즘'이 있다고 가정하자. 이 경우 모든 과목을 수강하기 위해서는 '자료구조 → 알고리즘

→ 고급 알고리즘' 순서로 강의를 수강해야 한다.

위상 정렬 알고리즘을 자세히 살펴보기 전에, 먼저 진입차수^{Indegree}를 알아야 한다. 진입차수란 특정한 노드로 '들어오는' 간선의 개수를 의미한다. 컴퓨터공학과의 커리큘럼 예시에서 '고급 알고리즘' 노드를 확인해보자. '고급 알고리즘' 노드는 2개의 선수과목을 가지고 있다. 다시 말해 그래프상에서 진입차수가 2인 것을 확인할 수 있다. 이제 주어진 방향 그래프에서 위상 정렬을 수행하는 구체적인 알고리즘을 살펴보자. 위상 정렬 알고리즘은 다음과 같다.

1 진입차수가 0인 노드를 큐에 넣는다.

2 큐가 빌 때까지 다음의 과정을 반복한다.

    I. 큐에서 원소를 꺼내 해당 노드에서 출발하는 간선을 그래프에서 제거한다.

    II. 새롭게 진입차수가 0이 된 노드를 큐에 넣는다.

이 알고리즘을 이용하여 간단하게 위상 정렬을 수행할 수 있다. 알고리즘에서도 확인할 수 있듯이 큐가 빌 때까지 큐에서 원소를 계속 꺼내서 처리하는 과정을 반복한다. 이때 모든 원소를 방문하기 전에 큐가 빈다면 사이클이 존재한다고 판단할 수 있다. 다시 말해 큐에서 원소가 V번 추출되기 전에 큐가 비어버리면 사이클이 발생한 것이다. 사이클이 존재하는 경우 사이클에 포함되어 있는 원소 중에서 어떠한 원소도 큐에 들어가지 못하기 때문이다. 다만, 기본적으로 위상 정렬 문제에서는 사이클이 발생하지 않는다고 명시하는 경우가 더 많으므로, 여기서는 사이클이 발생하는 경우는 고려하지 않으며 2절의 실전 문제에 사이클이 발생하는 경우를 처리하는 문제를 수록하였다.

다음 그래프를 예로 설명하겠다.

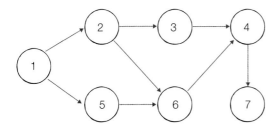

step 0 초기 단계에서는 진입차수가 0인 노드를 큐에 넣는다. 현재 노드 1의 진입차수만 0이기 때문에 큐에 노드 1만 삽입한다. 큐에 삽입된 노드는 그림처럼 색을 다르게 표현했다.

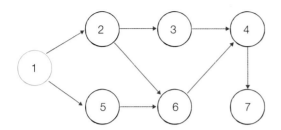

노드	1	2	3	4	5	6	7
진입차수	0	1	1	2	1	2	1

큐	노드 1

step 1 먼저 큐에 들어 있는 노드 1을 꺼낸다. 이제 노드 1과 연결되어 있는 간선들을 제거한다. 그러면 새롭게 노드 2와 노드 5의 진입차수가 0이 된다. 따라서 노드 2와 노드 5를 큐에 삽입한다. 처리된 노드와 간선은 점선으로 표기하겠다.

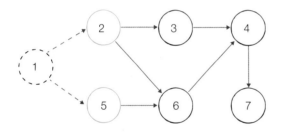

노드	1	2	3	4	5	6	7
진입차수	0	0	1	2	0	2	1

큐	노드 2, 노드 5

step 2 그다음 큐에 들어 있는 노드 2를 꺼낸다. 이제 노드 2와 연결되어 있는 간선들을 제거한다. 그러면 새롭게 노드 3의 진입차수가 0이 된다. 따라서 노드 3을 큐에 삽입한다.

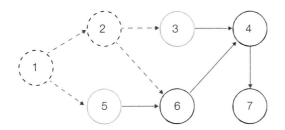

노드	1	2	3	4	5	6	7
진입차수	0	0	0	2	0	1	1

큐	노드 5, 노드 3

step 3 그다음 큐에 들어 있는 노드 5를 꺼낸다. 이제 노드 5와 연결되어 있는 간선들을 제거한다. 그러면 새롭게 노드 6의 진입차수가 0이 된다. 따라서 노드 6을 큐에 삽입한다.

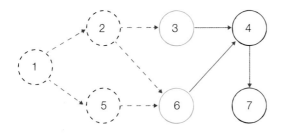

노드	1	2	3	4	5	6	7
진입차수	0	0	0	2	0	0	1

큐	노드 3, 노드 6

step 4 그다음 큐에 들어 있는 노드 3을 꺼낸다. 이제 노드 3과 연결되어 있는 간선들을 제거한다. 이번 단계에서는 새롭게 진입차수가 0이 되는 노드가 없으므로 그냥 넘어간다.

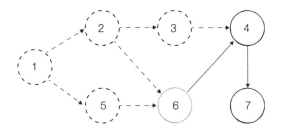

노드	1	2	3	4	5	6	7
진입차수	0	0	0	1	0	0	1

큐	노드 6

step 5 그다음 큐에 들어 있는 노드 6을 꺼낸다. 이제 노드 6과 연결되어 있는 간선을 제거한다. 그러면 새롭게 노드 4의 진입차수가 0이 된다. 따라서 노드 4를 큐에 삽입한다.

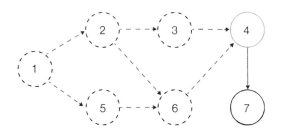

노드	1	2	3	4	5	6	7
진입차수	0	0	0	0	0	0	1

큐	노드 4

step 6 그다음 큐에 들어 있는 노드 4를 꺼낸다. 이제 노드 4와 연결되어 있는 간선을 제거한다. 그러면 새롭게 노드 7의 진입차수가 0이 된다. 따라서 노드 7을 큐에 삽입한다.

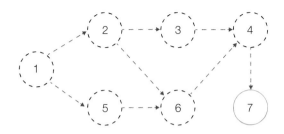

노드	1	2	3	4	5	6	7
진입차수	0	0	0	0	0	0	0

큐	노드 7

step 7 그다음 큐에 들어 있는 노드 7을 꺼낸다. 이제 노드 7과 연결되어 있는 간선을 제거해야 한다. 이번 단계에서는 새롭게 진입차수가 0이 되는 노드가 없으므로 그냥 넘어간다.

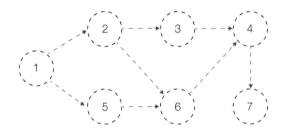

노드	1	2	3	4	5	6	7
진입차수	0	0	0	0	0	0	0

큐	

위 과정을 수행하는 동안 큐에서 빠져나간 노드를 순서대로 출력하면, 그것이 바로 위상 정렬을 수행한 결과가 된다. 위상 정렬의 답안은 여러 가지가 될 수 있다는 점이 특징이다. 만약에 한 단계에서 큐에 새롭게 들어가는 원소가 2개 이상인 경우가 있다면, 여러 가지의 답이 존재하게 된다. 예를 들어 위 예시에서는 1 - 2 - 5 - 3 - 6 - 4 - 7이 하나의 답이 될 수 있으며, 1 - 5 - 2 - 3 - 6 - 4 - 7 또한 하나의 답이 될 수 있다. 전체 소스코드는 다음과 같다.

```python
from collections import deque

# 노드의 개수와 간선의 개수를 입력받기
v, e = map(int, input().split())
# 모든 노드에 대한 진입차수는 0으로 초기화
indegree = [0] * (v + 1)
# 각 노드에 연결된 간선 정보를 담기 위한 연결 리스트(그래프) 초기화
graph = [[] for i in range(v + 1)]

# 방향 그래프의 모든 간선 정보를 입력받기
for _ in range(e):
    a, b = map(int, input().split())
    graph[a].append(b) # 정점 A에서 B로 이동 가능
    # 진입차수를 1 증가
    indegree[b] += 1

# 위상 정렬 함수
def topology_sort():
    result = [] # 알고리즘 수행 결과를 담을 리스트
    q = deque() # 큐 기능을 위한 deque 라이브러리 사용

    # 처음 시작할 때는 진입차수가 0인 노드를 큐에 삽입
    for i in range(1, v + 1):
        if indegree[i] == 0:
            q.append(i)

    # 큐가 빌 때까지 반복
    while q:
        # 큐에서 원소 꺼내기
        now = q.popleft()
        result.append(now)
        # 해당 원소와 연결된 노드들의 진입차수에서 1 빼기
        for i in graph[now]:
            indegree[i] -= 1
            # 새롭게 진입차수가 0이 되는 노드를 큐에 삽입
            if indegree[i] == 0:
                q.append(i)

    # 위상 정렬을 수행한 결과 출력
    for i in result:
```

```
        print(i, end=' ')

topology_sort()
```

위상 정렬의 시간 복잡도

위상 정렬의 시간 복잡도는 $O(V + E)$이다. 위상 정렬을 수행할 때는 차례대로 모든 노드를 확인하면서, 해당 노드에서 출발하는 간선을 차례대로 제거해야 한다. 결과적으로 노드와 간선을 모두 확인한다는 측면에서 $O(V + E)$의 시간이 소요되는 것이다.

실전 문제

팀 결성

난이도 ●●○ | **풀이 시간** 20분 | **시간 제한** 2초 | **메모리 제한** 128MB | **기출** 핵심 유형

학교에서 학생들에게 0번부터 N번까지의 번호를 부여했다. 처음에는 모든 학생이 서로 다른 팀으로 구분되어, 총 N + 1개의 팀이 존재한다. 이때 선생님은 '팀 합치기' 연산과 '같은 팀 여부 확인' 연산을 사용할 수 있다.

1. '팀 합치기' 연산은 두 팀을 합치는 연산이다.

2. '같은 팀 여부 확인' 연산은 특정한 두 학생이 같은 팀에 속하는지를 확인하는 연산이다.

선생님이 M개의 연산을 수행할 수 있을 때, '같은 팀 여부 확인' 연산에 대한 연산 결과를 출력하는 프로그램을 작성하시오.

입력 조건
- 첫째 줄에 N, M이 주어진다. M은 입력으로 주어지는 연산의 개수이다. (1 ≤ N, M ≤ 100,000)
- 다음 M개의 줄에는 각각의 연산이 주어진다.
- '팀 합치기' 연산은 0 a b 형태로 주어진다. 이는 a번 학생이 속한 팀과 b번 학생이 속한 팀을 합친다는 의미이다.
- '같은 팀 여부 확인' 연산은 1 a b 형태로 주어진다. 이는 a번 학생과 b번 학생이 같은 팀에 속해 있는지를 확인하는 연산이다.
- a와 b는 N 이하의 양의 정수이다.

출력 조건
- '같은 팀 여부 확인' 연산에 대하여 한 줄에 하나씩 YES 혹은 NO로 결과를 출력한다.

입력 예시

```
7 8
0 1 3
1 1 7
0 7 6
1 7 1
0 3 7
0 4 2
0 1 1
1 1 1
```

출력 예시

```
NO
NO
YES
```

문제 해설

전형적인 서로소 집합 알고리즘 문제로 N과 M의 범위가 모두 최대 100,000이다. 따라서 경로 압축 방식의 서로소 집합 자료구조를 이용하여 시간 복잡도를 개선해야 한다. 앞서 소개했던 소스코드를 조금 변형하여 'YES' 혹은 'NO'를 출력하도록 하면 정답 판정을 받을 수 있다.

10-7.py 답안 예시

```python
# 특정 원소가 속한 집합을 찾기
def find_parent(parent, x):
    # 루트 노드가 아니라면, 루트 노드를 찾을 때까지 재귀적으로 호출
    if parent[x] != x:
        parent[x] = find_parent(parent, parent[x])
    return parent[x]

# 두 원소가 속한 집합을 합치기
def union_parent(parent, a, b):
    a = find_parent(parent, a)
    b = find_parent(parent, b)
    if a < b:
        parent[b] = a
    else:
        parent[a] = b

n, m = map(int, input().split())
parent = [0] * (n + 1) # 부모 테이블 초기화

# 부모 테이블상에서, 부모를 자기 자신으로 초기화
for i in range(0, n + 1):
    parent[i] = i

# 각 연산을 하나씩 확인
for i in range(m):
    oper, a, b = map(int, input().split())
    # 합집합(union) 연산인 경우
    if oper == 0:
        union_parent(parent, a, b)
    # 찾기(find) 연산인 경우
    elif oper == 1:
        if find_parent(parent, a) == find_parent(parent, b):
            print('YES')
        else:
            print('NO')
```

도시 분할 계획

난이도 ●●○ | **풀이 시간** 40분 | **시간 제한** 2초 | **메모리 제한** 256MB | **기출** 기초 문제집
출처 https://www.acmicpc.net/problem/1647

동물원에서 막 탈출한 원숭이 한 마리가 세상 구경을 하고 있다. 어느 날 원숭이는 '평화로운 마을'에 잠시 머물렀는데 마침 마을 사람들은 도로 공사 문제로 머리를 맞대고 회의 중이었다.

마을은 N개의 집과 그 집들을 연결하는 M개의 길로 이루어져 있다. 길은 어느 방향으로든지 다닐 수 있는 편리한 길이다. 그리고 길마다 길을 유지하는데 드는 유지비가 있다.

마을의 이장은 마을을 2개의 분리된 마을로 분할할 계획을 세우고 있다. 마을이 너무 커서 혼자서는 관리할 수 없기 때문이다. 마을을 분할할 때는 각 분리된 마을 안에 집들이 서로 연결되도록 분할해야 한다. 각 분리된 마을 안에 있는 임의의 두 집 사이에 경로가 항상 존재해야 한다는 뜻이다. 마을에는 집이 하나 이상 있어야 한다.

그렇게 마을의 이장은 계획을 세우다가 마을 안에 길이 너무 많다는 생각을 하게 되었다. 일단 분리된 두 마을 사이에 있는 길들은 필요가 없으므로 없앨 수 있다. 그리고 각 분리된 마을 안에서도 임의의 두 집 사이에 경로가 항상 존재하게 하면서 길을 더 없앨 수 있다. 마을의 이장은 위 조건을 만족하도록 길들을 모두 없애고 나머지 길의 유지비의 합을 최소로 하고 싶다. 이것을 구하는 프로그램을 작성하시오.

입력 조건
- 첫째 줄에 집의 개수 N, 길의 개수 M이 주어진다. N은 2 이상 100,000 이하인 정수이고, M은 1 이상 1,000,000 이하인 정수이다.
- 그다음 줄부터 M줄에 걸쳐 길의 정보가 A, B, C 3개의 정수로 공백으로 구분되어 주어지는데 A번 집과 B번 집을 연결하는 길의 유지비가 C(1 ≤ C ≤ 1,000)라는 뜻이다.

출력 조건
- 첫째 줄에 길을 없애고 남은 유지비 합의 최솟값을 출력한다.

```
7 12        8
1 2 3
1 3 2
3 2 1
2 5 2
3 4 4
7 3 6
5 1 5
1 6 2
6 4 1
6 5 3
4 5 3
6 7 4
```

문제 해설

이 문제의 핵심 아이디어는 전체 그래프에서 2개의 최소 신장 트리를 만들어야 한다는 것이다. 최소한의 비용으로 2개의 신장 트리로 분할하려면 어떻게 하면 될까?

가장 간단한 방법은 크루스칼 알고리즘으로 최소 신장 트리를 찾은 뒤에 최소 신장 트리를 구성하는 간선 중에서 가장 비용이 큰 간선을 제거하는 것이다. 그러면 최소 신장 트리가 2개의 부분 그래프로 나누어지며, 문제에서 요구하는 최적의 해를 만족한다. 따라서 최소 신장 트리를 찾은 뒤에 가장 큰 간선을 제거하는 소스코드를 작성하면 다음과 같다.

10-8.py 답안 예시

```python
# 특정 원소가 속한 집합을 찾기
def find_parent(parent, x):
    # 루트 노드가 아니라면, 루트 노드를 찾을 때까지 재귀적으로 호출
    if parent[x] != x:
        parent[x] = find_parent(parent, parent[x])
    return parent[x]

# 두 원소가 속한 집합을 합치기
def union_parent(parent, a, b):
    a = find_parent(parent, a)
    b = find_parent(parent, b)
```

```
    if a < b:
        parent[b] = a
    else:
        parent[a] = b

# 노드의 개수와 간선(union 연산)의 개수 입력받기
v, e = map(int, input().split())
parent = [0] * (v + 1) # 부모 테이블 초기화

# 모든 간선을 담을 리스트와 최종 비용을 담을 변수
edges = []
result = 0

# 부모 테이블상에서, 부모를 자기 자신으로 초기화
for i in range(1, v + 1):
    parent[i] = i

# 모든 간선에 대한 정보를 입력받기
for _ in range(e):
    a, b, cost = map(int, input().split())
    # 비용순으로 정렬하기 위해서 튜플의 첫 번째 원소를 비용으로 설정
    edges.append((cost, a, b))

# 간선을 비용순으로 정렬
edges.sort()
last = 0 # 최소 신장 트리에 포함되는 간선 중에서 가장 비용이 큰 간선

# 간선을 하나씩 확인하며
for edge in edges:
    cost, a, b = edge
    # 사이클이 발생하지 않는 경우에만 집합에 포함
    if find_parent(parent, a) != find_parent(parent, b):
        union_parent(parent, a, b)
        result += cost
        last = cost

print(result - last)
```

〈4〉 실전 문제 커리큘럼

난이도 ●●● | **풀이 시간** 50분 | **시간 제한** 2초 | **메모리 제한** 128MB | **기출** 핵심 유형

동빈이는 온라인으로 컴퓨터공학 강의를 듣고 있다. 이때 각 온라인 강의는 선수 강의가 있을 수 있는데, 선수 강의가 있는 강의는 선수 강의를 먼저 들어야만 해당 강의를 들을 수 있다. 예를 들어 '알고리즘' 강의의 선수 강의로 '자료구조'와 '컴퓨터 기초'가 존재한다면, '자료구조'와 '컴퓨터 기초'를 모두 들은 이후에 '알고리즘' 강의를 들을 수 있다.

동빈이는 총 N개의 강의를 듣고자 한다. 모든 강의는 1번부터 N번까지의 번호를 가진다. 또한 동시에 여러 개의 강의를 들을 수 있다고 가정한다. 예를 들어 N = 3일 때, 3번 강의의 선수 강의로 1번과 2번 강의가 있고, 1번과 2번 강의는 선수 강의가 없다고 가정하자. 그리고 각 강의에 대하여 강의 시간이 다음과 같다고 가정하자.

- 1번 강의: 30시간
- 2번 강의: 20시간
- 3번 강의: 40시간

이 경우 1번 강의를 수강하기까지의 최소 시간은 30시간, 2번 강의를 수강하기까지의 최소 시간은 20시간, 3번 강의를 수강하기까지의 최소 시간은 70시간이다.

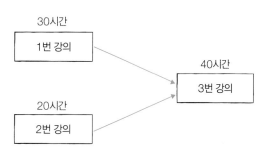

동빈이가 듣고자 하는 N개의 강의 정보가 주어졌을 때, N개의 강의에 대하여 수강하기까지 걸리는 최소 시간을 각각 출력하는 프로그램을 작성하시오.

입력 조건
- 첫째 줄에 동빈이가 듣고자 하는 강의의 수 N(1 ≤ N ≤ 500)이 주어진다.
- 다음 N개의 줄에는 각 강의의 강의 시간과 그 강의를 듣기 위해 먼저 들어야 하는 강의들의 번호가 자연수로 주어지며, 각 자연수는 공백으로 구분한다. 이때 강의 시간은 100,000 이하의 자연수이다.
- 각 강의 번호는 1부터 N까지로 구성되며, 각 줄은 −1로 끝난다.

출력 조건
- N개의 강의에 대하여 수강하기까지 걸리는 최소 시간을 한 줄에 하나씩 출력한다.

입력 예시	출력 예시
5	10
10 -1	20
10 1 -1	14
4 1 -1	18
4 3 1 -1	17
3 3 -1	

문제 해설

이 문제는 위상 정렬 알고리즘의 응용문제이다. 각 노드(강의)에 대하여 인접한 노드를 확인할 때, 인접한 노드에 대하여 현재보다 강의 시간이 더 긴 경우를 찾는다면, 더 오랜 시간이 걸리는 경우의 시간 값을 저장하는 방식으로 결과 테이블을 갱신하여 답을 구할 수 있다. 따라서 위상 정렬을 수행하면서, 매번 간선 정보를 확인하여 결과 테이블을 갱신한다.

소스코드에서는 최종적으로 각 강의를 수강하기까지의 최소 시간을 result 리스트(결과 테이블) 변수에 담도록 하였다. 또한 처음에 각 강의 시간은 time 리스트 변수에 담겨 있는데, 위상 정렬 함수의 초기 부분에서 deepcopy() 함수를 이용하여 time 리스트 변수의 값을 복사하여 result 리스트 변수의 값으로 설정하는 작업이 수행된다. 리스트의 경우, 단순히 대입 연산을 하면 값이 변경될 때 문제가 발생할 수 있기 때문에, 리스트의 값을 복제해야 할 때는 deepcopy() 함수를 사용한다는 점을 기억하자.

10-9.py 답안 예시

```
from collections import deque
import copy

# 노드의 개수 입력받기
v = int(input())
# 모든 노드에 대한 진입차수는 0으로 초기화
indegree = [0] * (v + 1)
# 각 노드에 연결된 간선 정보를 담기 위한 연결 리스트(그래프) 초기화
graph = [[] for i in range(v + 1)]
# 각 강의 시간을 0으로 초기화
time = [0] * (v + 1)
```

```python
# 방향 그래프의 모든 간선 정보를 입력받기
for i in range(1, v + 1):
    data = list(map(int, input().split()))
    time[i] = data[0] # 첫 번째 수는 시간 정보를 담고 있음
    for x in data[1:-1]:
        indegree[i] += 1
        graph[x].append(i)


# 위상 정렬 함수
def topology_sort():
    result = copy.deepcopy(time) # 알고리즘 수행 결과를 담을 리스트
    q = deque() # 큐 기능을 위한 deque 라이브러리 사용

    # 처음 시작할 때는 진입차수가 0인 노드를 큐에 삽입
    for i in range(1, v + 1):
        if indegree[i] == 0:
            q.append(i)

    # 큐가 빌 때까지 반복
    while q:
        # 큐에서 원소 꺼내기
        now = q.popleft()
        # 해당 원소와 연결된 노드들의 진입차수에서 1 빼기
        for i in graph[now]:
            result[i] = max(result[i], result[now] + time[i])
            indegree[i] -= 1
            # 새롭게 진입차수가 0이 되는 노드를 큐에 삽입
            if indegree[i] == 0:
                q.append(i)

    # 위상 정렬을 수행한 결과 출력
    for i in range(1, v + 1):
        print(result[i])


topology_sort()
```

알고리즘
유형별 기출문제

그리디 문제

그리디

현재 상황에서 가장 좋아 보이는 것만을 선택하는 알고리즘입니다. 현재 상황에서 가장 좋아 보이는 것만을 선택하기 때문에, 정확한 답을 도출하지 못하더라도 그럴 싸한 답을 도출하는 데에 도움이 됩니다. 하지만 코딩 테스트에서는 대부분 '최적의 해'를 찾는 문제가 출제되기 때문에 그리디 알고리즘의 정당성을 고민하면서 문제 해결 방안을 떠올려야 합니다.

거스름돈 문제

그리디 알고리즘의 대표 예시인 **거스름돈 문제**는 이 문제는 여러 종류의 동전을 무한히 가지고 있는 상황에서 거슬러 줘야 할 금액이 주어졌을 때, 거슬러 줘야 할 동전의 최소 개수를 찾는 문제입니다. 거스름돈 문제는 가장 큰 단위의 화폐부터 가장 작은 단위의 화폐까지 차례대로 확인하여 거슬러 주는 작업을 수행하면 해결할 수 있습니다. 또 다른 전형적인 그리디 알고리즘 문제는 **1이 될 때까지**인데, 이 문제는 어떠한 자연수 N이 1이 될 때까지 '1을 빼기' 혹은 'K로 나누기' 연산을 최소 몇 번 수행해야 하는지를 계산해야 합니다. 기본적으로 2 이상의 자연수 K로 나누는 것이 N의 값을 빠르게 줄일 수 있기 때문에, 매번 최대한 많이 나누기가 문제 해결의 아이디어입니다.

N = 4, K = 2일 때를 다음의 그림과 같이 가능한 경우 최대한 많이 나누었을 때, 빠르게 N을 1로 만들 수 있습니다.

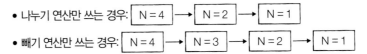

- 나누기 연산만 쓰는 경우: N = 4 ⟶ N = 2 ⟶ N = 1
- 빼기 연산만 쓰는 경우: N = 4 ⟶ N = 3 ⟶ N = 2 ⟶ N = 1

이처럼 그리디 유형의 문제들은 '현재 상황에서 특정한 기준에 따라 가장 좋아 보이는 것만을 선택'해서 최적의 해를 구해야 합니다. 그리디 유형의 문제 특징은 다양한 알고리즘에서 두루 사용되고 있다는 점인데, 예를 들어 9장의 **다익스트라 최단 경로 알고리즘과*** 10장의 **크루스칼 알고리즘**은 모두 그리디 알고리즘에 속합니다.

---

* 다익스트라 최단 경로 알고리즘은 특정 노드까지의 최단 거리를 계산한 다음 메모리에 저장하고, 나중에 필요할 때 이를 다시 꺼내 본다는 점에서 다이나믹 프로그래밍으로 분류하기도 합니다.

Q 01 모험가 길드

난이도 ●○○ | **풀이 시간** 30분 | **시간 제한** 1초 | **메모리 제한** 128MB | **기출** 핵심 유형

한 마을에 모험가가 N명 있습니다. 모험가 길드에서는 N명의 모험가를 대상으로 '공포도'를 측정했는데, '공포도'가 높은 모험가는 쉽게 공포를 느껴 위험 상황에서 제대로 대처할 능력이 떨어집니다. 모험가 길드장인 동빈이는 모험가 그룹을 안전하게 구성하고자 공포도가 X인 모험가는 반드시 X명 이상으로 구성한 모험가 그룹에 참여해야 여행을 떠날 수 있도록 규정했습니다. 동빈이는 최대 몇 개의 모험가 그룹을 만들 수 있는지 궁금합니다.

동빈이를 위해 N명의 모험가에 대한 정보가 주어졌을 때, 여행을 떠날 수 있는 그룹 수의 최댓값을 구하는 프로그램을 작성하세요.

예를 들어 N = 5이고, 각 모험가의 공포도가 다음과 같다고 가정합시다.

```
2 3 1 2 2
```

이때, 그룹 1에 공포도가 1, 2, 3인 모험가를 한 명씩 넣고, 그룹 2에 공포도가 2인 남은 두 명을 넣게 되면, 총 2개의 그룹을 만들 수 있습니다. 또한 몇 명의 모험가는 마을에 그대로 남아 있어도 되기 때문에, 모든 모험가를 특정한 그룹에 넣을 필요는 없습니다.

입력 조건
- 첫째 줄에 모험가의 수 N이 주어집니다. (1 ≤ N ≤ 100,000)
- 둘째 줄에 각 모험가의 공포도의 값을 N 이하의 자연수로 주어지며, 각 자연수는 공백으로 구분합니다.

출력 조건
- 여행을 떠날 수 있는 그룹 수의 최댓값을 출력합니다.

입력 예시
```
5
2 3 1 2 2
```

출력 예시
```
2
```

Q 02 / 곱하기 혹은 더하기

난이도 ●○○ | **풀이 시간** 30분 | **시간 제한** 1초 | **메모리 제한** 128MB | **기출** Facebook 인터뷰

각 자리가 숫자(0부터 9)로만 이루어진 문자열 S가 주어졌을 때, 왼쪽부터 오른쪽으로 하나씩 모든 숫자를 확인하며 숫자 사이에 '×' 혹은 '+' 연산자를 넣어 결과적으로 만들어질 수 있는 가장 큰 수를 구하는 프로그램을 작성하세요. 단, +보다 ×를 먼저 계산하는 일반적인 방식과는 달리, 모든 연산은 왼쪽에서부터 순서대로 이루어진다고 가정합니다.

예를 들어 02984라는 문자열이 주어지면, 만들어질 수 있는 가장 큰 수는 $((((0 + 2) \times 9) \times 8) \times 4) = 576$입니다. 또한 만들어질 수 있는 가장 큰 수는 항상 20억 이하의 정수가 되도록 입력이 주어집니다.

입력 조건 • 첫째 줄에 여러 개의 숫자로 구성된 하나의 문자열 S가 주어집니다. (1 ≤ S의 길이 ≤ 20)

출력 조건 • 첫째 줄에 만들어질 수 있는 가장 큰 수를 출력합니다.

입력 예시 1

```
02984
```

출력 예시 1

```
576
```

입력 예시 2

```
567
```

출력 예시 2

```
210
```

Q 03 문자열 뒤집기

난이도 ●○○ | **풀이 시간** 20분 | **시간 제한** 2초 | **메모리 제한** 128MB | **기출** 핵심 유형
링크 https://www.acmicpc.net/problem/1439

다솜이는 0과 1로만 이루어진 문자열 S를 가지고 있습니다. 다솜이는 이 문자열 S에 있는 모든 숫자를 전부 같게 만들려고 합니다. 다솜이가 할 수 있는 행동은 S에서 연속된 하나 이상의 숫자를 잡고 모두 뒤집는 것입니다. 뒤집는 것은 1을 0으로, 0을 1로 바꾸는 것을 의미합니다.

예를 들어 S = 0001100일 때는 다음과 같습니다.

1. 전체를 뒤집으면 1110011이 됩니다.

2. 4번째 문자부터 5번째 문자까지 뒤집으면 1111111이 되어서 두 번 만에 모두 같은 숫자로 만들 수 있습니다.

하지만, 처음부터 4번째 문자부터 5번째 문자까지 문자를 뒤집으면 한 번에 0000000이 되어서 1번 만에 모두 같은 숫자로 만들 수 있습니다.

문자열 S가 주어졌을 때, 다솜이가 해야 하는 행동의 최소 횟수를 출력하세요.

입력 조건 • 첫째 줄에 0과 1로만 이루어진 문자열 S가 주어집니다. S의 길이는 100만보다 작습니다.

출력 조건 • 첫째 줄에 다솜이가 해야 하는 행동의 최소 횟수를 출력합니다.

입력 예시

```
0001100
```

출력 예시

```
1
```

Q 04 만들 수 없는 금액

1회 2회 3회

난이도 ●○○ | **풀이 시간** 30분 | **시간 제한** 1초 | **메모리 제한** 128MB | **기출** K 대회 기출

동네 편의점의 주인인 동빈이는 N개의 동전을 가지고 있습니다. 이때 N개의 동전을 이용하여 만들 수 없는 양의 정수 금액 중 최솟값을 구하는 프로그램을 작성하세요.

예를 들어, N = 5이고, 각 동전이 각각 3원, 2원, 1원, 1원, 9원짜리(화폐 단위) 동전이라고 가정합시다. 이때 동빈이가 만들 수 없는 양의 정수 금액 중 최솟값은 8원입니다.

또 다른 예시로, N = 3이고, 각 동전이 각각 3원, 5원, 7원짜리(화폐 단위) 동전이라고 가정합시다. 이때 동빈이가 만들 수 없는 양의 정수 금액 중 최솟값은 1원입니다.

입력 조건
- 첫째 줄에는 동전의 개수를 나타내는 양의 정수 N이 주어집니다. (1 ≤ N ≤ 1,000)
- 둘째 줄에는 각 동전의 화폐 단위를 나타내는 N개의 자연수가 주어지며, 각 자연수는 공백으로 구분합니다. 이때, 각 화폐 단위는 1,000,000 이하의 자연수입니다.

출력 조건
- 첫째 줄에 주어진 동전들로 만들 수 없는 양의 정수 금액 중 최솟값을 출력합니다.

입력 예시	출력 예시
5 3 2 1 1 9	8

Q 05 볼링공 고르기

난이도 ●○○ | **풀이 시간** 30분 | **시간 제한** 1초 | **메모리 제한** 128MB | **기출** 2019 SW 마에스트로 입학 테스트

A, B 두 사람이 볼링을 치고 있습니다. 두 사람은 서로 무게가 다른 볼링공을 고르려고 합니다. 볼링공은 총 N개가 있으며 각 볼링공마다 무게가 적혀 있고, 공의 번호는 1번부터 순서대로 부여됩니다. 또한 같은 무게의 공이 여러 개 있을 수 있지만, 서로 다른 공으로 간주합니다. 볼링공의 무게는 1부터 M까지의 자연수 형태로 존재합니다.

예를 들어 N이 5이고, M이 3이며 각각의 무게가 차례대로 1, 3, 2, 3, 2일 때 각 공의 번호가 차례대로 1번부터 5번까지 부여됩니다. 이때 두 사람이 고를 수 있는 볼링공 번호의 조합을 구하면 다음과 같습니다.

(1번, 2번), (1번, 3번), (1번, 4번), (1번, 5번), (2번, 3번), (2번, 5번), (3번, 4번), (4번, 5번)

결과적으로 두 사람이 공을 고르는 경우의 수는 8가지입니다. N개의 공의 무게가 각각 주어질 때, 두 사람이 볼링공을 고르는 경우의 수를 구하는 프로그램을 작성하세요.

입력 조건
- 첫째 줄에 볼링공의 개수 N, 공의 최대 무게 M이 공백으로 구분되어 각각 자연수 형태로 주어집니다. (1 ≤ N ≤ 1,000, 1 ≤ M ≤ 10)
- 둘째 줄에 각 볼링공의 무게 K가 공백으로 구분되어 순서대로 자연수 형태로 주어집니다. (1 ≤ K ≤ M)

출력 조건
- 첫째 줄에 두 사람이 볼링공을 고르는 경우의 수를 출력합니다.

입력 예시 1
```
5 3
1 3 2 3 2
```

출력 예시 1
```
8
```

입력 예시 2
```
8 5
1 5 4 3 2 4 5 2
```

출력 예시 2
```
25
```

Q 06 무지의 먹방 라이브

1회 2회 3회

난이도 ●○○ | **풀이 시간** 30분 | **시간 제한** 1초 | **메모리 제한** 128MB | **기출** 2019 카카오 신입 공채
링크 https://programmers.co.kr/learn/courses/30/lessons/42891

> **주의!** 이 문제는 기본 코드가 제공되므로 상기 링크를 통해서 문제를 풀어야 합니다.

평소 식욕이 왕성한 무지는 자신의 재능을 뽐내고 싶어졌고 고민 끝에 카카오 TV 라이브 방송을 하기로 마음먹었습니다. 그냥 먹방을 하면 다른 방송과 차별성이 없기 때문에 무지는 다음과 같이 독특한 방식을 생각해냈습니다.

회전판에 먹어야 할 N개의 음식이 있습니다. 각 음식에는 1부터 N까지 번호가 붙어있으며, 각 음식을 섭취하는데 일정 시간이 소요됩니다. 무지는 다음과 같은 방법으로 음식을 섭취합니다.

1. 무지는 1번 음식부터 먹기 시작하며, 회전판은 번호가 증가하는 순서대로 음식을 무지 앞으로 가져다 놓습니다.

2. 마지막 번호의 음식을 섭취한 후에는 회전판에 의해 다시 1번 음식이 무지 앞으로 옵니다.

3. 무지는 음식 하나를 1초 동안 섭취한 후 남은 음식은 그대로 두고, 다음 음식을 섭취합니다. 다음 음식이란, 아직 남은 음식 중 다음으로 섭취해야 할 가장 가까운 번호의 음식을 말합니다.

4. 회전판이 다음 음식을 무지 앞으로 가져오는 데 걸리는 시간은 없다고 가정합니다.

무지가 먹방을 시작한 지 K초 후에 네트워크 장애로 인해 방송이 잠시 중단되었습니다. 무지는 네트워크 정상화 후 다시 방송을 이어갈 때, 몇 번 음식부터 섭취해야 하는지를 알고자 합니다. 각 음식을 모두 먹는 데 필요한 시간이 담겨 있는 배열 food_times, 네트워크 장애가 발생한 시간 K초가 매개변수로 주어질 때 몇 번 음식부터 다시 섭취하면 되는지 return 하도록 solution 함수를 완성하세요.

제한 사항

- food_times는 각 음식을 모두 먹는 데 필요한 시간이 음식의 번호 순서대로 들어 있는 배열입니다.
- k는 방송이 중단된 시간을 나타냅니다.
- 만약 더 섭취해야 할 음식이 없다면 −1을 반환하면 됩니다.

정확성 테스트 제한 사항

- food_times의 길이는 1 이상 2,000 이하입니다.

- food_times의 원소는 1 이상 1,000 이하의 자연수입니다.

- k는 1 이상 2,000,000 이하의 자연수입니다.

효율성 테스트 제한 사항

- food_times의 길이는 1 이상 200,000 이하입니다.

- food_times의 원소는 1 이상 100,000,000 이하의 자연수입니다.

- k는 1 이상 2×10^{13} 이하의 자연수입니다.

입출력 예시

food_times	k	result
[3, 1, 2]	5	1

입출력 예시에 대한 설명

0 ~ 1초 동안에 1번 음식을 섭취한다. 남은 시간은 [2, 1, 2]입니다.

1 ~ 2초 동안 2번 음식을 섭취한다. 남은 시간은 [2, 0, 2]입니다.

2 ~ 3초 동안 3번 음식을 섭취한다. 남은 시간은 [2, 0, 1]입니다.

3 ~ 4초 동안 1번 음식을 섭취한다. 남은 시간은 [1, 0, 1]입니다.

4 ~ 5초 동안 (2번 음식은 다 먹었으므로) 3번 음식을 섭취한다. 남은 시간은 [1, 0, 0]입니다.

5초에서 네트워크 장애가 발생했습니다. 1번 음식을 섭취해야 할 때 중단되었으므로, 장애 복구 후에 1번 음식부터 다시 먹기 시작하면 됩니다.

구현 문제

구현

머릿속에 있는 알고리즘을 정확하고 빠르게 프로그램으로 작성하는 과정을 구현이라고 합니다. 동일한 알고리즘이라면 더 간결하고 효율적으로 작성한 코드가 잘 작성된 코드이므로, 문제 해결 아이디어를 떠올리는 것과 별개로 구현 능력은 코딩 테스트뿐만 아니라 실무에서도 매우 중요합니다.

완전 탐색과 시뮬레이션

구현 능력이 요구되는 대표적인 알고리즘 문제 유형으로는 완전 탐색과 시뮬레이션이 있습니다. **완전 탐색**은 모든 경우의 수를 빠짐없이 다 계산하는 해결 방법을 의미하고, **시뮬레이션**은 문제에서 제시하는 논리나 동작 과정을 그대로 코드로 옮겨야 하는 유형을 의미합니다.

완전 탐색 문제는 모든 경우의 수를 다 계산해야 하기 때문에 반복문 혹은 재귀 함수를 적절히 사용하며 예외 케이스를 모두 확인해야 하는 경우가 많습니다. 그러므로 일반적으로 DFS/BFS 알고리즘을 이용해서 문제를 해결합니다. 시뮬레이션 문제 또한 문제에서 요구하는 복잡한 구현 요구사항을 그대로 코드로 옮겨야 한다는 점에서 해결 방법이 비슷합니다.

원소를 나열하는 모든 경우의 수를 고려해야 상황에서 보통 순열이나 조합 라이브러리를 사용해야 합니다. 이때 파이썬은 표준 라이브러리인 itertools로 쉽게 구현할 수 있습니다. 순열과 조합 라이브러리 사용법은 부록을 참고하세요.

이외에도 소스코드를 구현하기가 까다롭거나, 까다로운 문자열 처리를 해야 하거나, 구현해야 할 소스코드의 양이 매우 많은 문제도 구현 유형으로 구분합니다.

Q 07 럭키 스트레이트

난이도 ●○○ | **풀이 시간** 20분 | **시간 제한** 1초 | **메모리 제한** 256MB | **기출** 핵심 유형
링크 https://www.acmicpc.net/problem/18406

게임의 아웃복서 캐릭터는 필살기인 '럭키 스트레이트' 기술이 있습니다. 이 기술은 매우 강력한 대신에 게임 내에서 점수가 특정 조건을 만족할 때만 사용할 수 있습니다.

특정 조건이란 현재 캐릭터의 점수를 N이라고 할 때 자릿수를 기준으로 점수 N을 반으로 나누어 왼쪽 부분의 각 자릿수의 합과 오른쪽 부분의 각 자릿수의 합을 더한 값이 동일한 상황을 의미합니다. 예를 들어 현재 점수가 123,402라면 왼쪽 부분의 각 자릿수의 합은 1 + 2 + 3, 오른쪽 부분의 각 자릿수의 합은 4 + 0 + 2이므로 두 합이 6으로 동일하여 럭키 스트레이트를 사용할 수 있습니다.

현재 점수 N이 주어지면 럭키 스트레이트를 사용할 수 있는 상태인지 아닌지를 알려주는 프로그램을 작성하세요.

입력 조건 • 첫째 줄에 점수 N이 정수로 주어집니다. (10 ≤ N ≤ 99,999,999) 단, 점수 N의 자릿수는 항상 짝수 형태로만 주어집니다. 예를 들어 자릿수가 5인 12,345와 같은 수는 입력으로 들어오지 않습니다.

출력 조건 • 첫째 줄에 럭키 스트레이트를 사용할 수 있다면 "LUCKY"를, 사용할 수 없다면 "READY"를 출력합니다.

입력 예시 1
```
123402
```

출력 예시 1
```
LUCKY
```

입력 예시 2
```
7755
```

출력 예시 2
```
READY
```

Q 08 문자열 재정렬

난이도 ●○○ | **풀이 시간** 20분 | **시간 제한** 1초 | **메모리 제한** 128MB | **기출** Facebook 인터뷰

알파벳 대문자와 숫자(0 ~ 9)로만 구성된 문자열이 입력으로 주어집니다. 이때 모든 알파벳을 오름차순으로 정렬하여 이어서 출력한 뒤에, 그 뒤에 모든 숫자를 더한 값을 이어서 출력합니다.

예를 들어 K1KA5CB7이라는 값이 들어오면 ABCKK13을 출력합니다.

입력 조건 • 첫째 줄에 하나의 문자열 S가 주어집니다. (1 ≤ S의 길이 ≤ 10,000)

출력 조건 • 첫째 줄에 문제에서 요구하는 정답을 출력합니다.

입력 예시 1

    K1KA5CB7

출력 예시 1

    ABCKK13

입력 예시 2

    AJKDLSI412K4JSJ9D

출력 예시 2

    ADDIJJJKKLSS20

Q 09 / 문자열 압축

난이도 ●◐○ | **풀이 시간** 30분 | **시간 제한** 1초 | **메모리 제한** 128MB | **기출** 2020 카카오 신입 공채
링크 https://programmers.co.kr/learn/courses/30/lessons/60057

> **주의!** 이 문제는 기본 코드가 제공되므로 상기 링크를 통해서 문제를 풀어야 합니다.

데이터 처리 전문가가 되고 싶은 **"어피치"**는 문자열을 압축하는 방법에 대해 공부를 하고 있습니다. 최근에 대량의 데이터 처리를 위한 간단한 비손실 압축 방법에 대해 공부를 하고 있는데, 문자열에서 같은 값이 연속해서 나타나는 것을 그 문자의 개수와 반복되는 값으로 표현하여 더 짧은 문자열로 줄여서 표현하는 알고리즘을 공부하고 있습니다.

간단한 예로 "aabbaccc"의 경우 "2a2ba3c"(문자가 반복되지 않아 한 번만 나타난 경우 1은 생략함)와 같이 표현할 수 있는데, 이러한 방식은 반복되는 문자가 적은 경우 압축률이 낮다는 단점이 있습니다. 예를 들면, "abcabcdede"와 같은 문자열은 전혀 압축되지 않습니다. 어피치는 이러한 단점을 해결하기 위해 문자열을 1개 이상의 단위로 잘라서 압축하여 더 짧은 문자열로 표현할 수 있는지 방법을 찾아보려고 합니다.

예를 들어, "ababcdcdababcdcd"의 경우 문자를 1개 단위로 자르면 전혀 압축되지 않지만, 2개 단위로 잘라서 압축한다면 "2ab2cd2ab2cd"로 표현할 수 있습니다. 다른 방법으로 8개 단위로 잘라서 압축한다면 "2ababcdcd"로 표현할 수 있으며, 이때가 가장 짧게 압축하여 표현할 수 있는 방법입니다.

다른 예로, "abcabcdede"와 같은 경우, 문자를 2개 단위로 잘라서 압축하면 "abcabc2de"가 되지만, 3개 단위로 자른다면 "2abcdede"가 되어 3개 단위가 가장 짧은 압축 방법이 됩니다. 이때 3개 단위로 자르고 마지막에 남는 문자열은 그대로 붙여주면 됩니다.

압축할 문자열 s가 매개변수로 주어질 때, 위에 설명한 방법으로 1개 이상 단위로 문자열을 잘라 압축하여 표현한 문자열 중 가장 짧은 것의 길이를 return 하도록 solution 함수를 완성해주세요.

제한 사항

- s의 길이는 1 이상 1,000 이하입니다.
- s는 알파벳 소문자로만 이루어져 있습니다.

s	Result
"aabbaccc"	7
"ababcdcdababcdcd"	9
"abcabcdede"	8
"abcabcabcabcdededededede"	14
"xababcdcdababcdcd"	17

입출력 예시에 대한 설명

입출력 예시 #1

문자열을 1개 단위로 잘라 압축했을 때 가장 짧습니다.

입출력 예시 #2

문자열을 8개 단위로 잘라 압축했을 때 가장 짧습니다.

입출력 예시 #3

문자열을 3개 단위로 잘라 압축했을 때 가장 짧습니다.

입출력 예시 #4

문자열을 2개 단위로 자르면 "abcabcabcabc6de"가 됩니다.

문자열을 3개 단위로 자르면 "4abcdededededede"가 됩니다.

문자열을 4개 단위로 자르면 "abcabcabcabc3dede"가 됩니다.

문자열을 6개 단위로 자를 경우 "2abcabc2dedede"가 되며, 이때의 길이가 14로 가장 짧습니다.

입출력 예시 #5

문자열은 제일 앞부터 정해진 길이만큼 잘라야 합니다. 따라서 주어진 문자열을 x / ababcdcd / ababcdcd로 자르는 것은 불가능합니다. 이 경우 어떻게 문자열을 잘라도 압축되지 않으므로 가장 짧은 길이는 17이 됩니다.

Q 10 자물쇠와 열쇠

1회 2회 3회
☐ ☐ ☐

난이도 ●●○○ | **풀이 시간** 40분 | **시간 제한** 1초 | **메모리 제한** 128MB | **기출** 2020 카카오 신입 공채
링크 https://programmers.co.kr/learn/courses/30/lessons/60059

> **주의!** 이 문제는 기본 코드가 제공되므로 상기 링크를 통해서 문제를 풀어야 합니다.

고고학자인 튜브는 고대 유적지에서 보물과 유적이 가득할 것으로 추정되는 비밀의 문을 발견하였습니다. 그런데 문을 열려고 살펴보니 특이한 형태의 자물쇠로 잠겨 있었고 문 앞에는 특이한 형태의 열쇠와 함께 자물쇠를 푸는 방법에 대해 다음과 같이 설명해주는 종이가 발견되었습니다.

잠겨있는 자물쇠는 격자 한 칸의 크기가 1×1인 N×N 크기의 정사각 격자 형태이고 특이한 모양의 열쇠는 M×M 크기인 정사각 격자 형태로 되어 있습니다.

자물쇠에는 홈이 파여 있고 열쇠 또한 홈과 돌기 부분이 있습니다. 열쇠는 회전과 이동이 가능하며 열쇠의 돌기 부분을 자물쇠의 홈 부분에 딱 맞게 채우면 자물쇠가 열리게 되는 구조입니다. 자물쇠 영역을 벗어난 부분에 있는 열쇠의 홈과 돌기는 자물쇠를 여는 데 영향을 주지 않지만, 자물쇠 영역 내에서는 열쇠의 돌기 부분과 자물쇠의 홈 부분이 정확히 일치해야 하며 열쇠의 돌기와 자물쇠의 돌기가 만나서는 안 됩니다. 또한 자물쇠의 모든 홈을 채워 비어있는 곳이 없어야 자물쇠를 열 수 있습니다.

열쇠를 나타내는 2차원 배열 key와 자물쇠를 나타내는 2차원 배열 lock이 매개변수로 주어질 때, 열쇠로 자물쇠를 열 수 있으면 true를, 열 수 없으면 false를 return 하도록 solution 함수를 완성해주세요.

제한사항

- key는 M × M(3 ≤ M ≤ 20, M은 자연수) 크기 2차원 배열입니다.
- lock은 N × N(3 ≤ N ≤ 20, N은 자연수) 크기 2차원 배열입니다.
- M은 항상 N 이하입니다.
- key와 lock의 원소는 0 또는 1로 이루어져 있습니다. 이때 0은 홈 부분, 1은 돌기 부분을 나타냅니다.

key	lock	result
[[0, 0, 0], [1, 0, 0], [0, 1, 1]]	[[1, 1, 1], [1, 1, 0], [1, 0, 1]]	true

입출력 예시에 대한 설명

key를 시계 방향으로 90도 회전하고, 오른쪽으로 한 칸, 아래로 한 칸 이동하면 lock의 홈 부분을 정확히 모두 채울 수 있습니다.

Key   **Lock**

Q 11 뱀

난이도 ●●○ | **풀이 시간** 40분 | **시간 제한** 1초 | **메모리 제한** 128MB | **기출** 삼성전자 SW 역량테스트
링크 https://www.acmicpc.net/problem/3190

'Dummy'라는 도스 게임이 있습니다. 이 게임에는 뱀이 나와서 기어 다니는데, 사과를 먹으면 뱀 길이가 늘어납니다. 뱀이 이리저리 기어 다니다가 벽 또는 자기 자신의 몸과 부딪히면 게임이 끝납니다.

게임은 N × N 정사각 보드 위에서 진행되고, 몇몇 칸에는 사과가 놓여져 있습니다. 보드의 상하좌우 끝에는 벽이 있습니다. 게임을 시작할 때 뱀은 맨 위 맨 좌측에 위치하고 뱀의 길이는 1입니다. 뱀은 처음에 오른쪽을 향합니다.

뱀은 매 초마다 이동을 하는데 다음과 같은 규칙을 따릅니다.

- 먼저 뱀은 몸길이를 늘려 머리를 다음 칸에 위치시킵니다.
- 만약 이동한 칸에 사과가 있다면, 그 칸에 있던 사과가 없어지고 꼬리는 움직이지 않습니다.
- 만약 이동한 칸에 사과가 없다면, 몸길이를 줄여서 꼬리가 위치한 칸을 비워줍니다. 즉, 몸길이는 변하지 않습니다.

사과의 위치와 뱀의 이동 경로가 주어질 때 이 게임이 몇 초에 끝나는지 계산하세요.

입력 조건 • 첫째 줄에 보드의 크기 N이 주어집니다. (2 ≤ N ≤ 100) 다음 줄에 사과의 개수 K가 주어집니다. (0 ≤ K ≤ 100)

- 다음 K개의 줄에는 사과의 위치가 주어지는데, 첫 번째 정수는 행, 두 번째 정수는 열 위치를 의미합니다. 사과의 위치는 모두 다르며, 맨 위 맨 좌측(1행 1열)에는 사과가 없습니다.
- 다음 줄에는 뱀의 방향 변환 횟수 L이 주어집니다. (1 ≤ L ≤ 100)
- 다음 L개의 줄에는 뱀의 방향 변환 정보가 주어지는데, 정수 X와 문자 C로 이루어져 있으며, 게임 시작 시간으로부터 X초가 끝난 뒤에 왼쪽(C가 'L') 또는 오른쪽(C가 'D')으로 90도 방향을 회전시킨다는 뜻입니다. X는 10,000 이하의 양의 정수이며, 방향 전환 정보는 X가 증가하는 순으로 주어집니다.

출력 조건 • 첫째 줄에 게임이 몇 초에 끝나는지 출력합니다.

입력 예시 1

```
6
3
3 4
2 5
5 3
3
3 D
15 L
17 D
```

출력 예시 1

9

입력 예시 2

```
10
4
1 2
1 3
1 4
1 5
4
8 D
10 D
11 D
13 L
```

출력 예시 2

21

입력 예시 3

```
10
5
1 5
1 3
1 2
1 6
1 7
4
8 D
10 D
11 D
13 L
```

출력 예시 3

13

Q 12 기둥과 보 설치

난이도 ●●○○ | **풀이 시간** 50분 | **시간 제한** 5초 | **메모리 제한** 128MB | **기출** 2020 카카오 신입 공채
링크 https://programmers.co.kr/learn/courses/30/lessons/60061

> **주의!** 이 문제는 기본 코드가 제공되므로 상기 링크를 통해서 문제를 풀어야 합니다.

빙하가 깨지면서 스노우타운에 떠내려온 죠르디는 인생 2막을 위해 주택 건축사업에 뛰어들기로 결심하였습니다. 죠르디는 기둥과 보를 이용하여 벽면 구조물을 자동으로 세우는 로봇을 개발할 계획인데, 그에 앞서 로봇의 동작을 시뮬레이션 할 수 있는 프로그램을 만들고 있습니다.

프로그램은 2차원 가상 벽면에 기둥과 보를 이용한 구조물을 설치할 수 있는데, 기둥과 보는 길이가 1인 선분으로 표현되며 다음과 같은 규칙을 가지고 있습니다.

- 기둥은 바닥 위에 있거나 보의 한쪽 끝부분 위에 있거나, 또는 다른 기둥 위에 있어야 합니다.
- 보는 한쪽 끝부분이 기둥 위에 있거나, 또는 양쪽 끝부분이 다른 보와 동시에 연결되어 있어야 합니다.

단, 바닥은 벽면의 맨 아래 지면을 말합니다.

2차원 벽면은 n×n 크기 정사각 격자 형태이며, 각 격자는 1×1 크기입니다. 맨 처음 벽면은 비어 있는 상태입니다. 기둥과 보는 격자 선의 교차점에 걸치지 않고, 격자 칸의 각 변에 정확히 일치하도록 설치할 수 있습니다. 다음은 기둥과 보를 설치해 구조물을 만든 예시입니다.

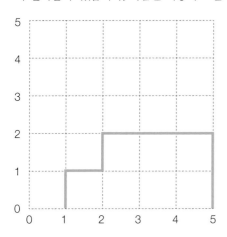

예를 들어, 이 그림은 다음 순서에 따라 구조물을 만들었습니다.

1. (1, 0)에서 위쪽으로 기둥을 하나 설치 후, (1, 1)에서 오른쪽으로 보를 하나 만듭니다.

2. (2, 1)에서 위쪽으로 기둥을 하나 설치 후, (2, 2)에서 오른쪽으로 보를 하나 만듭니다.

3. (5, 0)에서 위쪽으로 기둥을 하나 설치 후, (5, 1)에서 위쪽으로 기둥을 하나 더 설치합니다.

4. (4, 2)에서 오른쪽으로 보를 설치 후, (3, 2)에서 오른쪽으로 보를 설치합니다.

만약 (4, 2)에서 오른쪽으로 보를 먼저 설치하지 않고, (3, 2)에서 오른쪽으로 보를 설치하려 한다면 2번 규칙에 맞지 않으므로 설치가 되지 않습니다. 기둥과 보를 삭제하는 기능도 있는데 기둥과 보를 삭제한 후에 남은 기둥과 보 또한 위 규칙을 만족해야 합니다. 만약, 작업을 수행한 결과가 조건을 만족하지 않는다면 해당 작업은 무시됩니다.

벽면의 크기 n, 기둥과 보를 설치하거나 삭제하는 작업이 순서대로 담긴 2차원 배열 build_frame이 매개변수로 주어질 때, 모든 명령어를 수행한 후 구조물의 상태를 return 하도록 solution 함수를 완성해주세요.

제한 사항

- n은 5 이상 100 이하인 자연수입니다.
- build_frame의 세로(행) 길이는 1 이상 1,000 이하입니다.
- build_frame의 가로(열) 길이는 4입니다.
- build_frame의 원소는 [x, y, a, b] 형태입니다.
  - x, y는 기둥, 보를 설치 또는 삭제할 교차점의 좌표이며, [가로 좌표, 세로 좌표] 형태입니다.
  - a는 설치 또는 삭제할 구조물의 종류를 나타내며, 0은 기둥, 1은 보를 나타냅니다.
  - b는 구조물을 설치할 지, 혹은 삭제할 지를 나타내며 0은 삭제, 1은 설치를 나타냅니다.
  - 벽면을 벗어나게 기둥, 보를 설치하는 경우는 없습니다.
  - 바닥에 보를 설치 하는 경우는 없습니다.
- 구조물은 교차점 좌표를 기준으로 보는 오른쪽, 기둥은 위쪽 방향으로 설치 또는 삭제합니다.
- 구조물이 겹치도록 설치하는 경우와 없는 구조물을 삭제하는 경우는 입력으로 주어지지 않습니다.
- 최종 구조물의 상태는 아래 규칙에 맞춰 return 해주세요.
  - return 하는 배열은 가로(열) 길이가 3인 2차원 배열로, 각 구조물의 좌표를 담고 있어야 합니다.
  - return 하는 배열의 원소는 [x, y, a] 형식입니다.
  - x, y는 기둥, 보의 교차점 좌표이며, [가로 좌표, 세로 좌표] 형태입니다.
  - 기둥, 보는 교차점 좌표를 기준으로 오른쪽, 또는 위쪽 방향으로 설치되어 있음을 나타냅니다.

- a는 구조물의 종류를 나타내며, 0은 기둥, 1은 보를 나타냅니다.
- return 하는 배열은 x 좌표 기준으로 오름차순 정렬하며, x 좌표가 같을 경우 y 좌표 기준으로 오름차순 정렬 해주세요.
- x, y 좌표가 모두 같은 경우 기둥이 보보다 앞에 오면 됩니다.

입출력 예시

n	bulid_frame	result
5	[[1, 0, 0, 1], [1, 1, 1, 1], [2, 1, 0, 1], [2, 2, 1, 1], [5, 0, 0, 1], [5, 1, 0, 1], [4, 2, 1, 1], [3, 2, 1, 1]]	[[1, 0, 0], [1, 1, 1], [2, 1, 0], [2, 2, 1], [3, 2, 1], [4, 2, 1], [5, 0, 0], [5, 1, 0]]
5	[[0, 0, 0, 1], [2, 0, 0, 1], [4, 0, 0, 1], [0, 1, 1, 1], [1, 1, 1, 1], [2, 1, 1, 1], [3, 1, 1, 1], [2, 0, 0, 0], [1, 1, 1, 0], [2, 2, 0, 1]]	[[0, 0, 0], [0, 1, 1], [1, 1, 1], [2, 1, 1], [3, 1, 1], [4, 0, 0]]

입출력 예시에 대한 설명

입출력 예시 #1

문제의 예시와 같습니다.

입출력 예시 #2

여덟 번째 작업을 수행 후 다음과 같은 구조물이 만들어집니다.

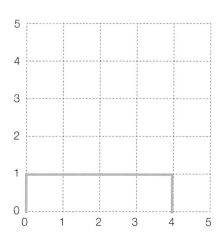

- 아홉 번째 작업의 경우, (1, 1)에서 오른쪽에 있는 보를 삭제하면 (2, 1)에서 오른쪽에 있는 보는 조건을 만족하지 않으므로 무시됩니다.
- 열 번째 작업의 경우, (2, 2)에서 위쪽 방향으로 기둥을 세울 경우 조건을 만족하지 않으므로 무시됩니다.

Q 13 / 치킨 배달

난이도 ●●○ | **풀이 시간** 40분 | **시간 제한** 1초 | **메모리 제한** 512MB | **기출** 삼성전자 SW 역량테스트
링크 https://www.acmicpc.net/problem/15686

크기가 N × N인 도시가 있습니다. 도시는 1 × 1 크기의 칸으로 나누어져 있습니다. 도시의 각 칸은 빈칸, 치킨집, 집 중 하나입니다. 도시의 칸은 (r, c)와 같은 형태로 나타내고, r행 c열 또는 위에서부터 r번째 칸, 왼쪽에서부터 c번째 칸을 의미합니다. r과 c는 1부터 시작합니다.

이 도시에 사는 사람들은 치킨을 매우 좋아합니다. 따라서 사람들은 **"치킨 거리"**라는 말을 주로 사용합니다. **치킨 거리**는 집과 가장 가까운 치킨집 사이의 거리입니다. 즉, 치킨 거리는 집을 기준으로 정해지며, 각각의 집은 **치킨 거리**를 가지고 있습니다. **도시의 치킨 거리**는 모든 집의 **치킨 거리**의 합입니다.

임의의 두 칸 (r_1, c_1)과 (r_2, c_2)사이의 거리는 $|r_1 - r_2| + |c_1 - c_2|$로 구합니다.

예를 들어, 다음과 같은 지도를 갖는 도시를 살펴봅시다.

0	2	0	1	0
1	0	1	0	0
0	0	0	0	0
0	0	0	1	1
0	0	0	1	2

0은 빈칸, 1은 집, 2는 치킨집입니다.

(2, 1)에 있는 집과 (1, 2)에 있는 치킨집과의 거리는 $|2 - 1| + |1 - 2| = 2$, (5, 5)에 있는 치킨집과의 거리는 $|2 - 5| + |1 - 5| = 7$입니다. 따라서 (2, 1)에 있는 집의 치킨 거리는 2입니다.

(5, 4)에 있는 집과 (1, 2)에 있는 치킨집과의 거리는 $|5 - 1| + |4 - 2| = 6$, (5, 5)에 있는 치킨집과의 거리는 $|5 - 5| + |4 - 5| = 1$입니다. 따라서 (5, 4)에 있는 집의 치킨 거리는 1입니다.

이 도시에 있는 치킨집은 모두 같은 프랜차이즈입니다. 프랜차이즈 본사에서는 수익을 증가시키기 위해 일부 치킨집을 폐업시키려고 합니다. 오랜 연구 끝에 이 도시에서 가장 수익을 많이 낼 수 있는 치킨집의 개수는 최대 M개라는 사실을 알아냈습니다.

도시에 있는 치킨집 중에서 최대 M를 고르고, 나머지 치킨집은 모두 폐업시켜야 합니다. 어떻게 고르면, **도시의 치킨 거리**가 가장 작게 될지 구하는 프로그램을 작성하세요.

입력 조건
- 첫째 줄에 N(2 ≤ N ≤ 50)과 M(1 ≤ M ≤ 13)이 주어집니다.

- 둘째 줄부터 N개의 줄에는 도시의 정보가 주어집니다.

- 도시의 정보는 0, 1, 2로 이루어져 있고, 0은 빈칸, 1은 집, 2는 치킨집을 의미합니다. 집의 개수는 2N개를 넘지 않으며, 적어도 1개는 존재합니다. 치킨집의 개수는 M보다 크거나 같고, 13보다 작거나 같습니다.

출력 조건
- 첫째 줄에 폐업시키지 않을 치킨집을 최대 M개를 골랐을 때, 도시의 치킨 거리의 최솟값을 출력합니다.

입력 예시 1

```
5 3
0 0 1 0 0
0 0 2 0 1
0 1 2 0 0
0 0 1 0 0
0 0 0 0 2
```

출력 예시 1

```
5
```

입력 예시 2

```
5 2
0 2 0 1 0
1 0 1 0 0
0 0 0 0 0
2 0 0 1 1
2 2 0 1 2
```

출력 예시 2

```
10
```

입력 예시 3

```
5 1
1 2 0 0 0
1 2 0 0 0
1 2 0 0 0
1 2 0 0 0
1 2 0 0 0
```

출력 예시 3

```
11
```

```
5 1
1 2 0 2 1
1 2 0 2 1
1 2 0 2 1
1 2 0 2 1
1 2 0 2 1
```

```
32
```

Q 14 외벽 점검

난이도 ●●● | **풀이 시간** 50분 | **시간 제한** 1초 | **메모리 제한** 128MB | **기출** 2020 카카오 신입 공채 1차
링크 https://programmers.co.kr/learn/courses/30/lessons/60062

> **주의!** 이 문제는 기본 코드가 제공되므로 상기 링크를 통해서 문제를 풀어야 합니다.

레스토랑을 운영하고 있는 스카피는 레스토랑 내부가 너무 낡아 친구들과 함께 직접 리모델링하기로 했습니다. 레스토랑이 있는 곳은 스노우타운으로 매우 추운 지역이어서 내부 공사를 하는 도중에 주기적으로 외벽의 상태를 점검해야 할 필요가 있습니다.

레스토랑의 구조는 완전히 동그란 모양이고 외벽의 총 둘레는 n미터이며, 외벽의 몇몇 지점은 추위가 심할 경우 손상될 수도 있는 취약한 지점들이 있습니다. 따라서 내부 공사 도중에도 외벽의 취약 지점들이 손상되지 않았는지, 주기적으로 친구들을 보내서 점검을 하기로 했습니다. 다만, 빠른 공사 진행을 위해 점검 시간을 1시간으로 제한했습니다. 친구들이 1시간 동안 이동할 수 있는 거리는 제각각이기 때문에, 최소한의 친구들을 투입해 취약 지점을 점검하고 나머지 친구들은 내부 공사를 돕도록 하려고 합니다. 편의상 레스토랑의 정북 방향 지점을 0으로 나타내며, 취약 지점의 위치는 정북 방향 지점으로부터 시계 방향으로 떨어진 거리로 나타냅니다. 또, 친구들은 출발 지점부터 시계, 혹은 반시계 방향으로 외벽을 따라서만 이동합니다.

외벽의 길이 n, 취약 지점의 위치가 담긴 배열 weak, 각 친구가 1시간 동안 이동할 수 있는 거리가 담긴 배열 dist가 매개변수로 주어질 때, 취약 지점을 점검하기 위해 보내야 하는 친구 수의 최솟값을 return 하도록 solution 함수를 완성해주세요.

제한 조건

- n은 1 이상 200 이하인 자연수입니다.
- weak의 길이는 1 이상 15 이하입니다.
  - 서로 다른 두 취약점의 위치가 같은 경우는 주어지지 않습니다.
  - 취약 지점의 위치는 오름차순으로 정렬되어 주어집니다.
  - weak의 원소는 0 이상 n – 1 이하인 정수입니다.
- dist의 길이는 1 이상 8 이하입니다.
  - dist의 원소는 1 이상 100 이하인 자연수입니다.

• 친구들을 모두 투입해도 취약 지점을 전부 점검할 수 없는 경우에는 −1을 return 해주세요.

입출력 예시

n	weak	dist	Result
12	[1, 5, 6, 10]	[1, 2, 3, 4]	2
12	[1, 3, 4, 9, 10]	[3, 5, 7]	1

입출력 예시에 대한 설명

입출력 예시 #1

원형 레스토랑에서 외벽의 취약 지점의 위치는 오른쪽 그림과 같습니다.

친구들을 투입하는 예시 중 하나는 다음과 같습니다.

– 4m를 이동할 수 있는 친구는 10m 지점에서 출발해 시계방향으로 돌아 1m 위치에 있는 취약 지점에서 외벽 점검을 마칩니다.

– 2m를 이동할 수 있는 친구는 4.5m 지점에서 출발해 6.5m 지점에서 외벽 점검을 마칩니다.

그 외에 여러 방법들이 있지만, 두 명보다 적은 친구를 투입하는 방법은 없습니다. 따라서 친구를 최소 두 명 투입해야 합니다.

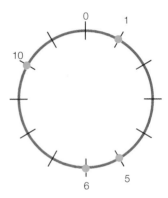

입출력 예시 #2

원형 레스토랑에서 외벽의 취약 지점의 위치는 오른쪽 그림과 같습니다.

7m를 이동할 수 있는 친구가 4m 지점에서 출발해 반시계 방향으로 점검을 돌면 모든 취약 지점을 점검할 수 있습니다. 따라서 친구를 최소 한 명 투입하면 됩니다.

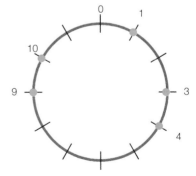

DFS/BFS 문제

탐색 많은 양의 데이터 중에서 원하는 데이터를 찾는 과정을 합니다.

자료구조 '데이터를 표현하고 처리하는 방법'을 다룹니다.

스택 박스 쌓기에 비유할 수 있습니다. 흔히 박스는 아래에서부터 위로 차곡차곡 쌓습니다. 그리고 아래에 있는 박스를 치우기 위해서는 위에 있는 박스를 먼저 내려야 합니다. 이러한 구조를 선입후출First In, Last Out 구조 또는 후입선출Last In First Out 구조라고 합니다.

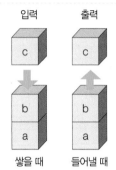

큐 대기 줄에 비유할 수 있습니다. 우리가 흔히 놀이공원에 입장하기 위해 줄을 설 때, 새치기하는 사람이 없으면 먼저 온 사람이 먼저 들어갑니다. 나중에 온 사람일수록 나중에 들어가기 때문에 흔히 '공정한' 자료구조라고 합니다. 이러한 구조를 선입선출First In, First Out 구조라고 합니다.

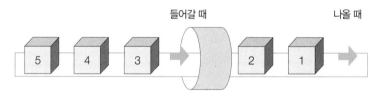

DFS Depth-First Search, 즉 깊이 우선 탐색 알고리즘이며 그래프를 탐색하는 알고리즘입니다. DFS는 최대한 멀리 있는 노드를 우선으로 탐색하는 방식으로 동작하며 스택 자료구조를 이용합니다.

BFS '너비 우선 탐색'이라는 의미입니다. 쉽게 말해 가까운 노드부터 탐색하는 알고리즘입니다. BFS는 선입선출 방식의 큐를 이용하면 효과적으로 구현할 수 있습니다. 인접한 노드를 반복적으로 큐에 넣도록 알고리즘을 작성하면, 자연스럽게 먼저 들어온 것이 먼저 나가게 되어, 가까운 노드부터 탐색합니다.

Q 15 특정 거리의 도시 찾기

난이도 ●◐○ | **풀이 시간** 30분 | **시간 제한** 2초 | **메모리 제한** 256MB | **기출** 핵심 유형
링크 https://www.acmicpc.net/problem/18352

어떤 나라에는 1 ~ N번까지의 도시와 M개의 단방향 도로가 존재합니다. 모든 도로의 거리는 1입니다. 이때 특정한 도시 X로부터 출발하여 도달할 수 있는 모든 도시 중에서, 최단 거리가 정확히 K인 모든 도시의 번호를 출력하는 프로그램을 작성하세요. 또한 출발 도시 X에서 출발 도시 X로 가는 최단 거리는 항상 0이라고 가정합니다.

예를 들어 N = 4, K = 2, X = 1일 때 다음과 같이 그래프가 구성되어 있다고 합시다. 이때 1번 도시에서 출발하여 도달할 수 있는 도시 중에서, 최단 거리가 2인 도시는 4번 도시뿐입니다. 2번과 3번 도시의 경우, 최단 거리가 1이기 때문에 출력하지 않습니다.

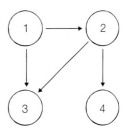

입력 조건
- 첫째 줄에 도시의 개수 N, 도로의 개수 M, 거리 정보 K, 출발 도시의 번호 X가 주어집니다.
  (2 ≤ N ≤ 300,000, 1 ≤ M ≤ 1,000,000, 1 ≤ K ≤ 300,000, 1 ≤ X ≤ N)
- 둘째 줄부터 M개의 줄에 걸쳐서 두 개의 자연수 A, B가 주어지며, 각 자연수는 공백으로 구분합니다. 이는 A번 도시에서 B번 도시로 이동하는 단방향 도로가 존재한다는 의미입니다. (1 ≤ A, B ≤ N) 단, A와 B는 서로 다른 자연수입니다.

출력 조건
- X로부터 출발하여 도달할 수 있는 도시 중에서, 최단 거리가 K인 모든 도시의 번호를 한 줄에 하나씩 오름차순으로 출력합니다.
- 이때 도달할 수 있는 도시 중에서, 최단 거리가 K인 도시가 하나도 존재하지 않으면 −1을 출력합니다.

입력 예시 1
```
4 4 2 1
1 2
1 3
2 3
2 4
```

출력 예시 1
```
4
```

입력 예시 2

```
4 3 2 1
1 2
1 3
1 4
```

출력 예시 2

```
-1
```

입력 예시 3

```
4 4 1 1
1 2
1 3
2 3
2 4
```

출력 예시 3

```
2
3
```

Q 16 연구소

난이도 ●●○ | **풀이 시간** 40분 | **시간 제한** 2초 | **메모리 제한** 512MB | **기출** 삼성전자 SW 역량테스트
링크 https://www.acmicpc.net/problem/14502

인체에 치명적인 바이러스를 연구하던 연구소에서 바이러스가 유출되었습니다. 다행히 바이러스는 아직 퍼지지 않았고, 바이러스의 확산을 막기 위해서 연구소에 벽을 세우려고 합니다.

연구소는 크기가 N × M인 직사각형으로 나타낼 수 있으며, 직사각형은 1 × 1 크기의 정사각형으로 나누어져 있습니다. 연구소는 빈칸, 벽으로 이루어져 있으며, 벽은 칸 하나를 가득 차지합니다.

일부 칸은 바이러스가 존재하며, 이 바이러스는 상하좌우로 인접한 빈칸으로 모두 퍼져나갈 수 있습니다. 새로 세울 수 있는 벽의 개수는 3개이며, 꼭 3개를 세워야 합니다.

예를 들어, 다음과 같이 연구소가 생긴 경우를 살펴보겠습니다.

```
2 0 0 0 1 1 0
0 0 1 0 1 2 0
0 1 1 0 1 0 0
0 1 0 0 0 0 0
0 0 0 0 0 1 1
0 1 0 0 0 0 0
0 1 0 0 0 0 0
```

이때, 0은 빈칸, 1은 벽, 2는 바이러스가 있는 곳입니다. 아무런 벽을 세우지 않는다면, 바이러스는 모든 빈칸으로 퍼져나갈 수 있습니다. 2행 1열, 1행 2열, 4행 6열에 벽을 세운다면 지도의 모양은 다음과 같아집니다.

```
2 1 0 0 1 1 0
1 0 1 0 1 2 0
0 1 1 0 1 0 0
0 1 0 0 0 1 0
0 0 0 0 0 1 1
0 1 0 0 0 0 0
0 1 0 0 0 0 0
```

바이러스가 퍼진 뒤의 모습은 다음과 같아집니다.

```
2 1 0 0 1 1 2
1 0 1 0 1 2 2
0 1 1 0 1 2 2
0 1 0 0 0 1 2
0 0 0 0 0 1 1
0 1 0 0 0 0 0
0 1 0 0 0 0 0
```

벽을 3개 세운 뒤, 바이러스가 퍼질 수 없는 곳을 안전 영역이라고 할 때 위의 지도에서 안전 영역의 크기는 27입니다.

연구소의 지도가 주어졌을 때 얻을 수 있는 안전 영역 크기의 최댓값을 구하는 프로그램을 작성하세요.

입력 조건
- 첫째 줄에 지도의 세로 크기 N과 가로 크기 M이 주어집니다. (3 ≤ N, M ≤ 8)
- 둘째 줄부터 N개의 줄에 지도의 모양이 주어집니다. 0은 빈칸, 1은 벽, 2는 바이러스가 있는 위치입니다. 2의 개수는 2보다 크거나 같고, 10보다 작거나 같은 자연수입니다.
- 빈칸의 개수는 3개 이상입니다.

출력 조건
- 첫째 줄에 얻을 수 있는 안전 영역의 최대 크기를 출력합니다.

입력 예시 1
```
7 7
2 0 0 0 1 1 0
0 0 1 0 1 2 0
0 1 1 0 1 0 0
0 1 0 0 0 0 0
0 0 0 0 0 1 1
0 1 0 0 0 0 0
0 1 0 0 0 0 0
```

출력 예시 1
```
27
```

입력 예시 2

```
4 6
0 0 0 0 0 0
1 0 0 0 0 2
1 1 1 0 0 2
0 0 0 0 0 2
```

출력 예시 2

9

입력 예시 3

```
8 8
2 0 0 0 0 0 0 2
2 0 0 0 0 0 0 2
2 0 0 0 0 0 0 2
2 0 0 0 0 0 0 2
2 0 0 0 0 0 0 2
0 0 0 0 0 0 0 0
0 0 0 0 0 0 0 0
0 0 0 0 0 0 0 0
```

출력 예시 3

3

Q 17 경쟁적 전염

난이도 ●●○ **| 풀이 시간** 50분 **| 시간 제한** 1초 **| 메모리 제한** 256MB **| 기출** 핵심 유형
링크 https://www.acmicpc.net/problem/18405

N × N 크기의 시험관이 있습니다. 시험관은 1 × 1 크기의 칸으로 나누어지며, 특정한 위치에는 바이러스가 존재할 수 있습니다. 바이러스의 종류는 1 ~ K번까지 K가지가 있으며 모든 바이러스는 이 중 하나에 속합니다.

시험관에 존재하는 모든 바이러스는 1초마다 상, 하, 좌, 우의 방향으로 증식하는데, 매초 번호가 낮은 종류의 바이러스부터 먼저 증식합니다. 또한 증식 과정에서 특정한 칸에 이미 어떠한 바이러스가 있다면, 그곳에는 다른 바이러스가 들어갈 수 없습니다.

시험관의 크기와 바이러스의 위치 정보가 주어졌을 때, S초가 지난 후에 (X, Y)에 존재하는 바이러스의 종류를 출력하는 프로그램을 작성하세요. 만약 S초가 지난 후에 해당 위치에 바이러스가 존재하지 않는다면, 0을 출력합니다. 이때 X와 Y는 각각 행과 열의 위치를 의미하며, 시험관의 가장 왼쪽 위에 해당하는 곳은 (1, 1)에 해당합니다. 예를 들어 다음과 같이 3 × 3 크기의 시험관에 서로 다른 1번, 2번, 3번 바이러스가 각각 (1, 1), (1, 3), (3, 1)에 위치해 있을 때 2초가 지난 뒤에 (3, 2)에 존재하는 바이러스의 종류를 계산해보겠습니다.

1		2
3		

다음 왼쪽 그림은 1초가 지난 뒤의 시험관 상태이고, 오른쪽 그림은 2초가 지난 뒤의 시험관 상태입니다.

1	1	2
1		2
3	3	

1	1	2
1	1	2
3	3	2

결과적으로 2초가 지난 뒤에 (3, 2)에 존재하는 바이러스의 종류는 3번 바이러스입니다. 따라서 3을 출력하면 정답입니다.

입력 조건
- 첫째 줄에 자연수 N, K가 주어지며, 각 자연수는 공백으로 구분합니다. (1 ≤ N ≤ 200, 1 ≤ K ≤ 1,000)
- 둘째 줄부터 N개의 줄에 걸쳐서 시험관의 정보가 주어집니다. 각 행은 N개의 원소로 구성되며, 해당 위치에 존재하는 바이러스의 번호가 주어지며 공백으로 구분합니다. 단, 해당 위치에 바이러스가 존재하지 않는 경우 0이 주어집니다. 또한 모든 바이러스의 번호는 K 이하의 자연수로만 주어집니다.
- N + 2번째 줄에는 S, X, Y가 주어지며 공백으로 구분합니다. (0 ≤ S ≤ 10,000, 1 ≤ X, Y ≤ N)

출력 조건
- S초 뒤에 (X, Y)에 존재하는 바이러스의 종류를 출력합니다. 만약 S초 뒤에 해당 위치에 바이러스가 존재하지 않는다면, 0을 출력합니다.

입력 예시 1
```
3 3
1 0 2
0 0 0
3 0 0
2 3 2
```

출력 예시 1
```
3
```

입력 예시 2
```
3 3
1 0 2
0 0 0
3 0 0
1 2 2
```

출력 예시 2
```
0
```

Q 18 / 괄호 변환

난이도 ●○○ | **풀이 시간** 20분 | **시간 제한** 1초 | **메모리 제한** 128MB | **기출** 2020 카카오 신입 공채 1차
링크 https://programmers.co.kr/learn/courses/30/lessons/60058

> **주의!** 이 문제는 기본 코드가 제공되므로 상기 링크를 통해서 문제를 풀어야 합니다.

카카오에 신입 개발자로 입사한 **"콘"**은 선배 개발자로부터 개발역량 강화를 위해 다른 개발자가 작성한 소스코드를 분석하여 문제점을 발견하고 수정하라는 업무 과제를 받았습니다. 소스를 컴파일하여 로그를 보니 대부분 소스코드 내 작성된 괄호가 개수는 맞지만 짝이 맞지 않은 형태로 작성되어 오류가 나는 것을 알게 되었습니다.

수정해야 할 소스 파일이 너무 많아서 고민하던 "콘"은 소스코드에 작성된 모든 괄호를 뽑아서 올바른 순서대로 배치된 괄호 문자열을 알려주는 프로그램을 다음과 같이 개발하려고 합니다.

용어의 정의

'(' 와 ')'로만 이루어진 문자열이 있을 경우, '(' 의 개수와 ')'의 개수가 같다면 이를 **균형잡힌 괄호 문자열**이라고 부릅니다. 그리고 여기에 '('와 ')'의 괄호의 짝도 모두 맞을 경우에는 이를 **올바른 괄호 문자열**이라고 부릅니다.

예를 들어, "(()))("와 같은 문자열은 "균형잡힌 괄호 문자열"이지만 올바른 괄호 문자열은 아닙니다. 반면에 "(())()"와 같은 문자열은 "균형잡힌 괄호 문자열"이면서 동시에 올바른 괄호 문자열입니다.

'(' 와 ')'로만 이루어진 문자열 w가 "균형잡힌 괄호 문자열"이라면 다음과 같은 과정을 통해 올바른 괄호 문자열로 변환할 수 있습니다.

1. 입력이 빈 문자열인 경우, 빈 문자열을 반환합니다.
2. 문자열 w를 두 "균형잡힌 괄호 문자열" u, v로 분리합니다. 단, u는 "균형잡힌 괄호 문자열"로 더 이상 분리할 수 없어야 하며, v는 빈 문자열이 될 수 있습니다.
3. 수행한 결과 문자열을 u에 이어 붙인 후 반환합니다.

    3-1. 문자열 u가 "올바른 괄호 문자열"이라면 문자열 v에 대해 1단계부터 다시 수행합니다.

4. 문자열 u가 "올바른 괄호 문자열"이 아니라면 아래 과정을 수행합니다.

　4-1. 빈 문자열에 첫 번째 문자로 '('를 붙입니다.

　4-2. 문자열 v에 대해 1단계부터 재귀적으로 수행한 결과 문자열을 이어 붙입니다.

　4-3. ')'를 다시 붙입니다.

　4-4. u의 첫 번째와 마지막 문자를 제거하고, 나머지 문자열의 괄호 방향을 뒤집어서 뒤에 붙입니다.

　4-5. 생성된 문자열을 반환합니다.

"균형잡힌 괄호 문자열" p가 매개변수로 주어질 때, 주어진 알고리즘을 수행해 **"올바른 괄호 문자열"**로 변환한 결과를 return 하도록 solution 함수를 완성해주세요.

매개변수 설명

• p는 '(' 와 ')'로만 이루어진 문자열이며 길이는 2 이상 1,000 이하인 짝수입니다.

• 문자열 p를 이루는 '(' 와 ')'의 개수는 항상 같습니다.

• 만약 p가 이미 올바른 괄호 문자열이라면 그대로 return 하면 됩니다.

입력 예시 1	**출력 예시 1**
"(()())()"	"(()())()"

입력 예시 2	**출력 예시 2**
")("	"()"

입력 예시 3	**출력 예시 3**
"()))((()"	"()(())()"

입출력 예시 #1

이미 올바른 괄호 문자열입니다.

입출력 예시 #2

두 문자열 u, v로 분리합니다.

‒ u = ")("

‒ v = ""

u가 올바른 괄호 문자열이 아니므로 다음과 같이 새로운 문자열을 만듭니다.

‒ v에 대해 1단계부터 재귀적으로 수행하면 빈 문자열이 반환됩니다.

‒ u의 앞뒤 문자를 제거하고, 나머지 문자의 괄호 방향을 뒤집으면""이 됩니다.

‒ 따라서 생성되는 문자열은 " (" + " " + ") " + ""이며, 최종적으로 "( )"로 변환됩니다.

입출력 예시 #3

두 문자열 u, v로 분리합니다.

‒ u = "( )"

‒ v = "))((( )"

문자열 u가 올바른 괄호 문자열이므로 그대로 두고, v에 대해 재귀적으로 수행합니다.

다시 두 문자열 u, v로 분리합니다.

‒ u = "))(("

‒ v = "( )"

u가 올바른 괄호 문자열이 아니므로 다음과 같이 새로운 문자열을 만듭니다.

‒ v에 대해 1단계부터 재귀적으로 수행하면 "( )"이 반환됩니다.

‒ u의 앞뒤 문자를 제거하고, 나머지 문자의 괄호 방향을 뒤집으면" ( )"이 됩니다.

‒ 따라서 생성되는 문자열은 "(" + "( )" + ")" + "( )"이며, 최종적으로 "(( ))( )"를 반환합니다.

‒ 처음에 그대로 둔 문자열에 반환된 문자열을 이어 붙이면 "( )" + "(( ))( )" = "( )(( ))( )"가 됩니다.

Q 19 연산자 끼워 넣기

난이도 ●●○ | **풀이 시간** 30분 | **시간 제한** 2초 | **메모리 제한** 512MB | **기출** 삼성전자 SW 역량테스트
링크 https://www.acmicpc.net/problem/14888

N개의 수로 이루어진 수열 A_1, A_2, ..., A_N이 주어집니다. 또, 수와 수 사이에 끼워 넣을 수 있는 N−1개의 연산자가 주어집니다. 연산자는 덧셈(+), 뺄셈(−), 곱셈(×), 나눗셈(÷)으로만 이루어져 있습니다.

우리는 수와 수 사이에 연산자를 하나씩 넣어서, 수식을 하나 만들 수 있는데 이때 주어진 수의 순서를 바꾸면 안됩니다.

예를 들어, 6개의 수로 이루어진 수열이 1, 2, 3, 4, 5, 6이고, 주어진 연산자가 덧셈(+) 2개, 뺄셈(−) 1개, 곱셈(×) 1개, 나눗셈(÷) 1개인 경우에는 총 60가지의 식을 만들 수 있습니다. 예를 들어, 다음과 같은 식을 만들 수 있습니다.

```
1 + 2 + 3 - 4 × 5 ÷ 6
1 ÷ 2 + 3 + 4 - 5 × 6
1 + 2 ÷ 3 × 4 - 5 + 6
1 ÷ 2 × 3 - 4 + 5 + 6
```

식의 계산은 연산자 우선순위를 무시하고 앞에서부터 진행해야 합니다. 또, 나눗셈은 정수 나눗셈으로 몫만 취합니다. 음수를 양수로 나눌 때는 C++14의 기준을 따릅니다. 즉, 양수로 바꾼 뒤 몫을 취하고, 그 몫을 음수로 바꾼 것과 같습니다. 이에따라서 위의 식 4개의 결과를 계산해보면 다음과 같습니다.

```
1 + 2 + 3 - 4 × 5 ÷ 6 = 1
1 ÷ 2 + 3 + 4 - 5 × 6 = 12
1 + 2 ÷ 3 × 4 - 5 + 6 = 5
1 ÷ 2 × 3 - 4 + 5 + 6 = 7
```

N개의 수와 N−1개의 연산자가 주어졌을 때, 만들 수 있는 식의 결과가 최대인 것과 최소인 것을 구하는 프로그램을 작성하세요.

입력 조건
- 첫째 줄에 수의 개수 $N(2 \leq N \leq 11)$이 주어집니다.
- 둘째 줄에는 $A_1, A_2, ..., A_N$이 주어집니다. $(1 \leq A_i \leq 100)$
- 셋째 줄에는 합이 N−1인 4개의 정수가 주어지는데, 차례대로 덧셈(+)의 개수, 뺄셈(−)의 개수, 곱셈(×)의 개수, 나눗셈(÷)의 개수입니다.

출력 조건
- 첫째 줄에 만들 수 있는 식의 결과의 최댓값을 출력합니다.
- 둘째 줄에는 최솟값을 출력합니다.
- 최댓값과 최솟값이 항상 −10억보다 크거나 같고, 10억보다 작거나 같은 결과가 나오는 입력만 주어집니다. 또한 앞에서부터 계산했을 때, 중간에 계산되는 식의 결과도 항상 −10억보다 크거나 같고, 10억보다 작거나 같습니다.

입력 예시 1
```
2
5 6
0 0 1 0
```

출력 예시 1
```
30
30
```

입력 예시 2
```
3
3 4 5
1 0 1 0
```

출력 예시 2
```
35
17
```

입력 예시 3
```
6
1 2 3 4 5 6
2 1 1 1
```

출력 예시 3
```
54
-24
```

Q 20 감시 피하기

난이도 ●●○ | **풀이 시간** 60분 | **시간 제한** 2초 | **메모리 제한** 256MB | **기출** 핵심 유형
링크 https://www.acmicpc.net/problem/18428

N × N 크기의 복도가 있습니다. 이 복도는 1 × 1 크기의 칸으로 나누어지며 특정한 위치에는 선생님, 학생, 혹은 장애물이 있습니다. 현재 학생 몇 명이 수업 시간에 몰래 복도에 나왔는데, 복도에 나온 학생들이 선생님의 감시에 들키지 않는 것이 목표입니다.

각 선생님은 자신의 위치에서 상, 하, 좌, 우 4가지 방향으로 감시를 진행합니다. 단, 복도에 장애물이 있으면 선생님은 장애물 뒤편에 숨어 있는 학생을 볼 수 없습니다. 또한 선생님은 시력이 매우 좋아 아무리 멀리 있더라도 장애물로 막히기 전까지 4가지 방향으로 학생을 모두 볼 수 있다고 합니다.

문제에서 위칫값을 나타낼 때는 (행, 열)의 형태로 표현합니다. 각 칸은 선생님이 존재하면 T, 학생이 존재하면 S, 장애물이 존재하면 O로 표시합니다. 오른쪽 그림을 해석하면 복도가 3 × 3 크기일 때 (3, 1)에는 선생님이 존재하며 (1, 1), (2, 1), (3, 3)의 위치에는 학생이 존재합니다. 그리고 (1, 2), (2, 2), (3, 2)의 위치에는 장애물이 존재합니다.

S	O	
S	O	
T	O	S

이때 (3, 3)의 위치에 존재하는 학생은 장애물 뒤편에 숨어 있기 때문에 감시를 피할 수 있지만, (1, 1)과 (2, 1)의 위치에 존재하는 학생은 선생님에게 들킵니다.

학생들은 복도의 빈칸 중에서 장애물을 설치할 위치를 골라, 정확히 3개의 장애물을 설치해야 합니다. 그리고 장애물을 3개 설치해서 선생님의 감시로부터 모든 학생이 피할 수 있는지 계산해야 합니다. N × N 크기의 복도에서 학생과 선생님의 위치 정보가 주어졌을 때, 장애물을 정확히 3개 설치하여 모든 학생이 선생님의 감시를 피할 수 있는지 출력하는 프로그램을 작성하세요.

예를 들어 N = 5일 때, 선생님과 학생의 위치 정보가 오른쪽과 같다고 합니다.

	S			T
T		S		
	T			
		T		

이때 장애물 3개를 다음처럼 설치하면, 선생님의 감시로부터 모든 학생이 피할 수 있습니다.

	S	O		O	T
T	O	S		
		O		
	T			
		T		

입력 조건 • 첫째 줄에 자연수 N이 주어집니다. (3 ≤ N ≤ 6)

• 둘째 줄에 N개의 줄에 걸쳐서 복도의 정보가 주어집니다. 각 행에서는 N개의 원소가 주어지며, 공백으로 구분합니다. 해당 위치에 학생이 있다면 S, 선생님이 있다면 T, 아무것도 존재하지 않는다면 X가 주어집니다. 단, 항상 빈칸의 개수는 3개 이상으로 주어집니다.

출력 조건 • 첫째 줄에 정확히 3개의 장애물을 설치하여 모든 학생들을 감시로부터 피하도록 할 수 있는지의 여부를 출력합니다. 모든 학생들을 감시로부터 피하도록 할 수 있다면 "YES", 그렇지 않다면 "NO"를 출력합니다.

입력 예시 1

```
5
X S X X T
T X S X X
X X X X X
X T X X X
X X T X X
```

출력 예시 1

```
YES
```

입력 예시 2

```
4
S S S T
X X X X
X X X X
T T T X
```

출력 예시 2

```
NO
```

Q 21 인구 이동

난이도 ●●○ | **풀이 시간** 40분 | **시간 제한** 2초 | **메모리 제한** 512MB | **기출** 삼성전자 SW 역량테스트
링크 https://www.acmicpc.net/problem/16234

N × N 크기의 땅이 있고, 땅은 1 × 1개의 칸으로 나누어져 있습니다. 각각의 땅에는 나라가 하나씩 존재하며, r행 c열에 있는 나라에는 A[r][c]명이 살고 있습니다. 인접한 나라 사이에는 국경선이 존재합니다. 모든 나라는 1 × 1 크기이기 때문에, 모든 국경선은 정사각형 형태입니다.

오늘부터 인구 이동이 시작되는 날입니다. 인구 이동은 다음과 같이 진행되고, 더 이상 아래 방법에 의해 인구 이동이 없을 때까지 지속됩니다.

- 국경선을 공유하는 두 나라의 인구 차이가 L명 이상, R명 이하라면, 두 나라가 공유하는 국경선을 오늘 하루 동안 엽니다.
- 위의 조건에 의해 열어야 하는 국경선이 모두 열렸다면, 인구 이동을 시작합니다.
- 국경선이 열려 있어 인접한 칸만을 이용해 이동할 수 있으면, 그 나라를 오늘 하루 동안은 연합이라고 합니다.
- 연합을 이루고 있는 각 칸의 인구수는 (연합의 인구수) / (연합을 이루고 있는 칸의 개수)가 됩니다. 편의상 소수점은 버립니다.
- 연합을 해체하고, 모든 국경선을 닫습니다.

각 나라의 인구수가 주어졌을 때, 인구 이동이 몇 번 발생하는지 구하는 프로그램을 작성하세요.

입력 조건
- 첫째 줄에 N, L, R이 주어집니다. (1 ≤ N ≤ 50, 1 ≤ L ≤ R ≤ 100)
- 둘째 줄부터 N개의 줄에 각 나라의 인구수가 주어집니다. r행 c열에 주어지는 정수는 A[r][c]의 값입니다. (0 ≤ A[r][c] ≤ 100)
- 인구 이동이 발생하는 횟수가 2,000번보다 작거나 같은 입력만 주어집니다.

출력 조건
- 인구 이동이 몇 번 발생하는지 첫째 줄에 출력합니다.

입력 예시 1
```
2 20 50
50 30
20 40
```

출력 예시 1
```
1
```

입력 예시 2

```
2 40 50
50 30
20 40
```

출력 예시 2

```
0
```

입력 예시 3

```
2 20 50
50 30
30 40
```

출력 예시 3

```
1
```

입력 예시 4

```
3 5 10
10 15 20
20 30 25
40 22 10
```

출력 예시 4

```
2
```

입력 예시 5

```
4 10 50
10 100 20 90
80 100 60 70
70 20 30 40
50 20 100 10
```

출력 예시 5

```
3
```

Q 22 블록 이동하기

난이도 ●●● | **풀이 시간** 50분 | **시간 제한** 1초 | **메모리 제한** 128MB | **기출** 2020 카카오 신입 공채 1차
링크 https://programmers.co.kr/learn/courses/30/lessons/60063

> **주의!** 이 문제는 기본 코드가 제공되므로 상기 링크를 통해서 문제를 풀어야 합니다.

로봇 개발자 "**무지**"는 한 달 앞으로 다가온 "카카오배 로봇경진대회"에 출품할 로봇을 준비하고 있습니다. 준비 중인 로봇은 2 × 1 크기의 로봇으로 무지는 "**0**"과 "**1**"로 이루어진 N × N 크기의 지도에서 2 × 1 크기인 로봇을 움직여 (N, N) 위치까지 이동 할 수 있도록 프로그래밍을 하려고 합니다. 로봇이 이동하는 지도는 가장 왼쪽, 상단의 좌표를 (1, 1)로 하며 지도 내에 표시된 숫자 0은 빈칸을, 1은 벽을 나타냅니다. 로봇은 벽이 있는 칸 또는 지도 밖으로는 이동할 수 없습니다. 로봇은 처음에 오른쪽 그림과 같이 좌표 (1, 1) 위치에서 가로 방향으로 놓여 있는 상태로 시작하며, 앞뒤 구분 없이 움직일 수 있습니다.

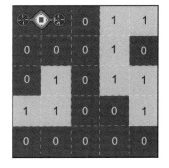

로봇이 움직일 때는 현재 놓여 있는 상태를 유지하면서 이동합니다. 예를 들어, 위 그림에서 오른쪽으로 한 칸 이동한다면 (1, 2), (1, 3) 두 칸을 차지하게 되며, 아래로 이동한다면 (2, 1), (2, 2) 두 칸을 차지하게 됩니다. 로봇이 차지하는 두 칸 중 어느 한 칸이라도 (N, N) 위치에 도착하면 됩니다.

로봇은 오른쪽 그림과 같이 조건에 따라 회전이 가능합니다.

그림과 같이 로봇은 90도씩 회전할 수 있습니다. 단, 로봇이 차지하는 두 칸 중, 어느 칸이든 축이 될 수 있지만, 회전하는 방향(축이 되는 칸으로부터 대각선 방향에 있는 칸)에는 벽이 없어야 합니다. 로봇이 한 칸 이동하거나 90도 회전하는 데 걸리는 시간은 정확히 1초입니다.

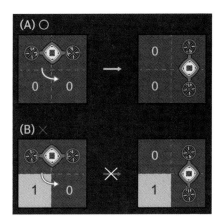

"**0**"과 "**1**"로 이루어진 지도 board가 주어질 때, 로봇이 (N, N) 위치까지 이동하는데 필요한 최소 시간을 return 하도록 solution 함수를 완성해주세요.

- board의 한 변의 길이는 5 이상 100 이하입니다.

- board의 원소는 0 또는 1입니다.

- 로봇이 처음에 놓여 있는 칸 (1, 1), (1, 2)는 항상 0으로 주어집니다.

- 로봇이 항상 목적지에 도착할 수 있는 경우만 입력으로 주어집니다.

입출력 예시

board	Result
[[0, 0, 0, 1, 1], [0, 0, 0, 1, 0], [0, 1, 0, 1, 1], [1, 1, 0, 0, 1], [0, 0, 0, 0, 0]]	7

입출력 예시에 대한 설명

문제에 주어진 예시와 같습니다.

로봇이 오른쪽으로 한 칸 이동 후, (1, 3) 칸을 축으로 반시계 방향으로 90도 회전합니다. 다시, 아래쪽으로 세 칸 이동하면 로봇은 (4, 3), (5, 3) 두 칸을 차지하게 됩니다. 이제 (5, 3)을 축으로 시계 방향으로 90도 회전 후, 오른쪽으로 한 칸 이동하면 (N, N)에 도착합니다. 따라서 목적지에 도달하기까지 최소 7초가 걸립니다.

정렬 문제

정렬

데이터를 특정한 기준에 따라서 정렬하기 위해 사용하는 알고리즘입니다. 대표적인 정렬 라이브러리를 성능에 따라서 비교하면 다음의 표와 같습니다.

정렬 알고리즘	평균 시간 복잡도	공간 복잡도	특징
선택 정렬	$O(N^2)$	$O(N)$	아이디어가 매우 간단합니다.
삽입 정렬	$O(N^2)$	$O(N)$	데이터가 거의 정렬되어 있을 때는 가장 빠릅니다.
퀵 정렬	$O(NlogN)$	$O(N)$	대부분의 경우에 가장 적합하며, 충분히 빠릅니다.
계수 정렬	$O(N + K)$ (K는 데이터 중에서 가장 큰 양수)	$O(N + K)$ (K는 데이터 중에서 가장 큰 양수)	데이터의 크기가 한정되어 있는 경우에만 사용이 가능하지만, 매우 빠르게 동작합니다.

또한 각 정렬 알고리즘의 동작 아이디어를 한 문장으로 정리하면 다음과 같습니다.

정렬 알고리즘	핵심 아이디어
선택 정렬	가장 작은 데이터를 '선택'해서 정렬되지 않은 데이터 중에서 가장 앞쪽에 있는 데이터와 위치를 바꾸는 방법입니다.
삽입 정렬	데이터를 앞에서부터 하나씩 확인하며 데이터를 적절한 위치에 '삽입'하는 방법입니다.
퀵 정렬	기준 데이터를 설정하고 그 기준보다 큰 데이터와 작은 데이터의 위치를 바꾸는 방법입니다.
계수 정렬	특정한 값을 가지는 데이터의 개수를 '카운트'하는 방법입니다.

파이썬의 표준 라이브러리에서 기본으로 제공하는 정렬 라이브러리는 최악의 경우에도 시간 복잡도 $O(NlogN)$을 보장합니다. 따라서 계수 정렬을 사용해 매우 빠르게 정렬해야 하는 특이한 케이스가 아니라면 파이썬의 정렬 라이브러리를 사용하는 것이 가장 합리적입니다. 정렬은 다양한 알고리즘에서 사용되는데, 대표적으로 이진 탐색의 경우 데이터가 정렬되어 있을 때만 사용할 수 있습니다. 또한 10장의 '크루스칼 알고리즘'의 경우, 간선의 정보를 정렬하는 과정이 반드시 필요합니다. 이 밖에도 문제를 해결하기 위해서 정렬을 요구하는 경우가 매우 많기 때문에 파이썬의 정렬 라이브러리의 사용 방법은 꼭 알아두세요.

Q 23 국영수

난이도 ●○○ | **풀이 시간** 20분 | **시간 제한** 1초 | **메모리 제한** 256MB | **기출** 핵심 유형
링크 https://www.acmicpc.net/problem/10825

도현이네 반 학생 N명의 이름과 국어, 영어, 수학 점수가 주어집니다. 이때, 다음과 같은 조건으로 학생의 성적을 정렬하는 프로그램을 작성하세요.

1. 국어 점수가 감소하는 순서로

2. 국어 점수가 같으면 영어 점수가 증가하는 순서로

3. 국어 점수와 영어 점수가 같으면 수학 점수가 감소하는 순서로

4. 모든 점수가 같으면 이름이 사전 순으로 증가하는 순서로 (단, 아스키코드에서 대문자는 소문자보다 작으므로 사전 순으로 앞에 옵니다.)

입력 조건
- 첫째 줄에 도현이네 반의 학생 수 N(1 ≤ N ≤ 100,000)이 주어집니다.
- 둘째 줄부터 한 줄에 하나씩 각 학생의 이름, 국어, 영어, 수학 점수가 공백으로 구분해 주어집니다.
- 점수는 1보다 크거나 같고, 100보다 작거나 같은 자연수입니다.
- 이름은 알파벳 대소문자로 이루어진 문자열이고, 길이는 10자리를 넘지 않습니다.

출력 조건
- 문제에 나와 있는 정렬 기준으로 정렬한 후 첫째 줄부터 N개의 줄에 걸쳐 각 학생의 이름을 출력합니다.

입력 예시

```
12
Junkyu 50 60 100
Sangkeun 80 60 50
Sunyoung 80 70 100
Soong 50 60 90
Haebin 50 60 100
Kangsoo 60 80 100
Donghyuk 80 60 100
Sei 70 70 70
Wonseob 70 70 90
Sanghyun 70 70 80
nsj 80 80 80
Taewhan 50 60 90
```

출력 예시

```
Donghyuk
Sangkeun
Sunyoung
nsj
Wonseob
Sanghyun
Sei
Kangsoo
Haebin
Junkyu
Soong
Taewhan
```

Q 24 / 안테나

난이도 ●○○ | **풀이 시간** 20분 | **시간 제한** 1초 | **메모리 제한** 256MB | **기출** 2019 SW 마에스트로 입학 테스트
링크 https://www.acmicpc.net/problem/18310

일직선상의 마을에 여러 채의 집이 위치해 있습니다. 이 중에서 특정 위치의 집에 특별히 한 개의 안테나를 설치하기로 결정했습니다. 효율성을 위해 안테나로부터 모든 집까지의 거리의 총합이 최소가 되도록 설치하려고 합니다. 이때 안테나는 집이 위치한 곳에만 설치할 수 있고, 논리적으로 동일한 위치에 여러 개의 집이 존재하는 것이 가능합니다.

집들의 위치 값이 주어질 때, 안테나를 설치할 위치를 선택하는 프로그램을 작성하세요.

예를 들어 N = 4이고, 각 위치가 1, 5, 7, 9일 때를 가정하겠습니다.

이 경우 5의 위치에 설치했을 때, 안테나로부터 모든 집까지의 거리의 총합이 (4 + 0 + 2 + 4) = 10으로, 최소가 됩니다.

입력 조건
- 첫째 줄에 집의 수 N이 자연수로 주어집니다. (1 ≤ N ≤ 200,000)
- 둘째 줄에 N채의 집에 위치가 공백으로 구분되어 1 이상 100,000 이하의 자연수로 주어집니다.

출력 조건
- 첫째 줄에 안테나를 설치할 위치의 값을 출력합니다. 단, 안테나를 설치할 수 있는 위치 값으로 여러 개의 값이 도출될 경우 가장 작은 값을 출력합니다.

입력 예시
```
4
5 1 7 9
```

출력 예시
```
5
```

Q 25 실패율

난이도 ●○○ **| 풀이 시간** 20분 **| 시간 제한** 1초 **| 메모리 제한** 128MB **| 기출** 2019 카카오 신입 공채 1차
링크 https://programmers.co.kr/learn/courses/30/lessons/42889

주의! 이 문제는 기본 코드가 제공되므로 상기 링크를 통해서 문제를 풀어야 합니다.

슈퍼 게임 개발자 오렐리는 큰 고민에 빠졌습니다. 그녀가 만든 프렌즈 오천성이 대성공을 거뒀지만, 요즘 신규 사용자의 수가 급감했습니다. 원인은 신규 사용자와 기존 사용자 사이에 스테이지 차이가 너무 큰 것이 문제였습니다.

이 문제를 어떻게 할까 고민한 그녀는 동적으로 게임 시간을 늘려서 난이도를 조절하기로 했습니다. 역시 슈퍼 개발자라 대부분의 로직은 쉽게 구현했지만, 실패율을 구하는 부분에서 위기에 빠지고 말았습니다. 오렐리를 위해 실패율을 구하는 코드를 완성하세요.

실패율은 다음과 같이 정의합니다.

- 스테이지에 도달했으나 아직 클리어하지 못한 플레이어의 수 / 스테이지에 도달한 플레이어의 수

전체 스테이지의 개수 N, 게임을 이용하는 사용자가 현재 멈춰있는 스테이지의 번호가 담긴 배열 stages가 매개변수로 주어질 때, 실패율이 높은 스테이지부터 내림차순으로 스테이지의 번호가 담겨 있는 배열을 return 하도록 solution 함수를 완성하세요.

제한 사항

- 스테이지의 개수 N은 1 이상 500 이하의 자연수입니다.
- stages의 길이는 1 이상 200,000 이하입니다.
- stages에는 1 이상 N + 1 이하의 자연수가 담겨있습니다.
  - 각 자연수는 사용자가 현재 도전 중인 스테이지의 번호를 나타냅니다.
  - 단, N + 1은 마지막 스테이지(N번째 스테이지)까지 클리어한 사용자를 나타냅니다.
- 만약 실패율이 같은 스테이지가 있다면 작은 번호의 스테이지가 먼저 오도록 하면 됩니다.
- 스테이지에 도달한 유저가 없는 경우 해당 스테이지의 실패율은 0으로 정의합니다.

N	stages	result
5	[2, 1, 2, 6, 2, 4, 3, 3]	[3, 4, 2, 1, 5]
4	[4, 4, 4, 4, 4]	[4, 1, 2, 3]

입출력 예시에 대한 설명

입출력 예시 #1

1번 스테이지에는 총 8명의 사용자가 도전했으며, 이 중 1명의 사용자가 아직 클리어하지 못했습니다. 따라서 1번 스테이지의 실패율은 다음과 같습니다.

– 1번 스테이지 실패율: 1/8

2번 스테이지에는 총 7명의 사용자가 도전했으며, 이 중 3명의 사용자가 아직 클리어하지 못했습니다. 따라서 2번 스테이지의 실패율은 다음과 같습니다.

– 2번 스테이지 실패율: 3/7

마찬가지로 나머지 스테이지의 실패율은 다음과 같습니다.

– 3번 스테이지 실패율: 2/4

– 4번 스테이지 실패율: 1/2

– 5번 스테이지 실패율: 0/1

각 스테이지의 번호를 실패율의 내림차순으로 정렬하면 다음과 같습니다.

– [3, 4, 2, 1, 5]

입출력 예시 #2

모든 사용자가 마지막 스테이지에 있으므로 4번 스테이지의 실패율은 1이며 나머지 스테이지의 실패율은 0입니다.

– [4, 1, 2, 3]

Q **26** 카드 정렬하기

난이도 ●●○ | **풀이 시간** 30분 | **시간 제한** 2초 | **메모리 제한** 128MB | **기출** 핵심 유형

링크 https://www.acmicpc.net/problem/1715

정렬된 두 묶음의 숫자 카드가 있을 때 각 묶음의 카드의 수를 A, B라 하면 보통 두 묶음을 합쳐서 하나로 만드는 데에는 A + B번의 비교를 해야 합니다. 이를테면, 20장의 숫자 카드 묶음과 30장의 숫자 카드 묶음을 합치려면 50번의 비교가 필요합니다.

매우 많은 숫자 카드 묶음이 책상 위에 놓여 있습니다. 이들을 두 묶음씩 골라 서로 합쳐나간다면, 고르는 순서에 따라서 비교 횟수가 매우 달라집니다. 예를 들어 10장, 20장, 40장의 묶음이 있다 면 10장과 20장을 합친 뒤, 합친 30장 묶음과 40장을 합친다면 (10 + 20) + (30 + 40) = 100번 의 비교가 필요합니다. 그러나 10장과 40장을 합친 뒤, 합친 50장 묶음과 20장을 합친다면 (10 + 40) + (50 + 20) = 120번의 비교가 필요하므로 덜 효율적인 방법입니다.

N개의 숫자 카드 묶음의 각각의 크기가 주어질 때, 최소한 몇 번의 비교가 필요한지를 구하는 프로 그램을 작성하세요.

입력 조건 • 첫째 줄에 N이 주어집니다. (1 ≤ N ≤ 100,000) 이어서 N개의 줄에 걸쳐 숫자 카드 묶음의 각각의 크기가 주어집니다.

출력 조건 • 첫째 줄에 최소 비교 횟수를 출력합니다. (21억 이하)

입력 예시

```
3
10
20
40
```

출력 예시

```
100
```

이진 탐색 문제

이진 탐색 탐색 범위를 반으로 줄여나가면서 데이터를 빠르게 탐색하는 탐색 기법입니다. 이진 탐색은 배열 내부의 데이터가 정렬되어 있을 때만 사용할 수 있으며, 이진 탐색 알고리즘에서는 3가지 변수가 사용됩니다(시작점, 끝점, 중간점).

시작점, 끝점은 탐색하고자 하는 범위를 나타내기 위해 사용하며, 탐색 범위의 **중간점**에 있는 데이터와 찾고자 하는 데이터를 비교합니다. 예를 들어 이미 정렬이 된 0부터 9까지의 데이터 중에서 이진 탐색으로 데이터 2를 찾는 과정은 다음과 같습니다.

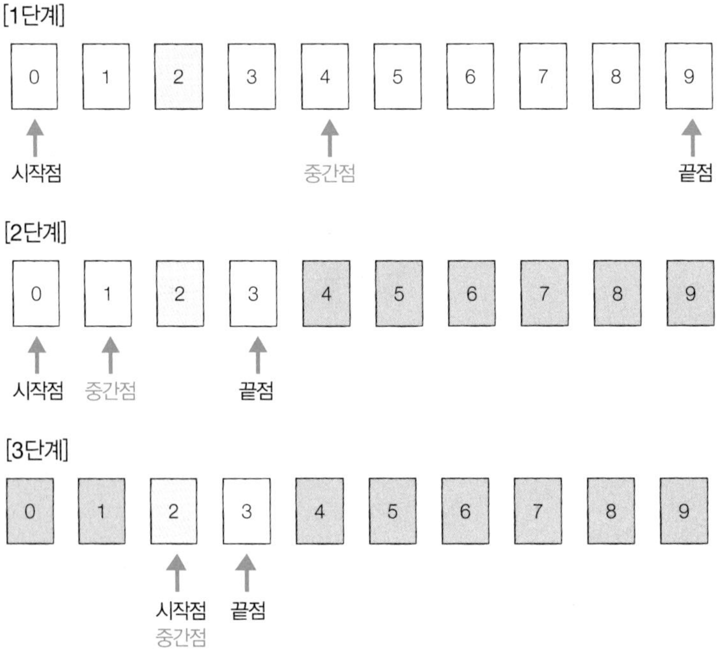

[1단계]

| 0 | 1 | 2 | 3 | 4 | 5 | 6 | 7 | 8 | 9 |

↑ 시작점　　　　　　↑ 중간점　　　　　　↑ 끝점

[2단계]

| 0 | 1 | 2 | 3 | 4 | 5 | 6 | 7 | 8 | 9 |

↑ 시작점　↑ 중간점　　↑ 끝점

[3단계]

| 0 | 1 | 2 | 3 | 4 | 5 | 6 | 7 | 8 | 9 |

↑ 시작점　↑ 끝점
중간점

bisect 클래스 단순히 정렬된 배열에서 특정한 데이터를 찾도록 요구하는 문제에서는 이진 탐색을 직접 구현할 필요 없이 단순히 파이썬의 표준 라이브러리 중에서 bisect 모듈을 사용할 수도 있습니다. 라이브러리의 사용 방법은 부록을 참고하세요.

출제자가 이진 탐색을 의도하지 않았어도 이진 탐색을 이용하면 매우 효과적으로 해결할 수 있는 문제가 종종 등장합니다. 최소한 이진 탐색 라이브러리인 bisect 모듈의 사용 방법은 기억해두세요.

Q 27 정렬된 배열에서 특정 수의 개수 구하기

난이도 ●●○○ | **풀이 시간** 30분 | **시간 제한** 1초 | **메모리 제한** 128MB | **기출** Zoho 인터뷰

N개의 원소를 포함하고 있는 수열이 오름차순으로 정렬되어 있습니다. 이때 이 수열에서 x가 등장하는 횟수를 계산하세요. 예를 들어 수열 {1, 1, 2, 2, 2, 2, 3}이 있을 때 x = 2라면, 현재 수열에서 값이 2인 원소가 4개이므로 4를 출력합니다.

단, 이 문제는 시간 복잡도 $O(logN)$으로 알고리즘을 설계하지 않으면 '시간 초과' 판정을 받습니다.

입력 조건
- 첫째 줄에 N과 x가 정수 형태로 공백으로 구분되어 입력됩니다.
  ($1 \leq N \leq 1,000,000$), ($-10^9 \leq x \leq 10^9$)
- 둘째 줄에 N개의 원소가 정수 형태로 공백으로 구분되어 입력됩니다.
  ($-10^9 \leq$ 각 원소의 값 $\leq 10^9$)

출력 조건
- 수열의 원소 중에서 값이 x인 원소의 개수를 출력합니다. 단, 값이 x인 원소가 하나도 없다면 −1을 출력합니다.

입력 예시 1
```
7 2
1 1 2 2 2 2 3
```

출력 예시 1
```
4
```

입력 예시 2
```
7 4
1 1 2 2 2 2 3
```

출력 예시 2
```
−1
```

Q 28 / 고정점 찾기

난이도 ●●○○ | **풀이 시간** 20분 | **시간 제한** 1초 | **메모리 제한** 128MB | **기출** Amazon 인터뷰

고정점Fixed Point이란, 수열의 원소 중에서 그 값이 인덱스와 동일한 원소를 의미합니다. 예를 들어 수열 a = {-15, -4, 2, 8, 13}이 있을 때 a[2] = 2이므로, 고정점은 2가 됩니다.

하나의 수열이 N개의 서로 다른 원소를 포함하고 있으며, 모든 원소가 오름차순으로 정렬되어 있습니다. 이때 이 수열에서 고정점이 있다면, 고정점을 출력하는 프로그램을 작성하세요. 고정점은 최대 1개만 존재합니다. 만약 고정점이 없다면 -1을 출력합니다.

단, 이 문제는 시간 복잡도 $O(logN)$으로 알고리즘을 설계하지 않으면 '시간 초과' 판정을 받습니다.

입력 조건 • 첫째 줄에 N이 입력됩니다. (1 ≤ N ≤ 1,000,000)

• 둘째 줄에 N개의 원소가 정수 형태로 공백으로 구분되어 입력됩니다.
(-10^9 ≤ 각 원소의 값 ≤ 10^9)

출력 조건 • 고정점을 출력한다. 고정점이 없다면 -1을 출력합니다.

입력 예시 1
```
5
-15 -6 1 3 7
```

출력 예시 1
```
3
```

입력 예시 2
```
7
-15 -4 2 8 9 13 15
```

출력 예시 2
```
2
```

입력 예시 3
```
7
-15 -4 3 8 9 13 15
```

출력 예시 3
```
-1
```

Q 29 공유기 설치

1회 2회 3회

난이도 ●●○ | **풀이 시간** 50분 | **시간 제한** 2초 | **메모리 제한** 128MB | **기출** 핵심 유형
링크 https://www.acmicpc.net/problem/2110

도현이의 집 N개가 수직선 위에 있습니다. 각각의 집의 좌표는 x_1, x_2, ..., x_N이고, 집 여러 개가 같은 좌표를 가지는 일은 없습니다.

도현이는 언제 어디서나 와이파이를 즐기기 위해서 집에 공유기 C개를 설치하려고 합니다. 최대한 많은 곳에서 와이파이를 사용하려고 하기 때문에, 한 집에는 공유기를 하나만 설치할 수 있고, 가장 인접한 두 공유기 사이의 거리를 가능한 크게하여 설치하려고 합니다.

C개의 공유기를 N개의 집에 적당히 설치해서, 가장 인접한 두 공유기 사이의 거리를 최대로 하는 프로그램을 작성하세요.

입력 조건
- 첫째 줄에 집의 개수 N(2 ≤ N ≤ 200,000)과 공유기의 개수 C(2 ≤ C ≤ N)가 하나 이상의 빈칸을 사이에 두고 주어집니다.
- 둘째 줄부터 N개의 줄에는 집의 좌표를 나타내는 x_i(1 ≤ x_i ≤ 1,000,000,000)가 한 줄에 하나씩 주어집니다.

출력 조건
- 첫째 줄에 가장 인접한 두 공유기 사이의 최대 거리를 출력합니다.

입력 예시
```
5 3
1
2
8
4
9
```

출력 예시
```
3
```

힌트
- 공유기를 1, 4, 8 또는 1, 4, 9에 설치하면 가장 인접한 두 공유기 사이의 거리는 3이고, 이 거리보다 크게 공유기를 3개 설치할 수 없습니다.

Q 30 가사 검색

난이도 ●●● **| 풀이 시간** 1시간 30분 **| 시간 제한** 1초 **| 메모리 제한** 128MB **| 기출** 2020 카카오 신입 공채 1차
링크 https://programmers.co.kr/learn/courses/30/lessons/60060

주의! 이 문제는 기본 코드가 제공되므로 상기 링크를 통해서 문제를 풀어야 합니다.

친구들로부터 천재 프로그래머로 불리는 **"프로도"**는 음악을 하는 친구로부터 자신이 좋아하는 노래 가사에 사용된 단어들 중에 특정 키워드가 몇 개 포함되어 있는지 궁금하니 프로그램으로 개발해 달라는 제안을 받았습니다.

그 제안 사항 중, 키워드는 와일드카드 문자 중 하나인 '?'가 포함된 패턴 형태의 문자열을 뜻합니다. 와일드카드 문자인 '?'는 글자 하나를 의미하며, 어떤 문자에도 매치된다고 가정합니다. 예를 들어 **"fro??"**는 **"frodo"**, **"front"**, **"frost"** 등에 매치되지만 **"frame"**, **"frozen"**에는 매치되지 않습니다.

가사에 사용된 모든 단어들이 담긴 배열 words와 찾고자 하는 키워드가 담긴 배열 queries가 주어질 때, 각 키워드별로 매치된 단어가 몇 개인지 순서대로 배열에 담아 반환하도록 solution 함수를 완성해주세요.

가사 단어 제한사항

- words의 길이(가사 단어의 개수)는 2 이상 100,000 이하입니다.
- 각 가사 단어의 길이는 1 이상 10,000 이하로 빈 문자열인 경우는 없습니다.
- 전체 가사 단어 길이의 합은 2 이상 1,000,000 이하입니다.
- 가사에 동일 단어가 여러 번 나올 경우 중복을 제거하고 words에는 하나로만 제공됩니다.
- 각 가사 단어는 오직 알파벳 소문자로만 구성되어 있으며, 특수문자나 숫자는 포함하지 않는 것으로 가정합니다.

검색 키워드 제한사항

- queries의 길이(검색 키워드 개수)는 2 이상 100,000 이하입니다.
- 각 검색 키워드의 길이는 1 이상 10,000 이하로 빈 문자열인 경우는 없습니다.
- 전체 검색 키워드 길이의 합은 2 이상 1,000,000 이하입니다.
- 검색 키워드는 중복될 수도 있습니다.
- 각 검색 키워드는 오직 알파벳 소문자와 와일드카드 문자인 '?'로만 구성되어 있으며, 특수문자나 숫자는 포함하지 않는 것으로 가정합니다.

- 검색 키워드는 와일드카드 문자인 '?'가 하나 이상 포함돼 있으며, '?'는 각 검색 키워드의 접두사 아니면 접미사 중 하나로만 주어집니다.
  - 예를 들어 "??odo", "fro??", "?????"는 가능한 키워드입니다.
  - 반면에 "frodo"('?'가 없음), "fr?do"('?'가 중간에 있음), "?ro??"('?'가 양쪽에 있음)는 불가능한 키워드입니다.

입출력 예시

words	queries	Result
["frodo", "front", "frost", "frozen", "frame", "kakao"]	["fro??", "????o", "fr???", "fro???", "pro?"]	[3, 2, 4, 1, 0]

입출력 예시에 대한 설명

"fro??"는 "frodo", "front", "frost"에 매치되므로 3입니다.

"????o"는 "frodo", "kakao"에 매치되므로 2입니다.

"fr???"는 "frodo", "front", "frost", "frame"에 매치되므로 4입니다.

"fro???"는 "frozen"에 매치되므로 1입니다.

"pro?"는 매치되는 가사 단어가 없으므로 0입니다.

다이나믹 프로그래밍 문제

다이나믹 프로그래밍

한 번 해결된 부분 문제의 정답을 메모리에 기록하여, 한 번 계산한 답은 다시 계산하지 않도록 하는 문제 해결 기법입니다. 다이나믹 프로그래밍은 점화식을 그대로 코드로 옮겨서 구현할 수 있는데, **점화식**이란 인접한 항들 사이의 관계식을 의미합니다.

피보나치 수열

피보나치 수열 문제는 다이나믹 프로그래밍으로 해결할 수 있는 대표적인 문제입니다. 다음은 피보나치 수열 문제의 점화식입니다.

$$a_{n+2} = f(a_{n+1},\ a_n) = a_{n+1} + a_n$$

한 번 계산한 i번째 피보나치 수는 모두 1차원 리스트에 저장해 놓았다가 나중에 해당 i번째 피보나치 수를 구해야 할 때, 이전 단계에서 계산된 값을 바로 반환합니다.

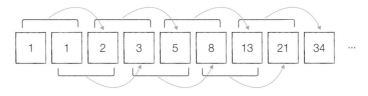

다이나믹 프로그래밍은 그 자체로도 다양한 문제로 출제될 수 있는 유형이지만, 그래프 이론 등 다양한 알고리즘에서도 자주 사용됩니다. 예를 들어 9장의 '플로이드 워셜 알고리즘' 또한 대표적인 다이나믹 프로그래밍을 활용한 알고리즘입니다.

탑다운과 보텀업

다이나믹 프로그래밍을 이용한 소스코드를 작성하는 방법으로는 2가지가 있습니다. **탑다운** 방식은 재귀 함수를 이용하여 큰 문제를 해결하기 위해 작은 문제를 호출하는 방식입니다. 반면에 **보텀업** 방식은 단순히 반복문을 이용하여 작은 문제를 먼저 해결하고, 해결된 작은 문제를 모아 큰 문제를 해결하는 방식입니다.

Q 31 금광

난이도 ●●○○ | **풀이 시간** 30분 | **시간 제한** 1초 | **메모리 제한** 128MB | **기출** Flipkart 인터뷰

n × m 크기의 금광이 있습니다. 금광은 1 × 1 크기의 칸으로 나누어져 있으며, 각 칸은 특정한 크기의 금이 들어 있습니다. 채굴자는 첫 번째 열부터 출발하여 금을 캐기 시작합니다. 맨 처음에는 첫 번째 열의 어느 행에서든 출발할 수 있습니다. 이후에 m번에 걸쳐서 매번 오른쪽 위, 오른쪽, 오른쪽 아래 3가지 중 하나의 위치로 이동해야 합니다. 결과적으로 채굴자가 얻을 수 있는 금의 최대 크기를 출력하는 프로그램을 작성하세요.

만약 다음과 같이 3 × 4 크기의 금광이 존재한다고 가정합시다.

1	3	3	2
2	1	4	1
0	6	4	7

가장 왼쪽 위의 위치를 (1, 1), 가장 오른쪽 아래의 위치를 (n, m)이라고 할 때, 위 예시에서는 (2, 1) → (3, 2) → (3, 3) → (3, 4)의 위치로 이동하면 총 19만큼의 금을 채굴할 수 있으며, 이때의 값이 최댓값입니다.

입력 조건
- 첫째 줄에 테스트 케이스 T가 입력됩니다. (1 ≤ T ≤ 1000)
- 매 테스트 케이스 첫째 줄에 n과 m이 공백으로 구분되어 입력됩니다. (1 ≤ n , m ≤ 20) 둘째 줄에 n × m개의 위치에 매장된 금의 개수가 공백으로 구분되어 입력됩니다. (0 ≤ 각 위치에 매장된 금의 개수 ≤ 100)

출력 조건
- 테스트 케이스마다 채굴자가 얻을 수 있는 금의 최대 크기를 출력합니다. 각 테스트 케이스는 줄 바꿈을 이용해 구분합니다.

입력 예시
```
2
3 4
1 3 3 2 2 1 4 1 0 6 4 7
4 4
1 3 1 5 2 2 4 1 5 0 2 3 0 6 1 2
```

출력 예시
```
19
16
```

Q 32 / 정수 삼각형

난이도 ●◐○○ | **풀이 시간** 30분 | **시간 제한** 2초 | **메모리 제한** 128MB | **기출** IOI 1994년도

링크 https://www.acmicpc.net/problem/1932

```
            7
          3   8
        8   1   0
      2   7   4   4
    4   5   2   6   5
```

위 그림은 크기가 5인 정수 삼각형의 한 모습입니다.

맨 위층 7부터 시작해서 아래에 있는 수 중 하나를 선택하여 아래층으로 내려올 때, 이제까지 선택된 수의 합이 최대가 되는 경로를 구하는 프로그램을 작성하세요. 아래층에 있는 수는 현재 층에서 선택된 수의 대각선 왼쪽 또는 대각선 오른쪽에 있는 것 중에서만 선택할 수 있습니다.

삼각형의 크기는 1 이상 500 이하입니다. 삼각형을 이루고 있는 각 수는 모두 정수이며, 그 값의 범위는 0 이상 9999 이하입니다.

입력 조건 • 첫째 줄에 삼각형의 크기 n(1 ≤ n ≤ 500)이 주어지고, 둘째 줄부터 n + 1번째 줄까지 정수 삼각형이 주어집니다.

출력 조건 • 첫째 줄에 합이 최대가 되는 경로에 있는 수의 합을 출력합니다.

입력 예시

```
5
7
3 8
8 1 0
2 7 4 4
4 5 2 6 5
```

출력 예시

```
30
```

Q 33 퇴사

난이도 ●●○ | **풀이 시간** 30분 | **시간 제한** 2초 | **메모리 제한** 512MB | **기출** 삼성전자 SW 역량테스트
링크 https://www.acmicpc.net/problem/14501

상담원으로 일하고 있는 백준이는 퇴사를 하려고 합니다. 오늘부터 N + 1일째 되는 날 퇴사를 하기 위해서, 남은 N일 동안 최대한 많은 상담을 하려고 합니다.

백준이는 비서에게 최대한 많은 상담을 잡으라고 부탁을 했고, 비서는 하루에 하나씩 서로 다른 사람의 상담을 잡아 놓았습니다.

각각의 상담은 상담을 완료하는 데 걸리는 기간 T_i와 상담을 했을 때 받을 수 있는 금액 P_i로 이루어져 있습니다.

N = 7인 경우에 다음과 같은 상담 일정표가 있습니다.

	1일	2일	3일	4일	5일	6일	7일
T_i	3	5	1	1	2	4	2
P_i	10	20	10	20	15	40	200

1일에 잡혀 있는 상담은 총 3일이 걸리며, 상담했을 때 받을 수 있는 금액은 10입니다. 5일에 잡혀 있는 상담은 총 2일이 걸리며, 받을 수 있는 금액은 15입니다.

상담하는 데 필요한 기간은 1일보다 클 수 있기 때문에, 모든 상담을 할 수는 없습니다. 예를 들어서 1일에 상담을 하게 되면, 2, 3일에 있는 상담은 할 수 없습니다. 2일에 있는 상담을 하게 되면, 3, 4, 5, 6일에 잡혀 있는 상담은 할 수 없습니다.

또한 N + 1일째에는 회사에 없기 때문에, 6, 7일에 있는 상담을 할 수 없습니다.

퇴사 전에 할 수 있는 상담의 최대 이익은 1일, 4일, 5일에 있는 상담을 하는 것이며, 이때의 이익은 10 + 20 + 15 = 45입니다.

상담을 적절히 했을 때, 백준이가 얻을 수 있는 최대 수익을 구하는 프로그램을 작성하세요.

입력 조건 • 첫째 줄에 N(1 ≤ N ≤ 15)이 주어집니다.

• 둘째 줄부터 N개의 줄에 T_i와 P_i가 공백으로 구분되어서 주어지며, 1일부터 N일까지 순서대로 주어집니다. (1 ≤ T_i ≤ 5, 1 ≤ P_i ≤ 1,000)

출력 조건 • 첫째 줄에 백준이가 얻을 수 있는 최대 이익을 출력합니다.

입력 예시 1

```
7
3 10
5 20
1 10
1 20
2 15
4 40
2 200
```

출력 예시 1

```
45
```

입력 예시 2

```
10
1 1
1 2
1 3
1 4
1 5
1 6
1 7
1 8
1 9
1 10
```

출력 예시 2

```
55
```

```
10
5 10
5 9
5 8
5 7
5 6
5 10
5 9
5 8
5 7
5 6
```

```
20
```

```
10
5 50
4 40
3 30
2 20
1 10
1 10
2 20
3 30
4 40
5 50
```

```
90
```

Q 34 병사 배치하기

난이도 ●◐○○ | **풀이 시간** 40분 | **시간 제한** 1초 | **메모리 제한** 256MB | **기출** 핵심 유형
링크 https://www.acmicpc.net/problem/18353

N명의 병사가 무작위로 나열되어 있습니다. 각 병사는 특정한 값의 전투력을 보유하고 있으며, 병사를 배치할 때는 전투력이 높은 병사가 앞쪽에 오도록 내림차순으로 배치를 하고자 합니다. 다시 말해 앞쪽에 있는 병사의 전투력이 항상 뒤쪽에 있는 병사보다 높아야 합니다.

또한 배치 과정에서는 특정한 위치에 있는 병사를 열외시키는 방법을 이용합니다. 그러면서도 남아 있는 병사의 수가 최대가 되도록 하고 싶습니다.

예를 들어, N = 7일 때 나열된 병사들의 전투력이 다음과 같다고 가정하겠습니다.

병사 번호	1	2	3	4	5	6	7
전투력	15	11	4	8	5	2	4

이때 3번 병사와 6번 병사를 열외시키면, 다음과 같이 남아 있는 병사의 수가 내림차순의 형태가 되며 5명이 됩니다. 이는 남아 있는 병사의 수가 최대가 되도록 하는 방법입니다.

병사 번호	1	2	4	5	7
전투력	15	11	8	5	4

병사에 대한 정보가 주어졌을 때, 남아 있는 병사의 수가 최대가 되도록 하기 위해서 열외시켜야 하는 병사의 수를 출력하는 프로그램을 작성하세요.

입력 조건 • 첫째 줄에 N이 주어집니다. (1 ≤ N ≤ 2,000) 둘째 줄에 각 병사의 전투력이 공백으로 구분되어 차례대로 주어집니다. 각 병사의 전투력은 10,000,000보다 작거나 같은 자연수입니다.

출력 조건 • 첫째 줄에 남아 있는 병사의 수가 최대가 되도록 하기 위해서 열외시켜야 하는 병사의 수를 출력합니다.

입력 예시
```
7
15 11 4 8 5 2 4
```

출력 예시
```
2
```

Q 35 / 못생긴 수

난이도 ●○○ | **풀이 시간** 30분 | **시간 제한** 1초 | **메모리 제한** 128MB | **기출** Google 인터뷰

못생긴 수란 오직 2, 3, 5만을 소인수$^{Prime Factor}$로 가지는 수를 의미합니다. 다시 말해 오직 2, 3, 5를 약수로 가지는 합성수를 의미합니다. 1은 못생긴 수라고 가정합니다. 따라서 못생긴 수들은 {1, 2, 3, 4, 5, 6, 8, 9, 10, 12, 15, ...} 순으로 이어지게 됩니다. 이때, n번째 못생긴 수를 찾는 프로그램을 작성하세요. 예를 들어 11번째 못생긴 수는 15입니다.

입력 조건　• 첫째 줄에 n이 입력됩니다. (1 ≤ n ≤ 1,000)

출력 조건　• n번째 못생긴 수를 출력합니다.

입력 예시 1

```
10
```

출력 예시 1

```
12
```

입력 예시 2

```
4
```

출력 예시 2

```
4
```

Q 36 편집 거리

난이도 ●◐○○ | **풀이 시간** 30분 | **시간 제한** 2초 | **메모리 제한** 128MB | **기출** Goldman Sachs 인터뷰

두 개의 문자열 A와 B가 주어졌을 때, 문자열 A를 편집하여 문자열 B로 만들고자 합니다. 문자열 A를 편집할 때는 다음의 세 연산 중에서 한 번에 하나씩 선택하여 이용할 수 있습니다.

1. 삽입(Insert): 특정한 위치에 하나의 문자를 삽입합니다.

2. 삭제(Remove): 특정한 위치에 있는 하나의 문자를 삭제합니다.

3. 교체(Replace): 특정한 위치에 있는 하나의 문자를 다른 문자로 교체합니다.

이때 편집 거리란 문자열 A를 편집하여 문자열 B로 만들기 위해 사용한 연산의 수를 의미합니다. 문자열 A를 문자열 B로 만드는 최소 편집 거리를 계산하는 프로그램을 작성하세요. 예를 들어 "sunday"와 "saturday"의 최소 편집 거리는 3입니다.

입력 조건
- 두 문자열 A와 B가 한 줄에 하나씩 주어집니다.
- 각 문자열은 영문 알파벳으로만 구성되어 있으며, 각 문자열의 길이는 1보다 크거나 같고, 5,000보다 작거나 같습니다.

출력 조건
- 최소 편집 거리를 출력합니다.

입력 예시 1
```
cat
cut
```

출력 예시 1
```
1
```

입력 예시 2
```
sunday
saturday
```

출력 예시 2
```
3
```

최단 경로 문제

| **최단 경로
알고리즘** | 그래프상에서 가장 짧은 경로를 찾는 알고리즘입니다. 책에서 다룬 다익스트라 알고리즘과 플로이드 워셜 알고리즘을 성능, 구현 난이도, 역할에 대하여 비교하면 다음과 같습니다. |

알고리즘 종류	시간 복잡도	구현 난이도	역할
다익스트라	$O(E\log V)$	어려운 편	한 지점에서 다른 모든 지점까지의 최단 경로를 계산합니다.
플로이드 워셜	$O(V^3)$	쉬운 편	모든 지점에서 다른 모든 지점까지의 최단 경로를 계산합니다.

| **다익스트라
알고리즘** | 다익스트라 알고리즘은 '단계마다 방문하지 않은 노드 중에서 가장 최단 거리가 짧은 노드를 선택'한 뒤에, 그 노드를 거쳐 가는 경우를 확인하여 최단 거리를 갱신하는 방법입니다. 우선순위 큐를 이용하여 소스코드를 작성할 수 있다는 점을 기억 하세요. |

| **플로이드 워셜
알고리즘** | 플로이드 워셜 알고리즘은 다이나믹 프로그래밍을 이용하여 단계마다 '거쳐 가는 노드'를 기준으로, 최단 거리 테이블을 갱신하는 방식으로 동작합니다. 다음의 점화식만 제대로 기억해 놓는다면 큰 어려움 없이 구현할 수 있습니다. |

$$D_{ab} = min(D_{ab}, D_{ak} + D_{kb})$$

다음과 같이 3중 반복문을 이용해 구현할 수 있습니다(전체 소스코드 257쪽).

```
for k in range(1, n + 1):
    for a in range(1, n + 1):
        for b in range(1, n + 1):
            adj[a][b] = min(adj[a][b], adj[a][k] + adj[k][b])
```

실제로 코딩 테스트 및 알고리즘 대회에서는 겉보기에 최단 경로 문제로 보이지 않더라도, 최소 비용을 구해야 하는 다양한 문제에 최단 경로 알고리즘을 적용할 수 있는 경우가 많기 때문에 구현 방법을 기억해 놓는 것이 유리합니다.

Q 37 플로이드

난이도 ●●○○ | **풀이 시간** 40분 | **시간 제한** 1초 | **메모리 제한** 256MB | **기출** 핵심 유형
링크 https://www.acmicpc.net/problem/11404

n(1 ≤ n ≤ 100)개의 도시가 있고, 한 도시에서 출발하여 다른 도시에 도착하는 m(1 ≤ m ≤ 100,000)개의 버스가 있습니다. 각 버스는 한 번 사용할 때 필요한 비용이 있습니다. 모든 도시의 쌍 (A, B)에 대해서 도시 A에서 B로 가는 데 필요한 비용의 최솟값을 구하는 프로그램을 작성하세요.

입력 조건
- 첫째 줄에 도시의 개수 n(1 ≤ n ≤ 100)이 주어집니다.
- 둘째 줄에는 버스의 개수 m(1 ≤ m ≤ 100,000)이 주어집니다.
- 셋째 줄부터 m + 2줄까지 다음과 같은 버스의 정보가 주어집니다. 먼저 처음에는 그 버스의 출발 도시의 번호가 주어집니다. 버스의 정보는 버스의 시작 도시 a, 도착 도시 b, 한 번 타는 데 필요한 비용 c로 이루어져 있습니다. 시작 도시와 도착 도시가 같은 경우는 없습니다. 비용은 100,000보다 작거나 같은 자연수입니다.
- 시작 도시와 도착 도시를 연결하는 노선은 하나가 아닐 수 있습니다.

출력 조건
- n개의 줄을 출력해야 합니다. i번째 줄에 출력하는 j번째 숫자는 도시 i에서 j로 가는 데 필요한 최소 비용입니다. 만약, i에서 j로 갈 수 없는 경우에는 그 자리에 0을 출력합니다.

입력 예시
5
14
1 2 2
1 3 3
1 4 1
1 5 10
2 4 2
3 4 1
3 5 1
4 5 3
3 5 10
3 1 8
1 4 2
5 1 7
3 4 2
5 2 4

출력 예시
0 2 3 1 4
12 0 15 2 5
8 5 0 1 1
10 7 13 0 3
7 4 10 6 0

Q 38 정확한 순위

난이도 ●●○○ | **풀이 시간** 40분 | **시간 제한** 5초 | **메모리 제한** 128MB | **기출** K 대회

선생님은 시험을 본 학생 N명의 성적을 분실하고, 성적을 비교한 결과의 일부만 가지고 있습니다. 학생 N명의 성적은 모두 다른데, 다음은 6명의 학생에 대하여 6번만 성적을 비교한 결과입니다.

- 1번 학생의 성적 〈 5번 학생의 성적
- 3번 학생의 성적 〈 4번 학생의 성적
- 4번 학생의 성적 〈 2번 학생의 성적
- 4번 학생의 성적 〈 6번 학생의 성적
- 5번 학생의 성적 〈 2번 학생의 성적
- 5번 학생의 성적 〈 4번 학생의 성적

A번 학생의 성적이 B번 학생보다 낮다면 화살표가 A에서 B를 가리키도록 할 때 위의 성적 결과를 다음 그림처럼 표현할 수 있습니다.

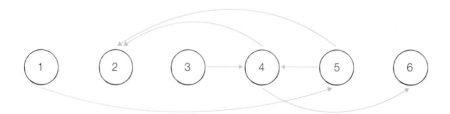

이 그림으로 유추해서 순위를 정확히 알 수 있는 학생도 있고, 알 수 없는 학생도 있습니다. 예를 들어 1번 학생은 5번 학생보다 성적이 낮고, 5번 학생은 4번 학생보다 성적이 낮으므로 1번 학생은 4번 학생보다 성적이 낮습니다. 따라서 1번, 3번, 5번 학생은 모두 4번 학생보다 성적이 낮다고 볼 수 있습니다. 그리고 4번 학생은 2번 학생과 6번 학생보다 성적이 낮습니다. 정리하면 4번 학생보다 성적이 낮은 학생은 3명이고, 성적이 높은 학생은 2명이므로 4번 학생의 성적 순위를 정확히 알 수 있습니다. 하지만 예시에서 4번 학생을 제외한 다른 학생은 정확한 순위를 알 수 없습니다.

학생들의 성적을 비교한 결과가 주어질 때, 성적 순위를 정확히 알 수 있는 학생은 모두 몇 명인지 계산하는 프로그램을 작성하세요.

입력 조건 · 첫째 줄에 학생들의 수 N(2 ≤ N ≤ 500)과 두 학생의 성적을 비교한 횟수 M(2 ≤ M ≤ 10,000)
이 주어집니다.

· 다음 M개의 각 줄에는 두 학생의 성적을 비교한 결과를 나타내는 두 양의 정수 A와 B가 주어집니다.
이는 A번 학생의 성적이 B번 학생보다 낮다는 것을 의미합니다.

출력 조건 · 첫째 줄에 성적 순위를 정확히 알 수 있는 학생이 몇 명인지 출력합니다.

입력 예시	출력 예시
6 6	1
1 5	
3 4	
4 2	
4 6	
5 2	
5 4	

Q 39 / 화성 탐사

난이도 ●●○○ | **풀이 시간** 40분 | **시간 제한** 1초 | **메모리 제한** 128MB | **기출** ACM-ICPC

당신은 화성 탐사 기계를 개발하는 프로그래머입니다. 그런데 화성은 에너지 공급원을 찾기가 힘듭니다. 그래서 에너지를 효율적으로 사용하고자 화성 탐사 기계가 출발 지점에서 목표 지점까지 이동할 때 항상 최적의 경로를 찾도록 개발해야 합니다.

화성 탐사 기계가 존재하는 공간은 N × N 크기의 2차원 공간이며, 각각의 칸을 지나기 위한 비용(에너지 소모량)이 존재합니다. 가장 왼쪽 위 칸인 [0][0] 위치에서 가장 오른쪽 아래 칸인 [N − 1][N − 1] 위치로 이동하는 최소 비용을 출력하는 프로그램을 작성하세요. 화성 탐사 기계는 특정한 위치에서 상하좌우 인접한 곳으로 1칸씩 이동할 수 있습니다.

입력 조건
- 첫째 줄에 테스트 케이스의 수 T(1 ≤ T ≤ 10)가 주어집니다.
- 매 테스트 케이스의 첫째 줄에는 탐사 공간의 크기를 의미하는 정수 N이 주어집니다. (2 ≤ N ≤ 125) 이어서 N개의 줄에 걸쳐 각 칸의 비용이 주어지며 공백으로 구분합니다. (0 ≤ 각 칸의 비용 ≤ 9)

출력 조건 각 테스트 케이스마다 [0][0]의 위치에서 [N − 1][N − 1]의 위치로 이동하는 최소 비용을 한 줄에 하나씩 출력합니다.

3
3
5 5 4
3 9 1
3 2 7
5
3 7 2 0 1
2 8 0 9 1
1 2 1 8 1
9 8 9 2 0
3 6 5 1 5
7
9 0 5 1 1 5 3
4 1 2 1 6 5 3
0 7 6 1 6 8 5
1 1 7 8 3 2 3
9 4 0 7 6 4 1
5 8 3 2 4 8 3
7 4 8 4 8 3 4

20
19
36

Q 40 숨바꼭질

1회 2회 3회

난이도 ●●○○ | **풀이 시간** 40분 | **시간 제한** 1초 | **메모리 제한** 128MB | **기출** USACO

동빈이는 숨바꼭질을 하면서 술래로부터 잡히지 않도록 숨을 곳을 찾고 있습니다. 동빈이는 1 ~ N 번까지의 헛간 중에서 하나를 골라 숨을 수 있으며, 술래는 항상 1번 헛간에서 출발합니다. 전체 맵에는 총 M개의 양방향 통로가 존재하며, 하나의 통로는 서로 다른 두 헛간을 연결합니다. 또한 전체 맵은 항상 어떤 헛간에서 다른 어떤 헛간으로 도달이 가능한 형태로 주어집니다.

동빈이는 1번 헛간으로부터 최단 거리가 가장 먼 헛간이 가장 안전하다고 판단하고 있습니다. 이때 최단 거리의 의미는 지나야 하는 길의 최소 개수를 의미합니다. 동빈이가 숨을 헛간의 번호를 출력하는 프로그램을 작성하세요.

입력 조건
- 첫째 줄에는 N과 M이 주어지며, 공백으로 구분합니다.
  (2 ≤ N ≤ 20,000), (1 ≤ M ≤ 50,000)
- 이후 M개의 줄에 걸쳐서 서로 연결된 두 헛간 A와 B의 번호가 공백으로 구분되어 주어집니다.
  (1 ≤ A, B ≤ N)

출력 조건
- 첫 번째는 숨어야 하는 헛간 번호를(만약 거리가 같은 헛간이 여러 개면 가장 작은 헛간 번호를 출력합니다), 두 번째는 그 헛간까지의 거리를, 세 번째는 그 헛간과 같은 거리를 갖는 헛간의 개수를 출력해야 합니다.

입력 예시	출력 예시
6 7 3 6 4 3 3 2 1 3 1 2 2 4 5 2	4 2 3

18

그래프 이론 문제

서로소 집합 서로소 집합은 공통 원소가 없는 두 집합입니다. 이때 집합 간의 관계를 파악하기 위해서 **서로소 집합 알고리즘**을 사용할 수 있는데 서로소 집합 알고리즘은 union-find^{합치기 찾기} 연산으로 구성되며, 모든 노드는 자신이 속한 집합을 찾을 때 루트 노드를 재귀적으로 찾습니다. 서로소 집합 알고리즘은 최소 신장 트리를 찾는 크루스칼 알고리즘에서 사용되기도 하므로 중요합니다.

신장 트리 신장 트리는 하나의 그래프가 있을 때 모든 노드를 포함하는 부분 그래프를 의미합니다. 일반적인 그래프에서 신장 트리를 추출하는 예시는 다음 그림과 같습니다. 이러한 신장 트리 구성 문제는 현실 세계에서 '모든 섬을 도로를 이용해 연결하는 문제' 등에서 사용될 수 있습니다.

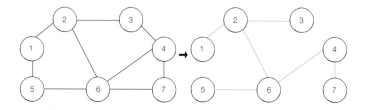

크루스칼 알고리즘 크루스칼 알고리즘은 가능한 최소 비용의 신장 트리를 찾아주는 알고리즘입니다. 시간 복잡도는 $O(E log E)$로 간선을 정렬한 뒤에 간선의 비용이 작은 순서대로 차례대로 최소 신장 트리를 만들어 가는 그리디 알고리즘의 일종입니다.

위상 정렬 알고리즘 위상 정렬 알고리즘은 방향 그래프의 모든 노드들을 방향성에 거스르지 않도록 순서대로 나열하는 정렬 기법을 의미합니다. 예를 들어 '선수과목을 고려한 학습 순서 설정 문제' 등에서 사용될 수 있습니다. 큐 자료구조를 이용한 위상 정렬의 시간 복잡도는 $O(V + E)$입니다.

서로소 집합 알고리즘과 최소 신장 트리 알고리즘은 종종 코딩 테스트에서 출제되는 알고리즘 유형이며, 위상 정렬 알고리즘은 난이도가 높은 후반부 문제에서 가끔 출제되므로 기억해둡시다.

Q 41 여행 계획

난이도 ●●○○ | **풀이 시간** 40분 | **시간 제한** 1초 | **메모리 제한** 128MB | **기출** 핵심 유형

한울이가 사는 나라에는 N개의 여행지가 있으며, 각 여행지는 1 ~ N번까지의 번호로 구분됩니다. 또한 임의의 두 여행지 사이에는 두 여행지를 연결하는 도로가 존재할 수 있습니다. 이때, 여행지가 도로로 연결되어 있다면 양방향으로 이동이 가능하다는 의미입니다. 한울이는 하나의 여행 계획을 세운 뒤에 이 여행 계획이 가능한지의 여부를 판단하고자 합니다. 예를 들어 N = 5이고, 다음과 같이 도로의 정보가 주어졌다고 가정합시다.

- 1번 여행지 – 2번 여행지
- 1번 여행지 – 4번 여행지
- 1번 여행지 – 5번 여행지
- 2번 여행지 – 3번 여행지
- 2번 여행지 – 4번 여행지

만약 한울이의 여행 계획이 2번 → 3번 → 4번 → 3번이라고 해봅시다. 이 경우 2번 → 3번 → 2번 → 4번 → 2번 → 3번의 순서로 여행지를 방문하면, 여행 계획을 따를 수 있습니다.

여행지의 개수와 여행지 간의 연결 정보가 주어졌을 때, 한울이의 여행 계획이 가능한지의 여부를 판별하는 프로그램을 작성하세요.

입력 조건
- 첫째 줄에 여행지의 수 N과 여행 계획에 속한 도시의 수 M이 주어집니다. (1 ≤ N, M ≤ 500)
- 다음 N개의 줄에 걸쳐 N × N 행렬을 통해 임의의 두 여행지가 서로 연결되어 있는지의 여부가 주어집니다. 그 값이 1이라면 서로 연결되었다는 의미이며, 0이라면 서로 연결되어 있지 않다는 의미입니다.
- 마지막 줄에 한울이의 여행 계획에 포함된 여행지의 번호들이 주어지며 공백으로 구분합니다.

출력 조건
- 첫째 줄에 한울이의 여행 계획이 가능하다면 YES를, 불가능하다면 NO를 출력합니다.

```
5 4
0 1 0 1 1
1 0 1 1 0
0 1 0 0 0
1 1 0 0 0
1 0 0 0 0
2 3 4 3
```

YES

Q 42 탑승구

난이도 ●●○○ | **풀이 시간** 50분 | **시간 제한** 1초 | **메모리 제한** 128MB | **기출** CCC

공항에는 G개의 탑승구가 있으며, 각각의 탑승구는 1번부터 G번까지의 번호로 구분됩니다.

공항에는 P개의 비행기가 차례대로 도착할 예정이며, i번째 비행기를 1번부터 g_i번째($1 \leq g_i \leq G$) 탑승구 중 하나에 영구적으로 도킹해야 합니다. 이때, 다른 비행기가 도킹하지 않은 탑승구에만 도킹할 수 있습니다.

또한 P개의 비행기를 순서대로 도킹하다가 만약에 어떠한 탑승구에도 도킹할 수 없는 비행기가 나오는 경우, 그 시점에서 공항의 운행을 중지합니다. 공항의 관리자는 최대한 많은 비행기를 공항에 도킹하고자 합니다. 비행기를 최대 몇 대 도킹할 수 있는지를 출력하는 프로그램을 작성하세요.

입력 조건
- 첫째 줄에는 탑승구의 수 G(1 ≤ G ≤ 100,000)가 주어집니다.
- 둘째 줄에는 비행기의 수 P(1 ≤ P ≤ 100,000)가 주어집니다.
- 다음 P개의 줄에는 각 비행기가 도킹할 수 있는 탑승구의 정보 g_i(1 ≤ g_i ≤ G)가 주어집니다. 이는 i번째 비행기가 1번부터 g_i번째 (1 ≤ g_i ≤ G) 탑승구 중 하나에 도킹할 수 있다는 의미입니다.

출력 조건
- 첫째 줄에 도킹할 수 있는 비행기의 최대 개수를 출력합니다.

입력 예시 1
```
4
3
4
1
1
```

출력 예시 1
```
2
```

4
6
2
2
3
3
4
4

3

입출력 예시에 대한 설명

첫 번째 예시에서는 2번 비행기 혹은 3번 비행기를 1번 탑승구에 도킹하고, 1번 비행기는 2번, 3번, 4번 탑승구 중 하나에 도킹할 때 최댓값을 가집니다.

두 번째 예시에서는 1번 비행기와 2번 비행기를 각각 1번 탑승구와 2번 탑승구에 도킹한 뒤에, 3번 비행기는 3번 탑승구에 도킹할 수 있습니다. 하지만 4번 비행기는 어떤 탑승구에도 도킹할 수 없기 때문에, 이 시점에서 공항의 운행이 중지됩니다.

Q 43 어두운 길

난이도 ●●○ | **풀이 시간** 40분 | **시간 제한** 1초 | **메모리 제한** 128MB | **기출** University of Ulm Local Contest

한 마을은 N개의 집과 M개의 도로로 구성되어 있습니다. 각 집은 0번부터 N − 1번까지의 번호로 구분됩니다. 모든 도로에는 가로등이 구비되어 있는데, 특정한 도로의 가로등을 하루 동안 켜기 위한 비용은 해당 도로의 길이와 동일합니다. 예를 들어 2번 집과 3번 집 사이를 연결하는 길이가 7인 도로가 있다고 해봅시다. 하루 동안 이 가로등을 켜기 위한 비용은 7이 됩니다.

정부에서는 일부 가로등을 비활성화하되, 마을에 있는 임의의 두 집에 대하여 가로등이 켜진 도로만으로도 오갈 수 있도록 만들고자 합니다. 결과적으로 일부 가로등을 비활성화하여 최대한 많은 금액을 절약하고자 합니다. 마을의 집과 도로 정보가 주어졌을 때, 일부 가로등을 비활성화하여 절약할 수 있는 최대 금액을 출력하는 프로그램을 작성하세요.

입력 조건
- 첫째 줄에 집의 수 N(1 ≤ N ≤ 200,000)과 도로의 수 M(N − 1 ≤ M ≤ 200,000)이 주어집니다.
- 다음 M개의 줄에 걸쳐서 각 도로에 대한 정보 X, Y, Z가 주어지며, 공백으로 구분합니다. (0 ≤ X, Y < N) 이는 X번 집과 Y번 집 사이에 양방향 도로가 있으며, 그 길이가 Z라는 의미입니다. 단, X와 Y가 동일한 경우는 없으며 마을을 구성하는 모든 도로의 길이 합은 2^{31}보다 작습니다.

출력 조건
- 첫째 줄에 일부 가로등을 비활성화하여 절약할 수 있는 최대 금액을 출력합니다.

입력 예시
7 11
0 1 7
0 3 5
1 2 8
1 3 9
1 4 7
2 4 5
3 4 15
3 5 6
4 5 8
4 6 9
5 6 11

출력 예시
51

Q 44 / 행성 터널

1회 2회 3회

난이도 ●●○ | **풀이 시간** 40분 | **시간 제한** 1초 | **메모리 제한** 128MB | **기출** COCI
링크 https://www.acmicpc.net/problem/2887

때는 2040년, 이민혁은 우주에 자신만의 왕국을 만들었습니다. 왕국은 N개의 행성으로 이루어져 있습니다. 민혁이는 이 행성을 효율적으로 지배하기 위해서 행성을 연결하는 터널을 만들려고 합니다.

행성은 3차원 좌표 위의 한 점으로 생각하면 됩니다. 두 행성 $A(x_A, y_A, z_A)$와 $B(x_B, y_B, z_B)$를 터널로 연결할 때 드는 비용은 $min(|x_A - x_B|, |y_A - y_B|, |z_A - z_B|)$입니다.

민혁이는 터널을 총 N − 1개 건설해서 모든 행성이 서로 연결되게 하려고 합니다. 이때, 모든 행성을 터널로 연결하는데 필요한 최소 비용을 구하는 프로그램을 작성하세요.

입력 조건
- 첫째 줄에 행성의 개수 N이 주어집니다. (1 ≤ N ≤ 100,000)
- 다음 N개 줄에는 각 행성의 x, y, z 좌표가 주어집니다.
- 모든 좌표 값은 -10^9보다 크거나 같고, 10^9보다 작거나 같은 정수입니다.
- 한 위치에 행성이 두 개 이상 있는 경우는 없습니다.

출력 조건
- 첫째 줄에 모든 행성을 터널로 연결하는데 필요한 최소 비용을 출력합니다.

입력 예시
```
5
11 -15 -15
14 -5 -15
-1 -1 -5
10 -4 -1
19 -4 19
```

출력 예시
```
4
```

Q 45 최종 순위

난이도 ●●● | **풀이 시간** 60분 | **시간 제한** 1초 | **메모리 제한** 256MB | **기출** NWERC 2010
링크 https://www.acmicpc.net/problem/3665

올해 ACM-ICPC 대전 인터넷 예선에는 총 n개의 팀이 참가했습니다. 팀은 1번부터 n번까지 번호가 매겨져 있습니다. 놀랍게도 올해 참가하는 팀은 작년에 참가했던 팀과 동일합니다.

올해 인터넷 예선 본부에서는 최종 순위를 발표하지 않기로 했습니다. 그 대신에 작년에 비해서 상대적으로 순위가 바뀐 팀의 목록만 발표하려고 합니다. (작년에는 순위를 발표했습니다.) 예를 들어, 작년에 팀 13이 팀 6보다 순위가 높았는데, 올해 팀 6이 팀 13보다 순위가 높다면, (6, 13)을 발표할 것입니다.

창영이는 이 정보만을 가지고 올해 최종 순위를 만들어보려고 합니다. 작년 순위와 상대적인 순위가 바뀐 모든 팀의 목록이 주어졌을 때, 올해 순위를 만드는 프로그램을 작성하세요. 하지만, 본부에서 발표한 정보를 가지고 확실한 올해 순위를 만들 수 없는 경우가 있을 수도 있고, 일관성이 없는 잘못된 정보일 수도 있습니다. 이 두 경우도 모두 찾아내야 합니다.

입력 조건 • 첫째 줄에는 테스트 케이스의 개수가 주어집니다. 테스트 케이스는 100개를 넘지 않습니다. 각 테스트 케이스는 다음과 같이 이루어져 있습니다.

  – 팀의 수 n을 포함하고 있는 한 줄. (2 ≤ n ≤ 500)

  – n개의 정수 t_i를 포함하고 있는 한 줄. (1 ≤ t_i ≤ n) t_i는 작년에 i등을 한 팀의 번호입니다. 1등이 가장 성적이 높은 팀입니다. 모든 t_i는 서로 다릅니다.

  – 상대적인 등수가 바뀐 쌍의 수 m. (0 ≤ m ≤ 25000)

  – 두 정수 a_i와 b를 포함하고 있는 m 줄. (1 ≤ a_i < b_i ≤ n) 상대적인 등수가 바뀐 두 팀이 주어집니다. 같은 쌍이 여러 번 발표되는 경우는 없습니다.

출력 조건 • 각 테스트 케이스에 대해서 다음을 출력합니다.

  – n개의 정수를 한 줄에 출력합니다. 출력하는 숫자는 올해 순위이며, 1등팀부터 순서대로 출력합니다. 만약, 확실한 순위를 찾을 수 없다면 "?"를 출력합니다. 데이터에 일관성이 없어서 순위를 정할 수 없는 경우에는 "IMPOSSIBLE"을 출력합니다.

```
3
5
5 4 3 2 1
2
2 4
3 4
3
2 3 1
0
4
1 2 3 4
3
1 2
3 4
2 3
```

```
5 3 2 4 1
2 3 1
IMPOSSIBLE
```

2020년 상반기
삼성전자 기출문제

Q 46 / 아기 상어

난이도 ●●○○ | **풀이 시간** 50분 | **시간 제한** 2초 | **메모리 제한** 512MB | **기출** 삼성전자 공채
링크 https://www.acmicpc.net/problem/16236

N × N 크기의 공간에 물고기 M마리와 아기 상어 1마리가 있습니다. 공간은 1 × 1 크기의 정사각형으로 나누어져 있습니다. 한 칸에는 물고기가 최대 1마리 존재합니다. 아기 상어와 물고기는 모두 크기를 가지고 있고, 이 크기는 자연수입니다. 가장 처음에 아기 상어의 크기는 2이고, 아기 상어는 1초에 상하좌우로 인접한 한 칸씩 이동합니다.

아기 상어는 자신의 크기보다 큰 물고기가 있는 칸은 지나갈 수 없고, 나머지 칸은 모두 지나갈 수 있습니다. 아기 상어는 자신의 크기보다 작은 물고기만 먹을 수 있습니다. 따라서 크기가 같은 물고기는 먹을 수 없지만, 그 물고기가 있는 칸은 지나갈 수 있습니다. 아기 상어가 어디로 이동할지 결정하는 방법은 아래와 같습니다.

- 더 이상 먹을 수 있는 물고기가 공간에 없다면 아기 상어는 엄마 상어에게 도움을 요청합니다.
- 먹을 수 있는 물고기가 1마리라면, 그 물고기를 먹으러 갑니다.
- 먹을 수 있는 물고기가 1마리보다 많다면, 거리가 가장 가까운 물고기를 먹으러 갑니다.
  - 거리는 아기 상어가 있는 칸에서 물고기가 있는 칸으로 이동할 때, 지나야 하는 칸의 개수의 최솟값입니다.
  - 거리가 가까운 물고기가 많다면, 가장 위에 있는 물고기, 그러한 물고기가 여러 마리라면, 가장 왼쪽에 있는 물고기를 먹습니다.

아기 상어의 이동은 1초 걸리고, 물고기를 먹는 데 걸리는 시간은 없다고 가정합니다. 즉, 아기 상어가 먹을 수 있는 물고기가 있는 칸으로 이동했다면, 이동과 동시에 물고기를 먹습니다. 물고기를 먹으면, 그 칸은 빈칸이 됩니다.

아기 상어는 자신의 크기와 같은 수의 물고기를 먹을 때마다 크기가 1 증가하는데 예를 들어, 크기가 2인 아기 상어는 물고기를 2마리 먹으면 크기가 3이 됩니다.

공간의 상태가 주어졌을 때, 아기 상어가 몇 초 동안 엄마 상어에게 도움을 요청하지 않고 물고기를 잡아먹을 수 있는지 구하는 프로그램을 작성하세요.

입력 조건
- 첫째 줄에 공간의 크기 N(2 ≤ N ≤ 20)이 주어집니다.
- 둘째 줄부터 N개의 줄에 공간의 상태가 주어집니다. 공간의 상태는 0, 1, 2, 3, 4, 5, 6, 9로 이루어져 있고, 아래와 같은 의미를 가집니다.
    - 0: 빈칸
    - 1, 2, 3, 4, 5, 6: 칸에 있는 물고기의 크기
    - 9: 아기 상어의 위치
- 아기 상어는 공간에 1마리 있습니다.

출력 조건
- 첫째 줄에 아기 상어가 엄마 상어에게 도움을 요청하지 않고 물고기를 잡아먹을 수 있는 시간을 출력합니다.

입력 예시 1
```
3
0 0 0
0 0 0
0 9 0
```

출력 예시 1
```
0
```

입력 예시 2
```
3
0 0 1
0 0 0
0 9 0
```

출력 예시 2
```
3
```

입력 예시 3
```
4
4 3 2 1
0 0 0 0
0 0 9 0
1 2 3 4
```

출력 예시 3
```
14
```

난이도 ●●○○ | **풀이 시간** 50분 | **시간 제한** 1초 | **메모리 제한** 512MB | **기출** 삼성전자 공채
링크 https://www.acmicpc.net/problem/19236

'Q 46의 아기 상어'가 성장해 청소년 상어가 되었습니다.

4 × 4 크기의 공간이 있고, 크기가 1 × 1인 정사각형으로 나누어져 있습니다. 공간의 각 칸은 (x, y)와 같이 표현하며, x는 행의 번호, y는 열의 번호입니다. 한 칸에는 물고기가 1마리 있고, 각 물고기는 번호와 방향을 가지고 있습니다. 번호는 1보다 크거나 같고, 16보다 작거나 같은 자연수이며, 두 물고기가 같은 번호를 갖는 경우는 없습니다. 방향은 8가지 방향(상하좌우, 대각선) 중 하나입니다.

오늘은 청소년 상어가 이 공간에 들어가 물고기를 먹으려고 합니다. 청소년 상어는 (0, 0)에 있는 물고기를 먹고 (0, 0)에 들어가는데, 상어의 방향은 (0, 0)에 있던 물고기의 방향과 같습니다. 이후 물고기가 이동합니다.

물고기는 번호가 작은 물고기부터 순서대로 이동합니다. 물고기는 한 칸을 이동할 수 있고, 이동할 수 있는 칸은 빈칸과 다른 물고기가 있는 칸이고, 이동할 수 없는 칸은 상어가 있거나 공간의 경계를 넘는 칸입니다. 각각의 물고기는 방향이 이동할 수 있는 칸을 향할 때까지 방향을 45도 반시계 방향으로 회전시킵니다. 이동할 수 있는 칸이 없으면 이동을 하지 않지만, 그 외의 경우에는 이동합니다. 물고기가 다른 물고기가 있는 칸으로 이동할 때는 서로의 위치를 바꾸는 방식으로 이동합니다.

물고기의 이동이 모두 끝나면 이번에는 상어가 이동하는데, 상어는 방향에 있는 칸으로 이동할 수 있고 한 번에 여러 개의 칸을 이동할 수 있습니다. 상어가 물고기가 있는 칸으로 이동했다면, 그 칸에 있는 물고기를 먹고, 그 물고기의 방향을 가집니다. 이동하는 중에 지나가는 칸에 있는 물고기는 먹지 않으며 물고기가 없는 칸으로는 이동할 수 없습니다. 상어가 이동할 수 있는 칸이 없으면 공간에서 벗어나 집으로 돌아갑니다. 상어가 이동한 후에는 다시 물고기가 이동하며, 이후 이 과정이 계속해서 반복됩니다.

〈그림 1〉은 청소년 상어가 공간에 들어가기 전 초기 상태입니다. 상어가 공간에 들어가면 (0, 0)에 있는 7번 물고기를 먹고, 상어의 방향은 ↘이 됩니다. 〈그림 2〉는 상어가 들어간 직후의 상태입니다. 이제 물고기가 이동할 차례입니다. 오른쪽 그림을 보면 1번 물고기의 방향은 ↗인데 ↗ 방향에는 칸

이 있고, 15번 물고기가 들어있습니다. 물고기가 있는 칸으로 이동할 때는 그 칸에 있는 물고기와 위치를 서로 바꿔야 합니다. 따라서 1번 물고기가 이동을 마치면 〈그림 3〉과 같아집니다.

[그림 1]

7 ↘	2 ←	15 ↘	9 ↗
3 ↑	1 ↗	14 →	10 ↑
6 ↑	13 ↘	4 ←	11 ↗
16 ↑	8 →	5 ↘	12 ↘

[그림 2]

상 ↘	2 ←	15 ↘	9 ↗
3 ↑	1 ↗	14 →	10 ↑
6 ↑	13 ↘	4 ←	11 ↗
16 ↑	8 →	5 ↘	12 ↘

〈그림 3〉에서 2번 물고기의 방향은 ←인데, 그 방향에는 상어가 있으니 이동할 수 없습니다. 방향을 45도 반시계 회전을 하면 ↗가 되고, 이 칸에는 3번 물고기가 있습니다. 물고기가 있는 칸이니 서로 위치를 바꾸면 〈그림 4〉와 같아집니다.

〈그림 4〉에서 3번 물고기의 방향은 ↑이고, 존재하지 않는 칸입니다. 45도 반시계 회전을 한 방향 ↘도 존재하지 않으니, 다시 회전합니다. ← 방향에는 상어가 있으니 또 회전합니다. ↗ 방향에는 2번 물고기가 있으니 서로의 위치를 교환하면 됩니다. 이런 식으로 모든 물고기가 이동하면 〈그림 5〉와 같아집니다.

[그림 3]

상 ↘	2 ←	1 ↗	9 ↗
3 ↑	15 ↘	14 →	10 ↑
6 ↑	13 ↘	4 ←	11 ↗
16 ↑	8 →	5 ↘	12 ↘

[그림 4]

상 ↘	3 ↑	1 ↗	9 ↗
2 ↗	15 ↘	14 →	10 ↑
6 ↑	13 ↘	4 ←	11 ↗
16 ↑	8 →	5 ↘	12 ↘

물고기가 모두 이동했으니 이제 상어가 이동할 순서입니다. 〈그림 5〉에서 상어의 방향은 ↘이고, 이동할 수 있는 칸은 12번 물고기가 있는 칸, 15번 물고기가 있는 칸, 8번 물고기가 있는 칸 중의 하나입니다. 만약, 8번 물고기가 있는 칸으로 이동하면, 〈그림 6〉과 같아집니다. 상어와 물고기의 움직임이 이럴 때, 상어가 먹을 수 있는 물고기 번호의 합의 최댓값을 구해보세요.

[그림 5]

상↘	2↗	9←	10↑
6↑	12↘	1↗	14→
16↑	5↘	15↘	13↑
3↗	4←	11↗	8→

[그림 6]

	2↗	9←	10↑
6↑	12↘	1↗	14→
16↑	5↘	15↘	13↑
3↗	4←	11↗	상→

입력 조건 ・ 첫째 줄부터 4개의 줄에 각 칸에 들어 있는 물고기의 정보가 1번 행부터 순서대로 주어집니다. 물고기의 정보는 두 정수 a_i, b_i로 이루어져 있고, a_i는 물고기의 번호, b_i는 방향을 의미합니다. 방향 b_i는 8보다 작거나 같은 자연수를 의미하고, 1부터 순서대로 ↑, ↘, ←, ↗, ↓, ↘, →, ↗ 를 의미합니다.

출력 조건 ・ 첫째 줄에 최소 비교 횟수를 출력합니다. (21억 이하)

입력 예시 1

```
7 6 2 3 15 6 9 8
3 1 1 8 14 7 10 1
6 1 13 6 4 3 11 4
16 1 8 7 5 2 12 2
```

출력 예시 1

33

입력 예시 2

```
16 7 1 4 4 3 12 8
14 7 7 6 3 4 10 2
5 2 15 2 8 3 6 4
11 8 2 4 13 5 9 4
```

출력 예시 2

43

입력 예시 3

```
12 6 14 5 4 5 6 7
15 1 11 7 3 7 7 5
10 3 8 3 16 6 1 1
5 8 2 7 13 6 9 2
```

출력 예시 3

76

정답 페이지 597쪽

Q 48 어른 상어

1회 2회 3회

난이도 ●●◐ | **풀이 시간** 50분 | **시간 제한** 1초 | **메모리 제한** 5126MB | **기출** 삼성전자 공채
링크 https://www.acmicpc.net/problem/19237

'Q 47 청소년 상어'는 점점 자라 어른 상어가 되었습니다. 상어가 사는 공간에 더 이상 물고기는 오지 않고 다른 상어들만이 남아 있습니다. 상어에는 1 이상 M 이하의 자연수 번호가 붙어 있고, 모든 번호는 서로 다릅니다. 상어들은 영역을 사수하기 위해 다른 상어들을 쫓아내려고 하는데, 1의 번호를 가진 어른 상어가 가장 강력해서 나머지 모두를 쫓아낼 수 있습니다.

N × N 크기의 격자 중 M개의 칸에 상어가 1마리씩 들어 있고, 맨 처음에는 모든 상어가 자신의 위치에 자신의 냄새를 뿌립니다. 그 후 1초마다 모든 상어가 동시에 상하좌우로 인접한 칸 중 하나로 이동하고, 자신의 냄새를 그 칸에 뿌립니다. 냄새는 상어가 k번 이동하고 나면 사라집니다.

각각의 상어가 이동 방향을 결정할 때는, 먼저 인접한 칸 중 아무 냄새가 없는 칸의 방향으로 잡고 그런 칸이 없으면 자신의 냄새가 있는 칸의 방향으로 잡습니다. 이때 가능한 칸이 여러 개일 수 있는데, 그 경우에는 특정한 우선순위를 따릅니다. 우선순위는 상어마다 다를 수 있고, 같은 상어라도 현재 상어가 보고 있는 방향에 따라 또 다를 수 있습니다. 상어가 맨 처음에 보고 있는 방향은 입력으로 주어지고, 그 후에는 방금 이동한 방향이 보고 있는 방향이 됩니다.

모든 상어가 이동한 후 한 칸에 여러 마리의 상어가 남아 있으면, 가장 작은 번호를 가진 상어를 제외하고 모두 격자 밖으로 쫓겨납니다. 그림에서 파란 원은 상어입니다.

[그림 1]

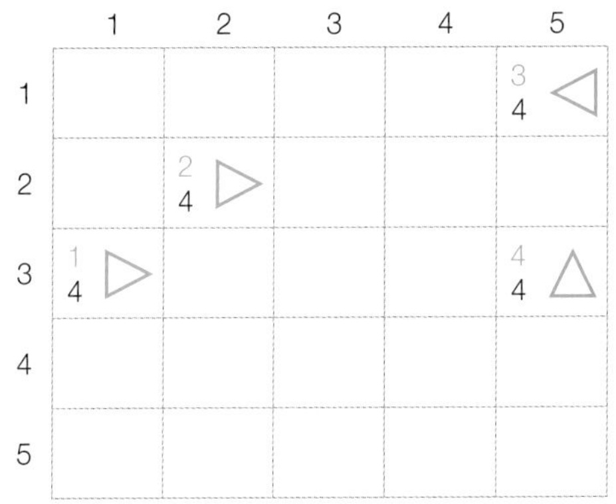

우선 순위표

상어 1		상어 2		상어 3		상어 4	
↑	↓ ← ↑ →	↑	↓ → ← ↑	↑	→ ← ↓ ↑	↑	← → ↑ ↓
↓	→ ↑ ↓ ←	↓	↓ ↑ ← →	↓	↑ → ← ↓	↓	← ↓ → ↑
←	← → ↓ ↑	←	← → ↑ ↓	←	↑ ← ↓ →	←	↑ → ↓ ←
→	→ ← ↑ ↓	→	→ ↑ ↓ ←	→	← ↓ ↑ →	→	↑ → ↓ ←

〈그림 1〉은 맨 처음에 모든 상어가 자신의 냄새를 뿌린 상태를 나타내며, 〈우선 순위표〉에는 각 상어 및 현재 방향에 따른 우선순위가 표시되어 있습니다. 이 예제에서는 k = 4입니다. 왼쪽 하단에 적힌 정수는 냄새를 의미하고, 그 값은 사라지기까지 남은 시간입니다. 좌측 상단에 적힌 정수는 상어의 번호 또는 냄새를 뿌린 상어의 번호를 의미합니다.

[그림 2]

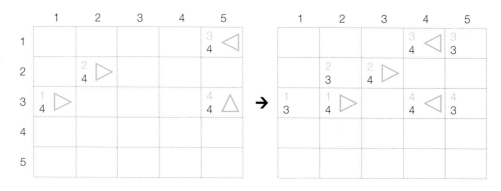

[그림 3]

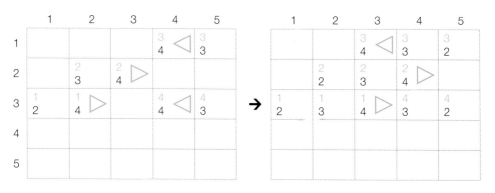

〈그림 2〉는 모든 상어가 한 칸 이동하고 자신의 냄새를 뿌린 상태이고, 〈그림 3〉은 〈그림 2〉의 상태에서 한 칸 더 이동한 것입니다. (2, 4)에는 상어 2와 4가 같이 도달했기 때문에, 상어 4는 격자 밖으로 쫓겨났습니다.

[그림 4]

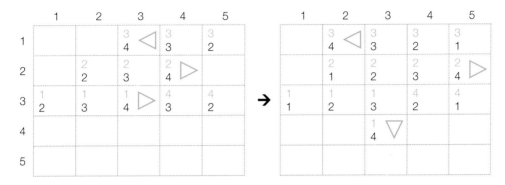

[그림 5]

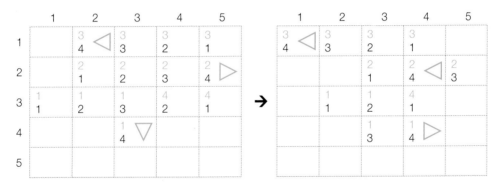

〈그림 4〉는 격자에 남아 있는 모든 상어가 한 칸 이동하고 자신의 냄새를 뿌린 상태, 〈그림 5〉는 〈그림 4〉에서 한 칸 더 이동한 상태를 나타냅니다. 상어 2는 인접한 칸 중에 아무 냄새도 없는 칸이 없으므로 자신의 냄새가 들어 있는 (2, 4)로 이동했습니다. 상어가 이동한 후에, 맨 처음에 각각의 상어가 뿌린 냄새는 사라졌습니다.

이 과정을 반복할 때, 1번 상어만 격자에 남게 되기까지 몇 초가 걸리는지를 구하는 프로그램을 작성하세요.

- 첫 줄에는 N, M, k가 주어집니다. ($2 \leq N \leq 20$, $2 \leq M \leq N^2$, $1 \leq k \leq 1,000$)

- 그다음 줄부터 N개의 줄에 걸쳐 격자의 모습이 주어집니다. 0은 빈칸이고, 0이 아닌 수 x는 x번 상어가 들어 있는 칸을 의미합니다.

- 그다음 줄에는 각 상어의 방향이 차례대로 주어집니다. 1, 2, 3, 4는 각각 위, 아래, 왼쪽, 오른쪽을 의미합니다.

- 그다음 줄부터 각 상어의 방향 우선순위가 상어당 4줄씩 차례대로 주어집니다. 각 줄은 4개의 수로 이루어져 있습니다. 하나의 상어를 나타내는 4줄 중 첫 번째 줄은 해당 상어가 위를 향할 때의 방향 우선순위, 두 번째 줄은 아래를 향할 때의 우선순위, 세 번째 줄은 왼쪽을 향할 때의 우선순위, 네 번째 줄은 오른쪽을 향할 때의 우선순위입니다. 각 우선순위에는 1부터 4까지의 자연수가 한 번씩 나타납니다. 가장 먼저 나오는 방향이 최우선입니다. 예를 들어 우선순위가 1 3 2 4라면, 방향의 순서는 위, 왼쪽, 아래, 오른쪽입니다.

- 맨 처음에는 각 상어마다 인접한 빈칸이 존재합니다. 따라서 처음부터 이동을 못 하는 경우는 없습니다.

- 1번 상어만 격자에 남게 되기까지 걸리는 시간을 출력합니다. 단, 1,000초가 넘어도 다른 상어가 격자에 남아 있으면 −1을 출력합니다.

입력 예시 1

```
4 2 6
1 0 0 0
0 0 0 0
0 0 0 0
0 0 0 2
4 3
1 2 3 4
2 3 4 1
3 4 1 2
4 1 2 3
1 2 3 4
2 3 4 1
3 4 1 2
4 1 2 3
```

출력 예시 1

```
26
```

입력 예시 2

```
5 4 4
0 0 0 0 3
0 2 0 0 0
1 0 0 0 4
0 0 0 0 0
0 0 0 0 0
4 4 3 1
2 3 1 4
4 1 2 3
3 4 2 1
4 3 1 2
2 4 3 1
2 1 3 4
3 4 1 2
4 1 2 3
4 3 2 1
1 4 3 2
1 3 2 4
3 2 1 4
3 4 1 2
3 2 4 1
1 4 2 3
1 4 2 3
```

출력 예시 2

```
14
```

부록

코딩 테스트를 위한 파이썬 문법

파이썬은 문법이 매우 간결하면서도 다루기 쉬운 언어로 알고리즘을 구현할 때도 다른 언어(C/C++, 자바)에 비해서 코드가 짧은 편이다. 부록에서는 간단하게 파이썬 기본 문법을 다루려 한다.

이 책의 독자는 프로그래밍 언어를 다루어본 경험이 있을 거라 가정하므로 부록에서 다루는 파이썬 문법은 어디까지나 코딩 테스트에서 가장 중요한 내용 위주로 담았다. 그리고 유의해야 할 점으로 코딩 테스트에서와 실제 개발에서의 '좋은 코드'의 기준은 다를 수 있다. 예를 들어 파이썬으로 프로그램을 개발할 때는 각 모듈을 클래스별로 구분하여 소스코드를 작성하지만, 코딩 테스트용 코드는 클래스를 작성하지 않고 함수만으로 문제 풀이에 필요한 기능을 모듈화하는 경우가 많다. 이런 차이가 분명하므로 부록에서는 클래스와 같은 문법은 제외하고 코딩 테스트 합격에 필요한 문법 위주로 설명한다.

⟨1⟩ 자료형

알고리즘 문제 풀이를 포함하여 모든 프로그래밍은 결국 데이터를 다루는 행위인 만큼, 자료형에 대한 이해는 프로그래밍의 길에 있어서의 첫걸음이라고 할 수 있다. 파이썬의 자료형은 C/C++, 자바와 같은 다른 언어에서 사용되는 기본 자료형을 제공할 뿐만 아니라, 사전 자료형, 집합 자료형 등 강력한 기능을 제공하는 자료형을 기본으로 내장하고 있어 매우 편리하다.*

수 자료형

수 자료형^{Number}은 코딩 테스트에서 가장 기본적인 자료형이며 프로그래밍을 해봤다면 자연스럽게 사용해봤을 것이다. 데이터는 모두 수^{Number}로 표현할 수 있다. 대부분의 프로그램에서는 일반적으로 정수와 실수가 많이 사용되고, 그중에서도 정수를 기본으로 사용한다. 실제로 코딩 테스트에서도 대부분의 경우 정수형을 다루는 문제가 출제되며, 실수형을 다루어야 하는 문제는 출제 빈도가 낮다.

정수형

정수형^{Integer}은 정수를 다루는 자료형이며 정수형에는 양의 정수, 음의 정수, 0이 있다. 코딩 테스트에서 출제되는 알고리즘 문제는 대부분 입력과 출력 데이터가 정수형이다.

```
a = 1000 # 양의 정수
print(a)

a = -7  # 음의 정수
print(a)
                                                 1000
# 0                                              -7
a = 0                                            0
print(a)
```

---

* 예를 들어 대부분의 언어에서는 HashMap과 같은 별도의 라이브러리를 이용해야 파이썬의 사전 자료형 기능을 구현할 수 있다. 파이썬에는 기본 자료형이 이를 지원하므로 구현이 편리하다는 장점이 있다.

실수형

실수형Real Number은 소수점 아래의 데이터를 포함하는 수 자료형으로 파이썬에서는 변수에 소수점을 붙인 수를 대입하면 실수형 변수로 처리한다. 소수부가 0이거나, 정수부가 0인 소수는 0을 생략하고 작성할 수 있다.

```python
# 양의 실수
a = 157.93
print(a)

# 음의 실수
a = -1837.2
print(a)

# 소수부가 0일 때 0을 생략
a = 5.
print(a)

# 정수부가 0일 때 0을 생략
a = -.7
print(a)
```

```
157.93
-1837.2
5.0
-0.7
```

실수형 데이터를 표현하는 방식으로 파이썬에서는 e나 E를 이용한 지수 표현 방식을 이용할 수 있다. e 다음에 오는 수는 10의 지수부를 의미한다. 예를 들어 1e9라고 입력하게 되면, 10의 9제곱(1,000,000,000)이 된다.

$$\text{유효숫자}e^{\text{지수}} = \text{유효숫자} \times 10^{\text{지수}}$$

지수 표현 방식은 코딩 테스트에서 많이 사용되는데, 예를 들어 최단 경로 문제에서는 도달할 수 없는 노드에 대하여 최단 거리를 '무한(INF)'으로 설정하곤 한다. 최단 경로로 가능한 최댓값이 10억 미만이라면 무한(INF)을 표현할 때 10억을 이용할 수 있다. 이때 일일이 10억을 특정 변수에 대입하는 일은 번거로워 지수 표현 방식인 1e9로 표현할 수 있는 것이다. 또한 큰 수를 표현할 때, 0의 개수가 많아지게 되면 자릿수가 헷갈리는 경우가 많기 때문에 10억을 코드에 입력하는 것보다는 1e9로 표현하는 것이 더 실수할 확률이 적다는 장점도 있다. 혹은 987,654,321이라고 적으면 이게 1e9와 유사할 정도로 크므로 이렇게 적기도 한다. 책의 최단 경로 파트 예제에서도 이렇게 표현했다.

```
# 10억의 지수 표현 방식
a = 1e9
print(a)

# 752.5
a = 75.25e1
print(a)

# 3.954
a = 3954e-3
print(a)
```

```
1000000000.0
752.5
3.954
```

보통 컴퓨터 시스템은 수 데이터를 처리할 때 2진수를 이용하며, 실수를 처리할 때 부동 소수점Floating-point 방식을 이용한다. 오늘날 가장 널리 쓰이는 IEEE754 표준에서는 실수형을 저장하기 위해 4바이트, 혹은 8바이트라는 고정된 크기의 메모리를 할당하며, 이러한 이유로 인해 현대 컴퓨터 시스템은 대체로 실수 정보를 표현하는 정확도에 한계를 가진다.

예를 들어 10진수 체계에서는 0.3과 0.6을 더한 값이 0.9로 정확히 떨어지지만, 2진수에서는 0.9를 정확히 표현할 수 있는 방법이 없다. 물론 최대한 0.9와 가깝게 표현하지만 표현한 값이 정확히 0.9가 아닌 미세한 오차가 발생한다. 일반석으로 코딩 테스트 문제를 풀기 위해서 컴퓨터의 내부 동작 방식까지 자세히 알 필요는 없으나 컴퓨터가 실수를 정확히 표현하지 못한다는 사실은 기억하자.

다음 예시를 확인해보면, 0.3과 0.6을 더한 값이 0.8999999999999999로 저장되는 것을 알 수 있다.

```
a = 0.3 + 0.6
print(a)

if a == 0.9:
    print(True)
else:
    print(False)
```

```
0.8999999999999999
False
```

따라서 소수점 값을 비교하는 작업이 필요한 문제라면 실수 값을 비교하지 못해서 원하는 결과를 얻지 못할 수 있다. 이럴 때는 round( ) 함수를 이용할 수 있다.

round( ) 함수를 호출할 때는 인사Argument를 넣는데 첫 번째 인자는 실수형 데이터이고, 두 번째 인자는 (반올림하고자 하는 위치 − 1)이다. 예를 들어 123.456을 소수점 셋째 자리에서 반올림하려면

round(123.456, 2)라고 작성하며 결과는 123.46이다. (두 번째 인자 없이) 인자를 하나만 넣을 때는 소수점 첫째 자리에서 반올림한다.

다음은 round( ) 함수를 이용해서 소수점 특정 자릿수에서 반올림하는 예시이다. 흔히 코딩 테스트 문제에서는 실수형 데이터를 비교할 때 소수점 다섯 번째 자리에서 반올림한 결과가 같으면 정답으로 인정하는 식으로 처리한다. 그럴 때는 다음과 같이 round( ) 함수를 이용한다.

```python
a = 0.3 + 0.6
print(round(a, 4))

if round(a, 4) == 0.9:
    print(True)
else:
    print(False)
```

```
0.9
True
```

수 자료형의 연산

프로그래밍에서는 사칙연산(+, −, ×, /)을 이용해 계산한다. 이 중에 나누기 연산자(/)를 주의해서 사용하자. 파이썬에서 나누기 연산자(/)는 나눠진 결과를 기본적으로 실수형으로 처리한다.

코딩 테스트 문제를 풀 때에는 나머지 연산자(%)를 이용해야 할 때가 많은데, 예를 들어 특정한 변수 a가 홀수인지 알아볼 때에는 'a를 2로 나눈 나머지가 1인지' 확인한다. 이럴 때는 나머지 연산자(%)를 사용한다. 또한 나눈 결과에서 몫만을 얻고자 할 때는 몫 연산자(//)를 이용한다.

```python
a = 7
b = 3

# 나누기
print(a / b)

# 나머지
print(a % b)

# 몫
print(a // b)
```

```
2.3333333333333335
1
2
```

이외에도 거듭제곱 연산자(**)를 비롯해 다양한 연산자들이 존재한다. 거듭제곱 연산자는 x ** y 형식으로 사용하는데 이는 x^y을 의미한다.

```
a = 5
b = 3

print(a ** b)
```
```
125
```

리스트 자료형

리스트는 여러 개의 데이터를 연속적으로 담아 처리하기 위해 사용할 수 있다. 파이썬의 리스트 자료형은 C나 자바와 같은 프로그래밍 언어처럼 내부적으로 배열Array을 채택하고 있으며, 연결 리스트 자료구조 기능을 포함하고 있어서 append( ), remove( ) 등의 메서드를 지원한다. 파이썬의 리스트는 C++의 STL vector와 유사하며, 리스트 대신에 배열 혹은 테이블이라고 부르기도 한다.

리스트 만들기

리스트는 대괄호([])안에 원소를 넣어 초기화하며, 쉼표(,)로 원소를 구분한다. 리스트의 원소에 접근할 때는 인덱스Index값을 괄호 안에 넣는다. 이때 인덱스는 0부터 시작한다. 그리고 비어 있는 리스트를 선언하고자 할 때는 list( ) 혹은 간단히 대괄호([])를 이용할 수 있다.

1부터 9까지의 모든 정수 데이터를 담는 리스트를 만든 다음 특정한 인덱스의 원소에 접근하여 출력하는 예제를 확인해보자.

```
a = [1, 2, 3, 4, 5, 6, 7, 8, 9]
print(a)

# 인덱스 4, 즉 다섯 번째 원소에 접근
print(a[4])

# 빈 리스트 선언 방법 1)
a = list()
print(a)
```
```
[1, 2, 3, 4, 5, 6, 7, 8, 9]
5
[]
[]
```

```
# 빈 리스트 선언 방법 2)
a = []
print(a)
```

코딩 테스트 문제에서는 주로 크기가 N인 1차원 리스트를 초기화해야 하는데 다음 방식으로 초기화 하면 편리하다. 다음은 크기가 N이고, 모든 값이 0인 1차원 리스트를 초기화하는 소스코드다.

```
# 크기가 N이고, 모든 값이 0인 1차원 리스트 초기화
n = 10
a = [0] * n                              [0, 0, 0, 0, 0, 0, 0, 0, 0, 0]
print(a)
```

리스트의 인덱싱과 슬라이싱

인덱스값을 입력하여 리스트의 특정한 원소에 접근하는 것을 인덱싱Indexing이라고 한다. 파이썬의 인 덱스값은 양의 정수와 음의 정수를 모두 사용할 수 있으며, 음의 정수를 넣으면 원소를 거꾸로 탐색 하게 된다.

예를 들어 인덱스에 −1을 넣으면 가장 마지막 원소가 출력된다. 이런 성질을 이용해 인덱싱을 하여 특정 원소에 접근한 뒤에, 그 값을 간단하게 바꿀 수 있다.

```
a = [1, 2, 3, 4, 5, 6, 7, 8, 9]
# 뒤에서 첫 번째 원소 출력
print(a[-1])

# 뒤에서 세 번째 원소 출력
print(a[-3])
                                         9
# 네 번째 원소 값 변경                     7
a[3] = 7                                 [1, 2, 3, 7, 5, 6, 7, 8, 9]
print(a)
```

또한 리스트에서 연속적인 위치를 갖는 원소들을 가져와야 할 때는 슬라이싱Slicing을 이용할 수 있다. 이때는 대괄호 안에 콜론(:)을 넣어서 시작 인덱스와 (끝 인덱스 − 1)을 설정할 수 있다. 예를 들어 a 라는 리스트의 두 번째 원소부터 네 번째 원소까지의 모든 데이터를 갖는 리스트를 가져오고 싶다면

a[1 : 4]라고 넣는다. 앞서 말했듯이 리스트의 인덱스는 0부터 출발하기 때문에 두 번째 원소의
인덱스는 1이 된다. 그리고 끝 인덱스의 경우 1을 뺀 값의 인덱스까지 처리된다. 그래서 a[1 : 4]
라고 작성하면 된다.

```
a = [1, 2, 3, 4, 5, 6, 7, 8, 9]

# 두 번째 원소부터 네 번째 원소까지
print(a[1 : 4])
```

[2, 3, 4]

리스트 컴프리헨션

리스트 컴프리헨션은 리스트를 초기화하는 방법 중 하나이다. 리스트 컴프리헨션을 이용하면 대괄
호([]) 안에 조건문과 반복문을 넣는 방식으로 리스트를 초기화할 수 있다. 간단히 0부터 19까지의
수 중에서 홀수만 포함하는 리스트를 만들고자 할 때는 다음과 같이 리스트를 초기화할 수 있다. 이
경우 한 줄의 소스코드로 리스트를 초기화할 수 있어 매우 간편하다.

```
# 0부터 19까지의 수 중에서 홀수만 포함하는 리스트
array = [i for i in range(20) if i % 2 == 1]

print(array)
```

[1, 3, 5, 7, 9, 11, 13, 15, 17, 19]

참고로 위 소스코드를 일반적인 소스코드로 작성하면
오른쪽과 같다. 리스트 컴프리헨션을 이용했을 때의 소
스코드가 훨씬 짧고 간결한 것을 알 수 있다. 실행 결과
는 같으므로 생략한다.

또 다른 예시로 1부터 9까지 수의 제곱 값을 포함하는
리스트를 만들고자 할 때는 다음과 같이 리스트를 초기
화할 수 있다.

```
array = []
for i in range(20):
    if i % 2 == 1:
        array.append(i)

print(array)
```

```
# 1부터 9까지의 수의 제곱 값을 포함하는 리스트
array = [i * i for i in range(1, 10)]

print(array)
```

[1, 4, 9, 16, 25, 36, 49, 64, 81]

이러한 리스트 컴프리헨션은 코딩 테스트에서 2차원 리스트를 초기화할 때 매우 효과적으로 사용될 수 있다. 예를 들어 N × M 크기의 2차원 리스트를 초기화할 때는 다음과 같이 사용한다.

```
# N X M 크기의 2차원 리스트 초기화
n = 3
m = 4
array = [[0] * m for _ in range(n)]     [[0, 0, 0, 0], [0, 0, 0, 0], [0, 0, 0, 0]]
print(array)
```

언더바(_)는 어떤 역할일까요?

파이썬 자료구조/알고리즘에서는 반복을 수행하되 반복을 위한 변수의 값을 무시하고자 할 때 언더바(_)를 자주 사용한다. 예를 들어 1부터 9까지의 자연수를 더할 때는 왼쪽 예시처럼 작성하지만, 단순히 "Hello World"를 5번 출력할 때는 오른쪽처럼 언더바(_)를 이용하여 무시할 수 있다.

```
summary = 0
for i in range(1, 10):
    summary += i
print(summary)
```

```
for _ in range(5):
    print("Hello World")
```

참고로 특정 크기의 2차원 리스트를 초기화할 때는 반드시 리스트 컴프리헨션을 이용해야 한다. 만약에 다음과 같이 N × M 크기의 2차원 리스트를 초기화한다면, 의도하지 않은 결과가 나올 수 있다.

```
# N X M 크기의 2차원 리스트 초기화(잘못된 방법)
n = 3
m = 4
array = [[0] * m] * n
print(array)

                                        [[0, 0, 0, 0], [0, 0, 0, 0], [0, 0, 0, 0]]
array[1][1] = 5                         [[0, 5, 0, 0], [0, 5, 0, 0], [0, 5, 0, 0]]
print(array)
```

실행 결과를 확인해보면 array[1][1]의 값을 5로 바꾸었을 뿐인데, 3개의 리스트에서 인덱스 1에 해당하는 원소들의 값이 모두 5로 바뀐 것을 확인할 수 있다. 이는 내부적으로 포함된 3개의 리스트가 모두 동일한 객체에 대한 3개의 레퍼런스로 인식되기 때문이다. 따라서 특정한 크기를 가지는 2차원 리스트를 초기화할 때에는 리스트 컴프리헨션을 이용해야 한다는 점을 기억하자.

리스트 관련 기타 메서드

리스트와 관련한 기타 메서드를 사용하면 리스트 자료형을 효과적으로 이용할 수 있다. 주요 메서드는 다음 표와 같다.

메서드명	사용법	설명	시간 복잡도
append()	변수명.append()	리스트에 원소를 하나 삽입할 때 사용한다.	O(1)
sort()	변수명.sort()	기본 정렬 기능으로 오름차순으로 정렬한다.	O(NlogN)
	변수명.sort(reverse = True)	내림차순으로 정렬한다.	
reverse()	변수명.reverse()	리스트의 원소의 순서를 모두 뒤집어 놓는다.	O(N)
insert()	변수명.insert(삽입할 위치 인덱스, 삽입할 값)	특정한 인덱스 위치에 원소를 삽입할 때 사용한다.	O(N)
count()	변수명.count(특정 값)	리스트에서 특정한 값을 가지는 데이터의 개수를 셀 때 사용한다.	O(N)
remove()	변수명.remove(특정 값)	특정한 값을 갖는 원소를 제거하는데, 값을 가진 원소가 여러 개면 하나만 제거한다.	O(N)

```python
a = [1, 4, 3]
print("기본 리스트: ", a)

# 리스트에 원소 삽입
a.append(2)
print("삽입: ", a)

# 오름차순 정렬
a.sort()
print("오름차순 정렬: ", a)

# 내림차순 정렬
a.sort(reverse = True)
print("내림차순 정렬: ", a)
```

```
# 리스트 원소 뒤집기
a.reverse()
print("원소 뒤집기: ", a)

# 특정 인덱스에 데이터 추가
a.insert(2, 3)
print("인덱스 2에 3 추가: ", a)

# 특정 값인 데이터 개수 세기
print("값이 3인 데이터 개수: ", a.count(3))

# 특정 값 데이터 삭제
a.remove(1)
print("값이 1인 데이터 삭제: ", a)
```

```
기본 리스트:   [1, 4, 3]
삽입:   [1, 4, 3, 2]
오름차순 정렬:   [1, 2, 3, 4]
내림차순 정렬:   [4, 3, 2, 1]
원소 뒤집기:   [1, 2, 3, 4]
인덱스 2에 3 추가:   [1, 2, 3, 3, 4]
값이 3인 데이터 개수:  2
값이 1인 데이터 삭제:   [2, 3, 3, 4]
```

이 중에서 insert( ) 함수와 append( ), remove( )를 특히 더 눈여겨 두자.

코딩 테스트에서 insert( ) 함수를 사용할 때 원소의 개수가 N개면, 시간 복잡도는 $O(N)$이다. 파이썬의 리스트 자료형의 append( ) 함수는 $O(1)$에 수행되는 데에 반해 insert( ) 함수는 동작이 느리다. 중간에 원소를 삽입한 뒤에, 리스트의 원소 위치를 조정해줘야 하기 때문이다. 따라서 insert( ) 함수를 남발하면 '시간 초과'로 테스트를 통과하지 못할 수도 있다.

remove( )의 시간 복잡도는 insert( ) 함수와 마찬가지로 $O(N)$이라는 점을 유의하자. insert( ) 함수와 마찬가지로 리스트에서 중간에 있는 원소를 삭제한 뒤에, 리스트의 원소 위치를 조정해주어야 하기 때문에 $O(N)$이 소요된다.

그러면 특정한 값의 원소를 모두 제거하려면 어떻게 해야 할까? 다른 프로그래밍 언어에서는 remove_all( )과 같은 함수로 간단하게 특정한 값을 가지는 모든 원소를 제거할 수 있다. 하지만 파이썬의 경우 그러한 함수를 기본적으로 제공해주지 않으므로 다음과 같은 방법을 이용하면 좋다.

다음 코드에서 ①부분은 a에 포함된 원소를 하나씩 확인하며 그 원소가 remove_set에 포함되어 있지 않았을 때 리스트 변수인 result에 넣겠다는 의미이다.

```
a = [1, 2, 3, 4, 5, 5, 5]
remove_set = {3, 5}

# remove_set에 포함되지 않은 값만을 저장
result = [i for i in a if i not in remove_set] // ①        [1, 2, 4]
print(result)
```

문자열 자료형

문자열 초기화

문자열 변수를 초기화할 때는 큰따옴표(")나 작은따옴표(')를 이용한다. 다만, 우리가 소스코드를 작성할 때는 문자열 안에 큰따옴표나 작은따옴표가 포함되어야 하는 경우가 있다. 기본적으로 문자열을 큰따옴표로 구성하는 경우, 내부적으로 작은따옴표를 포함할 수 있다. 반대로 문자열을 작은따옴표로 구성하는 경우, 내부적으로 큰따옴표를 이용할 수 있다. 혹은 백슬래시(\)를 사용하면, 큰따옴표나 작은따옴표를 문자열에 원하는 만큼 포함시킬 수 있다.*

```
data = 'Hello World'
print(data)

data = "Don't you know \"Python\"?"
print(data)
```

```
Hello World
Don't you know "Python"?
```

문자열 연산

파이썬은 문자열에 대한 연산도 지원하는데 문자열을 처리할 때 유용하게 사용할 수 있다. 예를 들어 문자열 변수에 덧셈(+)을 이용하면 단순히 문자열이 더해져서 연결된다.

```
a = "Hello"
b = "World"

print(a + " " + b)
```

```
Hello World
```

문자열 변수를 양의 정수와 곱하는 경우, 문자열이 그 값만큼 여러 번 더해진다.

```
a = "String"

print(a * 3)
```

```
StringStringString
```

---

* 프로그래밍 문법에서는 백슬래시와 같은 문자를 '이스케이프 문자'로 정해두고 큰따옴표를 출력하는 등의 특별한 목적으로 사용한다.

파이썬의 문자열은 내부적으로 리스트와 같이 처리된다. 문자열은 여러 개의 문자가 합쳐진 리스트라고 볼 수 있다. 따라서 문자열 데이터에 대해서도 마찬가지로 인덱싱과 슬라이싱을 이용할 수 있다.

```
a = "ABCDEF"

print(a[2 : 4])
```

```
CD
```

튜플 자료형

파이썬의 튜플 자료형은 리스트와 거의 비슷한데 다음과 같은 차이가 있다.

- 튜플은 한 번 선언된 값을 변경할 수 없다.
- 리스트는 대괄호([ ])를 이용하지만, 튜플은 소괄호(( ))를 이용한다.

예를 들어 하나의 튜플 데이터를 선언한 다음, 값을 출력하고 튜플의 특정한 값을 변경해보자.

```
a = (1, 2, 3, 4)
print(a)

a[2] = 7
```

```
(1, 2, 3, 4)
Traceback (most recent call last):
  File "main.py", line 4, in <module>
    a[2] = 7
TypeError: ' tuple ' object does not support item assignment
```

튜플의 값 (1, 2, 3, 4)는 그대로 출력되는 것을 확인할 수 있다. 하지만 튜플의 특정한 값을 변경하려고 할 때는 오류 메시지가 출력된다. 오류의 내용에서는 원소의 대입[Item Assignment]이 불가능하다는 메시지가 출력되고 있다. 말 그대로 대입 연산자(=)를 사용하여 값을 변경할 수 없다는 의미이다.

튜플 자료형은 그래프 알고리즘을 구현할 때 자주 사용된다. 예를 들어 다익스트라 최단 경로 알고리즘처럼 최단 경로를 찾아주는 알고리즘의 내부에서는 우선순위 큐를 이용하는데 해당 알고리즘에서 우선순위 큐에 한 번 들어간 값은 변경되지 않는다. 그래서 그 우선순위 큐에 들어가는 데이터를 튜플로 구성하여 소스코드를 작성한다. 이렇게 알고리즘을 구현하는 과정에서 일부러 튜플을 이용하게 되면 혹여나 자신이 알고리즘을 잘못 작성함으로써 변경하면 안 되는 값이 변경되고 있지는 않은지 체크할 수 있다. 또한 튜플은 리스트에 비해 상대적으로 공간 효율적이고, 일반적으로 각 원소의 성질이 서로 다를 때 주로 사용한다. 흔히 다익스트라 최단 경로 알고리즘에서는 '비용'과 '노드 번호'라는 서로 다른 성질의 데이터를 (비용, 노드 번호)의 형태로 함께 튜플로 묶어서 관리하는 것이 관례이다.

사전 자료형

사전 자료형 소개

사전 자료형은 키^{Key}와 값^{Value}의 쌍을 데이터로 가지는 자료형이다. 앞서 다루었던 리스트나 튜플은 값을 순차적으로 저장한다는 특징이 있다. 예를 들어 리스트의 값이 [1, 2, 3]이라고 한다면, 첫 번째 원소는 a[0]으로 1이라는 값을 가진다. 하지만 사전 자료형은 키-값 쌍을 데이터로 가진다는 점에서, 우리가 원하는 변경 불가능한 데이터를 키로 사용할 수 있다.* 파이썬의 사전 자료형을 이용한 매우 효과적인 사례가 있다. 사전 자료형이 사용되는 대표적인 예시는 사전^{Dictionary}이다.

예를 들어 다음과 같이 키-값 쌍으로 구성되는 데이터를 담아야 한다면 어떻게 할 수 있을까?

키(Key)	값(Value)
사과	Apple
바나나	Banana
코코넛	Coconut

키로 한글 단어를 넣고, 값으로 영어 단어를 넣어 '사과'의 영어 단어를 알고 싶다면 '사과'라는 키 값을 가지는 데이터에 바로 접근하면 된다. 파이썬의 사전 자료형은 내부적으로 '해시 테이블$^{Hash Table}$'을 이용하므로 기본적으로 데이터의 검색 및 수정에 있어서 $O(1)$의 시간에 처리할 수 있다. 이 책에서는 해시 테이블에 대해서 깊게 다루지 않을 것이며, 위와 같이 키-값 쌍으로 구성된 데이터를 처리함에 있어서 리스트보다 훨씬 빠르게 동작한다는 점을 기억하자.

---

* 변경 불가능한 자료형이란 수 자료형, 문자열 자료형, 튜플 자료형과 같이 한 번 초기화되면 변경이 불가능한 자료형을 의미한다. 흔히 사용되지는 않지만, 튜플 자료형이 사전 자료형의 키로 사용되기도 하는데, 이는 'Q 22 블록 이동하기' 문제 풀이에서 사용된다.

```
data = dict()
data['사과'] = 'Apple'
data['바나나'] = 'Banana'
data['코코넛'] = 'Coconut'

print(data)
```

```
{'사과': 'Apple', '바나나': 'Banana', '코코넛': 'Coconut'}
```

이러한 사전 자료형은 코딩 테스트에서도 자주 사용될 수 있다. 예를 들어 학생의 번호가 1부터 10,000,000까지로 구성되어 있는 상황에서 최대 10,000명의 학생을 선택했다고 가정해보자. 이후에 특정한 학생 번호가 주어졌을 때 해당 학생이 선택되었는지를 어떻게 빠르게 알 수 있을까? 만약 리스트를 이용한다면, 1부터 10,000,000까지의 각 번호가 '선택되었는지를 저장할 수 있는' 리스트를 만들어야 한다. 다시 말해 1,000만 개 데이터를 저장할 수 있는 리스트를 만들어야 하므로 많은 메모리 공간이 낭비된다. 이 중 999만 개 가량의 데이터는 쓰이지 않을 것이다.

하지만 사전 자료형을 이용하는 경우 1,000만 개의 데이터를 담을 필요가 없으며 10,000개의 데이터만 사전 자료구조에 들어가므로 훨씬 적은 메모리 공간을 사용할 수 있다. 실제로 사전을 이용했을 때 문제 풀이가 간결해지는 사례는 2부와 3부의 문제들에서 다루고 있으므로 확인해보자.

사전 자료형에 특정한 원소가 있는지 검사할 때는 '원소 in 사전'의 형태를 사용할 수 있다. 이는 리스트나 튜플에 대해서도 사용할 수 있는 문법이다.**

```
data = dict()
data['사과'] = 'Apple'
data['바나나'] = 'Banana'
data['코코넛'] = 'Coconut'

if '사과' in data:
    print("'사과'를 키로 가지는 데이터가 존재합니다.")
```

** 파이썬에서 리스트, 문자열, 튜플 등 원소들을 차례대로 반복할 수 있는 자료형을 Iterable 자료형이라고 한다. 이러한 Iterable 자료형들은 그 내부에 원소들을 포함하는 컨테이너 역할도 하는 것이 대부분이기에 in 문법도 사용이 가능하다.

'사과'를 키로 가지는 데이터가 존재합니다.

사전 자료형 관련 함수

또한 사전 자료형을 질 이용하기 위해서는 이와 관련한 다양한 함수에 대해서 알아야 한다. 대표적으로는 키와 값을 별도로 뽑아내기 위한 함수가 있다. 키 데이터만 뽑아서 리스트로 이용할 때는 keys() 함수를 이용하며, 값 데이터만을 뽑아서 리스트로 이용할 때는 values() 함수를 이용한다.

```
data = dict()
data['사과'] = 'Apple'
data['바나나'] = 'Banana'
data['코코넛'] = 'Coconut'

# 키 데이터만 담은 리스트
key_list = data.keys()
# 값 데이터만 담은 리스트
value_list = data.values()
print(key_list)
print(value_list)

# 각 키에 따른 값을 하나씩 출력
for key in key_list:
    print(data[key])
```

```
dict_keys(['사과', '바나나', '코코넛'])
dict_values(['Apple', 'Banana', 'Coconut'])
Apple
Banana
Coconut
```

집합 자료형

집합 자료형 소개

파이썬에서는 집합set을 처리하기 위한 집합 자료형을 제공하고 있다. 집합은 기본적으로 리스트 혹은 문자열을 이용해서 만들 수 있는데, 집합은 다음과 같은 특징이 있다.

• 중복을 허용하지 않는다.

• 순서가 없다.

기본에 다루었던 리스트나 튜플은 순서가 있기 때문에 인덱싱을 통해 자료형의 값을 얻을 수 있었다. 반면에 사전 자료형과 집합 자료형은 순서가 없기 때문에 인덱싱으로 값을 얻을 수 없다는 특징이 있다. 이와 더불어 집합 자료형에서는 키가 존재하지 않고, 값 데이터만을 담게 된다. 특정 원소가 존재하는지를 검사하는 연산의 시간 복잡도는 사전 자료형과 마찬가지로 $O(1)$이다.

방금 사전 자료형에 대해서 다룰 때 언급했던 '학생 번호가 주어졌을 때 해당 학생이 선택되었는지 여부를 출력하는 문제'에서도 집합 자료형이 효과적으로 사용될 수 있다. 이와 같이 집합 자료형의 사용 방법을 알아두면 효과적으로 이용될 때가 있다. 특히 '특정한 데이터가 이미 등장한 적이 있는지 여부'를 체크할 때 매우 효과적이다. 집합 자료형을 초기화할 때는 set() 함수를 이용하거나, 중괄호({}) 안에 각 원소를 콤마(,)를 기준으로 구분해서 넣으면 된다.

```
# 집합 자료형 초기화 방법 1
data = set([1, 1, 2, 3, 4, 4, 5])
print(data)

# 집합 자료형 초기화 방법 2          {1, 2, 3, 4, 5}
data = {1, 1, 2, 3, 4, 4, 5}       {1, 2, 3, 4, 5}
print(data)
```

집합 자료형의 연산

기본적인 집합 연산으로는 합집합, 교집합, 차집합 연산이 있다. 파이썬은 이러한 집합 자료형의 연산에 대해서 다루고 있다. 집합 자료형 데이터 사이에서 합집합을 계산할 때는 '|'를 이용한다. 또한 교집합은 '&', 차집합은 '−'를 이용한다.

```
a = set([1, 2, 3, 4, 5])
b = set([3, 4, 5, 6, 7])
                              {1, 2, 3, 4, 5, 6, 7}
print(a | b) # 합집합          {3, 4, 5}
print(a & b) # 교집합          {1, 2}
print(a - b) # 차집합
```

집합 자료형 관련 함수

집합 자료형 또한 다른 자료형과 마찬가지로 다양한 함수가 존재한다. 하나의 집합 데이터에 값을 추가할 때는 add( ) 함수를 이용할 수 있다. update( ) 함수는 여러 개의 값을 한꺼번에 추가하고자 할 때 사용한다. 그리고 특정한 값을 제거할 때는 remove( ) 함수를 이용할 수 있다. 이때 add( ), remove( ) 함수는 모두 시간 복잡도가 $O(1)$이다.

```
data = set([1, 2, 3])
print(data)

# 새로운 원소 추가
data.add(4)
print(data)

# 새로운 원소 여러 개 추가
data.update([5, 6])
print(data)

# 특정한 값을 갖는 원소 삭제
data.remove(3)
print(data)
```

```
{1, 2, 3}
{1, 2, 3, 4}
{1, 2, 3, 4, 5, 6}
{1, 2, 4, 5, 6}
```

⟨2⟩ 조건문

조건문은 프로그램을 작성할 때 프로그램의 흐름을 제어하는 문법이다. 조건문을 이용하면 조건에 따라서 프로그램의 로직을 설정할 수 있다. 예를 들어 어떤 변수의 값이 10 이상일 때에 한해서만, 변수의 값을 출력하는 예시를 생각해보자. 이러한 경우 다음과 같이 소스코드를 작성할 수 있다.

```
x = 15

if x >= 10:
    print(x)
```
15

파이썬에서 조건문을 작성할 때는 if ~ elif ~ else문을 이용한다. 그 형태는 다음과 같으며, 조건문을 사용할 때 elif 혹은 else 부분은 경우에 따라서 사용하지 않아도 된다.

```
if 조건문 1:
    조건문 1이 True일 때 실행되는 코드
elif 조건문 2:
    조건문 1에 해당하지 않고, 조건문 2가 True일 때 실행되는 코드
else:
    위의 모든 조건문이 모두 True 값이 아닐 때 실행되는 코드
```

다음과 같이 성적 구간에 따른 학점 정보를 출력한다고 가정해보자. 이때 if ~ elif ~ else문을 효과적으로 사용할 수 있다.

- 성적이 90점 이상일 때: A
- 성적이 90점 미만, 80점 이상일 때: B
- 성적이 80점 미만, 70점 이상일 때: C
- 성적이 70점 미만일 때: F

예시 소스코드를 확인해보자.

```
score = 85

if score >= 90:
    print("학점: A")
elif score >= 80:
    print("학점: B")
elif score >= 70:
    print("학점: C")
else:
    print("학점: F")
```

학점: B

조건문을 작성할 때는 코드의 블록^{Block}을 들여쓰기로 설정한다는 점을 기억하자. 들여쓰기가 같은 부분은 함께 실행된다. 예를 들어 다음 코드에서 ①은 score 변수의 값이 70 미만이라면 함께 실행된다. 또한 마지막 줄에 해당하는 코드 ②는 조건문과 상관없이 무조건 실행되는 부분이다.

```
score = 85

if score >= 70:
    print('성적이 70점 이상입니다.')
    if score >= 90:
        print('우수한 성적입니다.')
else:
    print('성적이 70점 미만입니다.')
    print('조금 더 분발하세요.')          ❶
print('프로그램을 종료합니다.') ← ❷
```

성적이 70점 이상입니다.
프로그램을 종료합니다.

파이썬에서 들여쓰기는 스페이스 바^{Space Bar}를 4번 입력하여 작성한다. 탭을 사용하는 쪽과 공백문자(space)를 여러 번 사용하는 쪽, 두 진영이 있으며 이에 대한 논쟁은 지금까지도 활발하다. 많은 파이썬 커뮤니티에서는 4개의 공백문자를 사용하는 것이 사실상의 표준이므로, 이를 따르는 것을 추천한다. 하지만 실제 코딩 테스트처럼 촉박한 상황에서는 띄어쓰기를 4번 하는 것이 번거로울 수 있다. 그럴 때는 탭^{Tap}을 이용해도 정답 판정을 받는 것에는 상관없지만, 이왕이면 띄어쓰기 4번으로 할 수 있도록 습관을 들이는 것을 추천한다.

비교 연산자

조건문에는 비교 연산자를 자주 사용한다. 비교 연산은 특정한 두 값을 비교할 때 이용할 수 있다. 예를 들어 X가 Y보다 큰지를 검사하고 싶다면, 'X 〉 Y'라고 할 수 있다. X가 Y보다 클 때 True가 반환된다.

비교 연산자	설명
X == Y	X와 Y가 서로 같을 때 참(True)이다.
X != Y	X와 Y가 서로 다를 때 참(True)이다.
X 〉 Y	X가 Y보다 클 때 참(True)이다.
X 〈 Y	X가 Y보다 작을 때 참(True)이다.
X 〉= Y	X가 Y보다 크거나 같을 때 참(True)이다.
X 〈= Y	X가 Y보다 작거나 같을 때 참(True)이다.

논리 연산자

논리 연산자는 2개의 논리 값 사이의 연산을 수행할 때 사용하는데 파이썬에는 3가지 논리 연산자 Logical Operators가 있다. 예를 들어 '학생 A가 남자이면서 성적이 90점 이상인지'를 판단하고 싶다면 '학생 A의 성별 == 남자 and 학생 A의 성적 ≥ 90'이라고 조건문을 작성할 수 있다. 만약 학생 A의 성별이 남자이고 성적이 90점 이상이라면 이 수식은 'True and True'가 되므로 그 결과는 True가 된다.

논리 연산자	설명
X and Y	X와 Y가 모두 참(True)일 때 참(True)이다.
X or Y	X와 Y 중에 하나만 참(True)이어도 참(True)이다.
not X	X가 거짓(False)일 때 참(True)이다.

파이썬의 기타 연산자

파이썬에서는 추가적으로 'in 연산자'와 'not in 연산자'를 제공한다. 여러 개의 데이터를 담는 자료형으로 리스트, 튜플, 문자열, 사전과 같은 자료형이 존재한다. 이러한 자료형은 여러 개의 데이터를 담고 있기 때문에, 이때 자료형 안에 어떠한 값이 존재하는지 확인하는 연산이 필요할 때가 있다.

in 연산자와 not in 연산자	설명
X in 리스트	리스트 안에 X가 들어가 있을 때 참(True)이다.
X not in 문자열	문자열 안에 X가 들어가 있지 않을 때 참(True)이다.

또한 파이썬에서는 조건문의 값이 참(True)이라고 해도, 아무것도 처리하고 싶지 않을 때 pass 문을 이용할 수 있다. 예를 들어 코드를 작성하면서 디버깅하는 과정에서 일단 조건문의 형태만 만들어 놓고 조건문을 처리하는 부분은 비워놓고 싶을 때가 있다. 그럴 때는 다음과 같이 작성할 수 있다.

```
score = 85

if score >= 80:
    pass # 나중에 작성할 소스코드
else:
    print('성적이 80점 미만입니다.')

print('프로그램을 종료합니다.')
```

프로그램을 종료합니다.

그리고 조건문에서 실행될 소스코드가 한 줄인 경우, 굳이 줄 바꿈을 하지 않고도 간략하게 표현할 수 있다. 예시는 다음과 같다.

```
score = 85

if score >= 80: result = "Success"
else: result = "Fail"
```

Success

더 나아가서, 조건부 표현식Conditional Expression을 이용하면 if ~ else문을 한 줄에 작성해 사용할 수 있다.

```
score = 85
result = "Success" if score >= 80 else "Fail"

print(result)
```

Success

특히 조건부 표현식은 리스트에 있는 원소의 값을 변경해서, 또 다른 리스트를 만들고자 할 때 매우 간결하게 사용할 수 있다. 예를 들어 리스트에서 특정한 원소의 값만을 없앤다고 해보자. 원래 일반적인 형태의 조건문을 이용하면 다음과 같이 작성해야 한다.

```
a = [1, 2, 3, 4, 5, 5, 5]
remove_set = {3, 5}

result = []
for i in a:
    if i not in remove_set:
        result.append(i)

print(result)
```
                                                    [1, 2, 4]

이 코드는 다음과 같이 간단하게 작성할 수 있다. 다음 코드는 앞서 리스트 자료형을 설명할 때 다뤘던 코드이다. 실행 결과는 동일하다.

```
a = [1, 2, 3, 4, 5, 5, 5]
remove_set = {3, 5}

result = [i for i in a if i not in remove_set]

print(result)
```
                                                    [1, 2, 4]

여기서 잠깐

파이썬 조건문 내에서의 부등식

다른 언어와 달리 파이썬은 조건문 안에서 수학의 부등식을 그대로 사용할 수 있다. 예를 들어 "x > 0 and x < 20"과 "0 < x < 20"은 같은 결과를 반환한다. 다만, 파이썬이 아닌 대부분의 프로그래밍 언어에서는 단순히 "0 < x < 20"이라고 하면, 의도하지 않은 결과가 반환될 수 있다. 다시 말해 파이썬에서는 다음의 두 조건문이 동일하다.

```
x = 15
if x > 0 and x < 20:
    print("x는 0 초과 20 미만의 수입니
다.")
```

```
x = 15
if 0 < x < 20:
    print("x는 0 초과 20 미만의 수입니
다.")
```

하지만 이 책에서는 다른 언어를 다룰 때 헷갈리지 않도록, "x > 0 and x < 20"와 같이 비교 연산자 사이에 and, or 등의 연산자가 들어가는 형태의 코드만을 사용하였다.

⟨3⟩ 반복문

반복문은 득성한 소스코드를 반복적으로 실행하고자 할 때 사용할 수 있다. 파이썬에서는 while문과 for문이 있는데 어떤 것을 사용해도 상관없다. 하지만 코딩 테스트에서의 실제 사용 예시를 확인해보면, 대부분의 경우에서 for문이 더 소스코드가 짧은 경우가 많다. 먼저 while문에 대해 알아보자.

while문

while문은 조건문이 참일 때에 한해서, 반복적으로 코드가 수행된다. 예를 들어 다음은 '1부터 9까지 각 정수의 합을 계산하는 코드'이다. 코드에서 ①은 i가 9보다 작거나 같을 때 ②블록(반복문 내부의 코드)을 반복해서 실행하라는 의미이다. 이 말은 i가 9보다 커지기 전까지는 ②가 계속 반복된다는 의미이다. 조건문 설정에 따라 해당 블록을 영원히 반복할 수도 있는데, 이를 무한 루프Infinite Loop라고 한다. 물론 코딩 테스트에서 무한 루프를 구현할 일은 거의 없으니 실수로 무한 루프가 발생하지 않도록 주의하도록 하자.

```
i = 1
result = 0

# i가 9보다 작거나 같을 때 아래 코드를 반복적으로 실행
while i <= 9:            ❶
    result += i         ❷
    i += 1
                                            45
print(result)
```

그렇다면 1부터 9까지의 수 중에서 홀수만 더하고자 할 때는 어떻게 할 수 있을까? 반복문 안에서 i가 홀수일 때만 result 변수에 값을 더하면 된다.

```
i = 1
result = 0

# i가 9보다 작거나 같을 때 아래 코드를 반복적으로 실행
while i <= 9:
    if i % 2 == 1:
        result += i
    i += 1

print(result)
```

25

for문

반복문으로 for문을 이용할 수도 있다. 리스트를 사용하는 대표적인 for문의 구조는 다음과 같은데, in 뒤에 오는 데이터에 포함되어 있는 모든 원소를 첫 번째 인덱스부터 차례대로 하나씩 방문한다. in 뒤에 오는 데이터로는 리스트, 튜플, 문자열 등이 사용될 수 있다.

```
for 변수 in 리스트:
    실행할 소스코드
```

다음은 앞서 while문으로 구현했던, 1부터 9까지의 정수의 합을 구하는 예제를 동일하게 for문으로 작성한 코드이다. for문에서 수를 차례대로 나열할 때는 range()를 주로 쓰는데 range(시작 값, 끝 값 + 1) 형태로 쓰인다. 예를 들어 1부터 9까지의 모든 수를 담고자 한다면 range(1, 10)이라고 작성한다.

```
result = 0

# i는 1부터 9까지의 모든 값을 순회
for i in range(1, 10):
    result += i

print(result)
```

45

또한 range( )의 값으로 하나의 값만을 넣으면, 자동으로 시작 값은 0이 된다. 주로 리스트나 튜플 데이터의 모든 원소를 첫 번째 인덱스부터 방문해야 할 때 이 방법을 사용한다. 리스트의 인덱스는 0부터 출발하기 때문이다. 다음 코드를 보자. 학생의 번호를 1번부터 매긴다고 했을 때, 다음과 같이 학생마다 합격 여부를 출력할 수 있다.

```
scores = [90, 85, 77, 65, 97]

for i in range(5):
    if scores[i] >= 80:
        print(i + 1, "번 학생은 합격입니다.")
```

```
1번 학생은 합격입니다.
2번 학생은 합격입니다.
5번 학생은 합격입니다.
```

반복문 안에서 continue를 만나면 프로그램의 흐름은 반복문의 처음으로 돌아간다. 위의 예제에서 2번 학생과 4번 학생은 블랙리스트에 올라가 있어서 점수가 높아도 합격하지 못한다고 가정해보자. 이럴 때는 다음의 소스코드와 같이 블랙리스트에 해당 번호가 포함된 경우, 해당 학생은 무시하고 다시 다음 번호부터 처리하도록 돌아가게 할 수 있다.

```
scores = [90, 85, 77, 65, 97]
cheating_list = {2, 4}

for i in range(5):
    if i + 1 in cheating_list:
        continue
    if scores[i] >= 80:
        print(i + 1, "번 학생은 합격입니다.")
```

```
1번 학생은 합격입니다.
5번 학생은 합격입니다.
```

더불어 반복문은 얼마든지 중첩해서 사용할 수 있다. 예를 들어 2중 반복문이 사용되어야 하는 대표적인 예시는 구구단 예시이다. 실제로 중첩된 반복문은 코딩 테스트에서도 '플로이드 워셜 알고리즘', '다이나믹 프로그래밍' 등의 알고리즘 문제에서 매우 많이 사용된다. 구구단 2단부터 9단까지의 모든 결과를 출력하는 소스코드 예시를 확인해보자.

```
for i in range(2, 10):
    for j in range(1, 10):
        print(i, "X", j, "=", i * j)
    print()
```

```
(실행 결과는 생략합니다.)
```

⟨4⟩ 함수

함수는 프로그래밍에 있어서 굉장히 중요하다. 프로그래밍을 하다 보면, 똑같은 코드가 반복적으로 사용되어야 할 때가 많다. 함수를 사용하지 않으면 소스코드를 매번 일일이 작성해야 하므로, 소스코드가 길어지며 이로 인해 프로그램의 크기가 비효율적으로 커진다. 코딩 테스트에서 테스트 케이스Test Case가 입력된 뒤에 테스트 케이스만큼 특정한 알고리즘을 수행한 결과를 반복적으로 출력하도록 요구하는 문제가 출제되는 경우가 많다. 이럴 때는 문제를 푸는 코드를 함수화하면 매우 효과적으로 풀 수 있다. 이처럼 동일한 알고리즘을 반복적으로 수행해야 할 때 함수는 중요하게 사용된다. 파이썬에서 함수의 구조는 다음과 같다. 함수를 작성할 때는 함수 내부에서 사용되는 변수의 값을 전달받기 위해 매개변수를 정의할 수 있다. 이후에 함수에서 어떠한 값을 반환하고자 할 때는 return을 이용한다. 이때 함수에서 매개변수나 return문은 존재하지 않을 수도 있다.

```
def 함수명(매개변수):
    실행할 소스코드
    return 반환 값
```

대표적인 함수의 예시인 더하기 기능을 제공하는 함수를 작성해보자.

```
def add(a, b):
    return a + b

print(add(3, 7))
```
                                    10

앞서 언급했듯이, 동일한 함수를 return문 없이 작성할 수도 있다. 다음 예시와 같이 함수 안에서 결과까지 출력하도록 하는 경우 return문 없이 함수를 작성한다.

```
def add(a, b):
    print('함수의 결과:', a + b)

add(3, 7)
```
                                함수의 결과: 10

또한 함수를 호출하는 과정에서 다음과 같이 인자Argument를 넘겨줄 때, 파라미터의 변수를 직접 지정해서 값을 넣을 수 있다. 예를 들어 함수 처리 과정에서 매개변수로 a, b가 사용될 때, 함수를 호출하는 라인에서 인자 a와 b를 지칭해서 각각 값을 넣을 수 있다. 이 경우 매개변수의 순서가 달라도 상관없다는 점이 특징이다.

```python
def add(a, b):
    print('함수의 결과:', a + b)
                                        함수의 결과: 10
add(b = 3, a = 7)
```

그리고 함수 안에서 함수 밖의 변수 데이터를 변경해야 하는 경우가 있다. 이때는 함수에서 global 키워드를 이용하면 된다. global 키워드로 변수를 지정하면, 해당 함수에서는 지역 변수를 만들지 않고, 함수 바깥에 선언된 변수를 바로 참조하게 된다. 아래 예시에서는 a라는 변수를 함수 안에서도 동일하게 접근하여 값을 변경하고 있다. 이를 위해 global 키워드가 사용된 것을 확인할 수 있다.

```python
a = 0

def func():
    global a
    a += 1

for i in range(10):
    func()
                                        10
print(a)
```

끝으로 파이썬에서는 람다 표현식Lambda Express을 사용할 수 있다. 람다 표현식을 이용하면 함수를 매우 간단하게 작성하여 적용할 수 있다. 특정한 기능을 수행하는 함수를 한 줄에 작성할 수 있다는 점이 특징이다. 예를 들어 앞서 정의했던 add( ) 함수와 같은 간단한 함수를 정의해야 할 때는 다음처럼 람다 표현식을 효과적으로 사용할 수 있다. 이러한 람다식은 파이썬의 정렬 라이브러리를 사용할 때, 정렬 기준(Key)을 설정할 때에도 자주 사용된다. 자세한 내용은 6장 '정렬'을 확인해보도록 하자.

```
def add(a, b):
    return a + b

# 일반적인 add() 메서드 사용
print(add(3, 7))
                                        10
# 람다 표현식으로 구현한 add() 메서드     10
print((lambda a, b: a + b)(3, 7))
```

〈5〉 입출력

알고리즘 문제 풀이의 첫 번째 단계는 데이터를 입력받는 것이다. 알고리즘 문제의 경우 적절한 입력이 주어졌을 때, 그 입력을 받아서 적절한 알고리즘을 수행한 뒤의 결과를 출력하는 것을 요구하기 때문이다.

예를 들어 학생의 성적 데이터가 주어지고, 이를 내림차순으로 정렬한 결과를 출력하라는 문제를 만났다고 가정해보자. 일반적으로 입력 과정에서는 먼저 데이터의 개수가 첫 번째 줄에 주어지고, 처리할 데이터는 그다음 줄에 주어지는 경우가 많다. 즉, 첫 번째 줄에 학생의 수가 주어지고, 두 번째 줄에 학생의 정보가 주어지며, 정보는 공백으로 구분한다.

대부분 문제에서의 입력 예시와 출력 예시는 다음과 같은 형태를 보일 것이다.

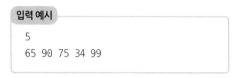

입력 예시
```
5
65 90 75 34 99
```

출력 예시
```
99 90 75 65 34
```

파이썬에서 데이터를 입력받을 때는 input()을 이용한다. input()의 경우 한 줄의 문자열을 입력받도록 해준다. 만약 파이썬에서 입력받은 데이터를 정수형 데이터로 처리하기 위해서는 문자열을 정수로 바꾸는 int() 함수를 사용해야 한다.

그리고 여러 개의 데이터를 입력받을 때는 데이터가 공백으로 구분되는 경우가 많다. 그래서 입력받은 문자열을 띄어쓰기로 구분하여 각각 정수 자료형의 데이터로 저장하는 코드의 사용 빈도가 매우 높다. 이때는 list(map(int, input().split()))을 이용하면 된다.

list(map(int, input().split()))의 동작 과정을 알아보자. 가장 먼저 input()으로 입력받은 문자열을 split()을 이용해 공백으로 나눈 리스트로 바꾼 뒤에, map을 이용하여 해당 리스트의 모든 원소에 int() 함수를 적용한다. 최종적으로 그 결과를 list()로 다시 바꿈으로써 입력받은 문자열을 띄어쓰기로 구분하여 각각 숫자 자료형으로 저장하게 되는 것이다.

이 코드는 정말 많이 사용되므로, 반드시 외우고 있어야 한다. 많은 문제는 공백, 혹은 줄 바꿈을 기준으로 데이터를 구분한다. C/C++에서 입력을 받는 함수인 scanf()는 이 둘을 모두 동일하게 처리한다. 하지만 파이썬에서는 구분자가 줄 바꿈인지 공백인지에 따라서 다른 처리를 요구한다. 줄 바꿈이라면 int(input())을 여러 번 사용하면 되는데, 공백이라면 이렇게 사용해야 하므로 구분해서 알아두자. 결과적으로 코딩 테스트에서 입력을 위해 사용되는 전형적인 소스코드는 다음과 같다.

입력을 위한 전형적인 소스코드

```
# 데이터의 개수 입력
n = int(input())
# 각 데이터를 공백으로 구분하여 입력
data = list(map(int, input().split()))

data.sort(reverse = True)
print(data)
```

```
5 ↵
65 90 75 34 99 ↵
[99, 90, 75, 65, 34]
```

공백으로 구분된 데이터의 개수가 많지 않다면, 단순히 map(int, input().split())을 이용하는 것도 가능하다. 예를 들어 문제에서 첫째 줄에 n, m, k가 공백으로 구분되어 입력된다는 내용이 명시되어 있다고 가정하자. 이 경우에는 다음과 같이 사용할 수 있다.

공백을 기준으로 구분하여 적은 수의 데이터 입력

```
# n, m, k를 공백으로 구분하여 입력
n, m, k = map(int, input().split())

print(n, m, k)
```

```
3 5 7 ↵
3 5 7
```

또한 문제를 풀다보면, 입력을 최대한 빠르게 받아야 하는 경우가 있다. 흔히 정렬, 이진 탐색, 최단 경로 문제의 경우 매우 많은 수의 데이터가 연속적으로 입력이 되곤 한다. 예를 들어 1,000만 개가 넘는 라인이 입력되는 경우, 입력을 받는 것만으로도 시간 초과를 받을 수 있다.*

그래서 사용하는 언어별로 입력을 더 빠르게 받는 방법을 알고 있어야 한다. C++에서는 cin을 이용해 입력을 받기보다, scanf()를 사용하는 것이 권장된다. 자바의 경우에도 문법은 다르지만 비슷한 양상을 보인다.

---

* 각 데이터가 공백으로 구분되어 입력되는 게 아니라, 한 줄마다 입력되는 경우도 존재한다.

파이썬도 마찬가지다. 입력의 개수가 많은 경우에는 단순히 input( ) 함수를 그대로 사용하지는 않는다. 파이썬의 기본 input( ) 함수는 동작 속도가 느려서 시간 초과로 오답 판정을 받을 수 있기 때문이다. 이 경우 파이썬의 sys 라이브러리에 정의되어 있는 sys.stdin.readline( ) 함수를 이용한다. sys 라이브러리는 다음과 같은 방식으로 사용하며 input( ) 함수와 같이 한 줄씩 입력받기 위해 사용한다.

```
import sys
sys.stdin.readline().rstrip()
```

sys 라이브러리를 사용할 때는 한 줄 입력을 받고 나서 rstrip( ) 함수를 꼭 호출해야 한다. readline( )으로 입력하면 입력 후 엔터Enter가 줄 바꿈 기호로 입력되는데, 이 공백 문자를 제거하려면 rstrip( ) 함수를 사용해야 한다. 이 또한 짧은 코드이니 관행적으로 외워서 사용하자.

readline( ) 사용 소스코드 예시

```
import sys

# 문자열 입력받기
data = sys.stdin.readline().rstrip()
print(data)
```

```
Hello World ⏎
Hello World
```

이상으로 간단히 파이썬에서의 입력 방법에 대해 알아보았다. 이제 출력 방법에 대해서 알아보자. 출력을 할 때는 print( )를 이용하여 출력을 진행할 수 있다. print( )는 변수나 상수를 매개변수로 입력받아 이를 표준 출력으로 출력한다. print( )는 각 변수를 콤마(,)로 구분하여 매개변수로 넣을 수 있는데, 이 경우 각 변수가 띄어쓰기로 구분되어 출력된다.

변수 출력 예시

```
# 출력할 변수들
a = 1
b = 2

print(a, b)
```

```
1 2
```

또한 파이썬의 print( )는 기본적으로 출력 이후에 줄 바꿈을 수행한다. 따라서 print( )를 사용할 때마다 줄이 변경된다고 볼 수 있다.

출력 줄 바꿈 예시

```
# 출력할 변수들
a = 1
b = 2

print(a)
print(b)
```

```
1
2
```

일부 문제의 경우 출력할 때 문자열과 수를 함께 출력해야 되는 경우가 있다. 이 경우 단순히 더하기 연산자(+)를 이용하여 문자열과 수를 더하면 오류가 발생한다.*

출력 시 오류가 발생하는 소스코드 예시

```
# 출력할 변수들
answer = 7

print("정답은 " + answer + "입니다.")
```

```
TypeError: can only concatenate str (not "int") to str
```

실행 결과를 확인해보면, 문자열 자료형끼리만 더하기 연산이 가능하다는 오류 메시지를 확인할 수 있다. 이 경우에는 2가지 방법으로 해결할 수 있다. str() 함수를 이용하여 출력하고자 하는 변수 데이터를 문자열로 바꾸어주거나, 혹은 각 자료형을 콤마(,)를 기준으로 구분하여 출력하면 된다.

변수를 문자열로 바꾸어 출력하는 소스코드 예시

```
# 출력할 변수들
answer = 7

print("정답은 " + str(answer) + "입니다.")
```

```
정답은 7입니다.
```

---

* 자바와 같은 일부 프로그래밍 언어에서는 문자열과 수를 더하는 연산을 수행하면, 자동으로 수 데이터가 문자열로 자료형이 변환되면서 더해 진다. 파이썬은 해당되지 않는다는 점, 꼭 기억하자.

각 변수를 콤마(,)로 구분하여 출력하는 소스코드 예시

```
# 출력할 변수들
answer = 7

print("정답은", answer, "입니다.")
```

정답은 7 입니다.

각 변수를 콤마로 구분하여 출력하는 경우, 변수의 값 사이에 의도치 않은 공백이 삽입될 수 있다는 점을 신경 써주도록 하자.

또한 Python 3.6 이상의 버전부터 f-string 문법을 사용할 수 있다. f-string은 문자열 앞에 접두사 'f'를 붙임으로써 사용할 수 있는데, f-string을 이용하면 단순히 중괄호({}) 안에 변수를 넣음으로써, 자료형의 변환 없이도 간단히 문자열과 정수를 함께 넣을 수 있다.

```
answer = 7
print(f"정답은 {answer}입니다.")
```

정답은 7입니다.

# **6** 주요 라이브러리의 문법과 유의점

코딩 테스트에서 자주 사용되는 주요 라이브러리의 문법과 유의할 점에 대해서 추가로 알아보자. 이 절에서 다룬 내용은 대부분 알고리즘 이론 파트에서 주기적으로 언급된 내용이다. 파이썬의 일부 라이브러리는 잘못 사용하면 수행 시간이 비효율적으로 증가하므로 이 절에서 설명하는 내용을 잘 기억해두자.

표준 라이브러리란 특정한 프로그래밍 언어에서 자주 사용되는 표준 소스코드를 미리 구현해 놓은 라이브러리를 의미한다. 코딩 테스트에서는 대부분 표준 라이브러리를 사용할 수 있도록 허용하므로 표준 라이브러리를 사용하면 소스코드 작성량에 대한 부담을 줄일 수 있다. 예를 들어 C++로 코딩 테스트를 치르는 사람은 C++ STL^{Standard Template Library}을 이용할 수 있으며, 파이썬으로 코딩 테스트를 치르는 사람은 파이썬 표준 라이브러리를 이용할 수 있다.

파이썬 표준 라이브러리는 다음 공식 문서에서 자세히 확인할 수 있다. 이 책에서 모든 내용을 다룰 수는 없으므로, 추가로 필요한 기능이 있다면 찾아서 사용하는 습관을 기르도록 하자.

- https://docs.python.org/ko/3/library/index.html

파이썬에서 지원하는 표준 라이브러리는 굉장히 다양하지만, 코딩 테스트를 준비하며 반드시 알아야 하는 라이브러리는 6가지 정도이다. 이 6가지 라이브러리 또한 각각 많은 기능을 포함하고 있어서 모든 기능을 언급할 수는 없으므로, 여기서는 각 라이브러리의 가장 중요하고 알아두어야 할 핵심 내용만 요약하여 설명하고자 한다.

- 내장 함수: print( ), input( )과 같은 기본 입출력 기능부터 sorted( )와 같은 정렬 기능을 포함하고 있는 기본 내장 라이브러리이다. 파이썬 프로그램을 작성할 때 없어서는 안 되는 필수적인 기능을 포함하고 있다.
- itertools: 파이썬에서 반복되는 형태의 데이터를 처리하는 기능을 제공하는 라이브러리이다. 순열과 조합 라이브러리를 제공한다.
- heapq: 힙(Heap) 기능을 제공하는 라이브러리이다. 우선순위 큐 기능을 구현하기 위해 사용한다.
- bisect: 이진 탐색(Binary Search) 기능을 제공하는 라이브러리이다.
- collections: 덱(deque), 카운터(Counter) 등의 유용한 자료구조를 포함하고 있는 라이브러리이다.

• math: 필수적인 수학적 기능을 제공하는 라이브러리이다. 팩토리얼, 제곱근, 최대공약수(GCD), 삼각함수 관련 함수부터 파이(pi)와 같은 상수를 포함하고 있다.

내장 함수

파이썬에는 별도의 import 명령어 없이 바로 사용할 수 있는 내장 함수가 존재한다. 내장 함수는 프로그램 작성에 있어 가장 기본적이면서 필수적인 기능을 포함하고 있다. 대표적인 내장 함수는 input(), print()인데, 이 2가지 입출력 함수는 이미 앞서 언급했기 때문에 이를 제외한 함수를 다루겠다.

먼저 sum() 함수는 리스트와 같은 iterable 객체*가 입력으로 주어졌을 때, 모든 원소의 합을 반환한다. 리스트 [1, 2, 3, 4, 5]의 모든 원소의 값을 더하는 예시를 확인해보자.

```
result = sum([1, 2, 3, 4, 5])
print(result)
```

15

min() 함수는 파라미터가 2개 이상 들어왔을 때 가장 작은 값을 반환한다. 예를 들어 특정한 4개의 정수 중에서 가장 작은 수를 출력하는 예시를 확인해보자.

```
result = min(7, 3, 5, 2)
print(result)
```

2

max() 함수는 파라미터가 2개 이상 들어왔을 때 가장 큰 값을 반환한다. 마찬가지로 4개의 정수 중에서 가장 큰 수를 출력하는 예시를 확인해보자.

---

* 파이썬에서 iterable 객체는 반복 가능한 객체를 말한다. 리스트, 사전 자료형, 튜플 자료형 등이 이에 해당한다.

```
result = max(7, 3, 5, 2)
print(result)
```

```
7
```

eval( ) 함수는 수학 수식이 문자열 형식으로 들어오면 해당 수식을 계산한 결과를 반환한다. 예를 들어 문자열 형태로 주어진 수식 (3 + 5) × 7을 계산하는 소스코드는 다음과 같다.

```
result = eval("(3 + 5) * 7")
print(result)
```

```
56
```

sorted( ) 함수는 iterable 객체가 들어왔을 때, 정렬된 결과를 반환한다. key 속성으로 정렬 기준을 명시할 수 있으며, reverse 속성으로 정렬된 결과 리스트를 뒤집을지의 여부를 설정할 수 있다. 리스트 [9, 1, 8, 5, 4]를 오름차순으로 정렬하는 예시와 내림차순으로 정렬하는 예시는 다음과 같다.

```
result = sorted([9, 1, 8, 5, 4])                  # 오름차순으로 정렬
print(result)
result = sorted([9, 1, 8, 5, 4], reverse = True)  # 내림차순으로 정렬
print(result)
```

```
[1, 4, 5, 8, 9]
[9, 8, 5, 4, 1]
```

파이썬에서는 리스트의 원소로 리스트나 튜플이 존재할 때 특정한 기준에 따라서 정렬을 수행할 수 있다. 정렬 기준은 key 속성을 이용해 명시할 수 있다. 예를 들어 리스트 [('홍길동', 35), ('이순신', 75), ('아무개', 50)]이 있을 때, 원소를 튜플의 두 번째 원소(수)를 기준으로 내림차순으로 정렬하고자 한다면 다음과 같이 사용할 수 있다.

```
result = sorted([('홍길동', 35), ('이순신', 75), ('아무개', 50)], key = lambda x: x[1],
reverse = True)
print(result)
```

```
[('이순신', 75), ('아무개', 50), ('홍길동', 35)]
```

리스트와 같은 iterable 객체는 기본으로 sort( ) 함수를 내장하고 있어서 굳이 sorted( ) 함수를 사용하지 않고도 sort( ) 함수를 사용해서 정렬할 수 있다. 이 경우 리스트 객체의 내부 값이 정렬된 값으로 바로 변경된다. 리스트 [9, 1, 8, 5, 4]를 오름차순으로 정렬하는 예시는 다음과 같다.

```
data = [9, 1, 8, 5, 4]
data.sort()
print(data)
```

```
[1, 4, 5, 8, 9]
```

itertools

itertools는 파이썬에서 반복되는 데이터를 처리하는 기능을 포함하고 있는 라이브러리이다. 제공하는 클래스는 매우 다양하지만, 코딩 테스트에서 가장 유용하게 사용할 수 있는 클래스는 permutations, combinations이다. 참고로 순열과 조합에 대한 설명은 부록 B에서도 추가로 다루고 있다.

permutations는 리스트와 같은 iterable 객체에서 r개의 데이터를 뽑아 일렬로 나열하는 모든 경우(순열)를 계산해준다. permutations는 클래스이므로 객체 초기화 이후에는 리스트 자료형으로 변환하여 사용한다. 리스트 ['A', 'B', 'C']에서 3개(r = 3)를 뽑아 나열하는 모든 경우를 출력하는 예시는 다음과 같다.

```
from itertools import permutations

data = ['A', 'B', 'C'] # 데이터 준비
```

```
result = list(permutations(data, 3)) # 모든 순열 구하기

print(result)
```

```
[('A', 'B', 'C'), ('A', 'C', 'B'), ('B', 'A', 'C'), ('B', 'C', 'A'), ('C', 'A', 'B'), ('C', 'B', 'A')]
```

combinations는 리스트와 같은 iterable 객체에서 r개의 데이터를 뽑아 순서를 고려하지 않고 나열하는 모든 경우(조합)를 계산한다. combinations는 클래스이므로 객체 초기화 이후에는 리스트 자료형으로 변환하여 사용한다. 리스트 ['A', 'B', 'C']에서 2개(r = 2)를 뽑아 순서에 상관없이 나열하는 모든 경우를 출력하는 예시는 다음과 같다.

```
from itertools import combinations

data = ['A', 'B', 'C'] # 데이터 준비
result = list(combinations(data, 2)) # 2개를 뽑는 모든 조합 구하기

print(result)
```

```
[('A', 'B'), ('A', 'C'), ('B', 'C')]
```

product는 permutations와 같이 리스트와 같은 iterable 객체에서 r개의 데이터를 뽑아 일렬로 나열하는 모든 경우(순열)를 계산한다. 다만 원소를 중복하여 뽑는다. product 객체를 초기화할 때는 뽑고자 하는 데이터의 수를 repeat 속성값으로 넣어준다. product는 클래스이므로 객체 초기화 이후에는 리스트 자료형으로 변환하여 사용한다. 리스트 ['A', 'B', 'C']에서 중복을 포함하여 2개(r = 2)를 뽑아 나열하는 모든 경우를 출력하는 예시는 다음과 같다.

```
from itertools import product

data = ['A', 'B', 'C'] # 데이터 준비
result = list(product(data, repeat=2)) # 2개를 뽑는 모든 순열 구하기(중복 허용)

print(result)
```

[('A', 'A'), ('A', 'B'), ('A', 'C'), ('B', 'A'), ('B', 'B'), ('B', 'C'), ('C', 'A'), ('C', 'B'), ('C', 'C')]

combinations_with_replacement는 combinations와 같이 리스트와 같은 iterable 객체에서 r개의 데이터를 뽑아 순서를 고려하지 않고 나열하는 모든 경우(조합)를 계산한다. 다만 원소를 중복해서 뽑는다. combinations_with_replacement는 클래스이므로 객체 초기화 이후에는 리스트 자료형으로 변환하여 사용해야 한다. 리스트 ['A', 'B', 'C']에서 중복을 포함하여 2개(r = 2)를 뽑아 순서에 상관없이 나열하는 모든 경우를 출력하는 예시는 다음과 같다.

```
from itertools import combinations_with_replacement

data = ['A', 'B', 'C'] # 데이터 준비
result = list(combinations_with_replacement(data, 2)) # 2개를 뽑는 모든 조합 구하기(중복 허용)
print(result)
```

[('A', 'A'), ('A', 'B'), ('A', 'C'), ('B', 'B'), ('B', 'C'), ('C', 'C')]

heapq

파이썬에서는 힙Heap 기능을 위해 heapq 라이브러리를 제공한다. heapq는 다익스트라 최단 경로 알고리즘을 포함해 다양한 알고리즘에서 우선순위 큐 기능을 구현하고자 할 때 사용된다. heapq 외에도 PriorityQueue 라이브러리를 사용할 수 있지만, 코딩 테스트 환경에서는 보통 heapq가 더 빠르게 동작하므로 heapq를 이용하도록 하자.

파이썬의 힙은 최소 힙Min Heap으로 구성되어 있으므로 단순히 원소를 힙에 전부 넣었다가 빼는 것만으로도 시간 복잡도 $O(NlogN)$에 오름차순 정렬이 완료된다. 보통 최소 힙 자료구조의 최상단 원소는 항상 '가장 작은' 원소이기 때문이다.

힙에 원소를 삽입할 때는 heapq.heappush() 메서드를 이용하고, 힙에서 원소를 꺼내고자 할 때는 heapq.heappop() 메서드를 이용한다. 힙 정렬Heap Sort을 heapq로 구현하는 예제를 통해 heapq의 사용 방법을 알아보자.

```
import heapq

def heapsort(iterable):
    h = []
    result = []
    # 모든 원소를 차례대로 힙에 삽입
    for value in iterable:
        heapq.heappush(h, value)
    # 힙에 삽입된 모든 원소를 차례대로 꺼내어 담기
    for _ in range(len(h)):
        result.append(heapq.heappop(h))
    return result

result = heapsort([1, 3, 5, 7, 9, 2, 4, 6, 8, 0])
print(result)
```

```
[0, 1, 2, 3, 4, 5, 6, 7, 8, 9]
```

또한 파이썬에서는 최대 힙Max Heap을 제공하지 않는다. 따라서 heapq 라이브러리를 이용하여 최대 힙을 구현해야 할 때는 원소의 부호를 임시로 변경하는 방식을 사용한다. 힙에 원소를 삽입하기 전에 잠시 부호를 반대로 바꾸었다가, 힙에서 원소를 꺼낸 뒤에 다시 원소의 부호를 바꾸면 된다. 이러한 방식으로 최대 힙을 구현하여 내림차순 힙 정렬을 구현하는 예시는 다음과 같다.

```
import heapq

def heapsort(iterable):
    h = []
    result = []
    # 모든 원소를 차례대로 힙에 삽입
    for value in iterable:
        heapq.heappush(h, -value)
    # 힙에 삽입된 모든 원소를 차례대로 꺼내어 담기
    for _ in range(len(h)):
        result.append(-heapq.heappop(h))
    return result
```

```
result = heapsort([1, 3, 5, 7, 9, 2, 4, 6, 8, 0])
print(result)
```

```
[9, 8, 7, 6, 5, 4, 3, 2, 1, 0]
```

bisect

파이썬에서는 이진 탐색을 쉽게 구현할 수 있도록 bisect 라이브러리를 제공한다. bisect 라이브러리는 '정렬된 배열'에서 특정한 원소를 찾아야 할 때 매우 효과적으로 사용된다. bisect 라이브러리에서는 bisect_left() 함수와 bisect_right() 함수가 가장 중요하게 사용되며, 이 두 함수는 시간 복잡도 $O(logN)$에 동작한다.

- bisect_left(a, x): 정렬된 순서를 유지하면서 리스트 a에 데이터 x를 삽입할 가장 왼쪽 인덱스를 찾는 메서드
- bisect_right(a, x): 정렬된 순서를 유지하도록 리스트 a에 데이터 x를 삽입할 가장 오른쪽 인덱스를 찾는 메서드

예를 들어 정렬된 리스트 [1, 2, 4, 4, 8]이 있을 때, 새롭게 데이터 4를 삽입하려 한다고 가정하자. 이때 bisect_left(a, 4)와 bisect_right(a, 4)는 각각 인덱스값으로 2와 4를 반환한다.

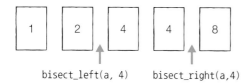

예를 소스코드로 구현하면 다음과 같다.

```
from bisect import bisect_left, bisect_right

a = [1, 2, 4, 4, 8]
x = 4

print(bisect_left(a, x))
print(bisect_right(a, x))
```

```
2
4
```

또한 bisect_left( ) 함수와 bisect_right( ) 함수는 '정렬된 리스트'에서 '값이 특정 범위에 속하는 원소의 개수'를 구하고자 할 때, 효과적으로 사용될 수 있다.

아래의 count_by_range(a, left_value, right_value) 함수를 확인해보자. 이는 정렬된 리스트에서 값이 [left_value, right_value]에 속하는 데이터의 개수를 반환한다. 다시 말해 원소의 값을 x라고 할 때, left_value $\leq$ x $\leq$ right_value인 원소의 개수를 $O(logN)$으로 빠르게 계산할 수 있다.

```python
from bisect import bisect_left, bisect_right

# 값이 [left_value, right_value]인 데이터의 개수를 반환하는 함수
def count_by_range(a, left_value, right_value):
    right_index = bisect_right(a, right_value)
    left_index = bisect_left(a, left_value)
    return right_index - left_index

# 리스트 선언
a = [1, 2, 3, 3, 3, 3, 4, 4, 8, 9]

# 값이 4인 데이터 개수 출력
print(count_by_range(a, 4, 4))

# 값이 [-1, 3] 범위에 있는 데이터 개수 출력
print(count_by_range(a, -1, 3))
```

```
2
6
```

collections

파이썬의 collections 라이브러리는 유용한 자료구조를 제공하는 표준 라이브러리다. collections 라이브러리의 기능 중에서 코딩 테스트에서 유용하게 사용되는 클래스는 deque와

Counter이다. 이 2가지에 대해서 차례대로 알아보자.

보통 파이썬에서는 deque를 사용해 큐를 구현한다. 별도로 제공되는 Queue 라이브러리가 있는데 일반적인 큐 자료구조를 구현하는 라이브러리는 아니다. 따라서 deque를 이용해 큐를 구현해야 한다는 점을 기억하자.

기본 리스트 자료형은 데이터 삽입, 삭제 등의 다양한 기능을 제공한다. 리스트가 있을 때 중간에 특정한 원소를 삽입하는 것도 가능하다. 하지만 리스트 자료형은 append() 메서드로 데이터를 추가하거나, pop() 메서드로 데이터를 삭제할 때 '가장 뒤쪽 원소'를 기준으로 수행된다. 따라서 앞쪽에 있는 원소를 처리할 때에는 리스트에 포함된 데이터의 개수에 따라서 많은 시간이 소요될 수 있다. 리스트에서 앞쪽에 있는 원소를 삭제하거나 앞쪽에 새 원소를 삽입할 때의 시간 복잡도는 $O(N)$이다. 이를 비교하면 다음의 표와 같다.

	리스트	deque
가장 앞쪽에 원소 추가	$O(N)$	$O(1)$
가장 뒤쪽에 원소 추가	$O(1)$	$O(1)$
가장 앞쪽에 있는 원소 제거	$O(N)$	$O(1)$
가장 뒤쪽에 있는 원소 제거	$O(1)$	$O(1)$

deque에서는 리스트 자료형과 다르게 인덱싱, 슬라이싱 등의 기능은 사용할 수 없다. 다만, 연속적으로 나열된 데이터의 시작 부분이나 끝부분에 데이터를 삽입하거나 삭제할 때는 매우 효과적으로 사용될 수 있다. deque는 스택이나 큐의 기능을 모두 포함한다고도 볼 수 있기 때문에 스택 혹은 큐 자료구조의 대용으로 사용될 수 있다.

deque는 첫 번째 원소를 제거할 때 popleft()를 사용하며, 마지막 원소를 제거할 때 pop()을 사용한다. 또한 첫 번째 인덱스에 원소 x를 삽입할 때 appendleft(x)를 사용하며, 마지막 인덱스에 원소를 삽입할 때 append(x)를 사용한다.

따라서 deque를 큐 자료구조로 이용할 때, 원소를 삽입할 때에는 append()를 사용하고 원소를 삭제할 때에는 popleft()를 사용하면 된다. 그러면 먼저 들어온 원소가 항상 먼저 나가게 된다. 리스트 [2, 3, 4]의 가장 앞쪽과 뒤쪽에 원소를 삽입하는 예시는 다음과 같다.

```
from collections import deque

data = deque([2, 3, 4])
data.appendleft(1)
data.append(5)

print(data)
print(list(data)) # 리스트 자료형으로 변환
```

```
deque([1, 2, 3, 4, 5])
[1, 2, 3, 4, 5]
```

파이썬 collections 라이브러리의 Counter는 등장 횟수를 세는 기능을 제공한다. 구체적으로 리스트와 같은 iterable 객체가 주어졌을 때, 해당 객체 내부의 원소가 몇 번씩 등장했는지를 알려준다. 따라서 원소별 등장 횟수를 세는 기능이 필요할 때 짧은 소스코드로 이를 구현할 수 있다.

```
from collections import Counter

counter = Counter(['red', 'blue', 'red', 'green', 'blue', 'blue'])

print(counter['blue'])   # 'blue'가 등장한 횟수 출력
print(counter['green'])  # 'green'이 등장한 횟수 출력
print(dict(counter))     # 사전 자료형으로 변환
```

```
3
1
{'red': 2, 'blue': 3, 'green': 1}
```

math

math 라이브러리는 자주 사용되는 수학적인 기능을 포함하고 있는 라이브러리이다. 팩토리얼, 제곱근, 최대공약수GCD 등을 계산해주는 기능을 포함하고 있으므로, 수학 계산을 요구하는 문제를 만났

을 때 효과적으로 사용될 수 있다. 간단히 사용 예시를 확인해보도록 하겠다.

먼저 math 라이브러리의 factorial(x) 함수는 x! 값을 반환한다. 예를 들어 5!를 출력하는 예시는 다음과 같다.

```python
import math

print(math.factorial(5)) # 5 팩토리얼을 출력
```

```
120
```

그리고 math 라이브러리의 sqrt(x) 함수는 x의 제곱근을 반환한다. 7의 제곱근을 출력하는 예시 코드는 다음과 같다.

```python
import math

print(math.sqrt(7)) # 7의 제곱근을 출력
```

```
2.6457513110645907
```

최대 공약수를 구해야 할 때는 math 라이브러리의 gcd(a, b) 함수를 이용할 수 있다. 이 함수는 a와 b의 최대 공약수를 반환한다. 예시로 21과 14의 최대 공약수를 출력하는 코드는 다음과 같다.

```python
import math

print(math.gcd(21, 14))
```

```
7
```

수학 공식에서 자주 등장하는 상수가 필요할 때에도 math 라이브러리를 사용할 수 있다. math 라이브러리는 파이(pi)나 자연상수 e를 제공한다.

```
import math

print(math.pi) # 파이(pi) 출력
print(math.e) # 자연상수 e 출력
```

```
3.141592653589793
2.718281828459045
```

 자신만의 알고리즘 노트 만들기

문제를 풀면서 자신만의 라이브러리를 만들어 관리하는 것은 매우 좋은 습관이다. 모르는 문제나 어려운 문제를 만났을 때는 문제를 복습하면서 반드시 소스코드를 정리하는 것을 추천한다. 한 발 더 나아가 이미 공부한 적이 있는 알고리즘도 틈날 때마다 소스코드를 보기 좋게 정리하는 습관을 들이자.

예를 들어 2020년 카카오 기출문제인 '자물쇠와 열쇠' 문제를 생각해보자. 이 문제를 풀기 위해서는 2차원 리스트를 회전하는 기능을 구현해야 한다. 이러한 문제에서 사용한 소스코드들은 문제를 푼 뒤에 (맞혔다고 하더라도) 바로 문제 풀이 사이트를 닫지 말고 본인만의 라이브러리 노트에 기록해서 해당 문제를 해결하기 위해 사용한 기능을 라이브러리화하는 것을 추천한다.

소스코드는 개인 문서에 일일이 기록할 수도 있지만, 깃허브GitHub와 같은 사이트에 기록하는 방법을 추천한다. 깃허브를 이용하면 버전별로 소스코드를 관리할 수 있고, 폴더별로 알고리즘의 종류를 나누어 정리할 수 있다. 팀으로 알고리즘을 공부한다면 팀원이 함께 깃허브 저장소를 관리할 수 있어 편리하다. 라이브러리를 만들 때는 단순히 함수만 작성하는 것보다 해당 함수의 사용 예시(방법)까지 같이 기록해 놓는 것을 추천한다. 앞서 언급한 '2차원 리스트(행렬)를 90도 회전시키는 함수' 예시는 다음과 같이 작성할 수 있을 것이다.

```
''' 2차원 리스트(행렬)를 90도 회전하는 메서드 '''
def rotate_a_matrix_by_90_degree(a):
    row_length = len(a)
    column_length = len(a[0])

    res = [[0] * row_length for _ in range(column_length)]
    for r in range(row_length):
        for c in range(column_length):
            res[c][row_length - 1 - r] = a[r][c]

    return res

# 사용 예시
```

```
a = [
    [1, 2, 3, 4],
    [5, 6, 7, 8],
    [9, 10, 11, 12]
]

print(rotate_a_matrix_by_90_degree(a))
```

실제로 알고리즘 대회를 준비하는 사람들은 대체로 자신만의 팀 노트를 만들고 있다. 필자도 알고리즘 대회나 기업 코딩 테스트를 위한 팀 노트를 관리하고 있다. 필자의 파이썬 전용 팀 노트의 경로는 다음과 같다. 직접 자신만의 팀 노트를 관리해보고 싶은 독자는 다음의 경로를 참고해보는 것을 추천한다.

• https://github.com/ndb796/Python-Competitive-Programming-Team-Notes

기타 알고리즘

부록 B에서는 이론 파트에서 다루지 않았지만, 추가로 알고 있으면 좋을 알고리즘을 소개하고자 한다. 추가로 다룰 알고리즘에 필요한 기초 수학 지식은 간단하게 개념을 설명하여 가능한 한 쉽게 이해할 수 있도록 했다. 실제 코딩 테스트에서도 어려운 고등 수학 개념은 물어보지 않는다는 점을 기억하자. 코딩 테스트의 목적은 공식 암기가 아닌 문제 해결 능력 평가라서 문제 자체는 기초 수학만 알고 있어도 해결할 수 있도록 출제되는 경향이 있다.

다시 말하면, 이번 장에서 다루는 알고리즘은 소수^{Prime Number}, 순열^{Permutation}, 조합^{Combination}과 같은 수학 이론을 활용한다. 하지만 난이도는 오히려 그래프 알고리즘보다 낮은 편이니 수학에 약한 독자라고 해도 순서대로 잘 읽으면 어렵지 않게 관련 문제를 해결해낼 수 있을 것이다. 가장 먼저 '소수의 판별' 알고리즘부터 확인해보자.

 **더 알아두면 좋은 알고리즘**

소수의 판별

소수Prime Number란 2보다 큰 자연수 중에서 1과 자기 자신을 제외한 자연수로는 나누어떨어지지 않는 자연수이다. 예를 들어 '6'은 1, 2, 3, 6으로 나누어떨어진다. 따라서 6은 소수가 아니다. 하지만 '7'은 1과 7을 제외하고는 나누어떨어지지 않는다. 그렇기 때문에 7은 소수이다. 또한 소수는 2보다 큰 자연수에 대하여 정의되므로, 1은 소수에 해당하지 않는다는 특징이 있다.

간혹 코딩 테스트에서는 어떠한 자연수가 소수인지 아닌지 판별해야 하는 경우가 생긴다. 혹은 1부터 N까지의 모든 소수를 출력해야 하는 문제 등이 출제될 수 있다. 그렇다면 가장 먼저 어떠한 수 X가 주어졌을 때 해당 수가 소수인지 아닌지 판별하는 방법에 대해서 살펴보자. 가장 간단한 방법은 X를 2부터 X − 1까지의 모든 수로 나누어보는 것이다. 만약 2부터 X − 1까지의 모든 자연수로 나누었을 때 나누어떨어지는 수가 하나라도 존재하면 X는 소수가 아니다. 코드는 다음과 같다.

```
# 소수 판별 함수
def is_prime_number(x):
    # 2부터 (x - 1)까지의 모든 수를 확인하며
    for i in range(2, x):
        # x가 해당 수로 나누어떨어진다면
        if x % i == 0:
            return False # 소수가 아님
    return True # 소수임

print(is_prime_number(4))
print(is_prime_number(7))
```

```
False
True
```

이 코드의 실행 결과는 차례대로 False, True인 것을 확인할 수 있다. 4는 소수가 아니며, 7은 소수이기 때문이다. 시간 복잡도를 계산해보면 이 알고리즘의 시간 복잡도는 $O(X)$이다. 예를 들어 1,000,000이라는 수가 소수인지 확인해야 할 때는 1,000,000을 2부터 999,999까지의 모든 수에 대하여 하나씩 나누어야 한다. 따라서 이와 같이 알고리즘을 작성하면 몹시 비효율적이다.

우리는 이 알고리즘을 개선해서 하나의 수가 소수인지 판별하는 알고리즘을 $O(X)$보다 더 빠르게 동작하도록 작성할 수 있다. 자연수의 약수가 가지는 특징을 파악하고 있다면 그 원리를 쉽게 이해할 수 있다. 예를 들어 16이라는 수의 약수^{Divisor}는 다음과 같다.

- 1, 2, 4, 8, 16

이때 모든 약수에 대하여, 가운데 약수를 기준으로 하여 대칭적으로 2개씩 앞뒤로 묶어서 곱하면 16을 만들 수 있다.

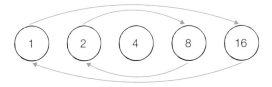

결과적으로 다음 5개의 등식이 성립하는 것을 확인할 수 있다.

- 1 × 16 = 16
- 2 × 8 = 16
- 4 × 4 = 16
- 8 × 2 = 16
- 16 × 1 = 16

여기에서 알 수 있는 점은 가운데 약수를 기준으로 해서 각 등식이 대칭적인 형태를 보인다는 것이다. 예를 들어 2 × 8 = 16은 8 × 2 = 16과 대칭이다. 그렇기 때문에 우리는 특정한 자연수 X가 소수인지 확인하기 위하여 바로 가운데 약수까지만 '나누어떨어지는지' 확인하면 된다. 위의 예시에서는 4까지만 확인하면 된다. 즉, 2, 3, 4를 확인하여 나누어떨어지는지 확인한다. 다시 말해 제곱근까지만 (가운데 약수까지만) 확인하면 된다는 점을 기억하자.

이해를 돕기 위하여 예시 하나를 더 확인해보자. 8이라는 수가 있을 때, 이 수의 약수는 다음과 같다.

   1, 2, 4, 8

마찬가지로 약수를 앞뒤로 2개씩 묶으면 다음과 같다.

- 1 × 8 = 8
- 2 × 4 = 8

- 4 × 2 = 8

- 8 × 1 = 8

결과적으로 8도 마찬가지로 8의 제곱근까지만 확인하면 된다. 정확히는 8의 제곱근은 2.828...이므로 2까지만 확인하면 된다. 3부터는 확인할 필요가 없다. 따라서 다음과 같이 코드를 작성하면 시간 복잡도 $O(X^{1/2})$에 소수를 판별할 수 있다.

```python
import math

# 소수 판별 함수
def is_prime_number(x):
    # 2부터 x의 제곱근까지의 모든 수를 확인하며
    for i in range(2, int(math.sqrt(x)) + 1):
        # x가 해당 수로 나누어떨어진다면
        if x % i == 0:
            return False # 소수가 아님
    return True # 소수임

print(is_prime_number(4))
print(is_prime_number(7))
```

개선된 소수 판별 알고리즘의 시간 복잡도는 제곱근까지만 확인하면 되기 때문에 시간 복잡도가 $O(X^{1/2})$인 것을 알 수 있다. 제곱근까지만 확인해도 된다는 점에서 시간 복잡도를 매우 많이 개선할 수 있다. 예를 들어 소수인지 아닌지 판별해야 되는 수가 1,000,000일 때는 반복문 상에서 2부터 1,000까지만 확인하면 되는 것이다. 이렇게 우리는 하나의 수가 주어졌을 때, 그 수가 소수인지 아닌지 판별하는 알고리즘을 알아보았다. 하지만 하나의 수에 대해서 소수인지 아닌지 판별해야 하는 경우가 아니라 수의 범위가 주어졌을 때, 그 전체 수의 범위 안에서 존재하는 모든 소수를 찾아야 하는 경우에는 어떻게 해야 할까? 예를 들어 1부터 1,000,000까지의 모든 소수를 출력해야 하는 문제를 만났을 때, 위의 알고리즘을 이용해서 모든 수를 하나씩 검사하는 것으로는 느릴 수 있다.

에라토스테네스의 체

에라토스테네스의 체 알고리즘은 여러 개의 수가 소수인지 아닌지를 판별할 때 사용하는 대표적인 알고리즘이다. 에라토스테네스의 체는 N보다 작거나 같은 모든 소수를 찾을 때 사용할 수 있다. 에

스테네스의 체 알고리즘은 다음과 같다.

1 2부터 N까지의 모든 자연수를 나열한다.

2 남은 수 중에서 아직 처리하지 않은 가장 작은 수 i를 찾는다.

3 남은 수 중에서 i의 배수를 모두 제거한다(i는 제거하지 않는다).

4 더 이상 반복할 수 없을 때까지 2 번과 3 번의 과정을 반복한다.

에라토스테네스의 체 알고리즘은 그림으로 쉽게 이해할 수 있다. 예를 들어 N = 26일 때를 확인해 보자. 알고리즘에 따라서 가장 먼저 2부터 26까지의 모든 자연수를 나열한다. 그 뒤에 알고리즘을 수행하면 된다.

step 0 초기 단계에서는 다음과 같이 2부터 26까지의 모든 자연수를 나열한다.

2	3	4	5	6
7	8	9	10	11
12	13	14	15	16
17	18	19	20	21
22	23	24	25	26

step 1 남은 수 중에서 아직 처리하지 않은 가장 작은 수를 찾은 다음, 그 수를 제외한 배수를 제거한다. 따라서 2를 제외한 2의 배수는 모두 제외한다.

2	3	4	5	6
7	8	9	10	11
12	13	14	15	16
17	18	19	20	21
22	23	24	25	26

남은 수 중에서 아직 처리하지 않은 가장 작은 수를 찾은 다음, 그 수를 제외한 배수를 제거한다. 따라서 3을 제외한 3의 배수는 모두 제외한다.

2	3	4	5	6
7	8	9	10	11
12	13	14	15	16
17	18	19	20	21
22	23	24	25	26

남은 수 중에서 아직 처리하지 않은 가장 작은 수를 찾은 다음, 그 수를 제외한 배수를 제거한다. 따라서 5를 제외한 5의 배수는 모두 제외한다.

2	3	4	5	6
7	8	9	10	11
12	13	14	15	16
17	18	19	20	21
22	23	24	25	26

step 4 이어서 마찬가지로, 남은 수 중에서 가장 작은 수를 찾은 다음, 그 수를 제외한 배수를 제거하는 과 정을 반복한다. 이 과정을 거쳐 남아 있는 수는 모두 소수이며, 이렇게 2부터 26까지의 모든 소수 를 찾았다. 최종적인 결과는 다음과 같다.

2	3	4	5	6
7	8	9	10	11
12	13	14	15	16
17	18	19	20	21
22	23	24	25	26

에라토스테네스의 체 알고리즘을 이용하여 1부터 N까지의 모든 소수를 출력하는 프로그램을 작성 하면 다음과 같다. 예제에서는 N = 1,000으로 설정하였다. 또한 매 스텝마다 남은 수 중에서 아직 처리하지 않은 가장 작은 수 i를 찾는다고 하였으나, 이때 i는 N의 제곱근(가운데 약수)까지만 증가 시켜 확인하면 된다. 그리고 가끔씩 문제에서 1이 소수인지 판별해야 하도록 입력 조건이 주어질 수 있는데, 1은 소수가 아니므로 그런 경우에는 다음 소스코드에 array[1]의 값으로 False를 넣어주 는 부분을 추가해주면 된다.

```
import math

n = 1000 # 2부터 1,000까지의 모든 수에 대하여 소수 판별
array = [True for i in range(n + 1)] # 처음엔 모든 수가 소수(True)인 것으로 초기화(0과 1은 제외)

# 에라토스테네스의 체 알고리즘
for i in range(2, int(math.sqrt(n)) + 1): # 2부터 n의 제곱근까지의 모든 수를 확인하며
    if array[i] == True: # i가 소수인 경우(남은 수인 경우)
        # i를 제외한 i의 모든 배수를 지우기
        j = 2
        while i * j <= n:
            array[i * j] = False
            j += 1
```

```
# 모든 소수 출력
for i in range(2, n + 1):
    if array[i]:
        print(i, end=' ')
```

시간 복잡도의 구체적인 승명 과정을 책에서 다루지는 않겠지만, 에라토스테네스의 체 알고리즘의 시간 복잡도는 $O(NloglogN)$으로 사실상 선형 시간에 동작할 정도로 빠르다. 예를 들어 N = 1,000,000일 때 $log_2 \, log_2 N$은 약 4 정도의 매우 작은 수이므로, $Nlog_2 \, log_2 N$은 약 4,000,000 정도가 될 것이다.

이처럼 에라토스테네스의 체 알고리즘은 매우 빠르게 동작하기 때문에 다수의 소수를 찾아야 하는 문제에서 자주 사용된다. 다만, 메모리가 많이 필요하다는 단점이 있다. 알고리즘을 수행할 때 N의 크기만큼 리스트를 할당해야 하기 때문이다. 예를 들어 N = 1,000,000일 때는 2부터 1,000,000까지의 모든 수에 대한 정보를 담을 수 있는 크기의 리스트가 필요하다. 또한 10억이 소수인지 찾아야 하는 문제에서는 에라토스테네스의 체를 이용하기 어렵다.

따라서 에라토스테네스의 체를 이용해야 되는 문제의 경우 N이 1,000,000 이내로 주어지는 경우가 많다. 그렇게 하면 이론상 400만 번 정도의 연산으로 문제를 해결할 수 있으며, 메모리 또한 충분히 처리할 수 있는 크기만큼만 차지하기 때문이다.

투 포인터

투 포인터Two Pointers 알고리즘은 리스트에 순차적으로 접근해야 할 때 2개의 점의 위치를 기록하면서 처리하는 알고리즘을 의미한다. 예를 들어서 한 반에 학생이 40명이 있을 때, 모든 학생을 번호 순서대로 일렬로 세운 뒤, 학생들을 순차적으로 지목해야 할 경우를 생각해보자. 2, 3, 4, 5, 6, 7번 학생을 지목해야 할 때, 우리는 번호로 한명씩 부르기보다는 '2번부터 7번까지의 학생'이라고 부를 수도 있다. 이처럼 리스트에 담긴 데이터에 순차적으로 접근해야 할 때는 '시작점'과 '끝점' 2개의 점으로 접근할 데이터의 범위를 표현할 수 있다.

이러한 투 포인터 알고리즘을 이용하여 '특정한 합을 가지는 부분 연속 수열 찾기' 문제를 풀어보자. '특정한 합을 가지는 부분 연속 수열 찾기 문제'는 양의 정수로만 구성된 리스트가 주어졌을 때, 그 부분 연속 수열 중에서 '특정한 합'을 갖는 수열의 개수를 출력하는 문제이다. 예를 들어 다음과 같이 1, 2, 3, 2, 5를 차례대로 원소로 갖는 리스트가 주어져 있다고 해보자.

1	2	3	2	5

이때 합계 값을 5라고 설정하면 다음과 같은 3가지 경우의 수만 존재한다.

1	2	3	2	5

1	2	3	2	5

1	2	3	2	5

그러면 이 문제를 투 포인터 알고리즘을 이용하여 풀어보자. 투 포인터 알고리즘의 특징은 2개의 변수를 이용해 리스트 상의 위치를 기록한다는 점이다. '특정한 합을 가지는 부분 연속 수열 찾기' 문제에서는 부분 연속 수열의 시작점(start)과 끝점(end)의 위치를 기록한다. 특정한 부분합을 M이라고 할 때, 구체적인 알고리즘은 다음과 같다.

　1 시작점(start)과 끝점(end)이 첫 번째 원소의 인덱스(0)를 가리키도록 한다.

　2 현재 부분합이 M과 같다면 카운트한다.

　3 현재 부분합이 M보다 작으면 end를 1 증가시킨다.

　4 현재 부분합이 M보다 크거나 같으면 start를 1 증가시킨다.

　5 모든 경우를 확인할 때까지 **2**번부터 **4**번까지의 과정을 반복한다.

구체적인 과정을 살펴보기 위하여, 위 알고리즘을 통해 부분합이 5인 부분 연속 수열의 수는 몇 개인지 계산해보자.

1	2	3	2	5

step 0 알고리즘에 따라서 초기 단계에서는 시작점과 끝점이 첫 번째 원소의 인덱스를 가리키도록 한다. 이때 현재의 부분합은 1이므로 무시한다.

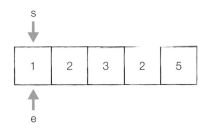

step 1 이전 단계에서의 부분합이 1이었기 때문에 end를 1 증가시킨다. 현재 부분합은 3이므로 이번에도 마찬가지로 무시한다.

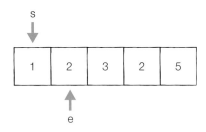

step 2 이전 단계에서의 부분합이 3이었기 때문에 end를 1 증가시킨다. 현재 부분합은 6이므로 이번에도 마찬가지로 무시한다.

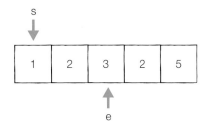

step 3 이전 단계에서의 부분합이 6이었기 때문에 start를 1 증가시킨다. 현재 부분합이 5이므로 하나의 경우를 찾은 것이다. 따라서 카운트한다.

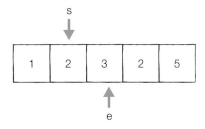

step 4 이전 단계에서의 부분합이 5였기 때문에 start를 1 증가시킨다. 현재 부분합은 3이므로 무시한다.

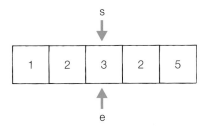

step 5 이전 단계에서의 부분합이 3이었기 때문에 end를 1 증가시킨다. 현재 부분합이 5이므로 하나의 경우를 찾은 것이다. 따라서 카운트한다.

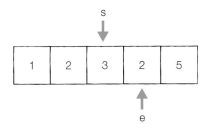

step 6 이전 단계에서의 부분합이 5였기 때문에 start를 1 증가시킨다. 현재 부분합은 2이므로 무시한다.

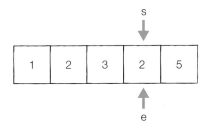

step 7 이전 단계에서의 부분합이 2였기 때문에 end를 1 증가시킨다. 현재 부분합은 7이므로 무시한다.

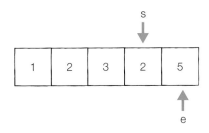

step 8 이전 단계에서의 부분합이 7이었기 때문에 start를 1 증가시킨다. 현재 부분합은 5이므로 하나의
경우를 찾은 것이다. 따라서 카운트한다.

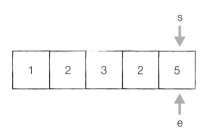

결과적으로 카운트된 경우의 수는 3이다. 따라서 부분합이 5가 되는 부분 연속 수열의 개수는 3개
인 것을 알 수 있다. 이러한 과정을 코드로 구현하면 다음과 같다. 투 포인터 알고리즘은 구현 가능
한 방식이 매우 많다는 특징이 있다. 필자는 시작점(start)을 반복문을 이용하여 증가시키며, 증가
할 때마다 끝점(end)을 그것에 맞게 증가시키는 방식으로 구현하였다. 이 문제를 투 포인터 알고
리즘으로 해결할 수 있는 이유는 기본적으로 시작점을 오른쪽으로 이동시키면 항상 합이 감소하고,
끝점을 오른쪽으로 이동시키면 항상 합이 증가하기 때문이다. 만약에 리스트 내 원소에 음수 데이터
가 포함되어 있는 경우에는 투 포인터 알고리즘으로 문제를 해결할 수 없다.

```python
n = 5 # 데이터의 개수 N
m = 5 # 찾고자 하는 부분합 M
data = [1, 2, 3, 2, 5] # 전체 수열

count = 0
interval_sum = 0
end = 0

# start를 차례대로 증가시키며 반복
for start in range(n):
    # end를 가능한 만큼 이동시키기
    while interval_sum < m and end < n:
        interval_sum += data[end]
        end += 1
    # 부분합이 m일 때 카운트 증가
    if interval_sum == m:
        count += 1
    interval_sum -= data[start]

print(count)
```

3

이 밖에도 투 포인터 알고리즘은 '정렬되어 있는 두 리스트의 합집합' 같은 문제에 효과적으로 사용할 수 있다. 이 문제에서는 이미 정렬되어 있는 2개의 리스트가 입력으로 주어진다. 이때 두 리스트의 모든 원소를 합쳐서 정렬한 결과를 계산하는 것이 문제의 요구사항이다.*

이 문제를 풀기 위해서는 2개의 리스트 A, B가 주어졌을 때, 2개의 포인터를 이용하여 각 리스트에서 처리되지 않은 원소 중 가장 작은 원소를 가리키면 된다. 이 문제에서는 기본적으로 이미 정렬된 결과가 주어지므로 리스트 A와 B의 원소를 앞에서부터 확인하면 된다.

> **1** 정렬된 리스트 A와 B를 입력받는다.
>
> **2** 리스트 A에서 처리되지 않은 원소 중 가장 작은 원소를 i가 가리키도록 한다.
>
> **3** 리스트 B에서 처리되지 않은 원소 중 가장 작은 원소를 j가 가리키도록 한다.
>
> **4** A[i]와 B[j] 중에서 더 작은 원소를 결과 리스트에 담는다.
>
> **5** 리스트 A와 B에서 더 이상 처리할 원소가 없을 때까지 **2** ~ **4** 번의 과정을 반복한다.

이 알고리즘 또한 그림을 통해서 이해해보자.

step 0 초기 단계에서는 두 리스트의 모든 원소가 들어갈 수 있는 크기의 결과 리스트를 하나 생성한다. 또한 i가 리스트 A의 첫 번째 원소를 가리키도록 하고, j가 리스트 B의 첫 번째 원소를 가리키도록 한다.

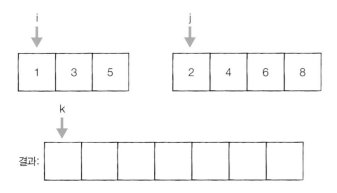

---

* '정렬되어 있는 리스트의 합집합' 알고리즘은 병합 정렬(Merge Sort)과 같은 알고리즘에서 사용된다.

step 1 현재 i와 j가 가리키고 있는 두 원소를 비교한다. A[i] = 1, B[j] = 2이다. A[i] 〈 B[j]이므로 결과 리스트에 i가 가리키고 있는 원소를 담는다. 이후에 i를 1 증가시킨다.

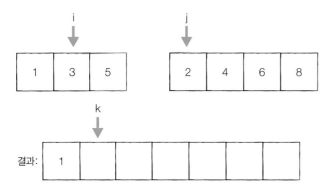

step 2 현재 i와 j가 가리키고 있는 두 원소를 비교한다. A[i] = 3, B[j] = 2이다. A[i] 〉 B[j]이므로 결과 리스트에 j가 가리키고 있는 원소를 담는다. 이후에 j를 1 증가시킨다.

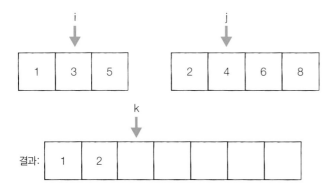

step 3 현재 i와 j가 가리키고 있는 두 원소를 비교한다. A[i] = 3, B[j] = 4이다. A[i] 〈 B[j]이므로 결과 리스트에 i가 가리키고 있는 원소를 담는다. 이후에 i를 1 증가시킨다.

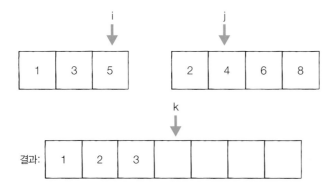

step 4 현재 i와 j가 가리키고 있는 두 원소를 비교한다. A[i] = 5, B[j] = 4이다. A[i] 〉 B[j]이므로 결과 리스트에 j가 가리키고 있는 원소를 담는다. 이후에 j를 1 증가시킨다.

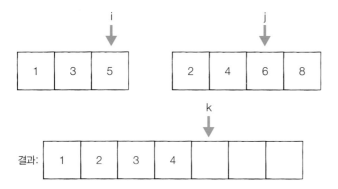

step 5 현재 i와 j가 가리키고 있는 두 원소를 비교한다. A[i] = 5, B[j] = 6이다. A[i] 〈 B[j]이므로 결과 리스트에 i가 가리키고 있는 원소를 담는다. 이후에 i를 1 증가시킨다.

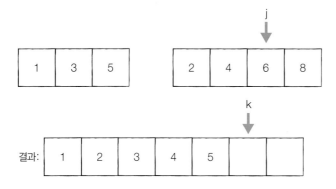

step 6 이제 리스트 A에 있는 모든 원소가 결과 리스트에 담기게 되었다. 따라서 남은 리스트 B에 있는 모든 원소를 리스트에 담으면 된다. 따라서 먼저 j가 가리키는 원소를 결과 리스트에 담고, j를 1 증가시킨다.

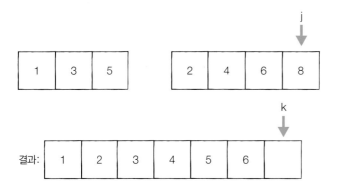

step 7 이어서 리스트 B의 마지막 원소까지 결과 리스트에 담는다. 최종적으로 결과 리스트에는 두 리스트의 모든 원소가 정렬된 형태로 저장된 것을 확인할 수 있다.

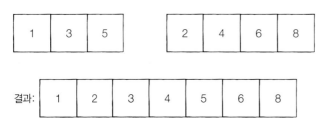

결과적으로 정렬된 리스트 A와 B의 데이터 개수가 각각 N, M이라고 할 때, 이 알고리즘의 시간 복잡도는 $O(N + M)$이 된다. 단순히 각 리스트의 모든 원소를 한 번씩만 순회하면 되기 때문이다. 이 과정을 코드로 구현하면 다음과 같다.

```
# 사전에 정렬된 리스트 A와 B 선언
n, m = 3, 4
a = [1, 3, 5]
b = [2, 4, 6, 8]

# 리스트 A와 B의 모든 원소를 담을 수 있는 크기의 결과 리스트 초기화
result = [0] * (n + m)
i = 0
j = 0
k = 0
```

```
    # 모든 원소가 결과 리스트에 담길 때까지 반복
while i < n or j < m:
    # 리스트 B의 모든 원소가 처리되었거나, 리스트 A의 원소가 더 작을 때
    if j >= m or (i < n and a[i] <= b[j]):
        # 리스트 A의 원소를 결과 리스트로 옮기기
        result[k] = a[i]
        i += 1
    # 리스트 A의 모든 원소가 처리되었거나, 리스트 B의 원소가 더 작을 때
    else:
        # 리스트 B의 원소를 결과 리스트로 옮기기
        result[k] = b[j]
        j += 1
    k += 1

# 결과 리스트 출력
for i in result:
    print(i, end=' ')
```
                                                    1 2 3 4 5 6 8

이 '정렬되어 있는 두 리스트의 합집합' 알고리즘의 경우 병합 정렬$^{Merge\ Sort}$과 같은 일부 알고리즘에서 사용되고 있다는 점까지 기억하고 있자.

구간 합 계산

코딩 테스트나 알고리즘 대회의 앞부분 문제에서는 구간 합을 구해야 하는 문제가 종종 출제된다. 구간 합 문제란 연속적으로 나열된 N개의 수가 있을 때, 특정 구간의 모든 수를 합한 값을 구하는 문제를 말한다. 예를 들어 5개의 데이터로 구성된 수열 {10, 20, 30, 40, 50}이 있다고 가정해보자. 여기에서 두 번째 수부터 네 번째 수까지의 합은 20 + 30 + 40으로 90이 될 것이다.

이러한 구간 합 계산 문제는 여러 개의 쿼리^{Query}로 구성되는 문제 형태로 출제되는 경우가 많다. 다수의 구간에 대해서 합을 각각 구하도록 요구된다. 예를 들어 M개의 쿼리가 존재한다고 가정해보자. 각 쿼리는 Left와 Right로 구성되며, 이는 [Left, Right]의 구간을 의미한다. 결과적으로 M개의 쿼리가 주어졌을 때, 모든 쿼리에 대하여 구간의 합을 출력하는 문제가 전형적인 '구간 합 계산' 문제이다.

만약 M개의 쿼리 각각, 매번 구간 합을 계산한다면 이 알고리즘은 $O(NM)$의 시간 복잡도를 가진다.

왜냐하면, M개의 쿼리가 수행될 때마다 전체 리스트의 구간 합을 모두 계산하라고 요구(첫 번째 수부터 N번째 수까지)할 수도 있기 때문이다. 결과적으로 $O(NM)$의 시간 복잡도를 가지는 것이다.

그렇다면 N = 1,000,000이고, M = 1,000,000인 상황처럼 데이터의 개수가 매우 많을 때, $O(NM)$의 시간 복잡도로 동작하는 알고리즘으로는 문제를 해결할 수 없을 것이다.

항상 우리가 알고리즘을 설계할 때 고려해야 할 점은, 여러 번 사용될 만한 정보는 미리 구해 저장해 놓을수록 유리하다는 것이다. 확인해보면 쿼리는 M개이지만 N개의 수는 한 번 주어진 뒤에 변경되지 않는다. 따라서 N개의 수에 대해서 어떠한 '처리'를 수행한 뒤에 나중에 M개의 쿼리가 각각 주어질 때마다 빠르게 구간 합을 도출할 수 있도록 하면 어떨까?

구간 합 계산을 위해 가장 많이 사용되는 기법이 바로 접두사 합$^{Prefix Sum}$이다. 각 쿼리에 대해 구간 합을 빠르게 계산하기 위해서는 N개의 수의 위치 각각에 대하여 접두사 합을 미리 구해 놓으면 된다. 여기에서 접두사 합이란 리스트의 맨 앞부터 특정 위치까지의 합을 구해 놓은 것을 의미한다.

구체적으로 접두사 합을 이용하여 구간 합을 빠르게 계산하는 알고리즘은 다음과 같다.

구간 합 빠르게 계산하기 알고리즘

1 N개의 수에 대하여 접두사 합(Prefix Sum)을 계산하여 배열 P에 저장한다.

2 매 M개의 쿼리 정보 [L, R]을 확인할 때, 구간 합은 $P[R] - P[L-1]$이다.

예를 들어 다음과 같이 5개의 데이터가 있다고 해보자.

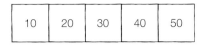

이 5개의 데이터에 대해서 접두사 합을 계산하면 다음과 같다.

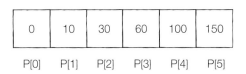

위에서 설명한 알고리즘대로 매 쿼리가 들어왔을 때, $P[R] - P[L-1]$을 계산하면 바로 구간 합을 구할 수 있게 된다. 따라서 매 쿼리당 계산 시간은 $O(1)$이 된다. 결과적으로 N개의 데이터와 M개의 쿼리가 있을 때, 전체 구간 합을 모두 계산하는 작업은 $O(N+M)$의 시간 복잡도를 가진다.

예를 들어 다음과 같이 쿼리 3개가 있다고 했을 때, 구간 합을 구하는 과정을 확인해보자.

1. 첫 번째 쿼리는 첫 번째 수부터 세 번째 수까지의 구간 합을 물어보는 [1, 3]이라고 해보자. 이 경우, P[3] − P[0] = 60이 답이 된다.

2. 두 번째 쿼리는 두 번째 수부터 다섯 번째 수까지의 구간 합을 물어보는 [2, 5]라고 해보자. 이 경우, P[5] − P[1] = 140이 답이 된다.

3. 세 번째 쿼리는 세 번째 수부터 네 번째 수까지의 구간 합을 물어보는 [3, 4]라고 해보자. 이 경우, P[4] − [2] = 70이 답이 된다.

결과적으로 접두사 합을 활용한 구간 합 계산 소스코드는 다음과 같다. 아래 예시에서는 하나의 쿼리만 존재한다고 가정해보았다.

접두사 합을 활용한 구간 합 계산 소스코드

```
# 데이터의 개수 N과 전체 데이터 선언
n = 5
data = [10, 20, 30, 40, 50]

# 접두사 합(Prefix Sum) 배열 계산
sum_value = 0
prefix_sum = [0]
for i in data:
    sum_value += i
    prefix_sum.append(sum_value)

# 구간 합 계산(세 번째 수부터 네 번째 수까지)
left = 3
right = 4
print(prefix_sum[right] - prefix_sum[left - 1])
```
```
70
```

순열과 조합

이번에는 파이썬을 활용하여 순열과 조합을 계산하는 방법에 대하여 알아보자. 다양한 알고리즘 문제에서는 순열과 조합을 찾는 과정을 요구하곤 한다. 파이썬은 순열과 조합 라이브러리를 기본적으로 제공하고 있으므로 이를 간단히 이용할 수 있다.

실제로 예제를 확인하기 전에, 먼저 경우의 수에 대해서 알아보자. 경우의 수란 한 번의 시행에서 '일어날 수 있는 사건의 가지 수'를 의미한다. 예를 들어 시행을 '동전 던지기'라고 했을 때, 일어날 수 있는 사건은 {앞면, 뒷면} 중 하나이다. 다시 말해 가능한 경우의 수는 2가지이다. 다른 예시로, 시행을 '주사위 던지기'라고 했을 때 일어날 수 있는 사건은 {1, 2, 3, 4, 5, 6} 중 하나이므로 가능한 경우의 수는 6가지이다.

순열과 조합은 실제 코딩 테스트에서 필요한 경우가 많기 때문에, 어떻게 사용할 수 있는지를 알고 있어야 한다. 사실 순열과 조합은 재귀 함수 혹은 반복문을 이용해서 직접 구현할 수도 있지만, 실제 코딩 테스트에서 이를 직접 구현하는 것은 매우 번거롭다. 다행히도 파이썬3 버전 이상에서는 순열과 조합 기능을 제공하는 라이브러리를 기본으로 제공하고 있다. 먼저 순열에 대해서 확인해보자.

기본적으로 **순열**Permutation이란 서로 다른 n개에서 r개를 선택하여 일렬로 나열하는 것을 의미한다. 이를 nPr이라고도 표현하며 경우의 수를 계산하는 공식은 $nPr = n! \,/\, (n - r)!$이다. 다만, 코딩 테스트에서는 경우의 수 값만 출력하는 것이 아니라 모든 경우(사건)를 다 출력하도록 요구하기도 한다. 이럴 때는 파이썬의 itertools 라이브러리를 이용한다.

다음은 1부터 4까지의 수 중에서 2개를 뽑아 한 줄로 세우는 모든 경우를 구하는 코드이다. 이때 permutations() 함수를 호출해 나온 결과의 원소들은 리스트 형태가 아니기 때문에 이를 손쉽게 다루기 위해서는 리스트로 바꿔줘야 한다. 그래서 list()를 이용하는 것이 일반적이다.

```
import itertools

data = [1, 2]
                                            [1, 2]
for x in itertools.permutations(data, 2):   [2, 1]
    print(list(x))
```

이어서 조합Combination에 대해서도 다루어보자. **조합**이란 서로 다른 n개에서 순서에 상관없이 서로 다른 r개를 선택하는 것을 의미한다. 조합은 nCr의 형태로 표현하며, 경우의 수를 계산하는 공식은 $nCr = n! \,/\, r! \times (n - r)!$ 이다. 순열에서는 [1, 2, 3]에서 서로 다른 2개의 원소를 뽑아 나열할 때 가능한 모든 순서를 고려하기 때문에 [1, 2], [1, 3], [2, 1], [2, 3], [3, 1], [3, 2]가 존재한다. 하지만 조합에서는 [1, 2], [1, 3], [2, 3]만 존재한다. 파이썬에서 조합을 이용하기 위해서는 itertools의 combinations() 함수를 사용하면 된다. 사용 방법은 순열 함수와 동일하다.

```
import itertools

data = [1, 2, 3]

for x in itertools.combinations(data, 2):
    print(list(x), end=' ')
```

[1, 2] [1, 3] [2, 3]

예제 B-1 소수 구하기

난이도 ●●○ | **풀이 시간** 30분 | **시간 제한** 1초 | **메모리 제한** 128MB | **기출** 핵심 유형

링크 https://www.acmicpc.net/problem/1929

M 이상 N 이하의 소수를 모두 출력하는 프로그램을 작성하시오.

입력 조건 • 첫째 줄에 자연수 M과 N이 빈칸을 사이에 두고 주어진다. (1 ≤ M ≤ N ≤ 1,000,000)

• 단, M 이상 N 이하의 소수가 하나 이상 있는 입력만 주어진다.

출력 조건 • 한 줄에 하나씩, 증가하는 순서대로 소수를 출력한다.

입력 예시
3 16

출력 예시
3
5
7
11
13

문제 해설

이 문제는 에라토스테네스의 체 알고리즘을 이용해 쉽게 해결할 수 있다. 가능한 수의 범위가 1부터 1,000,000이기 때문에 초기에 에라토스테네스의 체 알고리즘을 이용하여 1부터 1,000,000까지의 모든 소수를 계산한다. 이후에 M과 N이 입력으로 주어졌을 때, 그사이에 존재하는 모든 자연수에 대하여 소수인지 아닌지 판별하여 출력하면 된다.

```
import math

# M과 N을 입력받기
m, n = map(int, input().split())
array = [True for i in range(1000001)] # 처음에는 모든 수가 소수(True)인 것으로 초기화
array[1] = 0 # 1은 소수가 아님

# 에라토스테네스의 체 알고리즘
for i in range(2, int(math.sqrt(n)) + 1): # 2부터 n의 제곱근까지의 모든 수를 확인하며
    if array[i] == True: # i가 소수인 경우(남은 수인 경우)
        # i를 제외한 i의 모든 배수를 제거하기
        j = 2
        while i * j <= n:
            array[i * j] = False
            j += 1

# M부터 N까지의 모든 소수 출력
for i in range(m, n + 1):
    if array[i]:
        print(i)
```

예제 B-2 암호 만들기

난이도 ●●○○ | **풀이 시간** 50분 | **시간 제한** 1초 | **메모리 제한** 128MB | **기출** 핵심 유형

링크 https://www.acmicpc.net/problem/1759

바로 어제 최백준 조교가 방 열쇠를 주머니에 넣은 채 깜빡하고 서울로 가버리는 황당한 상황에 직면한 조교들은 702호에 새로운 보안 시스템을 설치하기로 하였다. 이 보안 시스템은 열쇠가 아닌 암호로 동작하는 시스템이다.

암호는 서로 다른 L개의 알파벳 소문자들로 구성되며 최소 한 개의 모음과 최소 두 개의 자음으로 구성되어 있다고 알려져 있다. 또한 정렬된 문자열을 선호하는 조교들의 성향으로 미루어보아 암호를 이루는 알파벳이 암호에서 증가하는 순서로 배열되었을 것이라고 추측된다. 즉, abc는 가능성이 있는 암호이지만 bac는 그렇지 않다.

새 보안 시스템에서 조교들이 암호로 사용했을 법한 문자의 종류는 C가지가 있다고 한다. 이 알파벳을 입수한 민식, 영식 형제는 조교들의 방에 침투하기 위해 암호를 추측해보려고 한다. C개의 문자들이 모두 주어졌을 때, 가능성 있는 암호들을 모두 구하는 프로그램을 작성하시오.

입력 조건 • 첫째 줄에 두 정수 L, C가 주어진다. (3 ≤ L ≤ C ≤ 15)

• 다음 줄에는 C개의 문자들이 주어지며 공백으로 구분한다.

• 주어지는 문자들은 알파벳 소문자이며, 중복되는 것은 없다.

출력 조건 • 각 줄에 하나씩, 사전식으로 가능성 있는 암호를 모두 출력한다.

입력 예시
```
4 6
a t c i s w
```

출력 예시
```
acis
acit
aciw
acst
acsw
actw
aist
aisw
aitw
astw
cist
cisw
citw
istw
```

문제 해설

이 문제는 조합 알고리즘 문제 유형에 속한다. 길이가 l인 모든 암호 조합을 확인한 뒤에, 최소 1개의 모음과 최소 2개의 자음이 있는 경우에만 출력하면 된다. 따라서 길이가 l인 모든 암호 조합을 계산하기 위하여 파이썬의 combinations 라이브러리를 이용한다. 그리고 다음 소스코드에서 등장한 join() 내장함수는 리스트에 포함되어 있는 문자열들을 새로운 문자열로 합치는 함수이다. 또한 합칠 때, 중간에 문자열을 삽입할 수 있다. 예를 들어 ":".join(["23", "59", "59"])는 "23:59:59"가 된다.

아래 소스코드에서는 단순히 리스트 자료형 형태인 암호(password) 변수를 문자열로 바꾸어 출력하기 위해 사용했다.

답안 예시

```python
from itertools import combinations

vowels = ('a', 'e', 'i', 'o', 'u') # 5개의 모음 정의
l, c = map(int, input().split(' '))

# 가능한 암호를 사전식으로 출력해야 하므로 입력 이후에 정렬 수행
array = input().split(' ')
array.sort()

# 길이가 l인 모든 암호 조합을 확인
for password in combinations(array, l):
    # 패스워드에 포함된 각 문자를 확인하며 모음의 개수를 세기
    count = 0
    for i in password:
        if i in vowels:
            count += 1
    # 최소 1개의 모음과 최소 2개의 자음이 있는 경우 출력
    if count >= 1 and count <= l - 2:
        print(''.join(password))
```

개발형
코딩 테스트

⟨1⟩ 개발형 코딩 테스트에 필요한 지식

알고리즘 코딩 테스트 VS. 개발형 코딩 테스트

기업에서 실시하는 코딩 테스트는 본문에서 살펴본 알고리즘을 기본 유형으로 출제하며 이외에도 개발 능력을 확인하는 개발형 코딩 테스트도 빈번하게 실시한다.

알고리즘 코딩 테스트에서 요구하는 사항은 한정된 컴퓨터 자원을 활용하여, 정해진 시간 안에 정확하게 동작하는 효율적인 프로그램을 작성하는 것이다. 그래서 대체로 제출할 코드의 길이는 짧고 문제당 풀이 시간도 2시간 내외로 짧다. 반면에 개발형 코딩 테스트는 정해진 목적에 따라서 동작하는 **완성된 프로그램을 개발하는 것**을 요구한다.

비교하자면 알고리즘 코딩 테스트에서는 요구 사항에 맞게 효율적으로 동작하는 모듈을 개발해야 한다면, 개발형 코딩 테스트는 모듈을 적절히 조합하여 완성도 높은 프로그램을 개발해야 한다. 문제 풀이 시간 또한 보통 5시간 이상으로 넉넉히 주어지는 편이다. 과제 형식으로 출제하는 경우 몇 일의 시간을 주기도 한다. 카카오, 라인 등의 IT 기업에서는 이런 개발형 문제도 출제하고 있다. 카카오는 1차로 알고리즘 코딩 테스트를 치른 뒤에 소수 인원을 대상으로 개발형 코딩 테스트를 실시한다.

여기서 잠깐

해커톤 방식 채용

해커톤(Hackathon)이란 단기간에 아이디어를 제품화하는 프로젝트 이벤트로 혼자 또는 여럿이 한 프로젝트에 참여한다. 대개 1 ~ 2일 정도 진행되며 다수의 해커톤이 대회 형식을 빌려 해커톤이 끝나면 만든 프로그램을 시연하고 발표한 다음 채점한다. 기업에서는 해커톤을 통해 개인의 역량을 빠르게 테스트할 수 있어 이런 방식을 선호하는 기업도 있다. 이런 의도로 열린 해커톤은 입상자에게 상과 함께 취업 기회도 생기므로 취업 준비생이라면 다양한 기업에서 주최하는 해커톤 대회 일정도 잘 살펴보는 게 좋다.

개발 실무 경험이 부족한 취업 준비생이라면 개발형 코딩 테스트가 알고리즘 코딩 테스트에 비해 어렵게 느껴질 수도 있지만, 특징을 제대로 알고 준비한다면 더 쉽게 대비할 수 있다.

개발형 코딩 테스트는 분야에 따라 요구사항이 다른데, 예를 들어 '모바일 클라이언트 개발' 분야는 안드로이드 앱이나 iOS 앱 개발 과제, '웹 서버 개발' 분야는 스프링Spring, 장고Django 등의 서버 개발 프레임워크*를 다룰 수 있는지 확인하는 문제가 출제될 수 있다.

이처럼 개발 분야에 따라서 테스트의 구체적인 요구사항이 다르므로, 정확하게 지원하는 분야에 초점을 맞춰 공부한다면 준비 시간을 단축할 수 있다. 특히 해당 기업의 지원 분야와 관련된 프로그래밍 언어를 사용해 작은 규모의 프로그램을 미리 만들어보며 연습하는 것이 큰 도움이 된다.

여기서는 독자들이 지원하는 모든 분야에 대한 도움을 주기는 어렵지만, 분야에 상관없이 나오는 개념과 도구를 설명하고 관련 코드를 보여주려 한다. 가장 먼저 설명할 개념은 서버Server와 클라이언트Client 이다.

서버와 클라이언트

웹, 앱, 게임을 포함한 개발 분야는 대부분 크게 서버와 클라이언트로 나뉜다. 서버와 클라이언트의 동작 방식은 간단하다. 클라이언트가 먼저 '요청Request'을 보내면, 서버는 '응답Response'을 하는 방식으로 동작한다. 일반적인 경우 웹 서버는 물리적으로 멀리 떨어진 안전한 공간에 위치하고, 클라이언트는 우리가 흔히 사용하는 우리 눈앞의 PC, 노트북, 스마트폰을 말한다.

① 요청
② 응답
웹 클라이언트   웹 서버

개발형 코딩 테스트에서는 대부분 서버와 클라이언트로 기능을 나눠 개발해야 하므로 서버와 클라이언트의 개념을 정확히 알아야 한다. 책에서는 대부분의 독자에게 친숙한 웹 개발 환경을 예로 설명하겠다.

클라이언트

클라이언트Client는 고객이라는 의미가 있다. 대부분의 컴퓨터는 네트워크에 연결되어 정보를 주고받

는 일을 기본으로 한다. 이때 정보를 요청하는 측이 클라이언트이고 요청을 받아 응답하는 측이 서버이다. 비유하자면 음식점에서 음식을 주문하는 사람은 클라이언트(고객)이고, 음식을 접대하는 사람은 서버인 것이다.

클라이언트가 서버로 데이터를 보내는 것을 **요청**Request이라고 한다. 단순한 검색부터 상품 결제까지 전부 웹 서버로 요청을 보내야 한다. 이러한 요청은 데이터의 모음으로 네트워크를 통해 서버에게 전달되고, 서버로 요청을 보낸 이후에 응답이 올 때까지 기다리는 것이 클라이언트의 역할이다. 그렇다면 다시 응답을 받은 뒤에는 어떻게 할까?

응답을 받은 클라이언트(보통은 우리의 PC)는 서버의 응답을 화면에 출력한다. 예를 들어 웹 브라우저는 웹 클라이언트로, HTML, 자바스크립트JavaScript, CSS 코드를 적절히 화면에 출력하는 기능을 수행한다. 이때 클라이언트는 어디까지나 출력만을 담당할 뿐, 이 정보를 생성하고 보내주는 역할은 전적으로 서버가 담당한다.

이는 웹뿐만 아니라, 온라인 게임에서도 유사하다. 온라인 게임을 실행하면 게임 배경 화면이나 캐릭터 이미지와 같은 그래픽 파일은 PC(클라이언트)에 미리 저장되어 있고, 게임 플레이 도중에 서버로부터 데이터를 받아(친구로부터 전달받은 귓속말이나 현재 서버가 원활한지 등) 내 게임 정보를 재구성해 PC 화면에 출력한다. 웹사이트와 다른 점은 모바일이나 게임 분야에서는 요청이 있을 때마다 그래픽 요소를 보내기에는 이미지 파일의 크기가 크므로, 게임을 설치할 때 이런 기본적인 그래픽 요소를 미리 클라이언트에 다운로드받고, 게임을 하는 동안에는 서버와 최소한의 데이터만을 주고받는다는 점이다.

다음 그림은 웹 클라이언트 입장에서의 통신 과정을 간략히 보여주고 있다. 클라이언트가 서버에 접속해서 서비스를 이용하게 되면, 네트워크상에서 매우 많은 요청과 응답을 주고받게 된다.

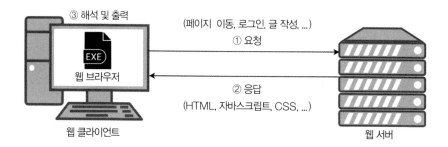

서버

서버Server란 클라이언트에 서비스를 제공해주는 컴퓨터를 의미한다. 서버는 클라이언트로부터 요청을 받아서, 그에 맞는 **응답**Response을 보내주는 역할을 수행한다. 클라이언트가 보낸 요청이 로그인 요청이라면 서버는 현재 사용자가 보낸 아이디와 비밀번호가 정확한지 검사하고 그 결과를 응답으로 보내는 일을 한다.

서버는 서버 프로그램을 이용해서 수많은 요청을 내부적으로 처리한다. 서버 프로그램이란 클라이언트에 다양한 서비스를 제공하기 위해서 서버가 실행하는 프로그램이다. 서버 프로그램의 종류는 매우 다양하다. 웹이나 모바일에서 서버 개발을 할 때는 고Go, 자바스크립트, 파이썬Python, PHP, JSP, ASP등의 프로그래밍 언어를 주로 사용하고, 게임 분야에서 서버 개발을 할 때는 C++, C#, 고Go를 주로 사용한다. 언어마다 프레임워크가 따로 있다는 점도 알아두어야 한다. 웹 서버를 개발할 때, 자바Java라면 스프링Spring, 파이썬이라면 장고Django를 많이 사용한다. 이러한 프레임워크는 개발 과정을 단축하는 역할을 한다.

서버 프로그램은 사용자의 요청에 대한 특정한 작업을 수행하는 데 그 목적이 있다. 결국 서버는 요청받은 작업을 서버 프로그램으로 실행한 다음 결과를 클라이언트 프로그램에 응답으로 보내주는 일을 한다. 다음 그림은 웹 서버 입장에서의 통신 과정을 간략히 보여주고 있다.

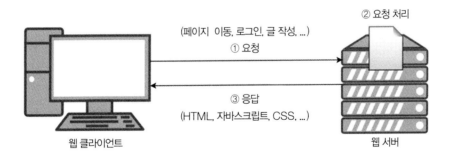

파이썬으로 웹 요청하기

서버와 클라이언트 개념을 익혔으니 간단하게 파이썬으로 요청을 보내는 실습을 해보자.

HTTPHyperText Transfer Protocol는 웹상에서 데이터를 주고받기 위한 프로토콜이다. 보통은 웹 문서 (HTML 파일)를 주고받는 데 사용된다. 물론 웹 문서뿐만 아니라 모바일 앱 및 게임 개발 등에서 형식의 데이터를 주고받는 용도로도 사용된다. 클라이언트는 웹상에서 HTTP를 통신 프로토콜로 사용하며 요청의 목적에 따라서 적절한 HTTP 메서드를 이용해서 통신을 진행한다.

다음 표는 자주 사용하는 HTTP 메서드이다. 메서드 종류는 더 많지만, 이 중 4가지만 표에 담아보았다. 특히 GET과 POST를 가장 많이 사용한다.

HTTP 메서드	설명	사용 예시
GET	특정한 데이터의 조회를 요청한다.	특정 페이지 접속, 정보 검색
POST	특정한 데이터의 생성을 요청한다.	회원가입, 글쓰기
PUT	특정한 데이터의 수정을 요청한다.	회원 정보 수정
DELETE	특정한 데이터의 삭제를 요청한다.	회원 정보 삭제

클라이언트는 웹 서버에 메서드를 이용해 요청하면 서버는 요청받은 메서드를 보고 적절한 기능을 수행하도록 개발해야 한다. 예를 들어 GET 메서드는 '저 이 데이터 조회하고 싶어요'라고 요청을 하는 조회의 의미가 있다. 웹 브라우저에서 검색창에 '프로그래밍'이라고 입력한 다음 엔터키를 누르면 그 순간, 웹 브라우저 내부에서는 GET 메서드를 달고 서버에 요청을 보낸다.

물론 프로그램을 개발할 때 GET, POST, PUT, DELETE 메서드의 설명을 그대로 따르지 않아도, 기능을 구현할 수 있다. 예를 들어 특정한 회원의 정보를 삭제하거나 수정할 때에도 POST 메서드를 이용할 수도 있다. 하지만 추후에 설명할 REST 아키텍처에서는 이 표에서 제시된 4가지 메서드의 설명에 맞게 프로그램을 개발하도록 권장한다.

간단히 특정 웹 서버로 조회를 하는 예시를 확인해보자.

```
import requests

target = "http://google.com"
response = requests.get(url=target)
print(response.text)
```

```
<!doctype html><html itemscope="">...
```

이 명령은 requests 라이브러리를 설치해야 제대로 실행된다. 빠르게 실습해보려면 requests 라이브러리가 지원되는 리플릿Repl.it이나 구글 코랩Google Colab을 이용하자. 이 코드는 파이썬 클라이언트 프로그램이 구글에 접속해서 HTML 소스코드를 받아와 출력한다. requests 클래스에 있는 get( ) 메서드가 특정한 URL에 'GET' 방식으로 접속하라는 의미를 가지고 있다.

단순히 웹 브라우저를 실행해서 구글에 접속만 해도 보통 이처럼 구글의 웹 서버에 GET 방식으로 호출한 것과 같은 일이 내부적으로 일어난다. 여기서 차이점은 웹 브라우저는 웹 문서를 보기 좋게 출력해주고, 앞의 코드는 웹 문서를 그대로 출력했다는 것뿐이다.

나머지도 앞선 표에서 언급했듯이 POST는 회원가입, 로그인 등 사용자의 정보를 서버로 보낼 때, PUT은 수정할 때, DELETE는 삭제 요청을 할 때 사용한다. 물론 이는 서버가 REST API에 맞게 개발되어 있을 때 해당되는 이야기이다.

어떤 메서드를 사용할지는 서버의 실제 구현에 따라서 달라질 수 있는데 많은 웹 서비스가 POST로 수정, 삭제 요청을 모두 처리하기도 한다. 따라서 클라이언트는 서버가 선택한, 구현한 기능에 맞게 적절한 요청을 보내야 한다.

REST API란?

다음은 2020 카카오 2차 코딩 테스트 안내문에 쓰여 있던 문장이다.

> "오프라인 코딩 테스트에서는 JSON format의 데이터를 응답하는 REST API를 활용해야 하니, REST API 호출과 JSON format 데이터를 파싱해 활용할 수 있는 parser 코드를 미리 준비해 오시기 바랍니다."

알고리즘 공부만 하던 사람이 이 문장을 본다면 매우 난감할 것이다. 도대체 REST API란 무엇이며, JSON 형식의 데이터란 무엇일까? 앞서 본문에서 살펴본 알고리즘 이론에 비하면 그다지 어려운 내용이 아니므로 걱정하지 말자.

RESTRepresentational State Transfer는 각 자원Resource에 대하여 자원의 상태에 대한 정보를 주고받는 개발 방식을 말한다. GET, POST, PUT, DELETE 등의 HTTP 메서드는 각각의 역할이 있지만, 각 메서드의 기본 설명을 따르지 않아도 프로그램을 개발할 수 있다고 하였다. 하지만 저마다 너무 다른 방향으로 개발하면 문제가 되므로 기준이 되는 아키텍처가 필요하다. REST는 서버의 자원을 어떠한 방식으로 접근하도록 해야 하는지를 구체적으로 명시한 것이다. 특히 HTTP 프로토콜을 그대로 사용하므로 웹이나 모바일 개발에서 서버와 클라이언트가 통신하기에 적합한 방식이다.

그리고 **API**는 프로그램이 상호작용하기 위한 인터페이스이다. 서버와 클라이언트는 각각 일종의 프로그램으로 볼 수 있는데, 두 개체가 상호작용을 하려면 이를 연결하는 인터페이스가 필요하다. 이러한 인터페이스를 API라고 한다.

앱에서 '게시물 목록'을 터치했을 때, 게시물 목록을 받아 오도록 기능을 구현하려면 터치하는 순간 서버의 특정 URL에 접근하도록 만들어야 할 것이다. 예를 들어 /boards 경로에 들어가야 게시물 정보가 나오도록 만들 수 있다면 API 명세는 '클라이언트가 /boards 라는 경로에 들어갔을 때 게시물 목록을 준다'라고 미리 명시해놓는 것이고, API 개발은 실제로 서버의 /boards 경로에 들어갔을 때, 관련 정보가 나오도록 개발까지 하는 것을 의미한다.

다음으로 **REST API**는 REST 아키텍처를 따르는 API를 의미한다. 문제에서 'REST API를 제공한다'는 말은 REST 방식으로 개발된 API를 통해 어떠한 데이터를 제공하니 REST 규칙대로 호출하라는 의미다.

예를 들어 문제가 '교통 안내 프로그램'을 개발하는 거라면, 문제 출제 서버에서는 교통 정보 데이터를 API로 제공할 것이다. 그러면 교통 정보를 제공하는 API를 호출해서 데이터를 가져온 뒤에, 그 데이터로 '교통 안내 프로그램'을 개발하면 된다. 클라이언트 입장에서 **REST API 호출**이란, REST 방식을 따르고 있는 서버에 특정한 요청을 보내서 데이터를 가져오는 것을 말한다.

실제로 REST를 이용하는 방법은 간단하다. HTTP URI로 자원을 명시하고, HTTP 메서드(POST, GET, PUT, DELETE)*를 통해 해당 자원을 어떻게 처리할 것인지를 명시하면 된다.

REST의 구성 요소는 다음과 같다.

1. 자원(Resource): URI를 이용하여 표현
2. 행위(Verb): HTTP 메서드를 이용하여 표현
3. 표현(Representations)

즉, REST API 호출은 이 3가지 구성 요소를 포함한다. 보통 REST에서는 URI를 이용하여 정보의 '자원'을 표현한다. 이때 URI는 명사 형태를 이용하도록 되어 있다. https://example.com 웹사이트에서 회원 정보에 접근할 때는 URI를 /users로 지정하고 클라이언트가 회원 정보 관련 요청을 보낼 때에는 https://www.example.com/users에 접근하는 것이다.

---

* 이 4가지를 CRUD(Create, Read, Update, Delete)라고도 한다.

그렇다면 회원가입은 어떻게 해야 할까? 어떤 '행위'는 HTTP 메서드를 이용하여 표현하므로 POST 방식으로 /users에 접근한다. 이때 아이디, 비밀번호, 주소 등의 구체적인 정보 데이터는 페이로 드**에 담아서 보낸다. 다른 예시로 회원 정보 수정을 한다고 하면 마찬가지로 /users에 접근하지만, PUT 방식으로 호출을 하게 된다.

JSON

그렇다면 데이터는 어떤 형식에 따라서 보내면 될까? 예를 들어 회원가입 요청을 보낼 때는 단순히 문자열로 "아이디: gildong, 비밀번호: 192837" 이런 식으로 보내면 될까? 아니면 단순히 아이디 와 비밀번호를 공백으로 구분하여 "gildong 192837"로 서버로 보내면 될까? 이는 개발자끼리 정 한 약속마다 천차만별일 것이다. 다만, 이렇게 주고받는 데이터의 형식에 대한 표준도 존재한다는 점을 기억하자. REST API를 사용할 때, 데이터의 형식으로는 일반적으로 JSON을 사용한다.

JSONJavaScript Object Notation은 데이터를 주고받는 데 사용하는 경량의 데이터 형식이다. 단지 데이터 를 주고받는 형식일 뿐이므로, 사용 방법을 한 번 익혀두면 쉽게 사용할 수 있다. JSON은 이름에서부 터 알 수 있듯이 실제로 자바스크립트에서 객체Object를 만들 때 사용하는 표현식과 동일한 형태이다. 예시를 들어 JSON의 형식을 설명하고자 한다. 먼저 회원가입을 할 때 POST 메서드를 이용하는 JSON 형식의 데이터 예시이다.

JSON 형식을 따르는 데이터 예시

```
{
    "id": "gildong",
    "password": "192837",
    "age": 30,
    "hobby": ["football", "programming"]
}
```

JSON 데이터는 키-값 쌍으로 이루어진 데이터 객체를 저장하고 있다. 키-값 쌍과 파이썬을 연관 지어 생각해보자. 사전 자료형이 떠오를 것이다. 파이썬의 사전 자료형 또한 키-값 쌍으로 이루어진 데이터이다. 파이썬에서는 보다 쉽게 JSON 형식을 이용할 수 있도록 JSON 라이브러리를 기본으로

** payload. 보통 인터넷에서 데이터를 보낼 때는 속성을 표현할 수 있는 헤더와 전달해야 하는 실제 데이터로 나뉘는데, 페이로드란 실제 데이 터를 의미한다.

제공한다. 이어서 JSON 라이브러리를 활용한 코드를 살펴보겠다.

JSON 인코딩은 파이썬의 기본 자료형을 JSON 객체로 변환하는 작업을 의미하는데, 파이썬 JSON 라이브러리의 json.dumps() 메서드를 이용하면 JSON 객체를 생성할 수 있다.

JSON 인코딩 예시

```python
import json

# 사전 자료형(dict) 데이터 선언
user = {
    "id": "gildong",
    "password": "192837",
    "age": 30,
    "hobby": ["football", "programming"]
}

# 인코딩: 파이썬 변수를 JSON 객체로 변환(띄어쓰기 네 칸 들여쓰기 적용)
json_data = json.dumps(user, indent = 4)
print(json_data)
```

```
{
    "id": "gildong",
    "password": "192837",
    "age": 30,
    "hobby": [
        "football",
        "programming"
    ]
}
```

JSON 디코딩은 인코딩과 반대로 JSON 객체를 파이썬의 기본 자료형으로 변환하는 작업이며, JSON 라이브러리의 json.loads() 메서드를 이용한다.

JSON 디코딩 예시

```python
import json

# 사전 자료형(dict) 데이터 선언
user = {
```

```
    "id": "gildong",
    "password": "192837",
    "age": 30,
    "hobby": ["football", "programming"]
}

# 인코딩: 파이썬 변수를 JSON 객체로 변환
json_data = json.dumps(user)

# 디코딩: JSON 객체를 파이썬 변수로 변환
data = json.loads(json_data)
print(data)
```

```
{'id': 'gildong', 'password': '192837', 'age': 30, 'hobby': ['football', 'programming']}
```

파이썬의 객체를 JSON 데이터로 변환하여 파일로 저장할 수도 있다. 한 명의 사용자 정보를 user. json 파일로 저장하는 예시는 다음과 같다. JSON 형식으로 저장한 파일의 확장자는 JSON이다.

JSON 파일 생성하기

```
import json

# 사전 자료형(dict) 데이터 선언
user = {
    "id": "gildong",
    "password": "192837",
    "age": 30,
    "hobby": ["football", "programming"]
}

# JSON 데이터로 변환하여 파일로 저장
with open("user.json", "w", encoding="utf-8") as file:
    json.dump(user, file, indent = 4)
```

파이썬으로 REST API 호출 실습해보기

배운 내용을 실습해보자. 가장 효과적인 방법은 간단한 웹 서버를 직접 만든 뒤에, 클라이언트 프로그램으로 해당 웹 서버와 통신하는 것이다. 하지만 단순히 REST API와 JSON 형식을 익히기에는 너무 번거로우니 JSON 목킹 사이트를 이용하자. 목킹Mocking이란 어떠한 기능이 있는 것처럼 흉내내어 구현한 것을 의미한다. 다음 사이트에서는 가상의 REST API 기능을 제공해주고 있다.

JSON Placeholder: https://jsonplaceholder.typicode.com

이 사이트는 일종의 서버 API 중에서 회원User, 게시물Post 등에 대한 가짜 API 기능을 제공해준다. 그 중 대표적인 사용자 정보 API를 한 번 확인해보자.

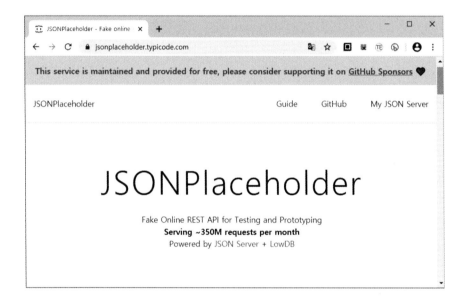

API 호출 실습(GET 메서드) 1

- API 호출 경로: https://jsonplaceholder.typicode.com/users/1
- HTTP 메서드: GET

```
{
  "id": 1,
  "name": "Leanne Graham",
  "username": "Bret",
  "email": "Sincere@april.biz",
  (생략)
}
```

단순히 웹 브라우저를 이용해 접속해보면, 바로 JSON 형식으로 한 명의 사용자 정보가 나오는 것을 확인할 수 있다. 정확히는 REST API에 따라서 사용자 중에서 첫 번째 사용자 정보를 얻는 것이다. 앞서 REST API는 URI에 접근하고자 하는 자원을 명시한다고 하였다. /users/1 경로에 접속한다는 말은, 사용자 중에서 1번 사용자의 정보에 접근하겠다는 의미이다. 그렇다면, 모든 사용자 정보를 얻으려면 어떻게 하면 될까? 다음의 경로로 접속하면 된다.

API 호출 실습(GET 메서드) 2

• API 호출 경로: https://jsonplaceholder.typicode.com/users

• HTTP 메서드: GET

```
[
    {
        "id": 1,
        "name": "Leanne Graham",
        "username": "Bret",
        "email": "Sincere@april.biz",
        (생략)
    },
    {
        "id": 2,
        "name": "Ervin Howell",
        "username": "Antonette",
        "email": "Shanna@melissa.tv",
        (생략)
    },
    (생략)
]
```

이번에는 앞선 예시와 다르게 서버에서 열 명의 사용자 전체에 대한 정보를 JSON 형태로 반환하는 것을 알 수 있다. REST API에서는 단순히 사용자(users) 혹은 게시물(boards) 경로에 접속하는 경우, 전체 사용자 목록 혹은 게시물 목록을 모두(혹은 최신의 데이터만) 반환하도록 동작한다.

회원 정보 처리 실습

이어서 파이썬을 이용해 모든 사용자 정보를 REST API를 이용해 호출하여 번호 순서대로 이름만 리스트에 담는 프로그램을 작성해보자. 파이썬의 requests 라이브러리는 get( ) 메서드를 이용해

웹사이트의 응답 정보를 받아온 뒤에, 해당 응답 텍스트가 JSON 형식을 따르는 경우 json( ) 메서드를 이용해 사전(dict) 자료형으로 바로 변환할 수 있다. 다음 코드를 실행하면, 웹사이트에서 반환한 모든 사용자 정보에서 '이름' 정보만 찾아서 name_list에 저장하는 것을 알 수 있다. 이처럼 특정한 형식으로 저장된 데이터에 접근하여 원하는 정보만 찾아서 가공하는 작업을 **파싱**Parsing이라고 한다.

REST API를 호출하여 회원 정보를 처리하는 예시

```python
import requests

# REST API 경로에 접속하여 응답(Response) 데이터 받아오기
target = "https://jsonplaceholder.typicode.com/users"
response = requests.get(url=target)

# 응답(Response) 데이터가 JSON 형식이므로 바로 파이썬 객체로 변환
data = response.json()

# 모든 사용자(user) 정보를 확인하며 이름 정보만 삽입
name_list = []
for user in data:
    name_list.append(user['name'])

print(name_list)
```

```
['Leanne Graham', 'Ervin Howell', 'Clementine Bauch', 'Patricia Lebsack', 'Chelsey
Dietrich', 'Mrs. Dennis Schulist', 'Kurtis Weissnat', 'Nicholas Runolfsdottir V',
'Glenna Reichert',  'Clementina DuBuque']
```

개발형 코딩 테스트 준비 방법

카카오는 2018년부터 2020년까지 3년간 공채 2차 시험에서 모두 개발형 코딩 테스트 문제를 출제하였다. 1차 시험을 통과한 응시자를 한 장소에 모아놓고 동일한 문제를 풀게 했다.

참가자들은 JSON 형식을 이용해서 K 기업에서 제공한 서버로부터 데이터를 받아온 뒤에, 문제에서 요구하는 대로 데이터를 처리한 다음 다시 서버로 보내야 했다. 대회에 참가한 경험이 있는 응시자였다면 그다지 특별하게 느끼지 않았겠지만, 단순히 알고리즘 코딩 테스트만 연습한 응시자였다면 REST API와 JSON의 개념을 떠올리고 짧은 시간 내에 바로 활용하는 게 쉽지 않았을 것이다.

이러한 개발형 코딩 테스트를 준비하는 가장 좋은 방법은, 자신이 실제로 맡고 싶은 직무와 관련된 애플리케이션을 개발하는 것이다. 모바일 개발에 응시한다면, 간단한 형태의 회원 관리 애플리케이션을 만들어보자. 먼저 서버 쪽에서는 스프링, 장고 등 원하는 프레임워크를 이용해 회원 정보 관련 요청을 처리하는 REST API를 개발하고, 이후에 안드로이드 혹은 iOS 앱 형태의 클라이언트 프로그램에서 REST API를 호출하는 식으로 개발할 수 있을 것이다. 이런 개인 프로젝트는 개발형 코딩 테스트를 자연스럽게 대비하면서 깃허브^{GitHub}와 같은 공개 저장소에 올려두어 포트폴리오로 활용할 수도 있다.

처음부터 거창한 프로젝트를 시작한다면 어려우니 작은 기능부터 차근차근 준비하되, REST API에 익숙해지도록 서버와 클라이언트 간에 다양한 데이터를 주고받는 프로젝트로 발전시켜보자.

알고리즘 유형별
기출문제 풀이

3부에서 문제를 보고 바로 이 풀이집을 펼친 독자가 있다면 풀이를 보기 전에 종이와 펜을 들고 머릿속에 떠오른 아이디어를 손으로 그려보길 권한다. 대부분의 코딩 테스트 환경에서는 종이와 펜을 이용해 기록할 수 있는데, 이런 과정은 아이디어를 정리하는 데 꽤 도움이 된다. 따라서 답을 바로 보기보다는 이런 연습 과정을 통해 문제를 푸는 힘을 키우길 바란다. 또, 2부를 다시 읽어보며 이론을 정리하는 것 또한 도움이 될 것이다. 이 책은 파이썬 풀이만 제공하지만, C++11과 자바 코드로 도전하고 싶은 독자를 위해 깃허브에서 추가로 코드를 제공할 예정이다. 풀이 과정 오류나 개선점을 발견하면 꼭 [Issues] 탭에 의견을 남겨주길 바란다. 참고로 백준 온라인 저지는 다양한 프로그래밍 언어를 지원하는 특성상, 특정 문제에 대하여 파이썬으로 답안을 제출했을 때 시간 초과 판정을 받을 수도 있다. 그런 경우 Python3 코드를 Pypy3로 제출해보거나, 혹은 그 반대로 시도해보자.

- 깃허브: https://github.com/ndb796/python-for-coding-test

A 01 모험가 길드

일단 공포도를 기준으로 오름차순으로 정렬을 수행해보자. 이후에 공포도가 가장 낮은 모험가부터 하나씩 확인하며, 그룹에 포함될 모험가의 수를 계산할 수 있다. 만약에 현재 그룹에 포함된 모험가의 수가 현재 확인하고 있는 공포도보다 크거나 같다면, 그룹을 결성할 수 있을 것이다.

예를 들어 문제에서의 예시 입력을 그림으로 표현하면 다음과 같다.

가장 먼저 5명의 공포도를 오름차순으로 정렬하면 다음과 같이 구성된다.

이제 앞에서부터 공포도를 하나씩 확인하며, '현재 그룹에 포함된 모험가의 수'가 '현재 확인하고 있는 공포도'보다 크거나 같다면, 이를 그룹으로 설정하면 된다. 현재 예시에서는 다음과 같이 2개의 그룹이 형성된다. 남은 2명의 모험가는 그룹에 속하지 못하고 그대로 남아 있게 된다.

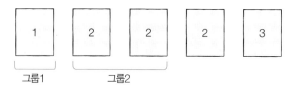

이러한 방법을 이용하면 공포도가 오름차순으로 정렬되어 있다는 점에서, 항상 최소한의 모험가의 수만 포함하여 그룹을 결성하게 된다. 따라서 최대한 많은 그룹이 구성되는 방법이므로, 항상 최적의 해를 찾을 수 있다. 이를 소스코드로 나타내면 다음과 같다.

A01.py 답안 예시

```
n = int(input())
data = list(map(int, input().split()))
data.sort()

result = 0 # 총 그룹의 수
```

```
count = 0 # 현재 그룹에 포함된 모험가의 수

for i in data: # 공포도를 낮은 것부터 하나씩 확인하며
    count += 1 # 현재 그룹에 해당 모험가를 포함시키기
    if count >= i: # 현재 그룹에 포함된 모험가의 수가 현재의 공포도 이상이라면, 그룹 결성
        result += 1 # 총 그룹의 수 증가시키기
        count = 0 # 현재 그룹에 포함된 모험가의 수 초기화

print(result) # 총 그룹의 수 출력
```

A 02 곱하기 혹은 더하기

일반적으로 특정한 두 수에 대하여 연산을 수행할 때, 대부분은 '+'보다는 '×'가 더 값을 크게 만든다. 예를 들어 5와 6이 있다고 해보자. 이때 더하기를 수행하면 5 + 6 = 11이 되고, 곱하기를 수행하면 5 × 6 = 30이 된다. 즉, 대부분의 경우에서는 곱하기를 수행한 결괏값이 더 크다.

하지만 두 수 중에서 하나라도 '0' 혹은 '1'인 경우, 곱하기보다는 더하기를 수행하는 것이 효율적이다. 예를 들어 1과 2가 있다고 해보자. 이때 더하기를 수행하면 1 + 2 = 3이 되고, 곱하기를 수행하면 1 × 2 = 2가 된다.

다시 말해 두 수에 대하여 연산을 수행할 때, 두 수 중에서 하나라도 1 이하인 경우에는 더하며, 두 수가 모두 2 이상인 경우에는 곱하면 된다.

이러한 원리를 이용하면 쉽게 문제를 해결할 수 있다. 문자열이 입력되었을 때 모든 숫자를 기준으로 나눈 뒤에, 앞에서부터 연산을 수행하면 된다. 다시 말해 현재까지의 계산 결과를 result에 담은 상태로, 매 숫자에 대하여 연산을 수행하면 된다. 그래서 result가 1 이하이거나, 현재 처리하고 있는 숫자가 1 이하라면 더하기 연산을 수행하고, 그렇지 않은 경우 곱하기 연산을 수행하면 항상 최적의 결과를 얻을 수 있다.

A02.py 답안 예시

```
data = input()

# 첫 번째 문자를 숫자로 변경하여 대입
result = int(data[0])
```

```
for i in range(1, len(data)):
    # 두 수 중에서 하나라도 '0' 혹은 '1'인 경우, 곱하기보다는 더하기 수행
    num = int(data[i])
    if num <= 1 or result <= 1:
        result += num
    else:
        result *= num

print(result)
```

A 03 문자열 뒤집기

다솜이는 모든 숫자를 전부 같게 만드는 것이 목적이다. 따라서 전부 0으로 바꾸는 경우와 전부 1로 바꾸는 경우 중에서 더 적은 횟수를 가지는 경우를 계산하면 된다.

예를 들어 문자열이 "0001100"이라고 가정해보자. 이때 '모두 0으로 만드는 경우'와 '모두 1로 만드는 경우'를 고려했을 때 각각 뒤집기 횟수를 계산하면 다음과 같다.

1. 모두 0으로 만드는 경우

횟수: 1

2. 모두 1로 만드는 경우

횟수: 2

이를 실제로 구현할 때는 전체 리스트의 원소를 앞에서부터 하나씩 확인하며, 0에서 1로 변경하거나 1에서 0으로 변경하는 경우를 확인하는 방식으로 해결할 수 있다. 소스코드는 다음과 같다.

A03.py 답안 예시

```
data = input()
count0 = 0 # 전부 0으로 바꾸는 경우
count1 = 0 # 전부 1로 바꾸는 경우

# 첫 번째 원소에 대해서 처리
```

```
    if data[0] == '1':
        count0 += 1
    else:
        count1 += 1

    # 두 번째 원소부터 모든 원소를 확인하며
    for i in range(len(data) - 1):
        if data[i] != data[i + 1]:
            # 다음 수에서 1로 바뀌는 경우
            if data[i + 1] == '1':
                count0 += 1
            # 다음 수에서 0으로 바뀌는 경우
            else:
                count1 += 1

    print(min(count0, count1))
```

A 04 만들 수 없는 금액

이 문제는 정렬을 이용한 그리디 알고리즘으로 해결할 수 있는 문제이다. 문제 해결을 위한 정확한 아이디어를 떠올리기 위해서는 충분히 고민을 해야 하는 문제이므로, 그리디 알고리즘에 익숙하지 않은 독자라면 문제 해결이 쉽지 않을 수 있다.

문제 해결 아이디어는 다음과 같다. 일단 동전에 대한 정보가 주어졌을 때, 화폐 단위를 기준으로 오름차순 정렬한다. 이후에 1부터 차례대로 특정한 금액을 만들 수 있는지 확인하면 된다. 1부터 target − 1까지의 모든 금액을 만들 수 있다고 가정해보자. 우리는 화폐 단위가 작은 순서대로 동전을 확인하며, 현재 확인하는 동전을 이용해 target 금액 또한 만들 수 있는지 확인하면 된다. 만약 target 금액을 만들 수 있다면, target 값을 업데이트하는(증가시키는) 방식을 이용한다.

기본적으로 그리디 알고리즘은, 현재 상태에서 매번 가장 좋아 보이는 것만을 선택하는 알고리즘이라고 하였다. 구체적으로 현재 상태를 '1부터 target − 1까지의 모든 금액을 만들 수 있는 상태'라고 보자. 이때 매번 target인 금액도 만들 수 있는지(현재 확인하는 동전의 단위가 target 이하인지) 체크하는 것이다. 만약 해당 금액을 만들 수 있다면, target의 값을 업데이트(현재 상태를 업데이트)하면 된다.

예를 들어 3개의 동전이 있고, 각 화폐의 단위가 1, 2, 3이라고 하자. '원'은 생략하겠다.

그러면 1부터 6까지의 모든 금액을 만들 수 있다.

- 1원: 1
- 2원: 2
- 3원: 3
- 4원: 1 + 3
- 5원: 2 + 3
- 6원: 1 + 2 + 3

그다음 우리는 금액 7도 만들 수 있는지 확인을 하면 된다. 이때 화폐 단위가 5인 동전 하나가 새롭게 주어졌다고 가정하자. 이제 화폐 단위가 5인 동전이 주어졌기 때문에, 1부터 11까지의 모든 금액을 만들 수 있다. 예를 들면 다음과 같이 1부터 11까지의 모든 금액을 만들 수 있다. (당연히 금액 7도 만들 수 있다는 것이 자동으로 성립한다.)

- 1원: 1
- 2원: 2
- 3원: 3
- 4원: 1 + 3
- 5원: 5
- 6원: 1 + 5
- 7원: 2 + 5
- 8원: 3 + 5
- 9원: 1 + 3 + 5
- 10원: 2 + 3 + 5
- 11원: 1 + 2 + 3 + 5

이후에 우리는 금액 12도 만들 수 있는지 확인을 하면 되는 방식이다. 이때 화폐 단위가 13인 동전 하나가 새롭게 주어졌다고 가정하자. 이때 금액 12를 만드는 방법은 존재하지 않는다. 그래서 이 경우에는 정답이 12가 된다.

이제 또 다른 예시를 확인해보자. 이번에는 문제를 해결하는 과정을 단계별로 보이겠다. 만약에 동전을 4개 가지고 있고, 화폐 단위가 각각 1, 2, 3, 8이라고 해보자.

step 0 처음에는 금액 1을 만들 수 있는지 확인하기 위해, target = 1로 설정한다.

step 1 target = 1을 만족할 수 있는지 확인한다. 우리에게는 화폐 단위가 1인 동전이 있다. 우리는 이 동전을 이용해서 금액 1을 만들 수 있다. 이어서 target = 1 + 1 = 2로 업데이트를 한다. (1까지의 모든 금액을 만들 수 있다는 말과 같다.)

step 2 target = 2를 만족할 수 있는지 확인한다. 우리에게는 화폐 단위가 2인 동전이 있다. 따라서 target = 2 + 2 = 4가 된다. (3까지의 모든 금액을 만들 수 있다는 말과 같다.)

step 3 target = 4를 만족할 수 있는지 확인한다. 우리에게는 화폐 단위가 3인 동전이 있다. 따라서 target = 4 + 3 = 7이 된다. (6까지의 모든 금액을 만들 수 있다는 말과 같다.)

step 4 target = 7을 만족할 수 있는지 확인한다. 우리에게는 이보다 큰, 화폐 단위가 8인 동전이 있다. 따라서 금액 7을 만드는 방법은 없다. 따라서 정답은 7이 된다.

이러한 원리를 이용하면, 단순히 동전을 화폐 단위 기준으로 정렬한 뒤에, 화폐 단위가 작은 동전부터 하나씩 확인하면서 target 변수를 업데이트하는 방법으로 최적의 해를 계산할 수 있다.

이 문제는 그리디 알고리즘 유형의 문제를 여러 번 풀어보았다면 풀이 방법을 떠올릴 수 있지만, 그리디 알고리즘이 익숙하지 않다면 쉽게 이해되지 않을 수 있는 문제이다. 따라서 이 문제가 어렵다면 그리디 알고리즘 유형의 문제를 더욱 많이 접해보자.

참고로 이 문제는 앞서 이론 파트에서 다루었던 '거스름돈' 문제와는 다른 문제이다. 거스름돈 문제는 각 화폐 단위마다 무한 개의 동전이 존재한다고 가정했는데, 여기서는 동전의 수가 한정적이라는 점이 다르다.

A04.py 답안 예시

```
n = int(input())
data = list(map(int, input().split()))
data.sort()

target = 1
for x in data:
    # 만들 수 없는 금액을 찾았을 때 반복 종료
    if target < x:
        break
    target += x

# 만들 수 없는 금액 출력
print(target)
```

A 05 볼링공 고르기

이 문제를 효과적으로 해결하기 위해서는, 먼저 무게마다 볼링공이 몇 개 있는지를 계산해야 한다. 문제에서 등장했던 예시를 기준으로 보면 다음과 같다.

- 무게가 1인 볼링공: 1개
- 무게가 2인 볼링공: 2개
- 무게가 3인 볼링공: 2개

이때 A가 특정한 무게의 볼링공을 선택했을 때, 이어서 B가 볼링공을 선택하는 경우를 차례대로 계산하여 문제를 해결할 수 있다. A를 기준으로 무게가 낮은 볼링공부터 무게가 높은 볼링공까지 순서대로 하나씩 확인을 한다고 했을 때 다음과 같다.

step 1 A가 무게가 1인 공을 선택할 때의 경우의 수는

1(무게가 1인 공의 개수) × 4(B가 선택하는 경우의 수) = 4가지 경우가 있다.

step2 A가 무게가 2인 공을 선택할 때의 경우의 수는

2(무게가 2인 공의 개수) × 2(B가 선택하는 경우의 수) = 4가지 경우가 있다.

step 3 A가 무게가 3인 공을 선택할 때의 경우의 수는

2(무게가 3인 공의 개수) × 0(B가 선택하는 경우의 수) = 0가지 경우가 있다.

따라서 가능한 경우의 수는 총 8가지이다.

(1번, 2번), (1번, 3번), (1번, 4번), (1번, 5번), (2번, 3번), (2번, 5번), (3번, 4번), (4번, 5번)

단계(step)가 진행됨에 따라, 'B가 선택하는 경우의 수'는 줄어드는데, 이미 계산했던 경우(조합)는 제외하기 때문이다. 또한 볼링공의 무게가 1부터 10까지만 존재할 수 있다고 명시되어 있다. 따라서 하나의 리스트 변수를 선언해서, 각 무게별로 볼링공이 몇 개 존재하는지 기록할 수 있다.

이를 소스코드로 옮기면 다음과 같다.

A05.py 답안 예시

```
n, m = map(int, input().split())
data = list(map(int, input().split()))

# 1부터 10까지의 무게를 담을 수 있는 리스트
array = [0] * 11
```

```
for x in data:
    # 각 무게에 해당하는 볼링공의 개수 카운트
    array[x] += 1

result = 0
# 1부터 m까지의 각 무게에 대하여 처리
for i in range(1, m + 1):
    n -= array[i] # 무게가 i인 볼링공의 개수(A가 선택할 수 있는 개수) 제외
    result += array[i] * n # B가 선택하는 경우의 수와 곱하기

print(result)
```

A 06 무지의 먹방 라이브

이 문제는 시간이 적게 걸리는 음식부터 확인하는 탐욕적Greedy 접근 방식으로 해결할 수 있다. 모든 음식을 시간을 기준으로 정렬한 뒤에, 시간이 적게 걸리는 음식부터 제거해 나가는 방식을 이용하면 된다. 이를 위해 우선순위 큐를 이용하여 구현할 수 있는데, 문제를 풀기 위해 고려해야 하는 부분이 많아서 까다로울 수 있다.

간단한 예시로 다음과 같이 3개의 음식이 있으며, K를 15초라고 해보자.

- 1번 음식: 8초 소요

- 2번 음식: 6초 소요

- 3번 음식: 4초 소요

step 0 초기 단계에서는 모든 음식을 우선순위 큐(최소 힙)에 삽입한다. 또한 마지막에는 K초 후에 먹어야 할 음식의 번호를 출력해야 하므로 우선순위 큐에 삽입할 때 (음식 시간, 음식 번호)의 튜플 형태로 삽입한다. 그 형태는 오른쪽과 같다.
- 전체 남은 시간(K): 15초
- 남은 음식: 3개

step 1 첫 단계에서는 가장 적게 걸리는 음식인 3번 음식을 뺀다. 다만, 음식이 3개 남아 있으므로 3(남은 음식의 개수) × 4(3번 음식을 먹는 시간) = 12를 빼야 한다. 다시 말해 3번 음식을 다 먹기 위해서는 12초가 걸린다는 의미이다. 결과적으로 전체 남은 시간이 15초에서 3초로 줄어들게 된다.

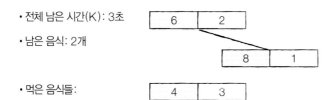

- 전체 남은 시간(K): 3초
- 남은 음식: 2개
- 먹은 음식들:

step 2 전체 남은 시간은 3초이고, 이번 단계에서는 2번 음식을 빼야 한다. 전체 음식이 2개 남아 있으므로 이번 단계에서 뺄 시간은 2(남은 음식의 개수) × 2(2번 음식을 다 먹는 시간) = 4초가 된다. 하지만 현재 전체 남은 시간이 3초인데, 이는 4보다 작으므로 빼지 않도록 한다.

따라서 '다음으로 먹어야 할' 음식의 번호를 찾아 출력하면 된다. 다음 그림처럼 매초 먹어야 할 음식들을 일렬로 나열해보자. 전체 남은 시간이 3초이므로, 4번째 음식의 번호를 출력하면 정답이다.

- 전체 남은 시간(K): 3초
- 남은 음식: 2개

8	1	6	2	8	1	6	2

따라서 2번 음식을 출력한다.

소스코드는 다음과 같은데, 필자는 우선순위 큐를 구현하기 위해서 heapq를 이용했다. 우선순위 큐에 대한 내용은 다익스트라 알고리즘 파트에서 다루었으니, 여기에서 추가로 언급하지는 않겠다.

A06.py 답안 예시

```python
# 이 코드는 다음 프로그래머스 사이트에서 테스트해야 정상 동작한다.
# https://programmers.co.kr/learn/courses/30/lessons/42891?language=python3

import heapq

def solution(food_times, k):
    # 전체 음식을 먹는 시간보다 k가 크거나 같다면 -1
    if sum(food_times) <= k:
        return -1

    # 시간이 작은 음식부터 빼야 하므로 우선순위 큐를 이용
    q = []
    for i in range(len(food_times)):
        # (음식 시간, 음식 번호) 형태로 우선순위 큐에 삽입
        heapq.heappush(q, (food_times[i], i + 1))

    sum_value = 0 # 먹기 위해 사용한 시간
    previous = 0 # 직전에 다 먹은 음식 시간
```

```
        length = len(food_times) # 남은 음식의 개수

        # sum_value + (현재의 음식 시간 - 이전 음식 시간) * 현재 음식 개수와 k 비교
        while sum_value + ((q[0][0] - previous) * length) <= k:
            now = heapq.heappop(q)[0]
            sum_value += (now - previous) * length
            length -= 1 # 다 먹은 음식 제외
            previous = now # 이전 음식 시간 재설정

        # 남은 음식 중에서 몇 번째 음식인지 확인하여 출력
        result = sorted(q, key =lambda x: x[1]) # 음식의 번호 기준으로 정렬
        return result[(k - sum_value) % length][1]
```

A 07 럭키 스트레이트

이 문제는 문제에서 요구하는 바를 그대로 구현하면 해결할 수 있다. 정수형 데이터가 입력으로 들어왔을 때, 이를 각 자릿수로 구분하여 합을 계산해야 한다. 파이썬의 경우 입력받은 데이터가 문자열 형태이므로, 문자열에서 각 문자를 하나씩 확인하며 정수형으로 변환한 뒤에 그 값을 합 변수에 더할 수 있다. 정답 소스코드 예시는 다음과 같다.

A07.py 답안 예시

```
n = input()
length = len(n) # 점수값의 총 자릿수
summary = 0

# 왼쪽 부분의 자릿수 합 더하기
for i in range(length // 2):
    summary += int(n[i])

# 오른쪽 부분의 자릿수 합 빼기
for i in range(length // 2, length):
    summary -= int(n[i])

# 왼쪽 부분과 오른쪽 부분의 자릿수 합이 동일한지 검사
if summary == 0:
    print("LUCKY")
else:
    print("READY")
```

A 08 문자열 재정렬

이 문제는 요구하는 내용을 그대로 구현하면 되는 문제이다. 문자열이 입력되었을 때 문자를 하나씩 확인한 뒤에, 숫자인 경우 따로 합계를 계산하고, 알파벳인 경우 별도의 리스트에 저장한다. 그래서 결과적으로 리스트에 저장된 알파벳들을 정렬해 출력하고, 합계를 뒤에 붙여서 출력하면 정답 판정을 받을 수 있다.

A08.py 답안 예시

```
data = input()
result = []
value = 0

# 문자를 하나씩 확인하며
for x in data:
    # 알파벳인 경우 결과 리스트에 삽입
    if x.isalpha():
        result.append(x)
    # 숫자는 따로 더하기
    else:
        value += int(x)

# 알파벳을 오름차순으로 정렬
result.sort()

# 숫자가 하나라도 존재하는 경우 가장 뒤에 삽입
if value != 0:
    result.append(str(value))

# 최종 결과 출력(리스트를 문자열로 변환하여 출력)
print(''.join(result))
```

A 09 문자열 압축

이 문제 또한 요구하는 대로 충실히 구현만 하면 정답 판정을 받을 수 있다. 입력으로 주어지는 문자열의 길이가 1,000 이하이기 때문에 가능한 모든 경우의 수를 탐색하는 완전 탐색을 수행할 수 있다. 예를 들어 길이가 N인 문자열이 입력되었다면 1부터 N / 2까지의 모든 수를 단위로 하여 문자열을 압축하는 방법을 모두 확인하고, 가장 짧게 압축되는 길이를 출력하면 된다.

예를 들어 "aaaabbabbabb"라는 문자열이 입력으로 들어왔다고 해보자.

이때 문자열의 길이가 12이므로 1부터 6까지의 수를 '단위(step)'로 하여 문자열을 압축하는 모든 방법을 확인하면 된다.

step 1 문자열을 1개 단위로 자르는 경우

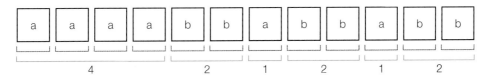

출력 결과: "4a2ba2ba2b"

step 2 문자열을 2개 단위로 자르는 경우

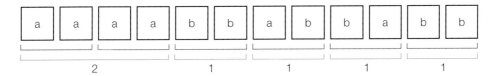

출력 결과: "2aabbabbabb"

step 3 문자열을 3개 단위로 자르는 경우

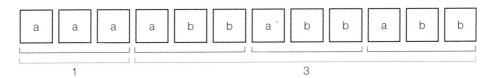

출력 결과: "aaa3abb"

이후에 [step 4] ~ [step 6]에 대해서도 마찬가지로 진행하면 된다. 단, 모든 경우 중에서 '문자열을 3개 단위로 잘랐을 때' 문자열의 길이가 7이 되며, 이는 가장 문자열이 많이 압축되는 경우이다. 이러한 아이디어를 그대로 소스코드로 옮겨서 구현하면 문제를 해결할 수 있다.

```python
# 이 코드는 다음 프로그래머스 사이트에서 테스트해야 정상 동작한다.
# https://programmers.co.kr/learn/courses/30/lessons/60057

def solution(s):
    answer = len(s)
    # 1개 단위(step)부터 압축 단위를 늘려가며 확인
    for step in range(1, len(s) // 2 + 1):
        compressed = ""
        prev = s[0:step] # 앞에서부터 step만큼의 문자열 추출
        count = 1
        # 단위(step) 크기만큼 증가시키며 이전 문자열과 비교
        for j in range(step, len(s), step):
            # 이전 상태와 동일하다면 압축 횟수(count) 증가
            if prev == s[j:j + step]:
                count += 1
            # 다른 문자열이 나왔다면(더 이상 압축하지 못하는 경우라면)
            else:
                compressed += str(count) + prev if count >= 2 else prev
                prev = s[j:j + step] # 다시 상태 초기화
                count = 1
        # 남아 있는 문자열에 대해서 처리
        compressed += str(count) + prev if count >= 2 else prev
        # 만들어지는 압축 문자열이 가장 짧은 것이 정답
        answer = min(answer, len(compressed))
    return answer
```

A 10 자물쇠와 열쇠

우리가 해야 할 일은 열쇠를 적당히 회전하고 이동시켜 자물쇠의 홈에 딱 맞게 끼워 넣는 것이다. 이 문제를 해결하기 위해서 얼마나 효율적인 알고리즘을 작성해야 하는지 고려해보자. 일단 문제에서 제시한 자물쇠와 열쇠의 크기는 20 × 20보다 작다. 크기가 20 × 20인 2차원 리스트에 있는 모든 원소에 접근할 때는 400만큼의 연산이 필요할 것이다.

교재에서 언급했듯이 파이썬의 경우 일반적인 코딩 테스트 채점 환경에서 1초에 2,000만에서 1억 정도의 연산을 처리할 수 있다. 그렇기 때문에, 완전 탐색을 이용해서 열쇠를 이동이나 회전시켜서 자물쇠에 끼워보는 작업을 전부 시도해보는 접근 방법을 이용할 수 있다.

다시 말해 문제 해결 아이디어는 완전 탐색이다. 다만, 완전 탐색을 수월하게 하기 위해서 자물쇠 리스트의 크기를 3배 이상으로 변경하면 계산이 수월해진다. 예를 들어 열쇠와 자물쇠가 이렇게 3 × 3 크기라고 가정하자. 이때 가장 먼저 자물쇠를 크기가 3배인 새로운 리스트로 만들어 중앙 부분으로 옮긴다.

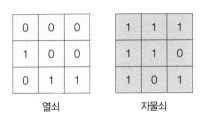

열쇠   자물쇠

자물쇠
크기 조정

0	0	0	0	0	0	0	0	0
0	0	0	0	0	0	0	0	0
0	0	0	0	0	0	0	0	0
0	0	0	1	1	1	0	0	0
0	0	0	1	1	0	0	0	0
0	0	0	1	0	1	0	0	0
0	0	0	0	0	0	0	0	0
0	0	0	0	0	0	0	0	0
0	0	0	0	0	0	0	0	0

이제 열쇠 배열을 왼쪽 위부터 시작해서 한 칸씩 이동하는 방식으로 차례대로 자물쇠의 모든 홈을 채울 수 있는지 확인하면 된다. 문제에서는 0은 홈 부분, 1은 돌기 부분을 나타낸다. 따라서 자물쇠 리스트에 열쇠 리스트의 값을 더한 뒤에, 더한 결과를 확인했을 때 자물쇠 부분의 모든 값이 정확히 1인지를 확인하면 된다. 만약 모든 값이 정확히 1이라면 자물쇠의 홈 부분을 정확히 채운 것이라고 할 수 있다.

더한 결과

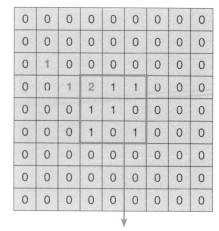

모든 값이 1인지 확인

이러한 아이디어를 소스코드로 옮기면 다음과 같다. 다만, 효율적인 문제 풀이를 위하여 rotate_a_ matrix_by_90_degree() 함수가 구현되었다. 이 함수는 '2차원 리스트를 90도 회전한 결과를 반환하는 함수'인데, 파이썬에서 2차원 리스트를 다룰 때 가끔씩 사용되므로 팀 노트에 적어두고 필요할 때 사용하면 좋다.

A10.py 답안 예시

```
# 이 코드는 다음 프로그래머스 사이트에서 테스트해야 정상 동작한다.
# https://programmers.co.kr/learn/courses/30/lessons/60059

# 2차원 리스트 90도 회전
def rotate_a_matrix_by_90_degree(a):
    n = len(a) # 행 길이 계산
    m = len(a[0]) # 열 길이 계산
    result = [[0] * n for _ in range(m)] # 결과 리스트
    for i in range(n):
        for j in range(m):
            result[j][n - i - 1] = a[i][j]
    return result

# 자물쇠의 중간 부분이 모두 1인지 확인
def check(new_lock):
    lock_length = len(new_lock) // 3
    for i in range(lock_length, lock_length * 2):
        for j in range(lock_length, lock_length * 2):
```

```
                if new_lock[i][j] != 1:
                    return False
        return True

    def solution(key, lock):
        n = len(lock)
        m = len(key)
        # 자물쇠의 크기를 기존의 3배로 변환
        new_lock = [[0] * (n * 3) for _ in range(n * 3)]
        # 새로운 자물쇠의 중앙 부분에 기존의 자물쇠 넣기
        for i in range(n):
            for j in range(n):
                new_lock[i + n][j + n] = lock[i][j]

        # 4가지 방향에 대해서 확인
        for rotation in range(4):
            key = rotate_a_matrix_by_90_degree(key) # 열쇠 회전
            for x in range(n * 2):
                for y in range(n * 2):
                    # 자물쇠에 열쇠를 끼워 넣기
                    for i in range(m):
                        for j in range(m):
                            new_lock[x + i][y + j] += key[i][j]
                    # 새로운 자물쇠에 열쇠가 정확히 들어맞는지 검사
                    if check(new_lock) == True:
                        return True
                    # 자물쇠에서 열쇠를 다시 빼기
                    for i in range(m):
                        for j in range(m):
                            new_lock[x + i][y + j] -= key[i][j]
        return False
```

A 11 뱀

이 문제 또한 전형적인 시뮬레이션^{Simulation} 문제 유형으로, 문제에서 요구하는 대로 실수 없이 구현해낼 수 있다면 정답 판정을 받을 수 있다. 2차원 배열상의 맵에서 뱀이 이동하도록 해야 하므로 2차원 배열상의 특정 위치에서 동, 남, 서, 북의 위치로 이동하는 기능을 구현해야 한다. 이 문제의 경우, 뱀이 처음에 오른쪽(동쪽)을 바라보고 있다는 점을 고려하자. 더불어 뱀의 머리가 뱀의 몸에

닿는 경우에도 종료해야 하므로, 매 시점마다 뱀이 존재하는 위치를 항상 2차원 리스트에 기록해야 한다.

이러한 시뮬레이션 문제 유형을 가장 쉽게 풀기 위해서는 그림으로 그려보는 것이 좋다. 일반적인 코딩 테스트에서는 종이와 펜은 사용할 수 있도록 해주기 때문에, 문제를 보자마자 일단 종이에 자신만의 그림으로 그려보는 것이 좋다. 문제에서 주어진 예제 입력을 그대로 그림으로 그려나타내면 다음과 같다. 아래 그림에서 회색으로 칠해진 곳은 뱀의 몸통(머리 제외)이 존재하는 공간이다.

[초기 상태]

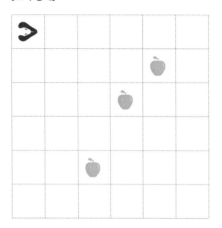

[1초 후]

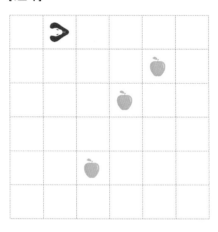

[2초 후]

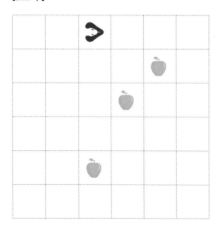

[3초 후]

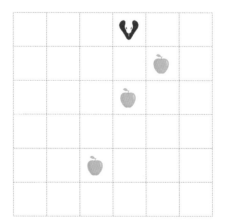

[4초 후]

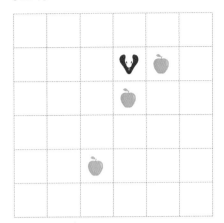

[5초 후]

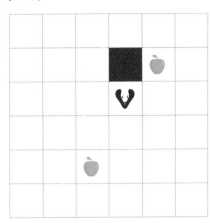

[6초 후]

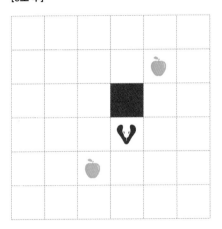

[7초 후]

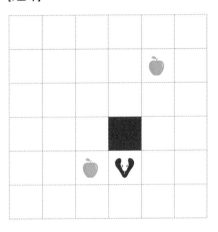

[8초 후]

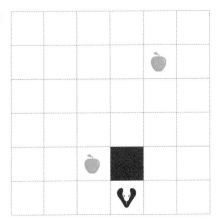

[9초 후]

9초가 되었을 때 뱀이 벽에 부딪히게 되어 종료된다. 따라서 정답은 9초가 된다.

A11.py 답안 예시

```python
n = int(input())
k = int(input())
data = [[0] * (n + 1) for _ in range(n + 1)] # 맵 정보
info = [] # 방향 회전 정보

# 맵 정보(사과 있는 곳은 1로 표시)
for _ in range(k):
    a, b = map(int, input().split())
    data[a][b] = 1

# 방향 회전 정보 입력
l = int(input())
for _ in range(l):
    x, c = input().split()
    info.append((int(x), c))

# 처음에는 오른쪽을 보고 있으므로(동, 남, 서, 북)
dx = [0, 1, 0, -1]
dy = [1, 0, -1, 0]

def turn(direction, c):
    if c == "L":
        direction = (direction - 1) % 4
    else:
        direction = (direction + 1) % 4
    return direction

def simulate():
    x, y = 1, 1 # 뱀의 머리 위치
    data[x][y] = 2 # 뱀이 존재하는 위치는 2로 표시
    direction = 0 # 처음에는 동쪽을 보고 있음
    time = 0 # 시작한 뒤에 지난 '초' 시간
    index = 0 # 다음에 회전할 정보
    q = [(x, y)] # 뱀이 차지하고 있는 위치 정보(꼬리가 앞쪽)
    while True:
        nx = x + dx[direction]
        ny = y + dy[direction]
```

```
                    # 맵 범위 안에 있고, 뱀의 몸통이 없는 위치라면
                    if 1 <= nx and nx <= n and 1 <= ny and ny <= n and data[nx][ny] != 2:
                        # 사과가 없다면 이동 후에 꼬리 제거
                        if data[nx][ny] == 0:
                            data[nx][ny] = 2
                            q.append((nx, ny))
                            px, py = q.pop(0)
                            data[px][py] = 0
                        # 사과가 있다면 이동 후에 꼬리 그대로 두기
                        if data[nx][ny] == 1:
                            data[nx][ny] = 2
                            q.append((nx, ny))
                    # 벽이나 뱀의 몸통과 부딪혔다면
                    else:
                        time += 1
                        break
                    x, y = nx, ny # 다음 위치로 머리를 이동
                    time += 1
                    if index < l and time == info[index][0]: # 회전할 시간인 경우 회전
                        direction = turn(direction, info[index][1])
                        index += 1
            return time

    print(simulate())
```

A 12 기둥과 보 설치

이 문제는 전형적인 시뮬레이션 문제이다. 따라서 문제에서 제시한 구체적인 처리 과정을 프로그램 상에서 차례대로 수행하여 결과를 도출하면 된다. 다만, 해당 문제는 구현 과정이 복잡하기 때문에, 무작정 코드로 옮기려고 하면 문제에서 요구하는 대로 정확히 구현하기가 어려워 오답 판정을 받을 수 있다. 따라서 문제를 쉽게 해결하기 위한 아이디어를 머릿속으로 잘 정리한 뒤에 코드 작성을 시작해야 한다.

일단 요구사항을 확인해보면, 전체 명령의 개수는 총 1,000개 이하이다. 전체 명령의 개수를 M이라고 할 때, 시간 복잡도 $O(M^2)$으로 해결하는 것이 이상적일 것이다. 하지만 본 문제의 시간 제한은 5초로 넉넉한 편이므로 $O(M^3)$의 알고리즘을 이용해도 정답 판정을 받을 수 있다.

따라서 이 문제를 $O(M^3)$의 시간 복잡도로 해결하는 가장 간단한 방법은, 설치 및 삭제 연산을

요구할 때마다 일일이 '전체 구조물을 확인하며' 규칙을 확인하는 것이다. 아래 소스코드에서는 possible( ) 메서드를 이용하여 현재의 구조물이 정상인지를 체크할 수 있도록 하였다. 그래서 매번 연산이 발생할 때마다, possible( ) 함수를 호출하여 현재 구조물이 정상인지 체크하고, 정상이 아니라면 현재의 연산을 무시하도록 한다.

A12.py 답안 예시

```
# 이 코드는 다음 프로그래머스 사이트에서 테스트해야 정상 동작한다.
# https://programmers.co.kr/learn/courses/30/lessons/60061

# 현재 설치된 구조물이 '가능한' 구조물인지 확인하는 함수
def possible(answer):
    for x, y, stuff in answer:
        if stuff == 0: # 설치된 것이 '기둥'인 경우
            # '바닥 위' 혹은 '보의 한쪽 끝부분 위' 혹은 '다른 기둥 위'라면 정상
            if y == 0 or [x - 1, y, 1] in answer or [x, y, 1] in answer or [x, y - 1, 0]
in answer:
                continue
            return False # 아니라면 거짓(False) 반환
        elif stuff == 1: # 설치된 것이 '보'인 경우
            # '한쪽 끝부분이 기둥 위' 혹은 '양쪽 끝부분이 다른 보와 동시에 연결'이라면 정상
            if [x, y - 1, 0] in answer or [x + 1, y - 1, 0] in answer or ([x - 1, y, 1]
in answer and [x + 1, y, 1] in answer):
                continue
            return False # 아니라면 거짓(False) 반환
    return True


def solution(n, build_frame):
    answer = []
    for frame in build_frame: # 작업(frame)의 개수는 최대 1,000개
        x, y, stuff, operate = frame
        if operate == 0: # 삭제하는 경우
            answer.remove([x, y, stuff]) # 일단 삭제를 해본 뒤에
            if not possible(answer): # 가능한 구조물인지 확인
                answer.append([x, y, stuff]) # 가능한 구조물이 아니라면 다시 설치
        if operate == 1: # 설치하는 경우
            answer.append([x, y, stuff]) # 일단 설치를 해본 뒤에
            if not possible(answer): # 가능한 구조물인지 확인
                answer.remove([x, y, stuff]) # 가능한 구조물이 아니라면 다시 제거
    return sorted(answer) # 정렬된 결과를 반환
```

A 13 치킨 배달

이 문제는 기존에 존재하는 치킨집을 줄여서 최대 M개로 유지하면서, 일반 집들로부터 M개의 치킨집까지의 거리를 줄이는 것이 목표다. 이후에 도시의 치킨 거리 합의 최솟값을 계산하면 된다.

기본적으로 입력으로 들어오는 치킨집의 개수 범위를 생각해보자. 치킨집의 개수 범위는 M ≤ 치킨집의 개수 ≤ 13이다. 만약에 치킨집 중에서 M개를 고르는 조합을 고려한다면 경우의 수가 얼마나 많을지 생각해보자. 이는 최대 13개에서 M개를 선택하는 조합과 동일하다. 이 경우 M이 어떤 값이 되든지 간에, $_{13}C_M$의 값은 100,000을 넘지 않는다. 집의 개수 또한 최대 100개이기 때문에, 모든 경우의 수를 다 계산하더라도 시간 초과 없이 문제를 해결할 수 있다.

파이썬에서는 조합Combinations 라이브러리를 제공하므로, 이를 이용하면 모든 경우를 간단히 계산할 수 있다. 따라서 치킨집 중에서 M개를 고르는 모든 경우에 대해서 치킨 거리의 합을 계산하여(완전탐색), 치킨 거리의 최솟값을 구해 출력하면 된다.

A13.py 답안 예시

```python
from itertools import combinations

n, m = map(int, input().split())
chicken, house = [], []

for r in range(n):
    data = list(map(int, input().split()))
    for c in range(n):
        if data[c] == 1:
            house.append((r, c)) # 일반 집
        elif data[c] == 2:
            chicken.append((r, c)) # 치킨집

# 모든 치킨집 중에서 m개의 치킨집을 뽑는 조합 계산
candidates = list(combinations(chicken, m))

# 치킨 거리의 합을 계산하는 함수
def get_sum(candidate):
    result = 0
    # 모든 집에 대하여
    for hx, hy in house:
        # 가장 가까운 치킨집을 찾기
```

```
        temp = 1e9
        for cx, cy in candidate:
            temp = min(temp, abs(hx - cx) + abs(hy - cy))
        # 가장 가까운 치킨집까지의 거리를 더하기
        result += temp
    # 치킨 거리의 합 반환
    return result

# 치킨 거리의 합의 최소를 찾아 출력
result = 1e9
for candidate in candidates:
    result = min(result, get_sum(candidate))

print(result)
```

A 14 외벽 점검

이 문제는 '제한 조건'을 보았을 때, weak 리스트와 dist 리스트의 길이가 매우 작은 것을 알 수 있다. 주어지는 데이터의 개수가 적을 때는 모든 경우를 일일이 확인하는 완전 탐색으로 접근해볼 수 있는데, 실제로 이 문제 또한 완전 탐색으로 해결할 수 있다.

문제에서 찾고자 하는 값은 '투입해야 하는 친구 수의 최솟값'이다. 이때 전체 친구의 수(dist의 길이)는 최대 8이다. 따라서 모든 친구를 무작위로 나열하는 모든 순열^{Permutations}의 개수를 계산해보면, $_8P_8 = 8! = 40,320$으로 충분히 계산 가능한 경우의 수가 된다. 따라서 친구를 나열하는 모든 경우의 수를 각각 확인하여 친구를 최소 몇 명 배치하면 되는지 계산하면 문제를 해결할 수 있다.

다만, 문제에서는 취약한 지점들이 원형으로 구성되어 있다고 설명하고 있다. 이처럼 원형으로 나열된 데이터를 처리하는 경우에는, 문제 풀이를 간단히 하기 위하여 길이를 2배로 늘려서 '원형'을 일자 형태로 만드는 작업을 해주면 유리하다.

문제에서 제시된 입출력 예시 2를 확인해보자. 3명의 친구가 있고, 각각 이동할 수 있는 거리가 3m, 5m, 7m이다. 또한 취약한 지점은 1, 3, 4, 9, 10이라고 한다.

그러면 먼저 취약한 지점을 2번 나열해서 '원형'을 일자 형태로 만든다. 그러면 다음과 같다.

- 취약한 지점: 1, 3, 4, 9, 10, 13, 15, 16, 21, 22

이제 각 친구를 나열하는 모든 경우의 수는 3! = 6가지이다.

- [3m, 5m, 7m]

- [3m, 7m, 5m]

- [5m, 3m, 7m]

- [5m, 7m, 3m]

- [7m, 3m, 5m]

- [7m, 5m, 3m]

위 각각의 경우에 대하여 4개의 취약한 지점을 모두 검사할 수 있는지 확인하면 된다. 예를 들어 친구를 나열하는 경우의 수 중에서 [7m, 3m, 5m]를 확인해보자. 이때 7m를 이동할 수 있는 친구가 다음처럼 9m 지점에서 출발하여 5곳을 방문한다면 7m만 이동해도 모든 취약 지점을 점검할 수 있다.

- 취약한 지점: 1, 3, 4, 9, 10, 13, 15, 16, 21, 22

이러한 완전 탐색 아이디어를 소스코드로 옮기면 다음과 같다.

A14.py 답안 예시

```python
# 이 코드는 다음 프로그래머스 사이트에서 테스트해야 정상 동작한다.
# https://programmers.co.kr/learn/courses/30/lessons/60062
from itertools import permutations

def solution(n, weak, dist):
    # 길이를 2배로 늘려서 '원형'을 일자 형태로 변형
    length = len(weak)
    for i in range(length):
        weak.append(weak[i] + n)
    answer = len(dist) + 1 # 투입할 친구 수의 최솟값을 찾아야 하므로 len(dist) + 1로 초기화
    # 0부터 length - 1까지의 위치를 각각 시작점으로 설정
    for start in range(length):
        # 친구를 나열하는 모든 경우의 수 각각에 대하여 확인
        for friends in list(permutations(dist, len(dist))):
            count = 1 # 투입할 친구의 수
            # 해당 친구가 점검할 수 있는 마지막 위치
            position = weak[start] + friends[count - 1]
            # 시작점부터 모든 취약 지점을 확인
            for index in range(start, start + length):
```

```
                        # 점검할 수 있는 위치를 벗어나는 경우
                        if position < weak[index]:
                            count += 1 # 새로운 친구를 투입
                            if count > len(dist): # 더 투입이 불가능하다면 종료
                                break
                            position = weak[index] + friends[count - 1]
                answer = min(answer, count) # 최솟값 계산
    if answer > len(dist):
        return -1
    return answer
```

A 15 특정 거리의 도시 찾기

문제에서 모든 도로의 거리는 1이다. 이는 다시 말해 모든 간선의 비용이 1이라는 의미인데, 그래프에서 모든 간선의 비용이 동일할 때는 너비 우선 탐색BFS을 이용하여 최단 거리를 찾을 수 있다. 다시 말해 '모든 도로의 거리는 1'이라는 조건 덕분에 너비 우선 탐색을 이용하여 간단히 해결할 수 있는 것이다.

문제의 조건을 살펴보면 노드의 개수 N은 최대 300,000개이며 간선의 개수 M은 최대 1,000,000개이다. 따라서 이 문제는 너비 우선 탐색을 이용하여 시간 복잡도 $O(N + M)$으로 동작하는 소스 코드를 작성하여 시간 초과 없이 해결할 수 있다. 먼저 특정한 도시 X를 시작점으로 BFS를 수행하여 모든 도시까지의 최단 거리를 계산한 뒤에, 각 최단 거리를 하나씩 확인하며 그 값이 K인 경우에 해당 도시의 번호를 출력하면 된다.

A15.py 답안 예시

```python
from collections import deque

# 도시의 개수, 도로의 개수, 거리 정보, 출발 도시 번호
n, m, k, x = map(int, input().split())
graph = [[] for _ in range(n + 1)]

# 모든 도로 정보 입력받기
for _ in range(m):
    a, b = map(int, input().split())
    graph[a].append(b)
```

```
# 모든 도시에 대한 최단 거리 초기화
distance = [-1] * (n + 1)
distance[x] = 0 # 출발 도시까지의 거리는 0으로 설정

# 너비 우선 탐색(BFS) 수행
q = deque([x])
while q:
    now = q.popleft()
    # 현재 도시에서 이동할 수 있는 모든 도시를 확인
    for next_node in graph[now]:
        # 아직 방문하지 않은 도시라면
        if distance[next_node] == -1:
            # 최단 거리 갱신
            distance[next_node] = distance[now] + 1
            q.append(next_node)

# 최단 거리가 K인 모든 도시의 번호를 오름차순으로 출력
check = False
for i in range(1, n + 1):
    if distance[i] == k:
        print(i)
        check = True

# 만약 최단 거리가 K인 도시가 없다면, -1 출력
if check == False:
    print(-1)
```

A 16 연구소

이 문제는 벽을 3개 설치하는 모든 경우의 수를 다 계산해야 한다. 간단하게 생각해보면 전체 맵의 크기가 8 × 8이므로, 벽을 설치할 수 있는 모든 조합의 수는 최악의 경우(바이러스가 하나도 존재하지 않는 경우) $_{64}C_3$이 될 것이다. 이는 100,000보다도 작은 수이므로, 모든 경우의 수를 고려해도 제한 시간 안에 문제를 해결할 수 있다는 것을 알 수 있다.

또한 모든 조합을 계산할 때는 파이썬의 조합 라이브러리를 이용하거나, DFS 혹은 BFS를 이용하여 해결할 수 있다. 따라서 벽의 개수가 3개가 되는 모든 조합을 찾은 뒤에 그러한 조합에 대해서 안전 영역의 크기를 계산하면 된다. 안전 영역의 크기를 구하는 것 또한 DFS나 BFS를 이용하여 계산할 수 있다.

결과적으로 여기서는 가능한 모든 경우의 수를 계산하되, 안전 영역을 계산할 때 DFS나 BFS를 적절히 이용해야 한다는 점이 특징이다. 따라서 DFS 혹은 BFS를 실수 없이 구현해야 정답 판정을 받을 수 있다. 이 문제는 DFS 혹은 BFS를 사용하여 완전 탐색을 수행해야 한다는 점에서 DFS/BFS 문제 혹은 완전 탐색 문제로 분류할 수 있다. 또한 구현 과정이 까다롭기 때문에 구현 유형으로 분류할 수도 있다.

문제 풀이 아이디어를 간략히 설명하면, 초기에 비어 있는 모든 공간 중에서 3개를 골라 벽을 설치하는 것이다. 매번 벽을 설치할 때마다, 각 바이러스가 사방으로 퍼지는 것을 DFS/BFS로 계산하여 안전 영역을 구해야 한다. 문제에서 제시되었던 예시를 확인해보자.

2	0	0	0	1	1	0
0	0	1	0	1	2	0
0	1	1	0	1	0	0
0	1	0	0	0	0	0
0	0	0	0	0	1	1
0	1	0	0	0	0	0
0	1	0	0	0	0	0

이러한 예시가 주어졌을 때, 우리는 설치할 수 있는 모든 경우의 수를 다 찾아야 한다. 그 경우의 수 중 하나로, 빈 공간에서 다음과 같이 3개의 벽을 설치할 수 있을 것이다. 새롭게 벽을 설치한 곳은 회색을 입혔다.

2	1	0	0	1	1	0
1	0	1	0	1	2	0
0	1	1	0	1	0	0
0	1	0	0	0	1	0
0	0	0	0	0	1	1
0	1	0	0	0	0	0
0	1	0	0	0	0	0

이때 각 바이러스의 위치에서 DFS나 BFS를 수행하여 연결된 모든 부분을 감염시키도록 처리할 수 있다. 그 결과는 다음과 같을 것이다. 바이러스가 퍼진 곳은 하늘색을 입혔다.

2	1	0	0	1	1	0
1	0	1	0	1	2	0
0	1	1	0	1	0	0
0	1	0	0	0	1	0
0	0	0	0	0	1	1
0	1	0	0	0	0	0
0	1	0	0	0	0	0

이제 '0'으로 표시된 부분의 수를 구하면 그 값이 27이 된다. 이러한 아이디어를 소스코드로 옮기면 다음과 같다.

A16.py 답안 예시

```python
n, m = map(int, input().split())
data = [] # 초기 맵 리스트
temp = [[0] * m for _ in range(n)] # 벽을 설치한 뒤의 맵 리스트

for _ in range(n):
    data.append(list(map(int, input().split())))

# 4가지 이동 방향에 대한 리스트
dx = [-1, 0, 1, 0]
dy = [0, 1, 0, -1]

result = 0

# 깊이 우선 탐색(DFS)을 이용해 각 바이러스가 사방으로 퍼지도록 하기
def virus(x, y):
    for i in range(4):
        nx = x + dx[i]
        ny = y + dy[i]
        # 상, 하, 좌, 우 중에서 바이러스가 퍼질 수 있는 경우
        if nx >= 0 and nx < n and ny >= 0 and ny < m:
            if temp[nx][ny] == 0:
                # 해당 위치에 바이러스 배치하고, 다시 재귀적으로 수행
                temp[nx][ny] = 2
                virus(nx, ny)
```

```python
# 현재 맵에서 안전 영역의 크기 계산하는 메서드
def get_score():
    score = 0
    for i in range(n):
        for j in range(m):
            if temp[i][j] == 0:
                score += 1
    return score


# 깊이 우선 탐색(DFS)을 이용해 울타리를 설치하면서, 매번 안전 영역의 크기 계산
def dfs(count):
    global result
    # 울타리가 3개 설치된 경우
    if count == 3:
        for i in range(n):
            for j in range(m):
                temp[i][j] = data[i][j]
        # 각 바이러스의 위치에서 전파 진행
        for i in range(n):
            for j in range(m):
                if temp[i][j] == 2:
                    virus(i, j)
        # 안전 영역의 최댓값 계산
        result = max(result, get_score())
        return
    # 빈 공간에 울타리 설치
    for i in range(n):
        for j in range(m):
            if data[i][j] == 0:
                data[i][j] = 1
                count += 1
                dfs(count)
                data[i][j] = 0
                count -= 1


dfs(0)
print(result)
```

A 17 경쟁적 전염

이 문제는 너비 우선 탐색^{BFS}을 이용하여 해결할 수 있다. 다만, 문제에 나와 있는 대로 각 바이러스가 낮은 번호부터 증식한다는 점을 기억하자. 낮은 번호부터 증식하므로, 초기에 큐^{Queue}에 원소를 삽입할 때는 낮은 바이러스의 번호부터 삽입해야 한다. 이후에 너비 우선 탐색을 수행하며 방문하지 않은 위치를 차례대로 방문하도록 하면 된다.

답안 예시

```
from collections import deque

n, k = map(int, input().split())

graph = [] # 전체 보드 정보를 담는 리스트
data = [] # 바이러스에 대한 정보를 담는 리스트

for i in range(n):
    # 보드 정보를 한 줄 단위로 입력
    graph.append(list(map(int, input().split())))
    for j in range(n):
        # 해당 위치에 바이러스가 존재하는 경우
        if graph[i][j] != 0:
            # (바이러스 종류, 시간, 위치 X, 위치 Y) 삽입
            data.append((graph[i][j], 0, i, j))

# 정렬 이후에 큐로 옮기기(낮은 번호의 바이러스가 먼저 증식하므로)
data.sort()
q = deque(data)

target_s, target_x, target_y = map(int, input().split())

# 바이러스가 퍼져나갈 수 있는 4가지 위치
dx = [-1, 0, 1, 0]
dy = [0, 1, 0, -1]

# 너비 우선 탐색(BFS) 진행
while q:
    virus, s, x, y = q.popleft()
    # 정확히 s초가 지나거나, 큐가 빌 때까지 반복
    if s == target_s:
        break
```

```
        # 현재 노드에서 주변 4가지 위치를 각각 확인
        for i in range(4):
            nx = x + dx[i]
            ny = y + dy[i]
            # 해당 위치로 이동할 수 있는 경우
            if 0 <= nx and nx < n and 0 <= ny and ny < n:
                # 아직 방문하지 않은 위치라면, 그 위치에 바이러스 넣기
                if graph[nx][ny] == 0:
                    graph[nx][ny] = virus
                    q.append((virus, s + 1, nx, ny))

print(graph[target_x - 1][target_y - 1])
```

A 18 괄호 변환

이 문제는 제시된 알고리즘을 재귀적으로 구현하여 해결할 수 있다. 구현을 위한 알고리즘 자체는 문제에 그대로 제시되어 있기 때문에, 재귀 함수를 이용하여 문제에 기재되어 있는 알고리즘을 실수 없이 안정적으로 구현할 수 있으면 문제를 해결할 수 있다.

엄밀히 말하면 이 문제는 DFS 문제는 아니다. 정확한 구현을 요구하고, 실수하기 쉬운 문제라는 점에서 구현 문제 유형으로 분류할 수도 있다. 하지만 DFS 알고리즘의 핵심이 되는 재귀 함수 구현을 요구한다는 점에서 DFS 연습 목적의 문제로 DFS/BFS 파트에서 다루고자 한다.

이 문제를 실수 없이 풀려면 소스코드를 최대한 단순화하는 것이 좋다. 따라서 특정 문자열에서 "균형잡힌 괄호 문자열"의 인덱스를 반환하는 함수와 특정한 "균형잡힌 괄호 문자열"이 "올바른 괄호 문자열"인지 판단하는 함수를 별도로 구현한다. 이후에 재귀 함수에서 이 두 함수를 불러오도록 소스코드를 작성할 수 있다.

A18.py 답안 예시

```
# 이 코드는 다음 프로그래머스 사이트에서 테스트해야 정상 동작한다.
# https://programmers.co.kr/learn/courses/30/lessons/60058

# "균형잡힌 괄호 문자열"의 인덱스 반환
def balanced_index(p):
    count = 0 # 왼쪽 괄호의 개수
    for i in range(len(p)):
```

```
            if p[i] == '(':
                count += 1
            else:
                count -= 1
            if count == 0:
                return i


# "올바른 괄호 문자열"인지 판단
def check_proper(p):
    count = 0 # 왼쪽 괄호의 개수
    for i in p:
        if i == '(':
            count += 1
        else:
            if count == 0: # 쌍이 맞지 않는 경우에 False 반환
                return False
            count -= 1
    return True # 쌍이 맞는 경우에 True 반환


def solution(p):
    answer = ''
    if p == '':
        return answer
    index = balanced_index(p)
    u = p[:index + 1]
    v = p[index + 1:]
    # "올바른 괄호 문자열"이면, v에 대해 함수를 수행한 결과를 붙여 반환
    if check_proper(u):
        answer = u + solution(v)
    # "올바른 괄호 문자열"이 아니라면 아래의 과정을 수행
    else:
        answer = '('
        answer += solution(v)
        answer += ')'
        u = list(u[1:-1]) # 첫 번째와 마지막 문자를 제거
        for i in range(len(u)):
            if u[i] == '(':
                u[i] = ')'
            else:
                u[i] = '('
        answer += "".join(u)
    return answer
```

A 19 연산자 끼워 넣기

이 문제는 최대 11개의 수가 주어졌을 때, 각 수와 수 사이에 사칙연산 중 하나를 삽입하는 모든 경우에 대하여 만들어질 수 있는 결과의 최댓값 및 최솟값을 구하면 된다. 따라서 모든 경우의 수를 계산하기 위하여 (완전 탐색) DFS 혹은 BFS를 이용하여 문제를 해결할 수 있다.

이 문제에서는 각 사칙연산을 중복하여 사용할 수 있기 때문에, 이 문제를 풀기 위해서는 중복 순열을 계산해야 한다. 예를 들어 n = 4라고 하면, 사칙연산 중에서 중복을 허용하여 3개를 뽑아 나열하는 모든 경우를 고려해야 한다. 이는 파이썬에서의 중복 순열(product) 라이브러리를 이용하여 찾을 수도 있다. 아래의 예시 소스코드 또한 확인해보자.

```
from itertools import product

n = 4
print(list(product(['+', '-', '*', '/'], repeat=(n - 1))))
```

다만, 본 문제에 대한 정답 소스코드는 itertools의 중복 순열(product) 클래스를 사용하지 않고 DFS를 이용하여 푸는 방법을 소개하겠다.

A19.py 답안 예시

```
n = int(input())
# 연산을 수행하고자 하는 수 리스트
data = list(map(int, input().split()))
# 더하기, 빼기, 곱하기, 나누기 연산자 개수
add, sub, mul, div = map(int, input().split())

# 최솟값과 최댓값 초기화
min_value = 1e9
max_value = -1e9

# 깊이 우선 탐색(DFS) 메서드
def dfs(i, now):
    global min_value, max_value, add, sub, mul, div
    # 모든 연산자를 다 사용한 경우, 최솟값과 최댓값 업데이트
    if i == n:
        min_value = min(min_value, now)
        max_value = max(max_value, now)
```

```
        else:
            # 각 연산자에 대하여 재귀적으로 수행
            if add > 0:
                add -= 1
                dfs(i + 1, now + data[i])
                add += 1
            if sub > 0:
                sub -= 1
                dfs(i + 1, now - data[i])
                sub += 1
            if mul > 0:
                mul -= 1
                dfs(i + 1, now * data[i])
                mul += 1
            if div > 0:
                div -= 1
                dfs(i + 1, int(now / data[i])) # 나눌 때는 나머지를 제거
                div += 1

# DFS 메서드 호출
dfs(1, data[0])

# 최댓값과 최솟값 차례대로 출력
print(max_value)
print(min_value)
```

A 20 감시 피하기

이 문제는 장애물을 정확히 3개 설치하는 모든 경우를 확인하여, 매 경우마다 모든 학생을 감시로부터 피하도록 할 수 있는지의 여부를 출력해야 한다. 그렇다면 장애물을 정확히 3개 설치하는 모든 경우의 수는 얼마나 될지 생각해보자. 복도의 크기는 N × N이며, N은 최대 6이다. 따라서 장애물을 정확히 3개 설치하는 모든 조합의 수는 최악의 경우 $_{36}C_3$이 될 것이다. 이는 10,000 이하의 수이므로 모든 조합을 고려하여 완전 탐색을 수행해도 시간 초과 없이 문제를 해결할 수 있다. 따라서 모든 조합을 찾기 위해서 DFS 혹은 BFS를 이용해 모든 조합을 반환하는 함수를 작성하거나, 파이썬의 조합 라이브러리를 이용할 수 있다.

또한 정확히 3개의 장애물이 설치된 모든 조합마다, 선생님들의 위치 좌표를 하나씩 확인하고 각각 선생님의 위치에서 상, 하, 좌, 우를 확인하며 학생이 한 명이라도 감지되는지를 확인해야 한다. 이는 별도의 watch( ) 메서드를 구현하면 편하다. 예를 들어 문제 설명에서 주어진 예시 그림을 보면 오른쪽과 같이 복도에 3개의 장애물이 설치되어 있다.

	S		○	T
T	○	S		
		○		
	T			
		T		

이때 각 선생님의 위치(T)에서 상, 하, 좌, 우의 위치를 확인하며 학생(S)이 존재하는지 확인해야 한다. 이는 반복문을 이용해 구현할 수 있으며, 답안 예시 소스코드에서는 watch( ) 메서드로 구현하였다. 예를 들어 (4, 2)의 위치에 있는 선생님이 감시하게 되는 위치는 오른쪽과 같을 것이다.

전체 소스코드는 다음과 같다. 답안 예시에서는 DFS/BFS를 직접 이용해 구현하지 않고, 파이썬의 조합 라이브러리를 이용하여 DFS/BFS를 대체하였다.

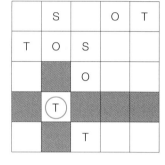

A20.py 답안 예시

```python
from itertools import combinations

n = int(input()) # 복도의 크기
board = [] # 복도 정보(N × N)
teachers = [] # 모든 선생님 위치 정보
spaces = [] # 모든 빈 공간 위치 정보

for i in range(n):
    board.append(list(input().split()))
    for j in range(n):
        # 선생님이 존재하는 위치 저장
        if board[i][j] == 'T':
            teachers.append((i, j))
        # 장애물을 설치할 수 있는 (빈 공간) 위치 저장
        if board[i][j] == 'X':
            spaces.append((i, j))
```

```python
# 특정 방향으로 감시를 진행(학생 발견: True, 학생 미발견: False)
def watch(x, y, direction):
    # 왼쪽 방향으로 감시
    if direction == 0:
        while y >= 0:
            if board[x][y] == 'S': # 학생이 있는 경우
                return True
            if board[x][y] == 'O': # 장애물이 있는 경우
                return False
            y -= 1
    # 오른쪽 방향으로 감시
    if direction == 1:
        while y < n:
            if board[x][y] == 'S': # 학생이 있는 경우
                return True
            if board[x][y] == 'O': # 장애물이 있는 경우
                return False
            y += 1
    # 위쪽 방향으로 감시
    if direction == 2:
        while x >= 0:
            if board[x][y] == 'S': # 학생이 있는 경우
                return True
            if board[x][y] == 'O': # 장애물이 있는 경우
                return False
            x -= 1
    # 아래쪽 방향으로 감시
    if direction == 3:
        while x < n:
            if board[x][y] == 'S': # 학생이 있는 경우
                return True
            if board[x][y] == 'O': # 장애물이 있는 경우
                return False
            x += 1
    return False


# 장애물 설치 이후에, 한 명이라도 학생이 감지되는지 검사
def process():
    # 모든 선생님의 위치를 하나씩 확인
    for x, y in teachers:
        # 4가지 방향으로 학생을 감지할 수 있는지 확인
        for i in range(4):
```

```
                if watch(x, y, i):
                    return True
        return False


find = False # 학생이 한 명도 감지되지 않도록 설치할 수 있는지의 여부

# 빈 공간에서 3개를 뽑는 모든 조합을 확인
for data in combinations(spaces, 3):
    # 장애물 설치해보기
    for x, y in data:
        board[x][y] = 'O'
    # 학생이 한 명도 감지되지 않는 경우
    if not process():
        # 원하는 경우를 발견한 것임
        find = True
        break
    # 설치된 장애물을 다시 없애기
    for x, y in data:
        board[x][y] = 'X'

if find:
    print('YES')
else:
    print('NO')
```

A 21 인구 이동

이 문제 또한 전형적인 DFS/BFS 유형의 문제로, 모든 나라의 위치에서 상, 하, 좌, 우로 국경선을 열 수 있는지를 확인해야 한다. 따라서 모든 나라의 위치에서 DFS 혹은 BFS를 수행하여 인접한 나라의 인구수를 확인한 뒤에, 가능하다면 국경선을 열고 인구 이동 처리를 진행하면 된다.

문제에서 제시된 세 번째 예시를 확인해보자.

50	30
30	40

각 나라의 위치에서 BFS를 수행하여, 연결되어 있는 모든 나라들(연합)을 찾는다. 5장의 '음료수 얼려 먹기' 문제와 유사하다. 현재 L = 20, R = 50이기 때문에, BFS를 수행해서 모든 연합을 찾으면 다음과 같다. 서로 다른 연합은 각각 다른 색으로 칠하였다.

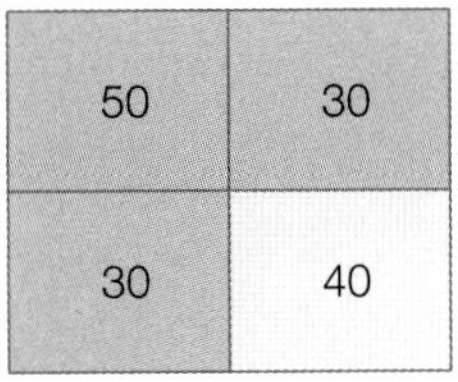

이후에 같은 연합끼리 인구를 동일하게 분배하면 다음 그림과 같이 처리된다.

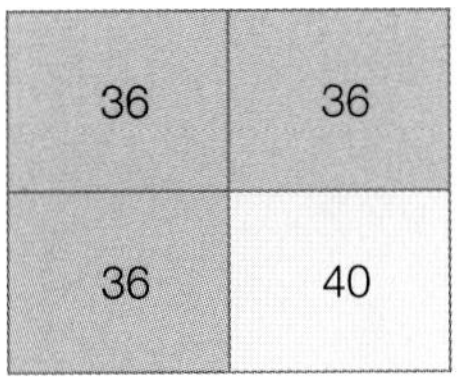

이제 이러한 과정을 반복하면 문제에서 요구하는 답을 찾을 수 있다. BFS를 이용한 답안 예시는 다음 소스코드와 같다.

A21.py 답안 예시

```python
from collections import deque

# 땅의 크기(N), L, R값을 입력받기
n, l, r = map(int, input().split())

# 전체 나라의 정보(N x N)를 입력받기
graph = []
for _ in range(n):
    graph.append(list(map(int, input().split())))

dx = [-1, 0, 1, 0]
dy = [0, -1, 0, 1]

result = 0

# 특정 위치에서 출발하여 모든 연합을 체크한 뒤에 데이터 갱신
```

```
def process(x, y, index):
    # (x, y)의 위치와 연결된 나라(연합) 정보를 담는 리스트
    united = []
    united.append((x, y))
    # 너비 우선 탐색(BFS)을 위한 큐 자료구조 정의
    q = deque()
    q.append((x, y))
    union[x][y] = index # 현재 연합의 번호 할당
    summary = graph[x][y] # 현재 연합의 전체 인구 수
    count = 1 # 현재 연합의 국가 수
    # 큐가 빌 때까지 반복(BFS)
    while q:
        x, y = q.popleft()
        # 현재 위치에서 4가지 방향을 확인하며
        for i in range(4):
            nx = x + dx[i]
            ny = y + dy[i]
            # 바로 옆에 있는 나라를 확인하여
            if 0 <= nx < n and 0 <= ny < n and union[nx][ny] == -1:
                # 옆에 있는 나라와 인구 차이가 L명 이상, R명 이하라면
                if l <= abs(graph[nx][ny] - graph[x][y]) <= r:
                    q.append((nx, ny))
                    # 연합에 추가
                    union[nx][ny] = index
                    summary += graph[nx][ny]
                    count += 1
                    united.append((nx, ny))
    # 연합 국가끼리 인구를 분배
    for i, j in united:
        graph[i][j] = summary // count
    return count

total_count = 0

# 더 이상 인구 이동을 할 수 없을 때까지 반복
while True:
    union = [[-1] * n for _ in range(n)]
    index = 0
    for i in range(n):
        for j in range(n):
            if union[i][j] == -1: # 해당 나라가 아직 처리되지 않았다면
                process(i, j, index)
```

```
            index += 1
    # 모든 인구 이동이 끝난 경우
    if index == n * n:
        break
    total_count += 1

# 인구 이동 횟수 출력
print(total_count)
```

A 22 블록 이동하기

이 문제는 다소 복잡해 보이지만, 전형적인 BFS 문제 유형이다. 문제에서 로봇이 존재할 수 있는 각 위치(각 칸)를 노드로 보고, 인접한 위치와 비용이 1인 간선으로 연결되어 있다고 볼 수 있다. 간선의 비용이 모두 1로 동일하기 때문에 BFS를 이용하여 최적의 해를 구할 수 있다. 다시 말해 이 문제는 (1, 1)의 위치에 존재하는 로봇을 (N, N)의 위치로 옮기는 최단 거리를 계산하는 문제로 볼 수 있다.

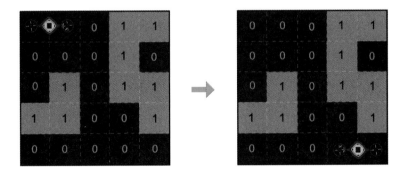

다만, 이 문제가 일반적인 BFS 문제와 다른 점은, 로봇이 차지하고 있는 위치가 두 칸이며 회전을 통해 이동할 수 있다는 점이다. 물론 로봇이 차지하고 있는 위치가 두 칸이라고 해도, 여전히 방문 여부를 관리할 수 있으니 걱정하지 말자. 바로 위치 정보를 튜플로 처리하면 된다. 로봇의 상태를 집합 자료형^{Set}으로 관리한다고 가정해보자. 파이썬에서 {(1, 1), (1, 2)}와 {(1, 2), (1, 1)}은 같은 집합 객체로 처리된다. 따라서 이처럼 로봇의 상태를 집합 자료형을 이용하여 관리하면, 한 번 방문한(큐에 들어간) 자전거의 상태는 두 번 방문하지 않는다.

이제 로봇의 현재 상태가 주어졌을 때, 이동 가능한 다음 위치는 어떻게 계산할 수 있을지 고민해보자. 문제에서 로봇은 이동하거나 회전할 수 있다고 하였다.

step 1 **이동**

먼저 로봇이 단순히 '이동'하는 경우는 단순히 상, 하, 좌, 우로 이동하는 모든 경우를 계산하면 된다. 예를 들어 로봇이 가로로 놓인 상태에서 상, 하, 좌, 우로 이동하는 경우를 생각해보자. 아래 그림에서는 로봇이 존재하는 위치에 색을 칠하였다.

step 2 **회전**

회전의 경우 로봇이 가로로 놓여 있는 경우와 세로로 놓여 있는 경우를 모두 고려해야 한다.

1 로봇이 가로로 놓인 상태에서 아래쪽으로 회전하는 경우

현재 로봇이 가로로 놓인 상태에서 아래쪽으로 회전하고자 한다면, 아래쪽에 벽이 없어야 한다. 따라서 아래쪽의 두 칸 중에서 하나라도 벽이 존재하는 경우(값이 1인 경우)를 제외하고, 회전을 수행할 수 있다.

2 로봇이 가로로 놓인 상태에서 위쪽으로 회전하는 경우

현재 로봇이 가로로 놓인 상태에서 위쪽으로 회전하고자 한다면, 위쪽에 벽이 없어야 한다. 따라서 위쪽의 두 칸 중에서 하나라도 벽이 존재하는 경우(값이 1인 경우)를 제외하고, 회전을 수행할 수 있다.

3 로봇이 세로로 놓인 상태에서 오른쪽으로 회전하는 경우

현재 로봇이 세로로 놓인 상태에서 오른쪽으로 회전하고자 한다면, 오른쪽에 벽이 없어야 한다. 따라서 오른쪽의 두 칸 중에서 하나라도 벽이 존재하는 경우(값이 1인 경우)를 제외하고, 회전을 수행할 수 있다.

4 로봇이 세로로 놓인 상태에서 왼쪽으로 회전하는 경우

현재 로봇이 세로로 놓인 상태에서 왼쪽으로 회전하고자 한다면, 왼쪽에 벽이 없어야 한다. 따라서 왼쪽의 두 칸 중에서 하나라도 벽이 존재하는 경우(값이 1인 경우)를 제외하고, 회전을 수행할 수 있다.

또한 소스코드를 간단하게 작성하기 위하여, 초기에 주어진 맵을 변형하여 외곽에 벽을 둘 수 있다. 이렇게 하면 로봇이 맵을 벗어나지 않는지, 그 범위 판정을 더 간단히 할 수 있다.

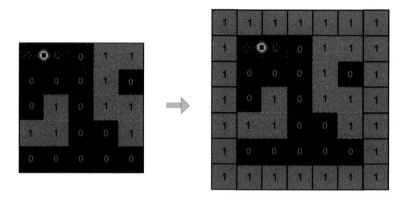

전체 소스코드는 다음과 같이 작성할 수 있다. 특정한 위치에서 이동 가능한 다음 위치를 반환하는 별도의 get_next_pos( ) 함수를 구현하여, 소스코드를 최대한 간결하게 작성하였다.

A22.py 답안 예시

```python
# 이 코드는 다음 프로그래머스 사이트에서 테스트해야 정상 동작한다.
# https://programmers.co.kr/learn/courses/30/lessons/60063

from collections import deque

def get_next_pos(pos, board):
    next_pos = []  # 반환 결과(이동 가능한 위치들)
    pos = list(pos)  # 현재 위치 정보를 리스트로 변환(집합 → 리스트)
    pos1_x, pos1_y, pos2_x, pos2_y = pos[0][0], pos[0][1], pos[1][0], pos[1][1]
    # (상, 하, 좌, 우)로 이동하는 경우에 대해서 처리
    dx = [-1, 1, 0, 0]
    dy = [0, 0, -1, 1]
    for i in range(4):
        pos1_next_x, pos1_next_y, pos2_next_x, pos2_next_y = pos1_x + dx[i], pos1_y + dy[i], pos2_x + dx[i], pos2_y + dy[i]
        # 이동하고자 하는 두 칸이 모두 비어 있다면
        if board[pos1_next_x][pos1_next_y] == 0 and board[pos2_next_x][pos2_next_y] == 0:
            next_pos.append({(pos1_next_x, pos1_next_y), (pos2_next_x, pos2_next_y)})
    # 현재 로봇이 가로로 놓여 있는 경우
    if pos1_x == pos2_x:
        for i in [-1, 1]:  # 위쪽으로 회전하거나, 아래쪽으로 회전
```

```python
            if board[pos1_x + i][pos1_y] == 0 and board[pos2_x + i][pos2_y] == 0: # 위
쪽 혹은 아래쪽 두 칸이 모두 비어 있다면
                next_pos.append({(pos1_x, pos1_y), (pos1_x + i, pos1_y)})
                next_pos.append({(pos2_x, pos2_y), (pos2_x + i, pos2_y)})
    # 현재 로봇이 세로로 놓여 있는 경우
    elif pos1_y == pos2_y:
        for i in [-1, 1]: # 왼쪽으로 회전하거나, 오른쪽으로 회전
            if board[pos1_x][pos1_y + i] == 0 and board[pos2_x][pos2_y + i] == 0: # 왼
쪽 혹은 오른쪽 두 칸이 모두 비어 있다면
                next_pos.append({(pos1_x, pos1_y), (pos1_x, pos1_y + i)})
                next_pos.append({(pos2_x, pos2_y), (pos2_x, pos2_y + i)})
    # 현재 위치에서 이동할 수 있는 위치를 반환
    return next_pos


def solution(board):
    # 맵의 외곽에 벽을 두는 형태로 맵 변형
    n = len(board)
    new_board = [[1] * (n + 2) for _ in range(n + 2)]
    for i in range(n):
        for j in range(n):
            new_board[i + 1][j + 1] = board[i][j]
    # 너비 우선 탐색(BFS) 수행
    q = deque()
    visited = []
    pos = {(1, 1), (1, 2)} # 시작 위치 설정
    q.append((pos, 0)) # 큐에 삽입한 뒤에
    visited.append(pos) # 방문 처리
    # 큐가 빌 때까지 반복
    while q:
        pos, cost = q.popleft()
        # (n, n) 위치에 로봇이 도달했다면, 최단 거리이므로 반환
        if (n, n) in pos:
            return cost
        # 현재 위치에서 이동할 수 있는 위치 확인
        for next_pos in get_next_pos(pos, new_board):
            # 아직 방문하지 않은 위치라면 큐에 삽입하고 방문 처리
            if next_pos not in visited:
                q.append((next_pos, cost + 1))
                visited.append(next_pos)
    return 0
```

A 23 국영수

이 문제는 실제 코딩 테스트에서 자주 활용되는 유형을 다루고 있기 때문에 수록하였다. 파이썬에서는 튜플을 원소로 하는 리스트가 있을 때, 그 리스트를 정렬하면 기본적으로 각 튜플을 구성하는 원소의 순서에 맞게 정렬된다는 특징이 있다.

예를 들어 튜플이 3개의 원소로 구성된다면 모든 원소가 첫 번째 원소의 순서에 맞게 정렬되고, 첫 번째 원소의 값이 같은 경우 두 번째 원소의 순서에 맞게 정렬되고, 거기에 두 번째 원소의 값까지 같은 경우 세 번째 원소의 순서에 맞게 정렬된다. 이와 같이 순서대로 정렬된다는 특징이 있다. 실제로 아래의 소스코드를 확인해보자.

```
a = [(5, 1, 5), (3, 5, 5), (3, 1, 9), (3, 1, 1)]
a.sort() # 정렬 수행

print(a)
```

```
[(3, 1, 1), (3, 1, 9), (3, 5, 5), (5, 1, 5)]
```

또한 리스트의 원소를 정렬할 때는 sort( ) 함수의 key 속성에 값을 대입하여 내가 원하는 '조건'에 맞게 튜플을 정렬시킬 수 있다는 점을 기억하자.

답안 예시를 보면 students.sort(key = lambda x: (-int(x[1]), int(x[2]), -int(x[3]), x[0]))은 리스트의 각 원소(x)가 튜플 형태로 존재할 때 다음과 같은 우선순위에 맞게 원소를 정렬하겠다는 의미이다.

> **1** 두 번째 원소를 기준으로 내림차순 정렬
>
> **2** 두 번째 원소가 같은 경우, 세 번째 원소를 기준으로 오름차순 정렬
>
> **3** 세 번째 원소가 같은 경우, 네 번째 원소를 기준으로 내림차순 정렬
>
> **4** 네 번째 원소가 같은 경우, 첫 번째 원소를 기준으로 오름차순 정렬

따라서 문제에서 요구하는 정렬 조건이 복잡해 보이지만, 파이썬에서의 sort( ) 함수를 적절히 이용할 수 있으면, 짧은 코드로 조건을 만족하는 방향으로 리스트 내 원소들을 정렬시킬 수 있다. 이 문제를 해결할 수 있으면 특정한 기준으로 정렬하는 대부분의 문제를 해결할 수 있다는 점을 기억하고 여러 번 코드를 보며 연습하자.

```
n = int(input())
students = [] # 학생 정보를 담을 리스트

# 모든 학생 정보를 입력받기
for _ in range(n):
    students.append(input().split())

...

[정렬 기준]
1) 두 번째 원소를 기준으로 내림차순 정렬
2) 두 번째 원소가 같은 경우, 세 번째 원소를 기준으로 오름차순 정렬
3) 세 번째 원소가 같은 경우, 네 번째 원소를 기준으로 내림차순 정렬
4) 네 번째 원소가 같은 경우, 첫 번째 원소를 기준으로 오름차순 정렬
...
students.sort(key=lambda x: (-int(x[1]), int(x[2]), -int(x[3]), x[0]))

# 정렬된 학생 정보에서 이름만 출력
for student in students:
    print(student[0])
```

A 24 안테나

이 문제의 핵심 아이디어는 정확히 중간값^{Median}에 해당하는 위치의 집에 안테나를 설치했을 때, 안테나로부터 모든 집까지의 거리의 총합이 최소가 된다는 점이다. 예를 들어 다음과 같이 집의 위치가 구성되어 있다고 해보자.

```
1 2 3 5 8 9
```

이때 중간값에 해당하는 위치인 3 혹은 5에 안테나를 설치하는 경우, 안테나로부터 모든 집까지의 거리의 총합이 최소가 된다. 3과 5중에 3의 위치에 안테나를 설치했다고 가정하자. 그러면 안테나로부터 모든 집까지의 거리의 총합은 다음과 같이 계산할 수 있다.

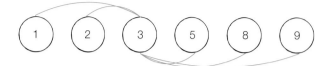

안테나로부터 모든 집까지의 거리의 총합은 2 ㅣ 1 ㅣ 2 ㅣ 5 ㅣ 6 = 16이다.

반면에 2의 위치에 안테나를 설치하는 경우 안테나로부터 모든 집까지의 거리의 총합은 다음과 같이 계산할 수 있다.

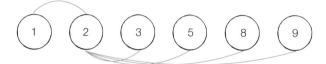

안테나로부터 모든 집까지의 거리의 총합은 1 + 1 + 3 + 6 + 7 = 18이다.

이처럼 중간값에서 벗어나는 위치에 안테나를 설치하는 경우, 안테나로부터 모든 집까지의 거리의 총합은 계속 증가하게 된다. 실제로 종이에 그려가며 생각해보면, 항상 성립한다는 점을 떠올릴 수 있을 것이다.

따라서 이 문제는 단순히 모든 집의 위치 정보를 입력받은 뒤에, 이를 정렬해서 중간값을 출력하면 정답 판정을 받을 수 있다.

A24.py 답안 예시

```
n = int(input())
data = list(map(int, input().split()))
data.sort()

# 중간값(median)을 출력
print(data[(n - 1) // 2])
```

A 25 실패율

이 문제는 실패율의 정의에 따라서 실수 없이 구현을 잘해주면 된다. 따라서 구현 문제로도 분류할 수 있지만, 문제 해결 과정에서 정렬 라이브러리가 효과적으로 사용될 수 있으므로 정렬 유형의 문제로 분류하였다. 문제에 나와 있듯이 실패율은 '스테이지에 도달했으나 아직 클리어하지 못한 플레이어의 수 / 스테이지에 도달한 플레이어의 수로 정의된다.

따라서 이 문제를 해결하기 위해서는 스테이지 번호(i)를 1부터 N까지 증가시키며, 해당 단계에 머물러 있는 플레이어들의 수(count)를 계산한다. 그러한 플레이어들의 수(count) 정보를 이용하여 모든 스테이지에 따른 실패율을 계산한 뒤에 저장하면 된다.

최종적으로는 실패율이 높은 스테이지부터 내림차순으로 스테이지의 번호를 출력하라고 요구하고 있으므로, 실패율을 기준으로 내림차순 정렬을 수행해야 한다. 전체 스테이지의 개수는 200,000 이하이기 때문에 기본적인 정렬 라이브러리를 이용해서 $O(NlogN)$의 시간으로 내림차순으로 정렬을 수행하면 충분하다.

A25.py 답안 예시

```python
# 이 코드는 다음 프로그래머스 사이트에서 테스트해야 정상 동작한다.
# https://programmers.co.kr/learn/courses/30/lessons/42889

def solution(N, stages):
    answer = []
    length = len(stages)

    # 스테이지 번호를 1부터 N까지 증가시키며
    for i in range(1, N + 1):
        # 해당 스테이지에 머물러 있는 사람의 수 계산
        count = stages.count(i)

        # 실패율 계산
        if length == 0:
            fail = 0
        else:
            fail = count / length

        # 리스트에 (스테이지 번호, 실패율) 원소 삽입
        answer.append((i, fail))
        length -= count

    # 실패율을 기준으로 각 스테이지를 내림차순 정렬
    answer = sorted(answer, key=lambda t: t[1], reverse=True)

    # 정렬된 스테이지 번호 출력
    answer = [i[0] for i in answer]
    return answer
```

A 26 카드 정렬하기

이 문제의 핵심 아이디어는 항상 가장 작은 크기의 두 카드 묶음을 합쳤을 때 최적의 해를 보장한다는 점이다. 따라서 매 상황에서 무조건 가장 작은 크기의 두 카드 묶음을 합치면 된다는 점에서, 이 문제는 그리디 알고리즘으로도 분류할 수 있다. 다만, 정렬 개념을 활용하는 아이디어가 필요하기 때문에 정렬 유형의 문제로 분류하였다. 예를 들어 10, 20, 40의 3개의 카드 묶음이 있다고 가정해 보자. 카드 묶음이 하나가 될 때까지 합치는 경우로는 다음과 같은 것들이 있다.

• 카드 묶음을 합치는 경우 1

• 카드 묶음을 합치는 경우 2

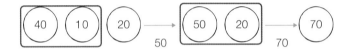

위 그림에서 첫 번째 경우는 '매 상황에서 가장 작은 크기의 두 카드 묶음을 꺼내서 이를 합친 뒤에 다시 리스트에 삽입하는 과정'대로 수행한 것이다. 최종적으로 총 비교 횟수가 100으로 가장 적은 것을 알 수 있다. 두 번째 경우는 총 비교 횟수가 120이다.

그렇다면 항상 가장 작은 크기의 두 카드 묶음을 알기 위해 어떻게 하면 될지 알아보자. 이러한 과정을 매우 효과적으로 수행할 수 있는 자료구조는 바로 우선순위 큐이다. 우선순위 큐는 원소를 넣었다 빼는 것만으로도 정렬된 결과를 얻을 수 있다. 우선순위 큐는 힙^{heap} 자료구조를 이용해서 구현할 수 있으며, 파이썬에서는 heapq 라이브러리를 지원하고 있다. 이 책의 이론 파트에서 정렬 및 다익스트라 알고리즘에 대해서 다룰 때 heapq 라이브러리를 이용했던 것과 동일하게 사용하면 된다.

다른 예시로 10, 20, 40, 50의 4개의 카드 묶음이 있다고 가정하자. 힙 자료구조를 이용하여 총 비교 횟수를 구하는 과정을 그림으로 표현하면 다음과 같다.

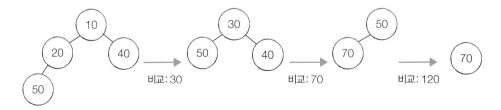

따라서 최소 비교 횟수는 220이 된다. 이러한 아이디어를 그대로 소스코드로 옮기면 다음과 같다.

A26.py 답안 예시

```python
import heapq

n = int(input())

# 힙(Heap)에 초기 카드 묶음을 모두 삽입
heap = []
for i in range(n):
    data = int(input())
    heapq.heappush(heap, data)

result = 0

# 힙(Heap)에 원소가 1개 남을 때까지
while len(heap) != 1:
    # 가장 작은 2개의 카드 묶음 꺼내기
    one = heapq.heappop(heap)
    two = heapq.heappop(heap)
    # 카드 묶음을 합쳐서 다시 삽입
    sum_value = one + two
    result += sum_value
    heapq.heappush(heap, sum_value)

print(result)
```

A 27 정렬된 배열에서 특정 수의 개수 구하기

이 문제 또한 시간 복잡도 $O(logN)$으로 동작하는 알고리즘을 요구하고 있다. 따라서 일반적인 선형 탐색Linear Search으로는 문제를 해결할 수 없다. 다행히도 모든 원소가 정렬이 된 상태로 입력되므로, 이진 탐색을 이용하여 값이 x인 원소의 개수를 시간 $O(logN)$에 찾아낼 수 있다.

원소들은 모두 정렬되어 있기 때문에, 수열 내에 x가 존재한다면 연속적으로 나열되어 있을 것으로 예상할 수 있다. 따라서 x가 처음 등장하는 인덱스와 x가 마지막으로 등장하는 인덱스를 각각 계산한 뒤에, 그 인덱스의 차이를 계산하여 문제를 해결할 수 있다. 그러므로 이진 탐색 함수를 2개 작성하여 문제를 해결한다.

예를 들어 {1, 1, 2, 2, 2, 2, 3}으로 7개의 원소를 갖는 정렬된 수열이 있을 때, '2'가 등장하는 첫 위치와 마지막 위치를 찾는 것이다.

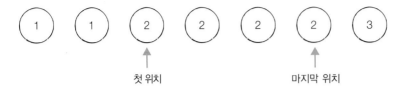

첫 위치   마지막 위치

하나는 데이터가 존재한다면 가장 첫 번째 위치를 찾는 이진 탐색 함수이며, 다른 하나는 데이터가 존재한다면 가장 마지막 위치를 찾는 이진 탐색 함수이다. 이 2개를 각각 실행한 뒤에 답을 도출할 수 있다. 이러한 방법은 이진 탐색을 요구하는 고난이도 문제에서 자주 사용할 수 있는 테크닉으로, 이 문제에서 사용된 코드를 잘 이해하면 도움이 될 것이다.

먼저 이진 탐색을 직접 구현하는 소스코드 예시는 다음과 같다.

A27-1.py 답안 예시 1

```python
# 정렬된 수열에서 값이 x인 원소의 개수를 세는 메서드
def count_by_value(array, x):
    # 데이터의 개수
    n = len(array)

    # x가 처음 등장한 인덱스 계산
    a = first(array, x, 0, n - 1)

    # 수열에 x가 존재하지 않는 경우
    if a == None:
        return 0 # 값이 x인 원소의 개수는 0개이므로 0 반환

    # x가 마지막으로 등장한 인덱스 계산
    b = last(array, x, 0, n - 1)

    # 개수를 반환
    return b - a + 1

# 처음 위치를 찾는 이진 탐색 메서드
def first(array, target, start, end):
    if start > end:
        return None
```

```
        mid = (start + end) // 2
        # 해당 값을 가지는 원소 중에서 가장 왼쪽에 있는 경우에만 인덱스 반환
        if (mid == 0 or target > array[mid - 1]) and array[mid] == target:
            return mid
        # 중간점의 값 보다 찾고자 하는 값이 작거나 같은 경우 왼쪽 확인
        elif array[mid] >= target:
            return first(array, target, start, mid - 1)
        # 중간점의 값 보다 찾고자 하는 값이 큰 경우 오른쪽 확인
        else:
            return first(array, target, mid + 1, end)

# 마지막 위치를 찾는 이진 탐색 메서드
def last(array, target, start, end):
    if start > end:
        return None
    mid = (start + end) // 2
    # 해당 값을 가지는 원소 중에서 가장 오른쪽에 있는 경우에만 인덱스 반환
    if (mid == n - 1 or target < array[mid + 1]) and array[mid] == target:
        return mid
    # 중간점의 값 보다 찾고자 하는 값이 작은 경우 왼쪽 확인
    elif array[mid] > target:
        return last(array, target, start, mid - 1)
    # 중간점의 값 보다 찾고자 하는 값이 크거나 같은 경우 오른쪽 확인
    else:
        return last(array, target, mid + 1, end)

n, x = map(int, input().split()) # 데이터의 개수 N, 찾고자 하는 값 x를 입력받기
array = list(map(int, input().split())) # 전체 데이터 입력받기

# 값이 x인 데이터의 개수 계산
count = count_by_value(array, x)

# 값이 x인 원소가 존재하지 않는다면
if count == 0:
    print(-1)
# 값이 x인 원소가 존재한다면
else:
    print(count)
```

또한 이 문제는 단순히 정렬된 수열에서 특정한 값을 가지는 원소의 개수를 구하는 문제이므로, 파이썬의 이진 탐색 라이브러리인 bisect을 적절히 활용하면 손쉽게 문제를 해결할 수 있다. 부록의

파이썬 문법 파트에서 다룬 count_by_range() 함수를 이용하여 문제를 해결하는 소스코드는 다음과 같다.

A27-2.py 답안 예시 2

```python
from bisect import bisect_left, bisect_right

# 값이 [left_value, right_value]인 데이터의 개수를 반환하는 함수
def count_by_range(array, left_value, right_value):
    right_index = bisect_right(array, right_value)
    left_index = bisect_left(array, left_value)
    return right_index - left_index

n, x = map(int, input().split()) # 데이터의 개수 N, 찾고자 하는 값 x를 입력받기
array = list(map(int, input().split())) # 전체 데이터 입력받기

# 값이 [x, x] 범위에 있는 데이터의 개수 계산
count = count_by_range(array, x, x)

# 값이 x인 원소가 존재하지 않는다면
if count == 0:
    print(-1)
# 값이 x인 원소가 존재한다면
else:
    print(count)
```

A 28 고정점 찾기

이 문제의 요구사항인 시간 복잡도 $O(logN)$으로 고정점을 찾으려면 선형 탐색Linear Search으로는 조건에 맞게(시간 제한에 맞게) 문제를 해결할 수 없다. 따라서 이진 탐색Binary Search을 수행해서 빠르게 고정점을 찾아야 한다. 이미 배열이 정렬되어 있으므로 바로 이진 탐색을 적용할 수 있다.

참고로 이진 탐색을 수행할 때는 '찾고자 하는 값'이 '중간점'과 동일하다고 가정하고, 탐색을 수행하면 된다. 그래서 중간점이 가리키는 위치의 값보다 중간점이 작은 경우에는 왼쪽 부분을 탐색하고, 중간점이 가리키는 위치의 값보다 중간점이 큰 경우에는 오른쪽 부분을 탐색하는 것을 반복하면 된다.

```python
# 이진 탐색 소스코드 구현(재귀 함수)
def binary_search(array, start, end):
    if start > end:
        return None
    mid = (start + end) // 2
    # 고정점을 찾은 경우 인덱스 반환
    if array[mid] == mid:
        return mid
    # 중간점이 가리키는 위치의 값보다 중간점이 작은 경우 왼쪽 확인
    elif array[mid] > mid:
        return binary_search(array, start, mid - 1)
    # 중간점이 가리키는 위치의 값보다 중간점이 큰 경우 오른쪽 확인
    else:
        return binary_search(array, mid + 1, end)

n = int(input())
array = list(map(int, input().split()))

# 이진 탐색(Binary Search) 수행
index = binary_search(array, 0, n - 1)

# 고정점이 없는 경우 -1 출력
if index == None:
    print(-1)
# 고정점이 있는 경우 해당 인덱스 출력
else:
    print(index)
```

A 29 공유기 설치

이 문제는 '가장 인접한 두 공유기 사이의 거리'의 최댓값을 탐색해야 하는 문제로 이해할 수 있다. 이때 각 집의 좌표가 최대 10억(탐색 범위가 10억)이므로, 이진 탐색을 이용하면 문제를 해결할 수 있다. 따라서 이진 탐색으로 '가장 인접한 두 공유기 사이의 거리'를 조절해가며, 매 순간 실제로 공유기를 설치하여 C보다 많은 개수로 공유기를 설치할 수 있는지 체크하여 문제를 해결할 수 있다.

다만, '가장 인접한 두 공유기 사이의 거리'의 최댓값을 찾아야 하므로, C보다 많은 개수로 공유기를 설치할 수 있다면 '가장 인접한 두 공유기 사이의 거리'의 값을 증가시켜서, 더 큰 값에 대해서도 성립하는지 체크하기 위해 다시 탐색을 수행한다. 이 문제는 7장에서 다룬 '떡볶이 떡 만들기' 문제와 유사하게 이진 탐색을 이용해 해결할 수 있는 파라메트릭 서치 유형의 문제로 이해할 수 있다.

예를 들어 5개의 집이 있고, 각 좌표를 담은 수열이 {1, 2, 4, 8, 9}와 같다고 해보자. 또한 설치할 공유기의 최소 개수 C = 3이라고 하자. 이때 가장 인접한 두 공유기 사이의 거리(gap)는 1부터 8까지의 수가 될 수 있다.

- 최대 gap = 8
- 최소 gap = 1

step 1 범위가 1부터 8까지이므로, gap의 값을 중간에 해당하는 4로 설정한다. 다만, 이 경우, 공유기를 2개 밖에 설치할 수 없다. 따라서 C = 3보다 작기 때문에, gap을 더 줄일 필요가 있다. 따라서 범위가 [1, 8]이었으므로, 범위를 [1, 3]으로 수정한다. (공유기를 앞에서부터 차례대로 설치할 때, 공유기가 설치되는 위치는 하늘색으로 색칠하였다.)

- 최대 gap = 8
- 최소 gap = 1   gap = 4

step 2 범위가 1부터 3까지이므로, gap의 값을 중간에 해당하는 2로 설정한다. 이 경우, 공유기를 3개 설치하게 된다. 따라서 C = 3 이상의 값이기 때문에, 현재의 gap을 저장한 뒤에 gap의 값을 증가시켜서 gap이 더 커졌을 때도 가능한지 확인할 필요가 있다. 따라서 범위가 [1, 3]인 상태에서 범위를 [3, 3]으로 수정한다.

- 최대 gap = 3
- 최소 gap = 1   gap = 2

step 3 범위가 3부터 3까지이므로, gap의 값을 중간에 해당하는 3으로 설정한다. 이 경우, 공유기를 3개 설치하게 된다. 따라서 C = 3 이상의 값이기 때문에, 현재의 gap을 저장한 뒤에 gap의 값을 증가시켜서 gap이 더 커졌을 때도 가능한지 확인할 필요가 있다. 하지만 현재 범위가 [3, 3]이므로, 더 이상 범위를 변경할 수 없다. 따라서 gap = 3이 최적의 경우이다.

- 최대 gap = 3
- 최소 gap = 3   gap = 3

이러한 과정을 소스코드로 옮기면 다음과 같다.

```python
# 집의 개수(N)와 공유기의 개수(C)를 입력받기
n, c = list(map(int, input().split(' ')))

# 전체 집의 좌표 정보를 입력받기
array = []
for _ in range(n):
    array.append(int(input()))
array.sort() # 이진 탐색 수행을 위해 정렬 수행

start = 1 # 가능한 최소 거리(min gap)
end = array[-1] - array[0] # 가능한 최대 거리(max gap)
result = 0

while(start <= end):
    mid = (start + end) // 2 # mid는 가장 인접한 두 공유기 사이의 거리(gap)를 의미
    value = array[0]
    count = 1
    # 현재의 mid값을 이용해 공유기를 설치
    for i in range(1, n): # 앞에서부터 차근차근 설치
        if array[i] >= value + mid:
            value = array[i]
            count += 1
    if count >= c: # C개 이상의 공유기를 설치할 수 있는 경우, 거리를 증가
        start = mid + 1
        result = mid # 최적의 결과를 저장
    else: # C개 이상의 공유기를 설치할 수 없는 경우, 거리를 감소
        end = mid - 1

print(result)
```

A 30 가사 검색

이 문제는 이진 탐색을 이용해서 간결하게 해결할 수 있다. 먼저 각 단어를 길이에 따라서 나눈다. 이후에 모든 리스트를 정렬한 뒤에, 각 쿼리에 대해서 이진 탐색을 수행하여 문제를 해결할 수 있다.

예를 들어 문제의 예시와 같이 전체 단어가 ["frodo", "front", "frost", "frozen", "frame", "kakao"]로 구성되어 있다고 해보자. 이때 각각의 리스트를 길이에 따라서 나누면 다음과 같다.

- 길이가 5인 단어 리스트: ["frodo", "front", "frost", "frame", "kakao"]
- 길이가 6인 단어 리스트: ["frozen"]

이후에 각 리스트를 정렬하면 다음과 같다.

- 길이가 5인 단어 리스트: ["frame", "frodo", "front", "frost". "kakao"]
- 길이가 6인 단어 리스트: ["frozen"]

이제 "fro??"라는 쿼리가 들어왔다고 가정하면 "fro??"는 길이가 5이므로 길이가 5인 단어 리스트에서 "fro"로 시작되는 모든 단어를 찾으면 된다. 이때 구체적으로 이진 탐색Binary Search을 이용해서 "fro"로 시작되는 마지막 단어의 위치를 찾고, "fro"로 시작되는 첫 단어의 위치를 찾아서 그 위치의 차이를 계산하면 될 것이다. 이처럼 이진 탐색을 수행하는 경우 특정한 단어가 등장한 횟수를 계산할 수 있다.

혹은 "fro??"라는 쿼리가 들어왔을 때, 부록에서 다루었던 count_by_range( ) 함수를 이용하여 "froaa"보다 크거나 같으면서 "frozz"보다 작거나 같은 단어의 개수를 세도록 구현하면 매우 간단하다. 이는 앞서 풀어본 'Q 27 정렬된 배열에서 특정 수의 개수 구하기'와 유사한 접근 방법이다.

다만, 문제에서는 와일드카드 "?"가 접두사에서도 등장할 수 있다고 하였다. 만약 "????o"라는 쿼리가 들어왔다고 가정해보자. 이는 기존의 리스트인 ["frame", "frodo", "front", "frost", "kakao"]를 이용해서 처리할 수 없을 것이다. 따라서 접두사에 와일드카드가 등장하는 것을 처리하기 위하여 기존 단어를 뒤집은 단어를 담고 있는 리스트 또한 별도로 선언해야 한다. 현재 예시에서는 길이가 5인 뒤집힌 단어 리스트는 ["emarf", "oakak", "odorf", "tnorf", "tsorf"]이다. 결과적으로 접두사에 와일드카드가 등장하는 경우, 뒤집힌 단어 리스트를 대상으로 이진 탐색을 수행하면 된다. 이러한 아이디어를 소스코드로 옮기면 다음과 같다.

A30.py 답안 예시

```
# 이 코드는 다음 프로그래머스 사이트에서 테스트해야 정상 동작한다.
# https://programmers.co.kr/learn/courses/30/lessons/60060

from bisect import bisect_left, bisect_right

# 값이 [left_value, right_value]인 데이터의 개수를 반환하는 함수
def count_by_range(a, left_value, right_value):
    right_index = bisect_right(a, right_value)
    left_index = bisect_left(a, left_value)
```

```
            return right_index - left_index

# 모든 단어를 길이마다 나누어서 저장하기 위한 리스트
array = [[] for _ in range(10001)]
# 모든 단어를 길이마다 나누어서 뒤집어 저장하기 위한 리스트
reversed_array = [[] for _ in range(10001)]

def solution(words, queries):
    answer = []
    for word in words: # 모든 단어를 접미사 와일드카드 배열, 접두사 와일드카드 배열에 각각 삽입
        array[len(word)].append(word) # 단어를 삽입
        reversed_array[len(word)].append(word[::-1]) # 단어를 뒤집어서 삽입

    for i in range(10001): # 이진 탐색을 수행하기 위해 각 단어 리스트 정렬 수행
        array[i].sort()
        reversed_array[i].sort()

    for q in queries: # 쿼리를 하나씩 확인하며 처리
        if q[0] != '?': # 접미사에 와일드카드가 붙은 경우
            res = count_by_range(array[len(q)], q.replace('?', 'a'), q.replace('?', 'z'))
        else: # 접두사에 와일드카드가 붙은 경우
            res = count_by_range(reversed_array[len(q)], q[::-1].replace('?', 'a'), q[::-1].replace('?', 'z'))
        # 검색된 단어의 개수를 저장
        answer.append(res)
    return answer
```

A 31 금광

이 문제는 2차원 테이블을 이용한 다이나믹 프로그래밍으로 해결할 수 있다. 금광의 모든 위치에 대하여, ① **왼쪽 위에서 오는 경우**, ② **왼쪽 아래에서 오는 경우**, ③ **왼쪽에서 오는 경우**의 3가지 경우만 존재한다. 따라서 이 3가지 경우 중에서 가장 많은 금을 가지고 있는 경우를 테이블에 저장해주어 문제를 해결할 수 있다.

예를 들어 다음과 같이 금광 정보가 주어졌다고 해보자.

금광 정보

1	3	3
2	1	4
0	6	4

이때 초기에 DP 테이블은 다음과 같이 구성된다. 제일 왼쪽에 있는 열 중 아무 곳에서나 출발할 수 있으므로 왼쪽 열만 그대로 값을 남겨두면 된다.

다이나믹 프로그래밍 테이블 초기 설정

1		
2		
0		

(1, 2) 위치에서의 최대 이익

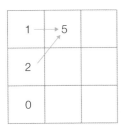

(1, 2) 위치에서의 최대 이익은, 바로 왼쪽에서 오는 경우와 왼쪽 아래에서 오는 경우 2가지를 고려해야 한다. 이 중에서 왼쪽 아래에서 오는 경우가 '2'로 이익이 더 크기 때문에 2(왼쪽 아래) + 3(자신의 위치) = 5가 최대 이익이 된다.

(2, 2) 위치에서의 최대 이익

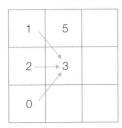

(2, 2) 위치에서의 최대 이익은, 왼쪽 위에서 오는 경우, 왼쪽에서 오는 경우, 왼쪽 아래에서 오는 경우 3가지를 고려해야 한다. 이 중에서 왼쪽에서 오는 경우가 '2'로 이익이 가장 크기 때문에 2(왼쪽) + 1(자신의 위치) = 3이 최대 이익이 된다.

이제 이러한 방식대로, 가장 왼쪽에 있는 열부터 차례대로 DP 테이블을 갱신해 나가면 최종적으로 DP 테이블은 다음과 같이 구성된다.

최종적인 다이나믹 프로그래밍 테이블

1	5	8
2	3	12
0	8	12

이러한 과정을 점화식으로 표현하면 다음과 같다. array 변수는 초기 '금광' 정보를 담고 있으며, dp 변수는 다이나믹 프로그래밍을 위한 2차원 테이블이라고 가정하자.

$$dp[i][j] = array[i][j] + max(dp[i - 1][j - 1], dp[i][j - 1], dp[i + 1][j - 1])$$

단, dp 테이블에 접근해야 할 때마다 리스트의 범위를 벗어나지 않는지 체크할 필요가 있다. 또한 구현의 편의상 초기 데이터를 담는 array 변수를 사용하지 않고, 바로 dp 테이블에 초기 데이터를 담아서 점화식에 따라서 dp 테이블을 갱신할 수 있다.

이러한 아이디어를 그대로 소스코드로 구현하면 다음과 같다.

A31.py 답안 예시

```python
# 테스트 케이스(Test Case) 입력
for tc in range(int(input())):
    # 금광 정보 입력
    n, m = map(int, input().split())
    array = list(map(int, input().split()))

    # 다이나믹 프로그래밍을 위한 2차원 DP 테이블 초기화
    dp = []
    index = 0
    for i in range(n):
        dp.append(array[index:index + m])
        index += m

    # 다이나믹 프로그래밍 진행
    for j in range(1, m):
        for i in range(n):
            # 왼쪽 위에서 오는 경우
            if i == 0:
                left_up = 0
            else:
```

```
                left_up = dp[i - 1][j - 1]
            # 왼쪽 아래에서 오는 경우
            if i == n - 1:
                left_down = 0
            else:
                left_down = dp[i + 1][j - 1]
            # 왼쪽에서 오는 경우
            left = dp[i][j - 1]
            dp[i][j] = dp[i][j] + max(left_up, left_down, left)

    result = 0
    for i in range(n):
        result = max(result, dp[i][m - 1])

    print(result)
```

A 32 정수 삼각형

이 문제는 'Q 31 금광'과 매우 유사한 문제이다. 이 문제에서도 특정한 위치로 도달하기 위해서는 ①**'왼쪽 위'** 혹은 ②**'바로 위'** 2가지 위치에서만 내려올 수 있다. 따라서 모든 위치를 기준으로 이전 위치로 가능한 2가지 위치까지의 최적의 합 중에서 더 큰 합을 가지는 경우를 선택하면 된다. 기본적인 점화식은 다음과 같다. array 변수는 초기 '정수 삼각형' 정보를 담고 있으며, dp 변수는 다이나믹 프로그래밍을 위한 2차원 테이블이라고 가정하자.

$$dp[i][j] = array[i][j] + max(dp[i - 1][j - 1], dp[i - 1][j])$$

단, dp 테이블에 접근해야 할 때마다 리스트의 범위를 벗어나지 않는지 체크할 필요가 있다. 또한 구현의 편의상 초기 데이터를 담는 array 변수를 사용하지 않고, 바로 dp 테이블에 초기 데이터를 담아서 점화식에 따라서 dp 테이블을 갱신할 수 있다. 이를 소스코드로 작성하면 다음과 같다.

A32.py 답안 예시

```
n = int(input())
dp = [] # 다이나믹 프로그래밍을 위한 DP 테이블 초기화

for _ in range(n):
    dp.append(list(map(int, input().split())))
```

```
    # 다이나믹 프로그래밍으로 두 번째 줄부터 내려가면서 확인
    for i in range(1, n):
        for j in range(i + 1):
            # 왼쪽 위에서 내려오는 경우
            if j == 0:
                up_left = 0
            else:
                up_left = dp[i - 1][j - 1]
            # 바로 위에서 내려오는 경우
            if j == i:
                up = 0
            else:
                up = dp[i - 1][j]
            # 최대 합을 저장
            dp[i][j] = dp[i][j] + max(up_left, up)

    print(max(dp[n - 1]))
```

A 33 퇴사

이 문제를 풀 때는 뒤쪽 날짜부터 거꾸로 확인하는 방식으로 접근하여 해결하는 다이나믹 프로그래밍의 아이디어를 떠올릴 수 있다. 다음은 문제에서 제시된 상담 일정표이다.

	1일	2일	3일	4일	5일	6일	7일
T_i	3	5	1	1	2	4	2
P_i	10	20	10	20	15	40	200

1일 차에 상담을 진행한다고 해보자. 이 경우 3일에 걸쳐서 상담을 진행해야 한다. 결과적으로 4일부터 다시 상담을 진행할 수 있다. 그러므로 1일 차에 상담을 진행하는 경우, 최대 이익은 '1일 차의 상담 금액 + 4일부터의 최대 상담 금액'이 된다. 따라서 이러한 원리를 이용하여 뒤쪽 날짜부터 거꾸로 계산하며 문제를 해결할 수 있다. 즉, 뒤쪽부터 매 상담에 대하여 '현재 상담 일자의 이윤(p[i]) + 현재 상담을 마친 일자부터의 최대 이윤(dp[t[i] + i]])'을 계산하면 된다. 이후에 계산된 각각의 값 중에서 최댓값을 출력하면 된다.

'dp[i] = i번째 날부터 마지막 날까지 낼 수 있는 최대 이익'이라고 하면 점화식은 *dp[i] = max(p[i] + dp[t[i] + i]], max_value)*가 된다. 이때 max_value는 뒤에서부터 계산할 때,

현재까지의 최대 상담 금액에 해당하는 변수이다. 전체 소스코드는 다음과 같다.

A33.py 답안 예시

```python
n = int(input()) # 전체 상담 개수
t = [] # 각 상담을 완료하는 데 걸리는 기간
p = [] # 각 상담을 완료했을 때 받을 수 있는 금액
dp = [0] * (n + 1) # 다이나믹 프로그래밍을 위한 1차원 dp 테이블 초기화
max_value = 0

for _ in range(n):
    x, y = map(int, input().split())
    t.append(x)
    p.append(y)

# 리스트를 뒤에서부터 거꾸로 확인
for i in range(n - 1, -1, -1):
    time = t[i] + i
    # 상담이 기간 안에 끝나는 경우
    if time <= n:
        # 점화식에 맞게, 현재까지의 최고 이익 계산
        dp[i] = max(p[i] + dp[time], max_value)
        max_value = dp[i]
    # 상담이 기간을 벗어나는 경우
    else:
        dp[i] = max_value

print(max_value)
```

A 34 병사 배치하기

이 문제의 기본 아이디어는 '가장 긴 증가하는 부분 수열LIS, Longest Increasing Subsequence'로 알려진 전형적인 다이나믹 프로그래밍 문제의 아이디어와 같다. '가장 긴 증가하는 부분 수열' 문제란, 하나의 수열이 주어졌을 때 값들이 증가하는 형태의 가장 긴 부분 수열을 찾는 문제이다.

예를 들어 하나의 수열 array = {10, 20, 10, 30, 20, 50}가 있다고 하자. 이때 가장 긴 증가하는 부분 수열은 {10, 20, 30, 50}이 될 것이다. '$D[i] = array[i]$를 마지막 원소로 가지는 부분 수열의 최대 길이'라고 정의하면, 가장 긴 증가하는 부분 수열을 계산하는 점화식은 다음과 같다. 이때 초기의

DP 테이블의 값은 모두 1로 초기화한다.

모든 $0 \le j < i$ 에 대하여, $D[i] = max(D[i], D[j] + 1)$ if $array[j] < array[i]$

테이블이 갱신되는 과정을 그림으로 확인해보자. i를 1부터 n − 1까지 증가시키며, 점화식에 따라 테이블을 갱신했을 때의 결과는 다음과 같다.

	10	20	10	30	20	50
[초기 상태]	1	1	1	1	1	1
i = 1	1	2	1	1	1	1
i = 2	1	2	1	1	1	1
i = 3	1	2	1	3	1	1
i = 4	1	2	1	3	2	1
i = 5	1	2	1	3	2	4

최종적으로 테이블의 값은 [1, 2, 1, 3, 2, 4]이고, 이렇게 테이블에 남아 있는 값 중에서 가장 큰 값이 가장 긴 증가하는 부분 수열의 길이이다. 즉, 현재 예시에서는 4가 최장 길이가 된다.

이제 우리가 풀어야 하는 문제를 확인해보자. 현재의 문제는 병사를 배치할 때 전투력이 높은 병사가 앞쪽에 오도록 내림차순 배치를 하고자 한다. 따라서 이 문제를 '가장 긴 감소하는 부분 수열'의 길이를 계산하는 문제로 간주하고, 입력으로 주어진 원소의 순서를 뒤집은 뒤에 '가장 긴 증가하는 부분 수열' 문제를 풀 때의 점화식을 그대로 적용하면 해결할 수 있다.

A34.py 답안 예시

```python
n = int(input())
array = list(map(int, input().split()))
# 순서를 뒤집어 '가장 긴 증가하는 부분 수열' 문제로 변환
array.reverse()

# 다이나믹 프로그래밍을 위한 1차원 DP 테이블 초기화
dp = [1] * n
```

```
# 가장 긴 증가하는 부분 수열(LIS) 알고리즘 수행
for i in range(1, n):
    for j in range(0, i):
        if array[j] < array[i]:
            dp[i] = max(dp[i], dp[j] + 1)

# 열외시켜야 하는 병사의 최소 수를 출력
print(n - max(dp))
```

A 35 못생긴 수

이 문제는 가능한 못생긴 수를 앞에서부터 하나씩 찾는 방법으로 해결할 수 있다. 못생긴 수들은 {1, 2, 3, 4, 5, 6, 8, 9, 10, 12, 15, ...}와 같이 끊임없이 존재한다. 이때 못생긴 수에 2, 3 혹은 5를 곱한 수 또한 '못생긴 수'에 해당한다는 점이 포인트이다.

2의 배수 변수, 3의 배수 변수, 5의 배수 변수에 대하여 각각 '가장 작은 못생긴 수'부터 오름차순으로 하나씩 확인하면서, 각 배수를 곱한 값도 '못생긴 수'가 될 수 있도록 처리하면 정답 판정을 받을 수 있다.

예를 들어 먼저 못생긴 수로 1이 있다고 해보자. 이때 각각 2의 배수, 3의 배수, 5의 배수를 구하면 다음과 같다.

- 2의 배수: 1 × 2 = 2
- 3의 배수: 1 × 3 = 3
- 5의 배수: 1 × 5 = 5

이로써 우리는 새롭게 2, 3, 5 또한 못생긴 수에 해당한다는 것을 알 수 있다. 따라서 이를 고려했을 때, 전체 못생긴 수는 {1, 2, 3, 5}가 된다.

첫 번째로 못생긴 수인 1에 이어서 그다음으로 못생긴 수는 2가 된다. 이때 각각 2의 배수, 3의 배수, 5의 배수를 구하면 다음과 같다.

- 2의 배수: 2 × 2 = 4
- 3의 배수: 2 × 3 = 6
- 5의 배수: 2 × 5 = 10

이로써 우리는 4, 6, 10이 못생긴 수에 해당한다는 것을 알 수 있다. 따라서 이를 고려했을 때, 전체 못생긴 수는 {1, 2, 3, 4, 6, 10}이 된다. 이렇게 못생긴 수들을 작은 수부터 차례대로 확인하면서, 각 못생긴 수에 대해서 2의 배수, 3의 배수, 5의 배수를 고려한다는 점을 기억하여 효율적으로 소스 코드를 작성하면 다음과 같이 작성할 수 있다.

A35.py 답안 예시

```python
n = int(input())

ugly = [0] * n # 못생긴 수를 담기 위한 테이블(1차원 DP 테이블)
ugly[0] = 1 # 첫 번째 못생긴 수는 1

# 2배, 3배, 5배를 위한 인덱스
i2 = i3 = i5 = 0
# 처음에 곱셈값을 초기화
next2, next3, next5 = 2, 3, 5

# 1부터 n까지의 못생긴 수를 찾기
for l in range(1, n):
    # 가능한 곱셈 결과 중에서 가장 작은 수를 선택
    ugly[l] = min(next2, next3, next5)
    # 인덱스에 따라서 곱셈 결과를 증가
    if ugly[l] == next2:
        i2 += 1
        next2 = ugly[i2] * 2
    if ugly[l] == next3:
        i3 += 1
        next3 = ugly[i3] * 3
    if ugly[l] == next5:
        i5 += 1
        next5 = ugly[i5] * 5

# n번째 못생긴 수를 출력
print(ugly[n - 1])
```

A 36 편집 거리

이 문제는 최소 편집 거리를 담을 2차원 테이블을 초기화한 뒤에, 최소 편집 거리를 계산해 테이블에 저장하는 과정으로 문제를 해결할 수 있다. 다이나믹 프로그래밍의 점화식은 다음과 같다.

> **1** 두 문자가 같은 경우: $dp[i][j] = dp[i - 1][j - 1]$
>
> **2** 두 문자가 다른 경우: $dp[i][j] = 1 + min(dp[i][j - 1], dp[i - 1][j], dp[i - 1][j - 1])$

이를 말로 풀어서 쓰면 다음과 같다.

> **1** 행과 열에 해당하는 문자가 서로 같다면, 왼쪽 위에 해당하는 수를 그대로 대입
>
> **2** 행과 열에 해당하는 문자가 서로 다르다면, 왼쪽(삽입), 위쪽(삭제), 왼쪽 위(교체)에 해당하는 수 중에서 가장 작은 수에 1을 더해 대입

예를 들어 "sunday"를 "saturday"로 변경한다고 해보자. 이때 초기 2차원 테이블은 다음과 같이 구성된다. 왼쪽(열)에 있는 "sunday"라는 문자열을 위쪽(행)에 있는 "saturday"로 변경하는 비용을 계산할 수 있도록 이와 같이 테이블을 구성한 것이다. 또한 여기에서 ø은 빈 문자열을 의미한다. 빈 문자열을 "saturday"로 만들기 위해서는 8개의 문자를 삽입해야 하기 때문에, 테이블의 dp[0][8]의 값은 8이다.

	ø	s	a	t	u	r	d	a	y
ø	0	1	2	3	4	5	6	7	8
s	1								
u	2								
n	3								
d	4								
a	5								
y	6								

이제 점화식에 따라서 전체 테이블을 차례대로 갱신해주면 다음과 같다. 2차원 테이블은 왼쪽(열)에 있는 문자열을 위쪽(행)에 있는 문자열로 바꾸는 비용을 직관적으로 보여준다. 예를 들어 dp[3][3]의 값은 2인데, 이는 "sun"이라는 문자열을 "sat"이라는 문자열로 바꾸기 위한 최소 편집 거리가 2라는 의미가 된다.

결과적으로 테이블의 가장 오른쪽 아래에 있는 값이 구하고자 하는 최소 편집 거리가 된다. 즉, 아래 예시에서 최소 편집 거리는 3이다.

	Ø	s	a	t	u	r	d	a	y
Ø	0	1	2	3	4	5	6	7	8
s	1	0	1	2	3	4	5	6	7
u	2	1	1	2	2	3	4	5	6
n	3	2	2	2	3	3	4	5	6
d	4	3	3	3	3	4	3	4	5
a	5	4	3	4	4	4	4	3	4
y	6	5	4	4	5	5	5	4	3

A36.py 답안 예시

```python
# 최소 편집 거리(Edit Distance) 계산을 위한 다이나믹 프로그래밍
def edit_dist(str1, str2):
    n = len(str1)
    m = len(str2)

    # 다이나믹 프로그래밍을 위한 2차원 DP 테이블 초기화
    dp = [[0] * (m + 1) for _ in range(n + 1)]

    # DP 테이블 초기 설정
    for i in range(1, n + 1):
        dp[i][0] = i
    for j in range(1, m + 1):
        dp[0][j] = j

    # 최소 편집 거리 계산
    for i in range(1, n + 1):
        for j in range(1, m + 1):
            # 문자가 같다면, 왼쪽 위에 해당하는 수를 그대로 대입
            if str1[i - 1] == str2[j - 1]:
                dp[i][j] = dp[i - 1][j - 1]
            # 문자가 다르다면, 3가지 경우 중에서 최솟값 찾기
            else: # 삽입(왼쪽), 삭제(위쪽), 교체(왼쪽 위) 중에서 최소 비용을 찾아 대입
                dp[i][j] = 1 + min(dp[i][j - 1], dp[i - 1][j], dp[i - 1][j - 1])

    return dp[n][m]
```

```
# 두 문자열을 입력받기
str1 = input()
str2 = input()

# 최소 편집 거리 출력
print(edit_dist(str1, str2))
```

A 37 플로이드

이 문제는 전형적인 최단 경로 문제이다. 다만 문제의 입력 조건에 따르면, 시작 도시 A와 도착 도시 B를 연결하는 간선이 여러 개일 수 있다는 점을 알 수 있다. 예를 들어 문제에서 주어진 입력 예시를 확인해보면 도시 3에서 도시 4로 연결된 간선이 2개이다. 각각의 비용은 1과 2인데, 이 경우에는 비용이 짧은 간선(비용이 1인 간선)만 고려하면 된다.

또한 도시의 개수 n이 100 이하의 정수이므로, 플로이드 워셜 알고리즘을 이용하는 것이 효과적이다. 그러므로 초기에 간선 정보를 입력받을 때 '가장 짧은 간선' 정보만 저장한 뒤에, 플로이드 워셜 알고리즘을 수행하여 결과를 출력하면 된다. 플로이드 워셜 알고리즘에 대한 설명이 잘 기억나지 않는다면 이론 설명 부분을 참고하자.

A37.py 답안 예시

```
INF = int(1e9) # 무한을 의미하는 값으로 10억을 설정

# 노드의 개수 및 간선의 개수를 입력받기
n = int(input())
m = int(input())
# 2차원 리스트(그래프 표현)를 만들고, 모든 값을 무한으로 초기화
graph = [[INF] * (n + 1) for _ in range(n + 1)]

# 자기 자신에서 자기 자신으로 가는 비용은 0으로 초기화
for a in range(1, n + 1):
    for b in range(1, n + 1):
        if a == b:
            graph[a][b] = 0

# 각 간선에 대한 정보를 입력받아, 그 값으로 초기화
```

```
for _ in range(m):
    # A에서 B로 가는 비용은 C라고 설정
    a, b, c = map(int, input().split())
    # 가장 짧은 간선 정보만 저장
    if c < graph[a][b]:
        graph[a][b] = c

# 점화식에 따라 플로이드 워셜 알고리즘을 수행
for k in range(1, n + 1):
    for a in range(1, n + 1):
        for b in range(1, n + 1):
            graph[a][b] = min(graph[a][b], graph[a][k] + graph[k][b])

# 수행된 결과를 출력
for a in range(1, n + 1):
    for b in range(1, n + 1):
        # 도달할 수 없는 경우, 0을 출력
        if graph[a][b] == INF:
            print(0, end=" ")
        # 도달할 수 있는 경우 거리를 출력
        else:
            print(graph[a][b], end=" ")
    print()
```

A 38 정확한 순위

이 문제는 최단 경로를 계산하는 문제로 볼 수 있다. 문제에서도 나와 있듯이 학생들의 성적을 비교한 결과를 방향 그래프 형태로 표현할 수 있다. 성적이 낮은 학생이 성적이 높은 학생을 가리키는 방향 그래프로 표현할 수 있으므로, 최단 경로 알고리즘을 수행할 수 있게 된다.

A번 학생과 B번 학생의 성적을 비교할 때, '경로'를 이용하여 성적 비교 결과를 알 수 있다. A에서 B로 도달이 가능하다는 것은, A가 B보다 성적이 낮다는 의미가 된다. 따라서 A에서 B로 도달이 가능하거나, B에서 A로 도달이 가능하면 '성적 비교'가 가능한 것이다. 반대로 A에서 B로 도달이 불가능하며, B에서 A로도 도달이 불가능하다면, '성적 비교 결과를 알 수 없는' 경우가 되는 것이다.

이 문제에서는 학생의 수 N이 500 이하의 정수이므로 $O(N^3)$의 시간 복잡도로 동작하는 플로이드 워셜 알고리즘을 이용해 문제를 해결할 수 있다. 따라서 플로이드 워셜 알고리즘을 수행한 뒤에,

모든 노드에 대하여 다른 노드와 서로 도달이 가능한지를 체크하여 문제를 해결할 수 있다. 이때 자기 자신은 항상 도달이 가능하다고 보고, 카운트를 진행한다. 결과적으로 특정한 노드의 카운트 값이 N이라면, 해당 노드의 정확한 순위를 알 수 있다는 것을 의미한다.

A38.py 답안 예시

```python
INF = int(1e9) # 무한을 의미하는 값으로 10억을 설정

# 노드의 개수, 간선의 개수를 입력받기
n, m = map(int, input().split())
# 2차원 리스트(그래프 표현)를 만들고, 모든 값을 무한으로 초기화
graph = [[INF] * (n + 1) for _ in range(n + 1)]

# 자기 자신에서 자기 자신으로 가는 비용은 0으로 초기화
for a in range(1, n + 1):
    for b in range(1, n + 1):
        if a == b:
            graph[a][b] = 0

# 각 간선에 대한 정보를 입력받아, 그 값으로 초기화
for _ in range(m):
    # A에서 B로 가는 비용을 1로 설정
    a, b = map(int, input().split())
    graph[a][b] = 1

# 점화식에 따라 플로이드 워셜 알고리즘을 수행
for k in range(1, n + 1):
    for a in range(1, n + 1):
        for b in range(1, n + 1):
            graph[a][b] = min(graph[a][b], graph[a][k] + graph[k][b])

result = 0
# 각 학생을 번호에 따라 한 명씩 확인하며 도달 가능한지 체크
for i in range(1, n + 1):
    count = 0
    for j in range(1, n + 1):
        if graph[i][j] != INF or graph[j][i] != INF:
            count += 1
    if count == n:
        result += 1
print(result)
```

A 39 화성 탐사

이 문제는 (0, 0)의 위치에서 (N − 1, N − 1)의 위치로 이동하는 최단 거리를 계산하는 문제로 이해할 수 있다. 따라서 N × N 크기의 맵이 주어졌을 때, 맵의 각 위치(칸)를 '노드'로 보고, 상하좌우로 모든 노드가 연결되어 있다고 보면 된다. 예를 들어 위치 A와 위치 B가 서로 인접해 있다고 해보자. 이때 A → B로 가는 비용은 B 위치의 탐사 비용이 될 것이고, B → A로 가는 비용은 A 위치의 탐사 비용이 될 것이다.

오른쪽과 같이 2 × 2 맵이 있다고 가정해보자.

5	5
3	9

이제 이것을 방향 그래프로 표현하면 오른쪽 그림과 같은 그래프가 된다. 문제에서는 입력 자체가 2차원 배열로 들어오기 때문에, N × N 인접 행렬을 이용해 맵 정보를 저장하면 그래프를 간단히 표현할 수 있다. N의 범위 크기가 최대 125로 작다고 느낄 수 있지만, 2차원 공간이기 때문에 전체 노드의 개수는 N^2으로 10,000을 넘을 수 있다. 따라서 플로이드 워셜 알고리즘으로는 이 문제를 해결하기에 적합하지 않

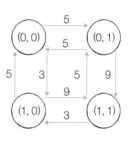

으며 다익스트라 최단 경로 알고리즘을 이용하면 효과적으로 답을 도출할 수 있다.

A39.py 답안 예시

```python
import heapq
import sys
input = sys.stdin.readline
INF = int(1e9) # 무한을 의미하는 값으로 10억을 설정

dx = [-1, 0, 1, 0]
dy = [0, 1, 0, -1]

# 전체 테스트 케이스(Test Case)만큼 반복
for tc in range(int(input())):
    # 노드의 개수를 입력받기
    n = int(input())
```

```
# 전체 맵 정보를 입력받기
graph = []
for i in range(n):
    graph.append(list(map(int, input().split())))

# 최단 거리 테이블을 모두 무한으로 초기화
distance = [[INF] * n for _ in range(n)]

x, y = 0, 0 # 시작 위치는 (0, 0)
# 시작 노드로 가기 위한 비용은 (0, 0) 위치의 값으로 설정하여, 큐에 삽입
q = [(graph[x][y], x, y)]
distance[x][y] = graph[x][y]

# 다익스트라 알고리즘 수행
while q:
    # 가장 최단 거리가 짧은 노드에 대한 정보를 꺼내기
    dist, x, y = heapq.heappop(q)
    # 현재 노드가 이미 처리된 적이 있는 노드라면 무시
    if distance[x][y] < dist:
        continue
    # 현재 노드와 연결된 다른 인접한 노드들을 확인
    for i in range(4):
        nx = x + dx[i]
        ny = y + dy[i]
        # 맵의 범위를 벗어나는 경우 무시
        if nx < 0 or nx >= n or ny < 0 or ny >= n:
            continue
        cost = dist + graph[nx][ny]
        # 현재 노드를 거쳐서, 다른 노드로 이동하는 거리가 더 짧은 경우
        if cost < distance[nx][ny]:
            distance[nx][ny] = cost
            heapq.heappush(q, (cost, nx, ny))

print(distance[n - 1][n - 1])
```

A 40 숨바꼭질

이 문제는 다익스트라 알고리즘을 이용하여 1번 노드(헛간)로부터 다른 모든 노드로의 최단 거리를 계산한 뒤에, 가장 최단 거리가 긴 노드를 찾는 문제이다. 예를 들어 문제에서의 예제 입력을 그래프로 나타내면 다음과 같이 표현할 수 있다.

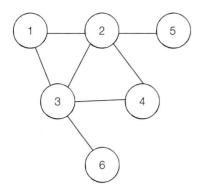

항상 출발 노드는 1번 노드라고 문제에서 명시하였으므로, 다익스트라 알고리즘을 이용하여 1번 노드에서 출발했을 때의 모든 최단 거리를 계산하면 다음과 같은 최단 거리 테이블을 구할 수 있다.

노드 1	노드 2	노드 3	노드 4	노드 5	노드 6
0	1	1	2	2	2

따라서 이 예시에서 최단 거리가 가장 긴 노드까지의 최단 거리는 '2'라는 것을 알 수 있으며, 최단 거리가 2인 노드가 3개인 것을 확인할 수 있다. 문제에서는 최단 거리가 같은 헛간이 여러 개이면 가장 작은 헛간 번호를 출력하라고 하였으므로, 이 경우 4번 노드를 출력하면 된다. 즉, 최단 거리 테이블을 구한 이후에는 손쉽게 문제에서 요구하는 답을 도출할 수 있다.

또한 문제에서의 거리가 1이기 때문에 BFS를 이용하여 최단 거리를 계산할 수도 있지만, 여기에서는 다익스트라 알고리즘을 이용하여 문제를 해결해보자. 이 문제의 소스코드 예시는 다음과 같다.

A40.py 답안 예시

```python
import heapq
import sys
input = sys.stdin.readline
INF = int(1e9) # 무한을 의미하는 값으로 10억을 설정

# 노드의 개수, 간선의 개수를 입력받기
n, m = map(int, input().split())
# 시작 노드를 1번 헛간으로 설정
start = 1
# 각 노드에 연결되어 있는 노드에 대한 정보를 담는 리스트를 만들기
graph = [[] for i in range(n + 1)]
# 최단 거리 테이블을 모두 무한으로 초기화
distance = [INF] * (n + 1)
```

```
# 모든 간선 정보를 입력받기
for _ in range(m):
    a, b = map(int, input().split())
    # a번 노드와 b번 노드의 이동 비용이 1이라는 의미(양방향)
    graph[a].append((b, 1))
    graph[b].append((a, 1))


def dijkstra(start):
    q = []
    # 시작 노드로 가기 위한 최단 경로는 0으로 설정하여, 큐에 삽입
    heapq.heappush(q, (0, start))
    distance[start] = 0
    while q: # 큐가 비어있지 않다면
        # 가장 최단 거리가 짧은 노드에 대한 정보를 꺼내기
        dist, now = heapq.heappop(q)
        # 현재 노드가 이미 처리된 적이 있는 노드라면 무시
        if distance[now] < dist:
            continue
        # 현재 노드와 연결된 다른 인접한 노드들을 확인
        for i in graph[now]:
            cost = dist + i[1]
            # 현재 노드를 거쳐서, 다른 노드로 이동하는 거리가 더 짧은 경우
            if cost < distance[i[0]]:
                distance[i[0]] = cost
                heapq.heappush(q, (cost, i[0]))


# 다익스트라 알고리즘 수행
dijkstra(start)

# 최단 거리가 가장 먼 노드 번호(동빈이가 숨을 헛간의 번호)
max_node = 0
# 도달할 수 있는 노드 중에서, 최단 거리가 가장 먼 노드와의 최단 거리
max_distance = 0
# 최단 거리가 가장 먼 노드와의 최단 거리와 동일한 최단 거리를 가지는 노드들의 리스트
result = []

for i in range(1, n + 1):
    if max_distance < distance[i]:
        max_node = i
        max_distance = distance[i]
        result = [max_node]
    elif max_distance == distance[i]:
```

```
        result.append(i)

print(max_node, max_distance, len(result))
```

A 41 여행 계획

문제에서 등장하는 여행지의 관계를 그래프 형태로 그린다고 하면, 기본적으로 양방향 간선을 가진 그래프로 표현할 수 있다. 다음 그래프는 문제 설명 중에서 도로 정보를 그림으로 표현한 것이다.

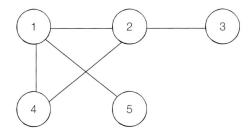

위 그림에서 여행 계획이 2번 → 3번 → 4번 → 3번일 때는 **2번 → 3번** → 2번 → **4번** → 2번 → **3번** 순서대로 이동하면 된다. 따라서 해당 여행 계획을 지킬 수 있는 것이므로, 결과는 "**YES**"가 된다.

이 문제는 서로소 집합 알고리즘을 이용하여, 그래프에서 노드 간의 연결성을 파악해 해결할 수 있다. 우리가 여기에서 알 수 있는 점은, '**여행 계획**'에 해당하는 모든 노드가 같은 집합에 속하기만 하면 가능한 여행 경로라는 것이다. 따라서 두 노드 사이에 도로가 존재하는 경우에는 union^{합집합} 연산을을 이용해서, 서로 연결된 두 노드를 같은 집합에 속하도록 만든다.

결과적으로 입력으로 들어온 "여행 계획"에 포함되는 모든 노드가 모두 같은 집합에 속하는지를 체크하여 출력하면 정답 판정을 받을 수 있다. 즉, 서로소 집합^{Disjoint-Set} 자료구조를 이용하여 문제를 해결할 수 있다.

A41.py 답안 예시

```
# 특정 원소가 속한 집합을 찾기
def find_parent(parent, x):
    # 루트 노드가 아니라면, 루트 노드를 찾을 때까지 재귀적으로 호출
    if parent[x] != x:
        parent[x] = find_parent(parent, parent[x])
    return parent[x]
```

```python
# 두 원소가 속한 집합을 합치기
def union_parent(parent, a, b):
    a = find_parent(parent, a)
    b = find_parent(parent, b)
    if a < b:
        parent[b] = a
    else:
        parent[a] = b

# 여행지의 개수와 여행 계획에 속한 여행지의 개수 입력받기
n, m = map(int, input().split())
parent = [0] * (n + 1) # 부모 테이블 초기화

# 부모 테이블상에서, 부모를 자기 자신으로 초기화
for i in range(1, n + 1):
    parent[i] = i

# union 연산을 각각 수행
for i in range(n):
    data = list(map(int, input().split()))
    for j in range(n):
        if data[j] == 1: # 연결된 경우 union 연산 수행
            union_parent(parent, i + 1, j + 1)

# 여행 계획 입력받기
plan = list(map(int, input().split()))

result = True
# 여행 계획에 속하는 모든 노드의 루트가 동일한지 확인
for i in range(m - 1):
    if find_parent(parent, plan[i]) != find_parent(parent, plan[i + 1]):
        result = False

# 여행 계획에 속하는 모든 노드가 서로 연결되어 있는지(루트가 동일한지) 확인
if result:
    print("YES")
else:
    print("NO")
```

A 42 **탑승구**

이 문제는 서로소 집합 알고리즘을 이용하면 효율적으로 해결할 수 있다. 각 탑승구를 서로 다른 집합으로 나타낸다고 해보자. 전체 탑승구가 4개(G = 4)일 때, 다음과 같이 그릴 수 있다. 초기 상태는 모두 루트 노드로 자기 자신을 가리키고 있다고 가정한다. 엄밀히 말하면 0번 탑승구는 존재하지 않지만, 문제 해결을 위해 0번 탑승구도 그려주도록 하자.

이때 비행기가 순서대로 들어오면 차례대로 도킹을 수행해야 하는데, 가능한 큰 번호의 탑승구로 도킹을 수행한다고 가정해보자. 이때 우리는 도킹하는 과정을 탑승구 간 합집합^{union} 연산으로 이해할 수 있다. 새롭게 비행기가 도킹이 되면, 해당 집합을 바로 왼쪽에 있는 집합과 합친다. 단, 집합의 루트가 0이면, 더 이상 도킹이 불가능한 것으로 판단한다. 이러한 과정을 통해 문제를 해결할 수 있다. 예를 들어 문제의 '입력 예시 2'대로 비행기 정보가 입력된다고 하면, 다음과 같이 처리할 수 있다.

1. 비행기 1

첫 번째 비행기는 1부터 2까지의 탑승구 중 하나에 도킹할 수 있다. 따라서 2번 노드를 확인하는데, 현재 2번 노드의 루트는 2이다. 그러므로, 2번 노드와 1번 노드에 대하여 합집합 연산을 수행한다.

2. 비행기 2

두 번째 비행기는 1부터 2까지의 탑승구 중 하나에 도킹할 수 있다. 따라서 2번 노드를 확인하는데, 현재 2번 노드의 루트는 1이다. 그러므로, 1번 노드와 0번 노드에 대하여 합집합 연산을 수행한다.

3. 비행기 3

세 번째 비행기는 1부터 3까지의 탑승구 중 하나에 도킹할 수 있다. 따라서 3번 노드를 확인하는데, 현재 3번 노드의 루트는 3이다. 그러므로, 3번 노드와 2번 노드에 대하여 합집합 연산을 수행한다.

4. 비행기 4

네 번째 비행기는 1부터 3까지의 탑승구 중 하나에 도킹할 수 있다. 따라서 3번 노드를 확인하는데, 현재 3번 노드의 루트는 0이다. 루트가 0이라는 점에서 더 이상 도킹을 할 수 없다는 의미이므로, 여기에서 마친다. 지금까지 총 3개의 비행기가 도킹이 되었으므로, 3을 출력하면 정답이다.

따라서 이 문제는 이처럼 서로소 집합 자료구조를 이용하여 해결할 수 있다. 이러한 아이디어를 소스코드로 구하면 다음과 같다.

A42.py 답안 예시

```python
# 특정 원소가 속한 집합을 찾기
def find_parent(parent, x):
    # 루트 노드가 아니라면, 루트 노드를 찾을 때까지 재귀적으로 호출
    if parent[x] != x:
        parent[x] = find_parent(parent, parent[x])
    return parent[x]

# 두 원소가 속한 집합을 합치기
def union_parent(parent, a, b):
    a = find_parent(parent, a)
    b = find_parent(parent, b)
    if a < b:
        parent[b] = a
    else:
        parent[a] = b

# 탑승구의 개수 입력받기
g = int(input())
# 비행기의 개수 입력받기
p = int(input())
```

```
parent = [0] * (g + 1) # 부모 테이블 초기화

# 부모 테이블상에서, 부모를 자기 자신으로 초기화
for i in range(1, g + 1):
    parent[i] = i

result = 0
for _ in range(p):
    data = find_parent(parent, int(input())) # 현재 비행기의 탑승구의 루트 확인
    if data == 0: # 현재 루트가 0이라면, 종료
        break
    union_parent(parent, data, data - 1) # 그렇지 않다면 바로 왼쪽의 집합과 합치기
    result += 1

print(result)
```

A 43 어두운 길

이 문제에서는 가로등이 켜진 도로만을 이용해서, 모든 두 집이 서로 도달이 가능해야 한다는 조건을 제시하고 있다. 이때 최소한의 비용으로 모든 집을 연결해야 하기 때문에, 이를 통해 전형적인 최소 신장 트리 문제라는 것을 알 수 있다. 이 문제처럼 '임의의 두 집에 대하여 가로등이 켜진 도로만으로도 오갈 수 있도록'과 같은 문장이 있으면, 최소 신장 트리 문제라는 것을 의심해야 한다. '왕래'할 수 있다는 것은, 그래프에서 각 노드가 서로 연결되어 있다는 의미(연결 그래프)와 같기 때문이다.

따라서 주어진 입력을 통해서 그래프를 구성한 뒤에 크루스칼Kruskal 알고리즘을 수행하면 된다. 다만, 문제에서 요구하는 정답은 '절약할 수 있는 최대 금액'이다. 그러므로 '전체 가로등을 켜는 비용 − 최소 신장 트리를 구성하는 비용'을 출력하면 정답이 된다.

A43.py 답안 예시

```
# 특정 원소가 속한 집합을 찾기
def find_parent(parent, x):
    # 루트 노드가 아니라면, 루트 노드를 찾을 때까지 재귀적으로 호출
    if parent[x] != x:
        parent[x] = find_parent(parent, parent[x])
    return parent[x]
```

```python
# 두 원소가 속한 집합을 합치기
def union_parent(parent, a, b):
    a = find_parent(parent, a)
    b = find_parent(parent, b)
    if a < b:
        parent[b] = a
    else:
        parent[a] = b

# 노드의 개수와 간선의 개수 입력받기
n, m = map(int, input().split())
parent = [0] * (n + 1) # 부모 테이블 초기화

# 모든 간선을 담을 리스트와 최종 비용을 담을 변수
edges = []
result = 0

# 부모 테이블상에서, 부모를 자기 자신으로 초기화
for i in range(1, n + 1):
    parent[i] = i

# 모든 간선에 대한 정보를 입력받기
for _ in range(m):
    x, y, z = map(int, input().split())
    # 비용순으로 정렬하기 위해서 튜플의 첫 번째 원소를 비용으로 설정
    edges.append((z, x, y))

# 간선을 비용순으로 정렬
edges.sort()
total = 0 # 전체 가로등 비용

# 간선을 하나씩 확인하며
for edge in edges:
    cost, a, b = edge
    total += cost
    # 사이클이 발생하지 않는 경우에만 집합에 포함
    if find_parent(parent, a) != find_parent(parent, b):
        union_parent(parent, a, b)
        result += cost

print(total - result)
```

A 44 행성 터널

이 문제는 N − 1개의 터널을 설치해서 모든 행성이 연결되도록 요구하므로, 최소 신장 트리를 만드는 문제로 이해할 수 있다. 일단 크루스칼 알고리즘의 시간 복잡도는 간선의 개수가 E일 때 $O(E \log E)$이다. 이 문제에서는 기본적으로 임의의 두 노드 사이에 터널을 연결할 수 있다고 가정하므로, 간선의 개수는 $N(N-1)/2$개가 될 것이다. N이 최대 100,000이라는 입력 조건을 감안해 보면 이는 매우 큰 수가 될 수 있으므로, 모든 두 행성 간의 거리를 확인하는 방법으로는 문제를 해결할 수 없다.

하지만, 터널의 비용이 $min(|X_A - X_B|, |Y_A - Y_B|, |Z_A - Z_B|)$라고 정의되어 있다. 이러한 특징을 이용하면 고려할 간선의 개수를 줄일 수 있다. 입력을 받은 뒤에 x축, y축, z축을 기준으로 각각 정렬을 수행한다. 예를 들어 문제에서 나온 것과 같이 모든 행성의 좌표가 (11, −15, −15), (14, −5, −15), (−1, −1, −5), (10, −4, −1), (19, −4, 19)라고 해보자. 이때 x축만 고려해서 정렬을 수행하면 −1, 10, 11, 14, 19가 된다. 결과적으로 각 행성의 x축에서의 거리는 차례대로 11, 1, 3, 5가 되는 것이다.

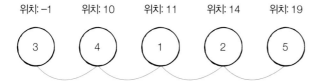

결과적으로 x축에 대해서는 4개의 간선만 고려하면 되는 것이다. 여기서 알아두어야 할 점은, 만약에 y축과 z축은 무시하고 오직 x축만 존재한다고 했을 때, 이러한 4개의 간선만 이용해도 항상 최소 신장 트리를 만들 수 있다는 점이다. 즉, 이러한 방법을 이용하면 최소 신장 트리를 만들지 못하는 경우는 존재하지 않는다. 결과적으로 x축, y축, z축에 대하여 정렬 이후에 각각 N − 1개의 간선만 고려해도 최적의 솔루션Optimal Solution을 찾을 수 있다는 아이디어를 떠올릴 수 있으면 된다.

따라서 문제 풀이를 위해 고려한 총 간선의 개수는 3 × (N − 1)개가 되고, 이를 이용해 크루스칼 알고리즘을 수행하면, 제한 시간 안에 해결할 수 있다.

A44.py 답안 예시

```
# 특정 원소가 속한 집합을 찾기
def find_parent(parent, x):
```

```
        # 루트 노드가 아니라면, 루트 노드를 찾을 때까지 재귀적으로 호출
        if parent[x] != x:
            parent[x] = find_parent(parent, parent[x])
        return parent[x]

# 두 원소가 속한 집합을 합치기
def union_parent(parent, a, b):
    a = find_parent(parent, a)
    b = find_parent(parent, b)
    if a < b:
        parent[b] = a
    else:
        parent[a] = b

# 노드의 개수 입력받기
n = int(input())
parent = [0] * (n + 1) # 부모 테이블 초기화

# 모든 간선을 담을 리스트와 최종 비용을 담을 변수
edges = []
result = 0

# 부모 테이블상에서, 부모를 자기 자신으로 초기화
for i in range(1, n + 1):
    parent[i] = i

x = []
y = []
z = []

# 모든 노드에 대한 좌표 값 입력받기
for i in range(1, n + 1):
    data = list(map(int, input().split()))
    x.append((data[0], i))
    y.append((data[1], i))
    z.append((data[2], i))

x.sort()
y.sort()
z.sort()

# 인접한 노드들로부터 간선 정보를 추출하여 처리
for i in range(n - 1):
    # 비용순으로 정렬하기 위해서 튜플의 첫 번째 원소를 비용으로 설정
```

```
        edges.append((x[i + 1][0] - x[i][0], x[i][1], x[i + 1][1]))
        edges.append((y[i + 1][0] - y[i][0], y[i][1], y[i + 1][1]))
        edges.append((z[i + 1][0] - z[i][0], z[i][1], z[i + 1][1]))

# 간선을 비용순으로 정렬
edges.sort()

# 간선을 하나씩 확인하며
for edge in edges:
    cost, a, b = edge
    # 사이클이 발생하지 않는 경우에만 집합에 포함
    if find_parent(parent, a) != find_parent(parent, b):
        union_parent(parent, a, b)
        result += cost

print(result)
```

A 45 최종 순위

문제에서는 작년 순위와 상대적으로 순위가 바뀐 팀들의 목록이 주어졌을 때, '올해 순위'를 만들 것을 요구하고 있다. 즉, '정해진 우선순위에 맞게 전체 팀들의 순서를 나열해야 한다'는 점에서 위상 정렬 알고리즘을 떠올릴 수 있어야 한다.

다시 말해 이 문제는 팀 간의 순위 정보를 그래프 정보로 표현한 뒤에, 위상 정렬 알고리즘을 이용해 해결할 수 있다. 문제에 제시된 예시 중 하나를 가지고 생각해보자.

```
# 작년 순위 정보
1등: 팀 5, 2등: 팀 4, 3등: 팀 3, 4등: 팀 2, 5등: 팀 1
```

위와 같은 작년의 순위 정보가 주어지면, '자기보다 낮은 등수를 가진 팀을 가리키도록' 방향 그래프를 만들 수 있다. 이를 그래프로 표현하면 바로 오른쪽과 같다.

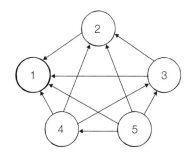

만약에 이대로 위상 정렬을 수행하게 되면, 수행 결과는 5 – 4 – 3 – 2 – 1이 된다. 즉, 문제에서 제시한 순위 정보와 동일하게 나온다. 다른 경우는 존재하지 않는다.

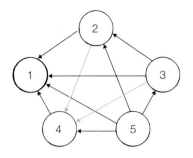

이제 상대적인 순위가 바뀌게 되는 경우에는, 해당 간선의 방향을 반대로 변경하면 된다. 예를 들어 팀 2와 팀 4가 순위가 바뀌고, 팀 3과 팀 4가 서로 순위가 바뀌면 오른쪽과 같이 변경된다.

이후에 이 상태에서 위상 정렬을 다시 수행하면 된다. 위상 정렬은 2가지 특이 케이스가 존재한다. ① 사이클이 발생하는 경우, ② 위상 정렬의 결과가 1개가 아니라 여러 가지인 경우이다. 이 2가지 경우에 해당하지 않는다면 위상 정렬을 수행한 결과는 '오직 하나의 경우'만 존재하게 된다. 즉, 가능한 순위가 하나라는 의미가 된다.

따라서 변경된 상대적인 순위를 적용한 이후에, 위상 정렬 알고리즘을 실행하면서 사이클이 발생하는지, 혹은 결과가 여러 가지인지 확인하면 된다. 일반적인 위상 정렬의 경우, 정확히 N개의 노드가 큐에서 출력이 된다. 만약 노드가 N번 나오기 전에 큐가 비게 된다면, 사이클이 발생한 것으로 이해할 수 있다. 또한 특정 시점에 2개 이상의 노드가 큐에 한꺼번에 들어갈 때는, 가능한 정렬 결과가 여러 가지라는 의미가 된다. 그러므로 위상 정렬 수행 과정에서 큐에서 노드를 뽑을 때 큐의 원소가 항상 1개로 유지되는 경우에만 고유한 순위가 존재하는 것으로 이해할 수 있다.

그러므로 위상 정렬 소스코드에서 매 시점마다 큐의 원소가 0개이거나, 2개 이상인지를 체크하는 부분을 넣어주어 정답 소스코드를 작성할 수 있다. 예시 정답 소스코드는 다음과 같다.

A45.py 답안 예시

```python
from collections import deque

# 테스트 케이스(Test Case)만큼 반복
for tc in range(int(input())):
    # 노드의 개수 입력 받기
    n = int(input())
    # 모든 노드에 대한 진입차수는 0으로 초기화
    indegree = [0] * (n + 1)
    # 각 노드에 연결된 간선 정보를 담기 위한 인접 행렬 초기화
    graph = [[False] * (n + 1) for i in range(n + 1)]
```

```python
# 작년 순위 정보 입력
data = list(map(int, input().split()))
# 방향 그래프의 간선 정보 초기화
for i in range(n):
    for j in range(i + 1, n):
        graph[data[i]][data[j]] = True
        indegree[data[j]] += 1


# 올해 변경된 순위 정보 입력
m = int(input())
for i in range(m):
    a, b = map(int, input().split())
    # 간선의 방향 뒤집기
    if graph[a][b]:
        graph[a][b] = False
        graph[b][a] = True
        indegree[a] += 1
        indegree[b] -= 1
    else:
        graph[a][b] = True
        graph[b][a] = False
        indegree[a] -= 1
        indegree[b] += 1


# 위상 정렬(Topology Sort) 시작
result = [] # 알고리즘 수행 결과를 담을 리스트
q = deque() # 큐 기능을 위한 deque 라이브러리 사용

# 처음 시작할 때는 진입차수가 0인 노드를 큐에 삽입
for i in range(1, n + 1):
    if indegree[i] == 0:
        q.append(i)

certain = True # 위상 정렬 결과가 오직 하나인지의 여부
cycle = False # 그래프 내 사이클이 존재하는지 여부

# 정확히 노드의 개수만큼 반복
for i in range(n):
    # 큐가 비어 있다면 사이클이 발생했다는 의미
    if len(q) == 0:
        cycle = True
        break
```

```
            # 큐의 원소가 2개 이상이라면 가능한 정렬 결과가 여러 개라는 의미
            if len(q) >= 2:
                certain = False
                break
            # 큐에서 원소 꺼내기
            now = q.popleft()
            result.append(now)
            # 해당 원소와 연결된 노드들의 진입차수에서 1 빼기
            for j in range(1, n + 1):
                if graph[now][j]:
                    indegree[j] -= 1
                    # 새롭게 진입차수가 0이 되는 노드를 큐에 삽입
                    if indegree[j] == 0:
                        q.append(j)

    # 사이클이 발생하는 경우(일관성이 없는 경우)
    if cycle:
        print("IMPOSSIBLE")
    # 위상 정렬 결과가 여러 개인 경우
    elif not certain:
        print("?")
    # 위상 정렬을 수행한 결과 출력
    else:
        for i in result:
            print(i, end=' ')
        print()
```

A 46 아기 상어

아기 상어는 먹을 수 있는 물고기 중에서 가장 가까운 물고기를 먼저 먹는다고 했다. 가장 가까운 물고기는 최단 거리 알고리즘을 이용해서 찾을 수 있다. 현재 상어는 전체 N × N 공간에서 상, 하, 좌, 우 위치로 이동이 가능하므로, 5장 'DFS/BFS'에서 다룬 '미로 탈출' 문제와 유사하게 BFS를 이용하여 최단 거리를 찾으면 효과적이다.

따라서 매번 현재 위치에서 도달 가능한 다른 모든 위치까지의 최단 거리를 구한 뒤에, 먹을 물고기의 위치를 찾는 과정을 반복하도록 하자. 다만, 문제에서는 '자신의 크기보다 큰 물고기가 있는 칸은 지나갈 수 없다', '자신의 크기보다 작은 물고기만 먹을 수 있다'와 같은 실수하기 쉬운 세부 조건이 있으므로, 구현 과정에서 실수가 없도록 각별한 주의가 필요하다.

핵심 아이디어는 BFS를 이용하여 최단 거리를 구하는 것이고, 세부 조건을 잘 이해해 구현 실수만 피한다면 정답 판정을 받을 수 있다. 필자는 소스코드를 짧게 만드는 것보다는, 세부 기능을 함수 여러 개로 나누어서 가독성을 높이고자 하였다.

A46.py 답안 예시

```python
from collections import deque
INF = 1e9 # 무한을 의미하는 값으로 10억을 설정

# 맵의 크기 N을 입력받기
n = int(input())

# 전체 모든 칸에 대한 정보 입력
array = []
for i in range(n):
    array.append(list(map(int, input().split())))

# 아기 상어의 현재 크기 변수와 현재 위치 변수
now_size = 2
now_x, now_y = 0, 0

# 아기 상어의 시작 위치를 찾은 뒤에 그 위치엔 아무것도 없다고 처리
for i in range(n):
    for j in range(n):
        if array[i][j] == 9:
            now_x, now_y = i, j
            array[now_x][now_y] = 0

dx = [-1, 0, 1, 0]
dy = [0, 1, 0, -1]

# 모든 위치까지의 ‘ 최단 거리만 ’ 계산하는 BFS 함수
def bfs():
    # 값이 -1이라면 도달할 수 없다는 의미(초기화)
    dist = [[-1] * n for _ in range(n)]
    # 시작 위치는 도달이 가능하다고 보며 거리는 0
    q = deque([(now_x, now_y)])
    dist[now_x][now_y] = 0
```

```python
    while q:
        x, y = q.popleft()
        for i in range(4):
            nx = x + dx[i]
            ny = y + dy[i]
            if 0 <= nx and nx < n and 0 <= ny and ny < n:
                # 자신의 크기보다 작거나 같은 경우에 지나갈 수 있음
                if dist[nx][ny] == -1 and array[nx][ny] <= now_size:
                    dist[nx][ny] = dist[x][y] + 1
                    q.append((nx, ny))
    # 모든 위치까지의 최단 거리 테이블 반환
    return dist


# 최단 거리 테이블이 주어졌을 때, 먹을 물고기를 찾는 함수
def find(dist):
    x, y = 0, 0
    min_dist = INF
    for i in range(n):
        for j in range(n):
            # 도달이 가능하면서 먹을 수 있는 물고기일 때
            if dist[i][j] != -1 and 1 <= array[i][j] and array[i][j] < now_size:
                # 가장 가까운 물고기 1마리만 선택
                if dist[i][j] < min_dist:
                    x, y = i, j
                    min_dist = dist[i][j]
    if min_dist == INF: # 먹을 수 있는 물고기가 없는 경우
        return None
    else:
        return x, y, min_dist # 먹을 물고기의 위치와 최단 거리


result = 0 # 최종 답안
ate = 0 # 현재 크기에서 먹은 양

while True:
    # 먹을 수 있는 물고기의 위치 찾기
    value = find(bfs())
    # 먹을 수 있는 물고기가 없는 경우, 현재까지 움직인 거리 출력
    if value == None:
        print(result)
        break
    else:
        # 현재 위치 갱신 및 이동 거리 변경
```

```
        now_x, now_y = value[0], value[1]
        result += value[2]
        # 먹은 위치에는 이제 아무것도 없도록 처리
        array[now_x][now_y] = 0
        ate += 1
        # 자신의 현재 크기 이상으로 먹은 경우, 크기 증가
        if ate >= now_size:
            now_size += 1
            ate = 0
```

A 47 청소년 상어

이 문제는 시뮬레이션과 완전 탐색을 함께 수행해야 하는 문제로, 소스코드가 길고 실수하기 쉬운 문제이다. 청소년 상어가 먹을 수 있는 물고기의 수가 여러 개인 경우가 존재하므로, 완전 탐색을 수행하여 청소년 상어가 물고기를 먹게 되는 모든 경우를 찾아야 한다. 또한 이 문제는 방향이 8가지로 정의된다는 점을 고려해서 코드를 작성해야 한다.

따라서 청소년 상어가 물고기를 먹는 모든 경우를 찾고, 그 경우 각각에 대하여 문제에서 요구하는 대로 시뮬레이션을 수행하면 된다. 필자는 완전 탐색을 위해 DFS를 사용했으며, 가독성을 위하여 모든 물고기가 움직이는 함수와 청소년 상어가 움직이는 함수를 분리하여 구현하였다.

A47.py 답안 예시

```
import copy

# 4 × 4 크기의 정사각형에 존재하는 각 물고기의 번호(없으면 -1)와 방향 값을 담는 테이블
array = [[None] * 4 for _ in range(4)]

for i in range(4):
    data = list(map(int, input().split()))
    # 매 줄마다 4마리의 물고기를 하나씩 확인하며
    for j in range(4):
        # 각 위치마다 [물고기의 번호, 방향]을 저장
        array[i][j] = [data[j * 2], data[j * 2 + 1] - 1]

# 8가지 방향에 대한 정의
dx = [-1, -1, 0, 1, 1, 1, 0, -1]
dy = [0, -1, -1, -1, 0, 1, 1, 1]
```

```python
# 현재 위치에서 왼쪽으로 회전된 결과 반환
def turn_left(direction):
    return (direction + 1) % 8


result = 0 # 최종 결과


# 현재 배열에서 특정한 번호의 물고기 위치 찾기
def find_fish(array, index):
    for i in range(4):
        for j in range(4):
            if array[i][j][0] == index:
                return (i, j)
    return None


# 모든 물고기를 회전 및 이동시키는 함수
def move_all_fishes(array, now_x, now_y):
    # 1번부터 16번까지의 물고기를 차례대로 (낮은 번호부터) 확인
    for i in range(1, 17):
        # 해당 물고기의 위치 찾기
        position = find_fish(array, i)
        if position != None:
            x, y = position[0], position[1]
            direction = array[x][y][1]
            # 해당 물고기의 방향을 왼쪽으로 계속 회전시키며 이동이 가능한지 확인
            for j in range(8):
                nx = x + dx[direction]
                ny = y + dy[direction]
                # 해당 방향으로 이동이 가능하다면 이동시키기
                if 0 <= nx and nx < 4 and 0 <= ny and ny < 4:
                    if not (nx == now_x and ny == now_y):
                        array[x][y][1] = direction
                        array[x][y], array[nx][ny] = array[nx][ny], array[x][y]
                        break
                direction = turn_left(direction)


# 상어가 현재 위치에서 먹을 수 있는 모든 물고기의 위치 반환
def get_possible_positions(array, now_x, now_y):
    positions = []
    direction = array[now_x][now_y][1]
    # 현재의 방향으로 계속 이동시키기
    for i in range(4):
        now_x += dx[direction]
```

```
                now_y += dy[direction]
            # 범위를 벗어나지 않는지 확인하며
            if 0 <= now_x and now_x < 4 and 0 <= now_y and now_y < 4:
                # 물고기가 존재하는 경우
                if array[now_x][now_y][0] != -1:
                    positions.append((now_x, now_y))
    return positions

# 모든 경우를 탐색하기 위한 DFS 함수
def dfs(array, now_x, now_y, total):
    global result
    array = copy.deepcopy(array) # 리스트를 통째로 복사

    total += array[now_x][now_y][0] # 현재 위치의 물고기 먹기
    array[now_x][now_y][0] = -1 # 물고기를 먹었으므로 번호 값을 -1로 변환

    move_all_fishes(array, now_x, now_y) # 전체 물고기 이동시키기

    # 이제 다시 상어가 이동할 차례이므로, 이동 가능한 위치 찾기
    positions = get_possible_positions(array, now_x, now_y)
    # 이동할 수 있는 위치가 하나도 없다면 종료
    if len(positions) == 0:
        result = max(result, total) # 최댓값 저장
        return
    # 모든 이동할 수 있는 위치로 재귀적으로 수행
    for next_x, next_y in positions:
        dfs(array, next_x, next_y, total)

# 청소년 상어의 시작 위치(0, 0)에서부터 재귀적으로 모든 경우 탐색
dfs(array, 0, 0, 0)
print(result)
```

A 48 어른 상어

이 문제는 매초마다 모든 상어를 이동시키며 요구하는 기능을 정해진 내용대로 처리하는 전형적인 시뮬레이션 문제이다. 다른 시뮬레이션 문제와의 차별점은 상어마다 방향 우선순위 정보가 주어진다는 점이다. 따라서 상어마다 서로 다른 방향으로 이동하기 때문에, 모든 방향 정보를 담을 리스트를 별도로 선언해야 한다. 답안 예시는 다음과 같으며, 시뮬레이션 유형이므로 문제에서 제시한

알고리즘을 실수 없이 그대로 구현한다면 정답 판정을 받을 수 있다.

A48.py 답안 예시

```python
n, m, k = map(int, input().split())

# 모든 상어의 위치와 방향 정보를 포함하는 2차원 리스트
array = []
for i in range(n):
    array.append(list(map(int, input().split())))

# 모든 상어의 현재 방향 정보
directions = list(map(int, input().split()))

# 각 위치마다 [특정 냄새의 상어 번호, 특정 냄새의 남은 시간]을 저장하는 2차원 리스트
smell = [[[0, 0]] * n for _ in range(n)]

# 각 상어의 회전 방향 우선순위 정보
priorities = [[] for _ in range(m)]
for i in range(m):
    for j in range(4):
        priorities[i].append(list(map(int, input().split())))

# 특정 위치에서 이동 가능한 4가지 방향
dx = [-1, 1, 0, 0]
dy = [0, 0, -1, 1]

# 모든 냄새 정보를 업데이트
def update_smell():
    # 각 위치를 하나씩 확인하며
    for i in range(n):
        for j in range(n):
            # 냄새가 존재하는 경우, 시간을 1만큼 감소시키기
            if smell[i][j][1] > 0:
                smell[i][j][1] -= 1
            # 상어가 존재하는 해당 위치의 냄새를 k로 설정
            if array[i][j] != 0:
                smell[i][j] = [array[i][j], k]

# 모든 상어를 이동시키는 함수
def move():
    # 이동 결과를 담기 위한 임시 결과 테이블 초기화
    new_array = [[0] * n for _ in range(n)]
```

```python
            # 각 위치를 하나씩 확인하며
            for x in range(n):
                for y in range(n):
                    # 상어가 존재하는 경우
                    if array[x][y] != 0:
                        direction = directions[array[x][y] - 1] # 현재 상어의 방향
                        found = False
                        # 일단 냄새가 존재하지 않는 곳이 있는지 확인
                        for index in range(4):
                            nx = x + dx[priorities[array[x][y] - 1][direction - 1][index] - 1]
                            ny = y + dy[priorities[array[x][y] - 1][direction - 1][index] - 1]
                            if 0 <= nx and nx < n and 0 <= ny and ny < n:
                                if smell[nx][ny][1] == 0: # 냄새가 존재하지 않는 곳이면
                                    # 해당 상어의 방향 이동시키기
                                    directions[array[x][y] - 1] = priorities[array[x][y] - 1][direction - 1][index]
                                    # (만약 이미 다른 상어가 있다면 번호가 낮은 상어가 들어가도록)
                                    # 상어 이동시키기
                                    if new_array[nx][ny] == 0:
                                        new_array[nx][ny] = array[x][y]
                                    else:
                                        new_array[nx][ny] = min(new_array[nx][ny], array[x][y])
                                    found = True
                                    break
                        if found:
                            continue
                        # 주변에 모두 냄새가 남아 있다면, 자신의 냄새가 있는 곳으로 이동
                        for index in range(4):
                            nx = x + dx[priorities[array[x][y] - 1][direction - 1][index] - 1]
                            ny = y + dy[priorities[array[x][y] - 1][direction - 1][index] - 1]
                            if 0 <= nx and nx < n and 0 <= ny and ny < n:
                                if smell[nx][ny][0] == array[x][y]: # 자신의 냄새가 있는 곳이면
                                    # 해당 상어의 방향 이동시키기
                                    directions[array[x][y] - 1] = priorities[array[x][y] - 1][direction - 1][index]
                                    # 상어 이동시키기
                                    new_array[nx][ny] = array[x][y]
                                    break
            return new_array


time = 0
while True:
```

윗줄에 이어진 코드입니다. (priorities[array[x][y] - 1]) ➤ [direction - 1][index]

윗줄에 이어진 코드입니다. (priorities[array[x][y] - 1]) ➤ [direction - 1][index]

```python
    update_smell() # 모든 위치의 냄새를 업데이트
    new_array = move() # 모든 상어를 이동시키기
    array = new_array # 맵 업데이트
    time += 1 # 시간 증가

    # 1번 상어만 남았는지 체크
    check = True
    for i in range(n):
        for j in range(n):
            if array[i][j] > 1:
                check = False
    if check:
        print(time)
        break

    # 1,000초가 지날 때까지 끝나지 않았다면
    if time >= 1000:
        print(-1)
        break
```

한글

찾아보기